Paul Scheffer-Boichorst

Kaiser Friedrich des Ersten letzter Streit mit der Kurie

Paul Scheffer-Boichorst

Kaiser Friedrich des Ersten letzter Streit mit der Kurie

ISBN/EAN: 9783743656314

Hergestellt in Europa, USA, Kanada, Australien, Japan

Cover: Foto ©ninafisch / pixelio.de

Weitere Bücher finden Sie auf **www.hansebooks.com**

Kaiser Friedrich' I. letzter Streit

mit

der Kurie

von

Paul Scheffer-Boichorst.

Berlin, 1866.
Druck und Verlag von E. S. Mittler und Sohn.
Kochstraße 69.

Seinem

hochverehrten Lehrer

Herrn Professor Julius Ficker

in Innsbruck

gewidmet

vom Verfasser.

Vorwort.

Von jeher hat man den letzten Lebensjahren Kaiser Friedrich' I. zu geringe Aufmerksamkeit geschenkt. Nachdem der Kaiser im Frieden von Venedig seine großartigen Pläne aufgegeben hat, scheint er das Interesse der Geschichtsschreiber fast ganz verloren zu haben. Noch wird der Kampf gegen Heinrich den Löwen und der Glanz des mainzer Pfingstfestes geschildert, auch ist wohl die Rede von einem ferneren Streite mit der Kurie; aber die Gründe, der Verlauf und die Verwicklungen gerade dieses Streites haben bisher keine ausführlichere Darstellung gefunden. So sind Ereignisse von größter Bedeutung, ein ebenso wichtiges als interessantes Stück deutscher Geschichte fast ganz unbekannt geblieben.

Indem ich den Versuch mache, diesen letzten Streit Friedrichs mit der Kurie darzustellen, bitte ich um die Nachsicht, welche ein Erstlingswerk, zumal wenn demselben, wie es hier der Fall ist, jede Vorarbeit fehlt, wohl beanspruchen darf. Möchte ihm ebenso wenig die wohlwollende Beurtheilung fehlen, als ihm die freundliche Unterstützung von verschiedenen Seiten nicht gefehlt hat!

Vor Allen dankt der Schüler seinem Lehrer, dem Herrn Professor Ficker in Innsbruck. Von ihm ist die Anregung ausgegangen, er hat in ununterbrochenem Briefwechsel mich gefördert und ermuntert. Möge ihm dieses Buch ein kleines Zeichen meiner Liebe und Verehrung für ihn sein! — Mit größter Freundlichkeit hat mich ferner Herr Professor Jaffé in Berlin unterstützt. — Wie die genannten Herren freigebig aus ihren ungedruckten Materialien spenbeten, that es auch Herr Universitätsassessor Wüstenfeld in Göttingen. Aus seinen, in italienischen Archiven gesammelten Schätzen gab er mir Alles, was ihm für meine Arbeit von Belang schien. — Auch meinem lieben Freunde, dem Herrn Dr. Toeche in Berlin, bin ich zu Danke verpflichtet. Er hatte als Einleitung in seine Geschichte Heinrich' VI., die nun unter der Presse ist, denselben Gegenstand behandelt; so konnten wir in manchen Stunden die uns Beiden naheliegenden Stoffe besprechen, und für mich wenigstens sind diese Besprechungen nicht ohne Anregung geblieben.

Berlin, im April 1866.

Der Verfasser.

Inhaltsverzeichniß.

Erstes Kapitel . . . . 1—42

Reich und Kirche nach dem Frieden von Venedig 1—3. — Beziehungen des Kaisers zu Sicilien 3, zu den Lombarden und zu Mittelitalien 3—4, zu Burgund 5. — Der Sturz Heinrich des Löwen und die Auflösung der Stammherzogthümer 5—7. — Territoriale, finanzielle, militairische Stärke des Kaisers 7—10. — Stellung des Kaisers zu den Fürsten 11, namentlich den geistlichen 11—12. — Nachkommenschaft des Kaisers; König Heinrich 13. — Hohes Ansehen des Kaisers 14—15. — Das mainzer Pfingstfest 15.

Streit um das mathilbinische Land 16. — Geschichte des mathilbinischen Landes bis zum Frieden von Venedig 17—22. — Weitere Verhandlungen über die streitigen Besitzungen 22—24. — Nothwendigkeit des mathilbinischen Landes für das Reich 24—25. — Ausgleichungsvorschlag des Kaisers, überbracht durch Konrad von Salzburg 26—27. — Neue Forderungen Lucius' III. 28. — Verhandlungen darüber zu Konstanz 29. — Brief des Kaisers an Lucius III. wegen einer persönlichen Besprechung 30—31. — Festsetzung derselben 31.

Gewünschte Kaiserkrönung Heinrich' VI. 32. — Beabsichtigte Verhandlungen darüber zu Verona 33—34.

Geschichte des trierer Wahlstreites 34—38. — Kaiserliches Entscheidungsrecht der Doppelwahlen 39. — Ausführung desselben zu Konstanz 40—41. — Vertagung der päpstlichen Entscheidung bis zur Zusammenkunft mit dem Kaiser 42.

Zweites Kapitel . . . . 43—78

Aufbruch des Kaisers nach Italien; Besuch in Mailand, Pavia und Kremona 43—44. — Ankunft des Papstes in Verona; dessen Vertreibung aus Rom 44—45. — Zerrüttung des Kirchenstaates 45—46.

Die Schismatiker und deren gehoffte Wiedereinsetzung 46—47. — Verkehr zwischen Kaiser und Papst 47—48. — Die Ketzer, ihre Aechtung und Bannung 48—49. — Verhandlungen über einen Kreuzzug 49—50. — Verweigerung der Wiedereinsetzung der Schismatiker 50—51. — Konrad von Worms 52. — Vergebliche Verhandlungen über die streitigen Besitzungen 52—53, über die trierer Wahlangelegenheit 54. — Reihenfolge von Weihe und Belehnung 54—56. — Rechtsuntersuchung eines Autoritäten-Kollegiums 56—57. — Versprochene, aber hinausgeschobene Weihe des kaiserlichen Kandidaten 58. — Schweigen der Quellen über die Verhandlungen betreffs der Kaiserkrönung Heinrichs 59. — Fürbitte des Papstes für Heinrich den Löwen 59—60. — Abschied des Kaisers aus Verona 60.

Glänzende Aussichten der Erwerbung Siciliens 61—62. — Verlobung Heinrichs mit der Erbtochter Konstanze 62. — Der Kurie Unzufriedenheit darüber 63.

Zug des Kaisers durch die Lombardei 64. — Verhandlungen Konrads von Mainz am päpstlichen Hofe 64. — Abermalige Zusammenkunft zwischen Kaiser und Papst 65. — Erneuerte Verhandlungen über die trierer Doppelwahl 66. — Steigende Spannung zwischen Kaiser und Papst 66. — Bündniß des Kaisers mit Mailand 67. — Versprechen betreffs der Wiederaufbauung Kremas 68. — Ausführung desselben 69. — Herzog Welf; die Markgrafen von Montferrat; der römische Konsul 69—70. — Empörung Kremonas 70.

Gewaltverfahren des jungen Königs 71. — Dadurch gesteigerte Spannung zwischen Kaiser und Papst 72. — Neue Verhandlungen durch Konrad von Mainz 73. — Verweigerung der Kaiserkrönung Heinrichs 74.

Reise des Kaisers durch Tuscien 75. — Städte, Landadel und Geistlichkeit in Mittelitalien 75—76. — Reise des Kaisers durch Spoleto 76. — Hohe Machtentfaltung des Kaisers 76—77. — Empfang der sicilischen Erbin 77. — Letzte Verhandlungen Konrads von Mainz mit Lucius III. 78. — Der Tod Lucius' III. 78.

Drittes Kapitel . . . . 79—98

Hubert Crivelli als Papst Urban III. 79. — Neue Forderungen und Klagen Urbans 80—82. — Konrad von Mainz als Gesandter am päpstlichen Hofe 83. — Hochzeit Heinrichs zu Mailand 83. — Dessen Krönung zum Könige Italiens und Erneuerung zum Caesar 84.

Schreiben Urbans an Wichmann von Magdeburg 85. — Seine feindselige Gesinnung gegen den Kaiser 86. — Reformpläne zu Gunsten des Klerus 86—88. — Die letzten Vermittlungsversuche des Erzbischofs von Mainz 88. — Gesandtschaft der Bischöfe von Münster und Asti und deren Vertrag mit Urban 88—89. — Urbans Aufwiegelungsversuche und Verbindung mit der Reichsfeindin Kremona 89. — Besiegung der Kremonenser 90. — Bruch des Vertrages von Seiten Urbans durch die Weihe Folmars zum Erzbischofe von Trier 90—91. — Nachezug des jungen Königs in die Campagna 91. — Brief des Kaisers und Antwort des Papstes 92—96. — Sperrung der Alpenpässe und Einschließung Urbans in Verona 96. — Schleunige Rückkehr des Kaisers nach Deutschland 97—98.

Viertes Kapitel . . . . 99—110

Urbans Verbindung mit deutschen Bischöfen 99. — Konrad von Mainz 100. — Bertram von Metz 101. — Konrad von Worms 103. — Erzbischof Philipp von Köln das Haupt der Opposition 103—105. — Dessen Gründe zur Opposition 105—108. — Verhandlungen zwischen Köln und Verona 109. — Rüstungen des Erzbischofs 110.

Fünftes Kapitel . . . . 111—126

Eintreffen des Kaisers in Deutschland 111. — Hoftag zu Kaiserslautern 112. — Vergebliche Unterredung mit dem Erzbischofe von Köln 113—114.

Der Hoftag zu Gelnhausen 115. — Rede des Kaisers; seine Klagen über den Papst 116—120. — Erwiderung des Erzbischofs von Mainz 120. — Protest der Fürsten gegen den Papst 121. — Ihre Beweggründe 121—123.

Brief Wichmanns von Magdeburg und seiner Suffragane an Urban 123—125. — Moralische Niederlage des Papstes 125—126.

Sechstes Kapitel . . . . 127—148

Die Beziehungen des Kaisers zu Frankreich 127—129. — Bündniß des Königs von Frankreich mit dem Erzbischofe von Köln 129. — Unterstützung Folmars von Trier durch den König von Frankreich 130. — Synode Folmars von Trier 130—131. — Hoftag des Erzbischofs von Köln 131. — Dessen Verbindung mit den niederrheinischen Fürsten 132. — Landgraf Ludwig von Thüringen 133. — Die Kölner 134.

Bündniß des Kaisers mit Frankreich 134. — Köln und die Welfen 135. — Knud von Dänemark 136. — Ludwig von Thüringen und Adolf von Holstein 137. — Heinrich von England 137. — Philipp von Flandern 138.

Vorladung des Kaisers vor den päpstlichen Stuhl 139. — Der Hoftag zu Regensburg 140. — Neue Gesandtschaft an den Papst 141. — Balduin von Hennegau 142.

Kriegszug des Kaisers 143. — Rüstungen der Kölner 144. — Vorladung des Erzbischofs und seiner Anhänger 144—145. — Der Hoftag zu Worms 145. — Vertrag mit Urban 146. — Letzte Gesandtschaft an Urban 147. — Erneuerung der Feindschaft; Flucht Urbans aus Verona; sein Tod zu Ferrara 147—148.

Siebentes Kapitel . . . . 149—164

Papst Gregor VIII. 149. — Heinrich von Albano als Kreuzprediger 150. — Brief Gregors an den Kaiser 151, an König Heinrich 152. — Bischof Peter von Toul am päpstlichen Hofe 153. — Brief Gregors an Folmar von Trier 154.

Hoftag zu Straßburg; Kreuzpredigt und zweite Vorladung des Erzbischofs von Köln 154—155. — Zusammenkunft des Kaisers mit dem Könige von Frankreich und dem Kardinale von Albano 155—156. — Weihnachtsfeier zu Trier; Tod Gregor' VIII.; Papst Clemens III.; der Erzbischof von Köln am kaiserlichen Hofe zu Nürnberg 157. — Hof König Heinrichs zu Koblenz 158. — Der Hof Christi; die Unterwerfung des Erzbischofs von Köln 159. — Die Kreuznahme des Kaisers 160.

Gesandtschaft Clemens' III. 160. — Erwiderung derselben von Seiten des Kaisers 161. — Bereitwilligkeit des Papstes zur Kaiserkrönung Heinrichs; Absetzung Folmars von Trier 161. — Der römische Consul als Ueberbringer der Friedensbedingungen; Abschluß des Friedens 161—162. — Brief des Kaisers an Clemens, die bevorstehende Kaiserkrönung Heinrichs betreffend; Aufbruch zum Kreuzzuge 162. — Heinrichs Brief an Clemens; Verkündigung der Absetzung Folmars durch den Kardinal Soffred; Wahl des kaiserlichen Kanzlers 163. — Tod des Kaisers 164.

Beilagen . . . . 164—244
   1. Der angebliche 15jährige Nießbrauch des mathildinischen Landes 166—170
   2. Diplomatischer Verkehr zwischen dem Kaiser und der Kurie in den Jahren 1130 bis 1150 . . . . 171—183
   3. Ueber Kapitel 93 bis 100 der Gesta Trevirorum . . . . 184—188
   4. Regalien- und Spolienrecht in Deutschland . . . . . 189—196
   5. Die Reihenfolge der Hoftage . . . . 197—199
   6. Ueber ungedruckte Briefe eines leipziger Codex . . . . 200—204
   7. Der Recognoscent ist nicht immer am gegebenen Orte und Tage der recognoscirten Urkunde zugegen . . . . 205—211
   8. Die Briefe ap. Hartzheim Conc. Germ. 3, 438—40 . . . 212—215
   9. Die Beamten Italiens von 1184 bis 1188 . . . . . . 216—220
   10. Regesten Friedrich' I. vom Juni 1184 bis zum März 1188 221—244

Berichtigungen und Zusätze.

Seite 5 Zeile 25. 26 lies: Abt aus weiter Ferne zu ihm eilt, um für die burgundischen Besitzungen seines Klosters einen Schirmbrief zu erwirken.
Seite 17 Zeile 32 statt: M. G. 8, 373 lies: M. G. 6, 876.
„ 38 „ 41 statt: bei Lacomblet Annalen lies: in Annalen.
„ 66 „ 28 lies: die Belehnung vor der Weihe.
„ 85 „ 27 ergänze: Mansi Coll. conc. 22, 506. Watterich Vitae pont. 2, 688.
Seite 85 Zeile 28 statt: November ober Dezember 1186 lies: Dezember 1186 ober bald darauf.
Seite 88 Zeile 29 ergänze: Dasselbe gilt von einer deutschen Bearbeitung dieser Abhandlung in der Ztschr. f. vaterl. Gesch. und Alterthumskunde Westfalens. Bd. 25.
Seite 94 Zeile 18 lies: und ihm.
„ 96 „ 17 lies: und ihn.
„ 102 „ 39 lies: ersteren.
„ 102 „ 40 lies: letzteren.
„ 103 „ 4 statt: dessen lies: Lucius' III.
„ 110 „ 6 statt: Mähren lies: Meran.
„ 113 „ 34 lies: man aber auch.
„ 125 Note 3. Wegen der großen, bisher nicht genug gewürdigten Verdienste Wichmanns von Magdeburg um das Zustandekommen des Friedens von Venedig vergleiche man noch die längere Stelle in dem erst kürzlich veröffentlichten chron. gratiae Dei bei Winter Die Prämonstratenser des 12. Jahrhunderts 839.
Seite 134 Zeile 4 statt: das lies: die.
„ 152 „ 38 ergänze: Leibnitz Cod. jur. gent. Prodrom. 4.
„ 168 „ 9 lies: Willkür.
„ 177 lies: Otto von Eichstädt.   5. Otto von Eichstädt.
          Otto von Freising.   4. Otto von Freising.
          Theobald von Passau.   8. Theobald von Passau.
„ 198 Zeile 31 statt: März 5. lies: März 27.
„ 207 „ 36 lies: Widerspruch.
„ 222 „ 31 statt: Mirus lies: Milo.
„ 222 „ 32 statt: Warus lies: Wala.
„ 224 „ 12 lies: Nimmt auf Bitten des Abtes Lantelinus das Kloster casa Dei in der Gascogne mit Allem, was dasselbe im römischen Reiche besitzt, in seinen Schutz.
Seite 224 Zeile 34 statt: Spannheim lies: Sponheim.

Erstes Kapitel.

Wenn je ein Kaiser mit Befriedigung auf die Lage des Reiches und seine eigene Stellung im Reiche hinblicken konnte, so war es Kaiser Friedrich zur Zeit jener glänzenden Pfingstfeier, die er im Mai des Jahres 1184 zu Mainz beging.

Der Friede von Venedig hatte das Reich mit der Kirche versöhnt; Friedrich war erlegen, aber seine Niederlage konnte noch immer eine ehrenvolle genannt werden. Er verzichtete zwar auf die Idee der theokratischen Weltherrschaft, aber er machte kein Zugeständniß, welches die Macht des Reiches geschwächt, der Kirche gehoben hätte. Wie Papst Alexander nur für die Gleichstellung der Kirche, nur gegen das Reichspapstthum gekämpft hatte, so war durch den Frieden auch nur dieses verhütet, nur jene gesichert[1]). Völlige Gleichberechtigung der Kirche und des Reiches war der Grundgedanke des Friedens: Friedrich hatte die unmittelbare Einwirkung auf das Papstthum hingegeben, Alexander war auf die Ansprüche einer päpstlichen Lehnshoheit über das Reich, wie man sie Hadrian IV. zuschreibt, nicht zurückgekommen. Auch leistete der Kaiser keinen einseitigen Verzicht, der Papst mußte ebenso Einiges aufgeben, Anderes zugestehen. Nichts Entscheidendes erreichte er zu Gunsten seiner treusten Bundesgenossen, der Lombarden und des Königs von Sicilien, wie sehr er auch für sie einen definitiven Frieden gewünscht und verlangt hatte. Die Erzbischöfe von Köln und Mainz, wesentliche Stützen des Schisma, verblieben in ihren Aemtern; der Anhänger des Papstes, Adalbert von Salzburg, mußte dagegen vor der entschiedenen Forderung des Kaisers von seinem Sitze weichen. Friedrichs Ehe, bisher von der Kirche verworfen, wurde nun gebilligt und Beatrix als

---

1) Freilich sprach Fechner jüngst von einem Friedensschlusse zu Venedig, „der aus dem römisch-kaiserlichen Weltreiche ein römisch-päpstliches schuf". Leben des Erzb. Wichmann von Magdeburg in Forsch. z. deutsch. Gesch. 5, 423.

Kaiserin anerkannt. Der Papst erhob berechtigte Ansprüche auf das Land der Gräfin Mathilde; der Kaiser wollte dieselben nicht zugestehen; im Frieden selbst mußte die Streitfrage umgangen werden; zuletzt bequemte sich der Papst, wiewohl mit schwerem Herzen, die endgültige Entscheidung Vertrauensmännern zu überlassen. Und wie diese Frage sollten auch alle Streitigkeiten geregelt werden, welche seit Hadrian IV. zwischen Reich und Kirche schwebten; dahin scheinen aber Rechte gehört zu haben, auf welche vormals Lothar III. schon verzichtet hatte [1]).

Als eine Schwächung des Reiches hat denn auch kein Zeitgenosse den Frieden von Venedig beklagt: Gottfried von Viterbo, Erzieher des jungen Königs und so recht Vertreter hoher imperialistischer Anschauungen, empfindet dieselbe Befriedigung, wie etwa der Erzbischof von Salerno oder der Biograph Alexanders. Wurde doch auch der Friede von Männern betrieben, welche sich als die eigentlichen Hüter des Reiches betrachteten und gewiß nicht in eine Schmälerung seiner Rechte einwilligten. Derselbe Erzbischof, dem man besonders das Friedenswerk zuschrieb, nannte sich wohl „von Gottes und des Kaisers Gnaden" [2]) und erklärte einem anderen Papste, er könne als Reichsfürst, dem die Wahrung der Reichsinteressen heiligste Pflicht sei, die Unbillen nicht länger dulden, welche er dem Kaiser zufüge [3]).

Am Allerwenigsten erschien der Friede als ein Fortschritt der Kirche, wenn man ihre Stellung unter Friedrichs nächstem Vorgänger ins Auge faßte. Damals konnte Otto von Freising „in der Bitterkeit seiner Seele" die Kirche einem wachsenden Berge vergleichen, zu dessen Füßen das Reich fast in Trümmern lag [4]). Reaction gegen diese Uebermacht der Kirche war ursprünglich die einzige Absicht des Kaisers, der im Uebrigen Hand in Hand mit der Kirche die hehre Idee des römischen Reiches verwirklichen wollte [5]). Sieht man nur darauf und scheidet aus seiner Politik jene Pläne, welche dem maßgebenden Einfluß Reinalds von Köln zuzuschreiben sind, so war das Schlußergebniß des Kampfes doch zu Gunsten des Kaiserthums ausgefallen; die Kirche hatte trotz des Sieges ihre frühere Uebermacht nicht wiedergewonnen; das Reich war trotz seiner Nieder-

---

1) Vgl. Ficker Deutsches Königthum und Kaiserthum 75.
2) Ep. Wichmanni Magdeb. sep. ap. Sudendorf Reg. 1, 74.
3) Ep. ejusd. ap. Ludewig Rel. mscr. 2, 448.
4) Vgl. Nitzsch Staufische Studien in v. Sybel's Hist. Ztschr. 3, 335.
5) M. G. L. 2, 90. 93.

lage zu seiner früheren Machtlosigkeit nicht zurückgedrängt worden. Die Stellung Eugen' III. würde sich eben so wenig mit der Alexander' III. und seiner nächsten Nachfolger vergleichen lassen, als eine Aehnlichkeit zwischen Konrad III. und Friedrich I. besteht. Hat das Papstthum unter Friedrichs Regierung noch einmal in einen Kampf mit dem Kaiserthum sich eingelassen, — es ist kläglich erlegen. Zunächst waren es die Waffen des Kaiserthums, welche die schwankende Weltlichkeit des Papstthums stützten; ein kaiserlicher Feldherr führte den Papst nach Rom zurück und suchte ihn wieder zum Herrn seiner Staaten zu machen. Als dessen kräftiger Arm nach wenigen Jahren im Tode erlahmte, da brach auch die Herrschaft des Papstes zusammen, der nun von Stadt zu Stadt fliehend seine einzige Hoffnung auf die erneute Hülfe des Kaisers gerichtet hatte.

Auch die Beziehungen des Kaisers zu jenen Mächten, welche die treusten Bundesgenossen des Papstes waren, hatten sich in günstigster Weise gestaltet. Zwischen Sicilien und dem Reiche bestand zunächst zwar nur ein Waffenstillstand, aber schon bereitete sich jenes Ereigniß vor, welches als der herrlichste Gewinn erscheinen mußte, weil es dem Erben des Kaiserreiches die Anwartschaft auf Sicilien eröffnete: die Verlobung desselben mit der Erbin Konstanze. Sicilien für sein Haus oder das Reich zu gewinnen, war aber von jeher einer der sehnlichsten Wünsche, der kühnsten Pläne des Kaisers gewesen[1]). Ohne Schwertstreich stand er also der Verwirklichung nahe.

Was die Lombarden betrifft, so brauchte der Kaiser, um sich ihrer Treue zu versichern, ihnen nur die gewünschten Rechte zu gewähren, in deren thatsächlichem Besitze sie sich auch vorher befunden hatten. Er war dazu bereit und schloß den Frieden von Konstanz. Da verzichtete er zwar auf das wesentliche Ziel seiner lombardischen Politik, auf die unumschränkte Herrschaft; aber es geschah nicht zu seinem Nachtheile. Das friedliche Abkommen eröffnete ihm eine reiche Finanzquelle und sicherte ihm aufrichtige Freunde in etwaigen Kämpfen. Freilich nahmen die Städte der Lombardei jetzt eine ähnliche Stellung ein, wie in Deutschland die Fürsten. Aber wie der

---

1) Bezeichnend dafür ist folgende Stelle: Fredericus quibus potuit modis imperio Romano terras illas (sc. Apuliam, Calabriam et Siciliam) reddendas vendicavit. Verum strenuissimus rex Rogerius eiusque successor rex Guillelmus, paterno usus consilio, semper ut eos attentat imperator, Lombardos precio clam corruptos excitant ad arma in imperatorem movenda, ut illorum labor eis sit quies etc. Tandem exquisito Fredericus consilio etc. Gervas. Tilburens. ap. Leibnitz Scr. 1, 944.

Kaiser in Deutschland eine Macht besaß, gegen die kein Fürst aufkommen konnte, so fehlte auch in Italien die Möglichkeit nicht, den lombardischen Städten ein starkes Gegengewicht zu halten; denn einmal mußten sich nun die geistlichen und weltlichen Großen Oberitaliens um so enger dem Kaiser anschließen, je bedrohlicher ihnen die Macht der Städte wurde; dann bot der ewige Hader der Letzteren, welcher mächtig wieder erwachte, sobald die Gefahr vor dem äußeren Feinde beseitigt war, eine immer neue Gelegenheit, in ihre Verhältnisse einzugreifen. So konnte der Kampf der Parteien, wenn ein kluger Kaiser die eine gegen die andere benutzte, nur dazu dienen, dessen Macht und Einfluß zu stärken. Ferner hatte das Reich in jenem ergiebigen, durch Friedrich ziemlich wieder vereinigten mathildinischen Lande einen wirklichen Besitzstand von nicht genug zu schätzendem Werthe.

Was der Kaiser den Lombarden geopfert hatte, besaß er in ungeschmälertem Maße durch ganz Mittelitalien. Hier die kaiserliche Herrschaft in ihrem vollen Umfange wieder herzustellen, war gleich nach dem Frieden von Venedig die Aufgabe jenes gewaltigen Christian von Mainz gewesen, „der durch den bloßen Schrecken seines Namens die Lande beherrschte". Hatte er auch mit unsäglichen Schwierigkeiten zu kämpfen gehabt, hatte auch das Gold des griechischen Kaisers, der mit Argwohn auf die wachsende Macht der Deutschen sah, eine mächtige Verschwörung gegen ihn aufgeboten[1]), — Christian war doch zuletzt als Sieger aus dem Kampfe hervorgegangen[2]). Kaiserliche Beamte verwalteten fortan die großen Reichslehen, die Mittelitalien bildeten; ein Reichslegat übte die Hoheitsrechte des Kaisers[3]). Keine Stadt konnte sich dem unmittelbaren Eingreifen desselben entziehen[4]), kein Großer behauptete eine irgend bedrohliche Macht.

Um bei den Nebenländern zu verweilen: die Verbindung Burgunds mit dem Reiche ist vielleicht nie so innig gewesen, als eben jetzt.

---

1) Die genauen Berichte des Griechen Nicetas Choniat. ed. Bekker 260—63. 497 und des Engländers Bened. Petrob. ed. Hearne 2, 321 bestätigen und ergänzen sich gegenseitig. Deutsche haben nur die Gefangennahme Christians durch den Markgrafen von Montferrat angemerkt.
2) Transl. sti. Annon. M. G. 11, 516. Annal. Reinhardsbr. ed. Wegele 40. Annal. Colon. max. M. G. 17, 791.
3) S. Beilage IX.: Die Beamten Italiens von 1184 bis 88.
4) Wir kommen mit einem Worte darauf zurück.

Seit dem Tode Heinrich' III. war der Einfluß des Kaisers in Burgund immer tiefer gesunken; gegen Ende seines Lebens mußte Lothar III. gestehen, daß die kaiserliche Herrschaft dort fast in Vergessenheit gerathen sei und der Neugründung bedürfe¹). Diese Aufgabe hatte Kaiser Friedrich erfaßt. Bald war die zähringische Schattenherrschaft beseitigt²) und die kaiserliche Herrschaft, die besonders durch das burgundische Erbe der Kaiserin gestärkt wurde, im weitesten Umfange wieder hergestellt und befestigt³). Lange hatte es indeß gedauert, bis der Kaiser seiner Neugründung die Weihe und Vollendung gab: erst im Jahre 1178 empfing er die burgundische Königskrone. Wohl hat ein Engländer, dem es an richtigem politischen Verständnisse nicht fehlen mochte, von dieser Krönung gesagt, sie solle dazu dienen, die unglücklichen Erfolge der letzten Zeit zu vertuschen und den Namen des Kaisers glänzender auf die Nachwelt zu bringen⁴). Möglich; aber gewiß ließ es sich nicht läugnen, daß die Krönung in einer wohlbefestigten und starken Herrschaft ihre volle Berechtigung fand. Auch scheint dieselbe die Verbindung Burgunds mit dem Reiche noch enger geknüpft, das Ansehen des Kaisers noch mehr erhöht zu haben. Zahlreicher als vorher finden wir die geistlichen und weltlichen Großen Burgunds am Hofe des Kaisers, sei es um ihn zu begrüßen, sei es um ihre Lehen von ihm zu empfangen und ihm zu huldigen⁵). Sein Machtspruch entsetzt die Widerstrebenden, bringt bischöfliche Kirchen in die Abhängigkeit des Reiches zurück, und so hoch gilt sein Ansehen, daß sogar ein französischer Bischof aus seinem Sprengel jenseits der Loire zu ihm eilt, um für sein burgundisches Kloster einen Schirmbrief zu erwirken⁶).

Das Königthum konnte in den Nebenlanden nicht gesichert sein, wenn es nicht fest im eigenen Boden Deutschlands wurzelte. Gleichwohl hatte ihm hier eine große Gefahr gedroht; aber indem es dieselbe beseitigte, bewährte es seine frische Kraft und vollendete seine

---

1) M. G. L. 2, 83.

2) Otto Sanblas. c. 21. cf. Otto Fris. Vita 2, 30.

3) Ragewin. 2, 8.

4) — ut sinistros eventus aliquo saltem elatae mentis titulo coloraret et posteris suis memoriale relinqueret, quousque sui fines imperii dilataret, ad plagam meridianam — coronatus est Arelate. Radulf. de Diceto ap. Twysden 600.

5) Von allen burgundischen Bischöfen, die in erweislicher Abhängigkeit vom Reiche stehen, finde ich in den Jahren 1180—90 nur die Bischöfe von Balence und Diö nicht bei Hofe.

6) Gallia christ. 2, 336.

Befestigung. Diese Gefahr lag in dem Dualismus der beiden mächtigsten Gewalten des Reiches. Neben dem staufischen Königthume stand das Herzogthum Heinrich des Löwen in einer Machtfülle, die mit dem Königthume unvereinbar schien. Wie lange auch das Königthum vom Herzogthume unterstützt, das Herzogthum vom Königthume begünstigt wurde, ein endlicher Zusammenstoß konnte nicht ausbleiben. Er erfolgte, und das Königthum siegte. Mit dem Verluste seiner gewaltigen Macht hatte Heinrich der Löwe seinen Trotz gegen den Kaiser büßen müssen. An seine Stelle aber waren Männer von erprobter Treue getreten. Der Waffengefährte Friedrichs, Otto von Wittelsbach, gewann das bairische Herzogthum. Der größte Theil Sachsens fiel dem Erzbischofe von Köln zu, von welchem man gewiß annehmen durfte, daß er in seinen Grundsätzen verharrend der Krone mit Gut und Blut dienen würde. Den kleinen Rest des zerrissenen Herzogthums erhielt ein anderer Freund des Kaisers, Bernhard von Askanien. So hatte Friedrich den mächtigen Feind vernichtet, drei befreundete Männer enger an sich gekettet. Wo gab es jetzt noch eine Macht im Reiche, die dem Königthume gefährlich werden konnte?

Ein Stammherzogthum, einst die größte Gefahr für die Einheit der Reichsgewalt, bestand nicht mehr. Wo vielleicht noch eine Grundlage für eine ähnliche Macht vorhanden gewesen, hatte der Kaiser dieselbe vernichtet. Von dem so mächtigen und einheitlichen Baiern waren die meranischen Lande, waren die Marken getrennt und in ihrer Selbständigkeit anerkannt, um den bairischen Herzögen, wie man von der Abzweigung Oesterreichs sagte[1]), die Widerstandskraft gegen das Reich zu legen. — Sachsen war getheilt und damit dem Aufkommen einer Macht vorgebeugt, welche dem Herzogthum Heinrichs vergleichbar wäre. Köln hatte freilich durch den Löwenantheil, der ihm zufiel, eine Macht gewonnen, um welche es jeder Fürst beneiden mochte, die aber noch keine Uebermacht war. Hier wirkten keine dynastischen Interessen in königsfeindlicher Richtung. Der Tod jedes Erzbischofs stellte das Herzogthum gleichsam zur freien Verfügung dem Kaiser zurück. Dem Herzogthume Sachsen fehlten dagegen alle Bedingungen zu größerer Machtentfaltung. Herzog Bernhard war ohne bedeutende Hausmacht, ohne die vielen Kirchenlehen, durch welche Heinrich der Löwe klug und gewaltsam seine

---

1) Annal. Altahens. M. G. 17, 882.

Herrschaft zu verstärken gewußt hatte, die aber nun den Bischöfen heimgefallen waren. Nicht wie in den süddeutschen Herzogthümern huldigen hier die Markgrafen, der Land- und Pfalzgraf und viele Grafen dem Herzoge als ihrem Lehnsherrn; sie erkennen nur den König über sich. — Von dem mächtigen Böhmen war vor Kurzem Mähren abgezweigt und durch die Erhebung des letzteren zur reichslehnbaren Markgrafschaft dem ersteren ein Gegengewicht geschaffen. — Die Zersetzung des lothringischen Herzogthums, nie zu rechter Stammeseinheit geschlossen, war längst erfolgt; um in den niedern Landen, wo der Einfluß Kölns überwog, zu großem Wachsthume desselben vorzubeugen, dachte der Kaiser bald daran, in Namur und Hennegau eine starke reichslehnbare Markgrafschaft zu errichten[1]). — Schwaben mit Elsaß war im Besitze des Kaiserhauses. Nach Italien[2]) hinabreichend, Burgund begränzend, hatte es für die Reichspolitik der Kaiser den höchsten Werth. Und dieses Herzogthum war seit dem Regierungsantritte Friedrichs zu immer größerer Macht und Geschlossenheit herangewachsen, recht im Gegensatze zu der Zersplitterung der anderen Herzogthümer. Durch den Erbvertrag mit Herzog Welf VI. wurde die Wiedervereinigung der welfischen Lande, die noch in letzter Zeit durch das reiche Erbe der Gemahlin Welfs vermehrt waren[3]), mit dem schwäbischen Kernlande gesichert. Schon hatte der Herzog die ganze Masse seines Besitzes dem Kaiser zu Eigen gegeben und als Lehen aus dessen Händen zurückerhalten[4]). Die geringeren welfischen Besitzungen Heinrich des Löwen hatte der Kaiser Verschiedenen zugetheilt, einen größeren Theil derselben empfing Herzog Welf, alle aber gelangten durch Heimfall oder Erbschaft nach und nach in die Hände des Kaisers[5]). In Schwaben und Elsaß lagen ferner die zahlreichen, durch Kauf oder Erbschaft erworbenen Besitzungen des Kaisers, die der Mönch

---

1) Die Urkunde, minder wichtig, als man erwartet hatte, ist nun gedruckt bei Prutz Heinrich der Löwe 488.

2) Hier hatte der Kaiser die losgerissene Grafschaft Chiavenna wieder zum Herzogthume gefügt. B. R. I. 2777.

3) Annal. Sindelfing. M. G. 17, 300.

4) Anon. Weingart. ap. Hess Mon. Guelf. 51. 52. Otto Sanbl. c. 21.

5) Imperator bona ipsius multis distribuit praeter ea, quae Vuelphoni — dereliquit, — quae tamen omnia postmodum cesserunt imperatori sive hereditaria successione sive fiscali. Chron. Ursperg. 310.

von Sanblasien verzeichnet hat¹). Kaum dem Namen nach Lehen verschmolz das Herzogthum mit diesen und den andern Gütern des staufischen Hauses, mit den Gütern des Reiches. — In das fränkische Herzogthum theilten sich das kaiserliche Haus und der Bischof von Würzburg. Hier lag das reiche salische Erbe der Staufer mit seinem Kerne im gesegneten Worms- und Speiergau; hier lagen die ausgedehnten Güter des Herzogs von Rotenburg, welcher einst „durch seine Macht und seinen Reichthum selbst dem Kaiser gefährlich wurde"²), dessen Erbe er aber dann geworden. Und wie in Schwaben mag er auch hier glücklich in kleineren Erwerbungen gewesen sein³).

Zu diesen Besitzungen kam das Erbe der Kaiserin, dessen Bedeutung für die Wahrung der Reichsinteressen in Burgund wir schon betont haben. So erstreckte sich die staufische Macht von dem transjuranischen Burgund bis weit in Franken hinein und umfaßte besonders die Lande, in denen doch die Schwerkraft des Reiches beruhte⁴). Den Namen des staufischen Herzogthums, Alemannien, brauchte man ganz allgemein von Deutschland selbst⁵).

Was dieser Macht immer größere Ausdehnung gab: das formelle Bedenken dem materiellen Vortheile opfernd, empfing der Kaiser Lehen von Bischöfen und Aebten⁶). „Ein weiser und fürsorglicher Mann, der gar sehr darauf bedacht war, seine Besitzungen abzurunden und den Söhnen ein reiches Erbe zu hinterlassen", hatte er hier das bequemste Mittel zur Erreichung dieser Absicht gefunden⁷).

---

1) Vgl. über die einzelnen Erwerbungen Stälin Wirtemb. Gesch. 2. §. 13. Ich erlaube mir hinzuzufügen, daß der Kaiser 1189 vom Abte von Murbach erwarb in partibus Suevie curiam magnam Grüningen sive Grünowe dictam, ubi ducenti quinquaginta milites conjuncti servicio abbatis ministrabant. Notit. fund. Murbac. abbat. ap. Grandidier Hist. d'Alsace 2, 72.

2) Qui ipse imperatori adhuc vivens potentia et opibus formidini exstitit. Hist. calam. eccl. Salisb. ap. Pez Thesaur. 2c, 212. Ditissimus in possessione praediorum princeps. Otto Sanbl. c. 21.

3) — praedia — adquisivit — multorum — aliorum in aliis regionibus quae nobis incerta sunt. Otto Sanbl. l. c.

4) A Basilea usque Moguntiam — maxima vis regni esse noscitur. Otto Fris. Vita 1, 12.

5) So wird er seit Anfang des 12. Jahrhunderts, aber erst seit Friedrich I. in größerer Ausdehnung gebraucht. Vgl. Stälin Wirtemb. Gesch. 2, 639 Note 1.

6) Ficker Vom Heerschilde 40.

7) Vir in omnibus providus et sagax nennt ihn mit Bezug auf seine Erwerbungen der Anon. Weingart. 51. — imperator cum esset prudens et potens atque diversa praedia propter inclitam eius prolem in unum aggregaret, etc. Würdtwein N. S. 10, 60 — coepit utilitatibus filiorum suorum intendere. Chron. Ursperg. 311. ed. 1537.

Wo sich nur ein Kirchenlehen eröffnete, da wußte er dasselbe für sich oder seine Söhne zu erwerben. Der Erzbischof von Mainz, die Bischöfe von Speier, Straßburg, Basel, Chur, Augsburg, Bamberg, Würzburg, der Abt von Fulda: sie Alle, wie sie das staufische Besitzthum gleichsam im Kranze umgaben, hatten in dieser Weise zur Erweiterung desselben beitragen müssen. Die erworbenen Lehen aber wurden kaum anders, denn als Eigengüter betrachtet. In ähnlicher Weise erweiterte der Kaiser durch Erwerbung von Vogteien seinen Einfluß auf die Stiftslande. Während andere Kirchen sich dieser lästigen Institute zu entledigen suchen, müssen hier die Bischöfe von Bamberg, Augsburg und Chur minderjährigen Söhnen des Kaisers die Vogtei ihrer Kirchen übertragen, ist der Kaiser selbst Vogt der speirer Kirche.

Hatte der Kaiser für die Hülfe Heinrich des Löwen, als er ihrer so dringend bedurfte, nicht einmal die eine Reichsstadt Goslar hingeben wollen, so mag man danach seine Sorge für die Erhaltung der Reichsgüter bemessen. Und zahlreich waren diese noch in allen Theilen des Reiches; wäre das Reich schon unter Friedrich I. und Heinrich VI. verarmt gewesen, den späteren Königen hätten die reichen Mittel gefehlt, wodurch sie sich die Gunst der Fürsten erkauften. Unter Friedrich waren die Reichsgüter noch im Wachsen begriffen. Erst jetzt bildete sich der Reichsgüterkomplex im pleißner Lande, wichtig für die Verhältnisse des Ostens[1]. Kleinere Lehen fielen dem Reiche heim[2]) und wurden fortan nicht wieder verliehen, sondern durch kaiserliche Beamte verwaltet.

Reich wie die Besitzungen sind natürlich die Einkünfte aus ihnen. Geldmangel hat die Unternehmungen dieses Königthums nie gelähmt. Auch die Regalien: Zölle, Forsten, Bergwerke, Münz- und Marktrechte, wenngleich durch frühere Vergabungen vermindert, sind noch immer ergiebig. Der bedeutenden Einnahmen, welche der Friede von Konstanz dem Reiche sicherte, gedachten wir schon. Erfaßte der Kaiser auch die ungermanische Idee einer Reichssteuer nicht, wie sie unter englischem Einflusse vordem Heinrich V.[3]), nachher Otto IV.[4]) einzuführen gedachte, so forderte er doch von denjenigen,

---

1) Vgl. Ficker Deutsches Königth. u. Kaiserth. 104.
2) Darauf beziehen sich wohl die Erwerbungen jure fiscali.
3) Otto Fris. chron. 2, 7.
4) Annal. Reinhardsbr. 128.

die am Zahlungsfähigsten waren, nicht geringe Geldleistungen. Man rühmte zwar Friedrichs Verehrung gegen die Geistlichkeit, äußerte aber wohl ein gelindes Mißfallen über die Abgaben, welche er den Bischöfen nach Maßgabe ihrer Regalien auferlegte [1].]

Der Masse der Besitzungen entsprach auch die militairische Stärke des Kaisers.

Das Erbe der Enkelin Friedrichs veranschlagte man auf 350 Burgen [2]. Gleichwohl mochte es damals dem Propste von Ursperg scheinen, daß ihr Vater, König Philipp, in Folge seiner zahlreichen Vergabungen Nichts zurückgelassen habe, „als den nichtigen Namen der Herrschaft, Städte oder Marktflecken und wenige Burgen" [3]. Welche Zahl der staufischen und kaiserlichen Burgen also zu Friedrichs Zeiten! Will man ihre Bedeutung recht würdigen, so muß man vergleichen, was derjenige dagegen zu bieten vermochte, „dessen Macht und Reichthum Alle mit Staunen erfüllte" [4]. Außer seinen Städten besaß Heinrich der Löwe 67 Burgen [5].

Zahlreich sind die schwäbischen und fränkischen Ritter und Herren, welche dem Kaiser nach Italien folgten, auf deren Tüchtigkeit und Treue er sich verlassen konnte. Zu ihnen kamen die staufischen und kaiserlichen Ministerialen, dem Kaiser mit Leib und Leben gehörend. Sie schützten die Burgen, bildeten den Kern des Heeres. Auf seinem ersten Waffengange in Italien bedurfte König Heinrich der Fürsten nicht; mit Hülfe abhängiger Grafen und Herren, gestützt auf seine Ministerialität erkämpfte er nicht unbedeutende Erfolge [6]. Als er dann im Jahre 1189 zur Erlangung der Kaiserkrone nach Rom ziehen wollte, genügte es vorzüglich seine Ministerialen zu entbieten [7], und als er nach wenigen Jahren eine mächtige Opposition

---

1) — episcopis vectigalia et alia onera fiscalia ratione regalium imponebat, — clericos tamen et religiosos semper honorare et venerari consuevit. Vita Hartmanni Brix. ap. Pez Scr. 1, 514 — videtur nobis, quod quibusdam pensis, etsi non injuste, indecenter tamen gravati sumus. Worte Philipps von Köln. Arn. Lub. 3, 18.

2) Arn. Lub. 7, 16. 19. Ich citire den Arnold von Lübeck nach der Kapiteleintheilung der von Lappenberg für die M. G. vorbereiteten und von Laurent übersetzten Ausgabe.

3) Chron. Ursperg. 324.

4) Gisleb. chron. Hannon. ed. Du Chasteler 68.

5) Robert. de Monte M. G. 8, 532.

6) Einnahme Sienas und Orvietos — Streifzug in die Campagna — Besiegung Humberts von Savoyen.

7) Annal. Colon. max. 796.

deutscher Fürsten zu Boden warf, stand hinter ihm die geschlossene Macht seiner Ministerialität und der schwäbisch-fränkischen Ritterschaft.

Den Kampf gegen das Fürstenthum, wie ihn frühere Kaiser geführt, hatte Friedrich aufgegeben; ihm genügte es, wenn das Fürstenthum dem Königthume sich unterordnete; es sollte ihm seine Kräfte zur Verfügung stellen, wo er ihrer für das Reich bedurfte; in diesem Sinne nannte er seine Fürsten die Säulen des Reiches [1]). Dafür gestattete er sich keine Eingriffe in ihre Angelegenheiten und spricht es selbst wohl aus, daß ihre Zustimmung zu jeder wichtigen Reichsangelegenheit erforderlich sei [2]). Wenn diesem Königthume somit der Despotismus fremd war, so sank es doch nie zur Schwäche herab. Versuchte ein Fürst seine Befugniß zu überschreiten, der Kaiser besaß und gebrauchte die Macht, ihn wieder in seine Schranken zurückzuweisen. Und innerhalb derselben war ja auch ihnen keine zu freie Bewegung gestattet. Die ganze Organisation des Staates beruht auf dem Gesetze gegenseitiger Beschränkung, dem Lebensprinzipe rechter Freiheit. In gleicher Weise, wie die Fürsten den Kaiser beschränken, werden sie selbst durch ihre Vasallen beschränkt. Jeder Lehnseid aber wird geschworen „unbeschadet der Treue gegen den Kaiser". So sind Alle auf den Kaiser hingewiesen, er ist das Haupt der feudalen Gliederung, die von ihm ihre Regelung erhält [3]).

Unter den Fürsten waren die geistlichen von überwiegender Bedeutung; denn die frommen Kaiser hatten ja den Besitzstand der Kirchen derartig vermehrt, daß nun Bischöfe und Aebte, wie man klar erkannte [4]), die eigentlichen Stützen des Reiches sein mußten. Sie an sich zu ketten, war daher eine der ersten Aufgaben des Königthums. Friedrich hat sie verstanden, wie kaum ein anderer Kaiser. In seiner durchgreifenden Beeinflussung der Bischofswahlen lernen wir nicht den letzten Meisterzug seiner Politik kennen. Konnte doch Jeder, dem ein Amt in der kaiserlichen Kanzlei anvertraut wurde, auf einen bald zu erlangenden Krummstab rechnen. Das war der Lohn für geleistete, der Sporn für fernere Dienste.

---

1) — capitales Romani columpnas imperii videlicet illustres principes nostros. Ughelli Ital. sac. 2, 172.
2) Gesta Trevir. c. 94.
3) Vgl. Nitzsch Staufische Studien a. a. O. 355. Ficker Deutsches Königth. u. Kaiserth. 100.
4) M. G. L. 2, 73.

Enger sind die Bischöfe mit Kaiser und Reich verbunden, seitdem ihre völlige Eingliederung in den Lehnsstaat vollzogen ist. Das scheint aber erst unter Friedrich I. geschehen zu sein, wie sehr auch früher schon ihre Stellung zum Reiche einer eigentlichen Lehnsverbindung sich nähern mochte. Die Regalien der Reichskirchen, vordem als deren Eigen betrachtet, sind jetzt Reichslehen[1]). Obwohl Lothar III., dem Willen des Papstes sich fügend, auf die Mannschaft der Bischöfe verzichtet hatte, obwohl auch Friedrich, als er dieselbe in weiterem Umfange verlangte, einen energischen Widerspruch des Papstes gefunden, er hatte doch seinen Willen durchgesetzt: die Bischöfe sind Mannen des Reiches[2]). Und dieser innigen Verbindung mit dem Kaiser sind sie sich wohl bewußt; der Kaiser bittet sie um eine Entscheidung, sie treffen diese, indem sie den stärksten Ton auf die Lehnsabhängigkeit, auf die Treupflicht und Mannschaft legen[3]). Dem Kaiser zu dienen, seine Feinde zu besiegen, scheint ihnen selbst ihr höchster weltlicher Beruf zu sein[4].

---

1) Ficker Vom Heerschilde 51—69.

2) Ficker a. a. O. glaubte das hominium der Bischöfe trete unter Friedrich I. zum ersten Male auf. Dagegen wies Weitz G. G. A. 1862. Nr. 37 darauf hin, daß schon Lothar III. bei seiner Wahl darauf verzichtet habe. Aber bald finden wir es wieder. Schon unter Lothar und dann unter Konrad III. verweigert ein deutscher Erzbischof hominium et sacramentum fidelitatis. Vita Chunradi Salisb. M. G. 13, 66. Ferner gestattet Konrad III. im Jahre 1145 dem Kloster St. Gislen die freie Wahl eines Abtes, qui tempore opportuno praesentiae regali se exhibeat et facto regiae majestatis hominio investituram abbatiae de manu regia suscipiat. Annal. sti. Gisleni ap. Reiffenberg Mon. p. serv. à l'hist. des prov. de Namur etc. 8, 369. Dann wirft Hadrian IV. unserem Kaiser vor: ab episcopis — hominagium requiris, fidelitatem exigis, manus eorum consecratas manibus tuis innectis. Friedrich antwortet: cur hominagium et regalia sacramenta non exigamus? — aut episcopi regalia nobis dimittant aut si hec utilia iudicaverint que Dei Deo et que cesaris sunt cesari reddant. Cont. Aquic. M. G. 8, 408. Das Letztere will auch Gerhoh von Reichersperg, aber er meint, daß dafür die fidelitas genüge, während er das hominium nicht genug tadeln kann. De investigatione im Archiv f. Kunde oest. Geschichtsquellen 20, 181. — Die erste Urkunde Friedrichs, mit Erwähnung des hominium für Deutschland, ist wieder für St. Gislen d. d. 1174 März 24. Annal. sti Gisleni l. c. 385.

3) Das spricht sich vorzüglich auf dem Gelnhausener Hofe im Jahre 1186 aus. Da sagt Konrad von Mainz: cui hominium fecimus, a quo regalia accepimus. Arn. Lub. l. c. und Wichmann von Magdeburg: de conservando et manutenendo jure et honore imperii imperatori — per sacramentum tenemur. Ludewig Rel. mscr. 2, 448.

4) Belege dafür bieten die Urkunden Arnolds von Trier, — Guden. Cod. dipl. 1, 225. — Philipps von Köln, — Lacomblet Niederrh. U.-B. 1, 328. — Der angeführte Brief Wichmanns von Magdeburg.

Eine besondere Gefahr für das Reich lag stets in der Unterbrechung der Thronfolge von Vater auf Sohn, wie sie durch den Mangel von Königssöhnen oder deren Minderjährigkeit bedingt war. Die Geschichte des Reiches nach dem kinderlosen Ableben Heinrich V. und Lothar III., während der Minderjährigkeit Friedrich II. bietet die Belege dafür. Eine Unterbrechung der Thronfolge war zunächst nicht zu befürchten: fünf blühende Söhne gewährten für den langen Bestand des staufischen Hauses frohe Hoffnung. Zwei derselben, Heinrich und Friedrich, wurden eben zu Rittern geschlagen. Auf den Aelteren war schon vor Langem das Königthum durch die Wahl der Fürsten übertragen, und Heinrich VI. versprach des Vaters würdig zu werden. Zwar besaß der hochgebildete Jüngling weniger die romantischen Eigenschaften, die den Vater so recht zum Repräsentanten des Jahrhunderts machen; aber stolze Pläne, wie der Vater sie liebte, schwellten Heinrichs Brust, und seine Staatsklugheit gab ihm die Mittel zur Durchführung derselben. Freilich finden wir in dem Charakter des Vaters und des Sohnes manche Verschiedenheiten: dort die Besonnenheit des Alters, hier das Ungestüm der Jugend, dort Milde, hier Gewaltsamkeit. Das aber zeichnet die Stellung des jungen Königs so vortheilhaft aus: die Geschichte seiner Jugend bildet das Gegentheil jener traurigen Kämpfe, welche sonst die deutschen Königssöhne gegen ihre Väter zu führen gewohnt sind. Wie Vater und Sohn auf ihrem Gepräge in Eintracht das Scepter halten, so ist auch ihr ganzes Handeln von Eintracht beseelt. Der Vater liebt seinen Sohn „wie einen eingeborenen"[1]; der Sohn nennt den Vater seinen „Vater und Herrn"[2], und welches Vertrauen der Vater hinwieder in die Fähigkeit und Gesinnungsgleichheit des Sohnes setzt, das beweist die unbeschränkte Vollmacht des Letzteren[3] in Deutschland und Italien.

So konnte man die Lage des Reiches wohl eine glückliche nennen, seinen Bestand für lange Zeit gesichert wähnen. Was

---

[1] quem tanquam unicum diligit filium. Worte Wichmanns von Magdeburg. Bezeichnend ist es für diese innigen Beziehungen zwischen dem Kaiser und seinem Sohne, wenn der Erstere einmal als Zeugen in einer Urkunde aufführen läßt: Predilectus filius noster Henricus illuster Rom. rex et dilectus filius noster Otto. Würdtwein N. S. 12, 118.

[2] Z. B. Memorie Luchesi 1, 100.

[3] Selbst der Kaiser erwartet in wichtigen Angelegenheiten die Zustimmung seines Sohnes. Gisleb. chron. Hannon. 166.

Friedrich für die höchste Aufgabe seines Lebens gehalten hatte[1]): das alte Ansehen des Reiches hatte er wieder hergestellt. In seiner Macht und Herrscherfülle erinnert er die Zeitgenossen wohl an Karl den Großen. „Ein hochherziger Mann, ausgezeichnet durch seine Thaten, ein tapferer Bezwinger seiner Feinde", schildert ihn ein Franzose, der als solcher gewiß im Preise fremder Größe nicht zu voreilig ist, „hat er das Reich also erweitert, daß er an Thatenruhm nach Karl dem Großen kaum seines Gleichen findet"[2]). Größere Bewunderung aber mag selten ein Ausländer einem Kaiser gezollt haben, als ein Engländer dem alternden Friedrich. Ihm scheint die hohe Aufgabe, welche er sich gestellt hat, in glänzendster Weise gelöst zu sein. Wie geblendet von der Fülle seiner Macht ruft er aus: „Meer, Erde, Himmel! Das ist der Lenker des römischen Reiches, der allzeit Mehrer! durch ihn ist die Glorie des alten Rom zurückgekehrt, ist seine Ehre wieder erstanden, ist seine Macht gewachsen. Das ist der so große Mann, dessen Reich hier das Mittelmeer, dort die Nordsee begränzt, dessen Ruhm in beständigen Siegen wächst[3])". Einen Deutschen endlich erinnert der Kaiser an

---

[1] — toto regni sui tempore nihil unquam duxit melius, quam ut imperium urbis Romae suo opere suoque labore pristina polleret et vigeret auctoritate. Ragewin. 2, 76. Friedrich selbst sagt einmal: — juxta illud nostrae majestatis propositum, quo non solum in terra, sed etiam in mari gloriam et honorem Romani imperii dilatare et modis omnibus corroborare intendimus ac desideramus. Senckenberg Genua liguist. 222.

[2] Vir quidem magnanimus gestisque praeclarus ac sibi rebellium fortis edomitor et qui adeo dilatavit imperium, ut post Karolum magnum gestorum magnificentia vix parem habuerit. Robert. Altissidor. ap. Bouquet 18, 259. — Nach einer anderen Seite vergleicht das Auctar. Affligem. M. G. 8, 404 den Kaiser mit Karl dem Großen: pius et iustus ab omnibus appellatus et secundus post Karolum magnum iusticia et pietate est habitus. — Archipoeta herausgegeben von J. Grimm in den Abhandl. d. berl. Akad. 1843. 205: representat Karolum dextera victrici. — Petrus d'Ebulo ap. Del Re 411: nec minor est Fredericus eo (sc. Carolo M.) — Unächt ist die Urkunde, in welcher Friedrich geradezu ausspricht, daß Karl in Allem sein Vorbild sei. B. R. I. 2511. Jedenfalls aber bezeichnen die betreffenden Worte der Fälschung wie Friedrich in nächster Zeit aufgefaßt wurde, denn schon Friedrich II. bestätigt die Fälschung in ächter Urkunde vom Jahre 1244. B. R. F. II. 1069.

[3] Itiner. reg. Richardi c. 18 ap. Galo 258. Nach der ausführlichen Schilderung von Friedrichs Persönlichkeit, die im Allgemeinen mit der Ragewin's 2, 76 und Acerb. Morena's M. G. 18, 640 übereinstimmt, muß der Verfasser, den man ganz mit Unrecht Vinisauf nennt (vgl. Pauli Gesch. Engl. 3, 874), den Kaiser oft gesehen haben.

den weithin herrschenden Theodorich, „unter dessen Herrschaft sich die Lage des Reiches in jeder Weise gehoben hat¹).

Die Bedeutung dieser Zeugnisse kann man nicht genug würdigen, wenn man bedenkt, daß es von Friedrichs nächstem Vorgänger hieß, er sei zwar ein tüchtiger Mann gewesen, aber das Reich habe unter ihm zu sinken begonnen²). Kräftig hatte es jetzt durch Friedrich sich erhoben, seine Stellung zur Kirche war eine ganz andere geworden; Italien und Burgund gehorchten; Deutschlands Macht erfüllte die Nationen mit Ehrfurcht und Staunen. Da konnte es nicht fehlen, daß einerseits der Deutsche in dem Bewußtsein der nationalen Kraft, Sicherheit und Ueberlegenheit stolz als Deutscher sich fühlte, daß anderseits die Verehrung der ganzen Nation demjenigen sich zuwandte, der sie auf diese Höhe der Macht gehoben hatte.

Liebe und Bewunderung vor dem alternden Helden und ein stolzes Nationalgefühl wirkten denn auch zusammen, um jenen mainzer Pfingsttag, von dem die Chronisten sagen, die Dichter singen, so überaus glänzend zu machen. Was zunächst nur Sache eines Familienfestes war — die Wehrhaftmachung zweier Söhne des Kaisers — das war hier Nationalfest geworden. Als ob die deutsche Nation nach einem Ausdrucke gesucht hätte, um der Mit- und Nachwelt die Fülle ihrer Kraft und ihres Reichthums, die Ritterlichkeit ihres Adels, das Ansehen des Kaisers und den Glanz des Kaiserthums zu verkünden, so war man von den Nordmarken deutschen Lebens bis hinab nach Wälschland, von Böhmen bis über die französische Grenze in Mainz zusammengeströmt. Nicht, daß man der glänzenden Hoftage früherer Kaiser gedachte, — man nannte dieses Fest entweder „ohne Gleichen", oder griff, wie Herr Guido von Provins, zu den angeblichen Hoftagen eines Alexander und Caesar und der Tafelrunde des König Artus zurück³).

---

1) — sicut de Theodorico Gothorum rege legitur, universis per circuitum regibus affinitate seu federe seu subiectione Friderico imperatore consociatis, imperii status multis modis eo imperante exaltatur. Otto Sanblas. c. 28.

2) Erat tamen vir militari virtute strenuus et quod regem decuit valde animosus, sed quodam infortunio res publica sub eo labefactari ceperat. Annal. Colon. max. 764.

3) Vgl. die Schilderung des mainzer Festes bei Abel König Philipp 1—6. Stälin Wirtemb. Gesch. 2, 113. 114.

Um das Glück des Kaisers zu vervollständigen, um ihm den vollen Genuß der ersehnten Ruhe¹) zu verschaffen, fehlte nur Eins noch: der Schlußstein zum Frieden von Venedig.

Der wormser Vertrag hatte die Stellung des Bisthums zu Kirche und Reich wenigstens in ihren wichtigsten Theilen geregelt; mochte über einzelne Punkte noch gestritten werden, ein größerer Kampf zwischen Kirche und Reich konnte daraus nicht hervorgehen. Jetzt hatte der Friede von Venedig die Gleichberechtigung beider Gewalten anerkannt; verließ man seine Grundlage nicht, dann war auch in dieser Hinsicht kein größerer Kampf zu befürchten. So konnte nur der reale Besitz das Object fernerer Kämpfe sein. Und darin bestand gerade der Mangel des Friedens von Venedig, die Besitzverhältnisse zwischen Kirche und Reich nicht geregelt zu haben. Nach wie vor beanspruchte der Papst Besitzungen, welche der Kaiser in Händen hatte; nach wie vor erwiederte der Kaiser, daß auch die Kirche Güter des Reichs besitze. Namentlich hatte man sich über das Land der Gräfin Mathilde nicht einigen können.

Von kleinen Anfängen hatte sich das Haus des Azzo von Canossa zur ersten Macht Italiens erhoben. Im Gebiete von Lucca lagen geringe Stammgüter, reicher begütert finden wir das Geschlecht bald im Norden der Apenninen. Durch Kauf und Tausch erweiterte Adalbert von Canossa seine Besitzungen über die Pogegenden; den Grund zu seiner so angesehenen Stellung scheint aber eine sehr reiche Heirat²) und die Verleihungen Otto des Großen gelegt zu haben. Von Tuscien aufsteigend, in breiter Linie um den Po gelagert, bis zur unteren Etsch sich erstreckend, umfaßte das nachmals mathildinische Land mehrere Lehngrafschaften nebst ausgebreiteten Hausgütern. „Wer je die Ufer des Po gesehen", hieß es noch in späterer Zeit, da schon manches Gebiet losgetrennt war, „der kennt auch die reiche Fruchtbarkeit und weite Ausdehnung dieses Landes!"³). Als Markgraf Bonifaz dazu noch die größeren Reichslehen Tuscien, Spoleto und Camerino erwarb, gab es keinen reicheren und mächtigeren Fürsten in Italien. Dessen Tochter war jene Großgräfin Mathilde, die Freundin Gregors VII. Sie hat bekanntlich die Kirche

---

1) — iam vergens in senium, quieti coepit operam dare. Chron. Ursperg. 311.
2) mit einer Supponide, wie Wüstenfeld mir bewiesen hat.
3) Ragewin 2, 10.

zur Erbin ihrer Hausgüter eingesetzt und dadurch die Veranlassung zu langem Streite zwischen der Kirche und dem Reiche gegeben; denn abgesehen von den zuletzt erhaltenen Reichslehen[1]) waren die älteren Lehngrafschaften im Pogebiete, über welche sie natürlich nicht verfügen konnte, derartig mit den Hausgütern verwachsen, daß eine Scheidung, welche sie selbst im wohlberechneten Interesse der Kirche nicht einmal versucht hatte, kaum noch möglich war. Die Kirche erblickte überall Eigengut, das Reich überall Lehengut[2]).

Zunächst konnte es freilich scheinen, als ob das Reich die Ansprüche der Kirche ohne alle Weiterungen bei Seite schieben würde. Auf sein angebliches Erbrecht sich berufend und von den mathildinischen Großen eingeladen, machte Heinrich V. sich zum Herrn der ganzen Hinterlassenschaft Mathildens[3]). Selbst der Papst, als er im wormser Vertrage keine Ansprüche erhob, scheint den Kaiser, wenn auch nur stillschweigend, im factischen Besitze anerkannt zu haben[4]). Die Kämpfe Lothar' III. mit den Staufen mögen es dann der Kirche ermöglicht haben, ihre Rechte auf das Land zur Geltung zu bringen[5]). Aber bald genug traten ihr die Ansprüche Lothars entgegen und sie mußte das Eigengut, welches auch jetzt aus der Masse nicht geschieden wurde, zunächst ihm gegen einen Zins übertragen[6]), dann seinem Schwiegersohne, Heinrich dem Stolzen, als päpstliches Lehen sichern. Damit war sie allerdings im legitimen Besitze des Eigengutes anerkannt, und man würde also erwartet haben, daß sie nach dem Tode

---

1) In diesen finden wir übrigens auch Eigengüter der Mathilde, so in Perugia und Siena. Bartoli Storia di Perugia 1, 253. M. G. L. 2, 52.

2) La Farina Storia d'Italia 4, 268: — spesso i beneficj erano stati legati agli allodj per concessione degl' imperatori, ed i feudi erano stati accresciuti ed ampliati per la possessione degli allodj e le richezze del feudatario. Era quindi quasi imposibile dividere con precisione i beni feudali dagli allodiali: la Chiesa vedea dappertutto allodj, l'Impero vedea feudi.

3) Ekkehard. M. G. 6, 250. Chron. Leodiens. M. G. 4, 30. Anselm. Gemblacens. M. G. 8, 373.

4) Vgl. Engenheim Entstehung des Kirchenstaates 95.

5) Aus dem Jahre 1126 datirt die einzige, mir bekannte Urkunde des 12. Jahrhunderts, die von einer Herrschaft des Papstes im mathildinischen Lande spricht. In dieser Urkunde nennt sich derselbe Graf Albert von Verona, welcher nach den von Wattenbach im Archiv f. oesterr. Geschichtskunde 14, 84—86 veröffentlichten Stilübungen Lothar III. gleich nach dessen Thronbesteigung für das mathildinische Land gehuldigt hätte: marchio et dux, — cooperante gratia et beati Petri et domini pape Honorii, ejus vicarii munere, ad hujus honoris provectus fastigia. Muratori Ant. Est. 1, 293. Orig. Guelf. 1, 463.

6) Daß man hier nicht von einer Belehnung reden darf, zeigt Ficker Vom Heerschilde 84.

Heinrich des Stolzen nun auch wirklich in den Besitz des erledigten Lehens gelangt sei; allein man findet keine Spur, die von einer päpstlichen Herrschaft über das mathildinische Land zeugte. Während eines Zustandes gänzlicher Anarchie mögen die mächtigeren Gewalten volle Selbständigkeit[1]) erlangt haben, mögen die schwächeren in deren oder Anderer Abhängigkeit getreten sein.

Um diesem Zustande ein Ende zu machen und zugleich einen deutschen Fürsten enger an sich zu ketten, gab Kaiser Friedrich bald nach seinem Regierungsantritte Herzog Welf VI. das Land zu Lehen[2]). Aber Welf gelangte nicht zu allseitiger Herrschaft; neben ihm verblieben einzelne Theile in Händen anderer Gewalten[3]); er selbst zersplitterte den eigenen Besitz. Als Friedrich im Jahre 1158 nach Italien kam, fand er das Land vollständig getheilt und zerrissen. Seine Aufgabe war es jetzt, dasselbe den unrechtmäßigen Besitzern zu entziehen und wieder zu einem Ganzen zu vereinigen. Es gelang ihm wenigstens zum Theil[4]); als nun aber ein schöner Ländercomplex wiederhergestellt war, da erhob auch Papst Hadrian die Forderung, ihm das ganze mathildinische Land zurückzugeben[5]). Jedoch Friedrich fühlte sich nicht bewogen, demselben auszuliefern, was er nie besessen hatte, was er in diesem Umfange nicht verlangen konnte. Eine Zeit lang behielt er selbst das Land in Händen, ver-

---

1) Die Vasallen lebten ohnehin schon unter einem selbstgewähltem Oberhaupte. S. die angeführten Stilproben.

2) Anon. Weingart. 38. Vgl. Stälin Wirtemb. Gesch. 2, 274. Wie Jaffé Gesch. d. Reichs unter Konrad III. 34 aus der Urkunde bei Gerbert Hist. nigr. silv. 3, 74 folgert, betrachtete sich Welf VI. schon 1140 als Erben der italienischen welfischen Besitzungen. Ein Titel für die Beanspruchung der mathildinischen Lande ließ sich allerdings wohl finden. Denn gewiß hatte jener jugendliche Welf, der Welf' VI. Oheim war, der alternden Mathilde nur unter der bündigen Zusicherung, ihn zum Erben einzusetzen, die Hand zur Ehe gereicht. Daß man von derartigen Versprechen wußte, beweist auch ein immerhin untergeschobener Brief bei Cosmas Pragens. M. G. 9, 88: Dabo (sc. Mathildis) tibi (sc. Welfoni) tot civitates, tot castella, tot palatia. Ferner konnte es doch nur geschehen, daß die Erfüllung eines derartigen Versprechens zu erzwingen, daß Welfs Vater die Hülfe Heinrich IV. anrief contra dominam Mathildam, ut ipsam bona sua filio ejus dare compelleret. Bernold. M. G. 7, 461.

3) So z. B. hatte nur ein Theil der Kapitane der Frignana Welf Treue geschworen, ein anderer war in die Abhängigkeit von Modena und Bologna getreten. S. die Urkunde bei Muratori Ant. It. 4, 201.

4) Reditus quoque imperiales, quae dicuntur domus Mathildis, a duce Guelfoni seu ab aliis distractos et dispersos congregavit. Ragewin 2, 10. Dagegen finden sich noch manche Gebiete in den Händen Anderer z. B. Cremonas, Luccas.

5) Ragewin 2, 30.

bessert und vermehrt gab er es dann seinem früheren Lehnsträger zurück¹). Bis nach dem Jahre 1167 hat nun der sonst so katholische²) Welf, unbekümmert um die Ansprüche des Papstes, das Land beherrscht, dann aber gegen eine Geldentschädigung dem Kaiser abgetreten³).

Aufs Neue machte die Kirche in den Vorberathungen, die zum Frieden von Venedig führten, ihre Ansprüche geltend. Denn wie die volle Wiederherstellung des Kirchenstaates, dessen größter Theil in Friedrichs Händen war⁴), so erhob sie auch die Zurückgabe des mathildinischen Landes zu einer ihrer Friedensbedingungen. Und anfangs konnte es scheinen, sie würde mit ihrer Forderung durchbringen. Die kaiserlichen Gesandten, welche zu Anagni die ersten Verhandlungen mit dem Papste führten, verhießen die Zurückgabe der Regalien des heiligen Petrus, aller anderen Besitzungen der Kirche und namentlich des mathildinischen Landes⁵). Aber der Kaiser hielt sich durch dieses Versprechen nicht gebunden. Der Kirche ihre Regalien und Besitzungen zurückzugeben, war er allerdings bereit, jedoch nur unter der Bedingung, daß zu weit gehenden Forderungen der Kirche gegenüber das Reichsrecht gewahrt bliebe, daß ferner auch die Kirche alle Besitzungen, welche sie selbst oder durch andere dem Reiche entzogen hätte, demselben wiedererstatten würde; um so weniger wollte er dagegen auf das mathildinische Land verzichten: bald finden wir ihn eifrigst bemüht, dasselbe dem Reiche zu sichern. In dieser Absicht sandte er seinen Kanzler Gottfried, den Bischof von Clermont und den Abt von Bonval zu Alexander und ließ ihm sagen, daß er gern bereit wäre, mit ihm Frieden zu schließen, wenn er eine Bedingung annähme, welche ihm jedoch selbst geheim bleiben und nur zwei Kardinälen anvertraut werden solle, die er ernennen möge. Gingen diese auf die Bedingung ein, so würde auch für ihn dieselbe Verpflichtung gelten.

---

1) Ragewin 2, 10.
2) Welfs Briefe an Papst Alexander. Orig. Guelf. 2. 603. 605, an den König von Frankreich. Bouquet 16, 54.
3) Anon. Weingart. 54. Otto Sanblas. c. 21.
4) Zum Jahre 1160 erzählt die Vita Alex. ap. Muratori 3a, 451 — imperialis persecutio adversus ecclesiam in tantum excrevit, quod omne patrimonium beati Petri praeter civitatem Urbeveti, Terracinam et Anagniam et munitionem castri ab Aquapendente usque ad Cepranum per Teutonicos et schismaticos fuerat detentum.
5) Promissio legatorum. M. G. L. 2, 149. cf. Romoald. Salern. M. G. 19, 448. Vita Alex. 478.

Schon hatte Alexander die Wahl getroffen; die Karbinäle Theodin und Humbald hörten von den kaiserlichen Gesandten jene Bedingung und baten ihren Herrn, derselben seine Zustimmung zu geben. Da bedachte sich dieser eines Andern; er forschte nach ihrem Inhalte. Sofort brach der Kanzler auf; aber seine Kollegen entschlossen sich, dem Papste zu willfahren. Die Bedingung verlangte, daß der Kaiser 15 Jahre hindurch die Einkünfte des Landes beziehen solle, alsdann wolle er sich auf eine Verhandlung einlassen, obwohl das Land, wie er versicherte, zum Reiche gehörte. Jedoch könne er auch diese Verhandlungen nur gestatten, wenn er während derselben im Besitze verbliebe. Auf den ersten Theil der Bedingung ging der Papst ein, in Betreff des zweiten aber forderte er, daß der Kaiser nach Ablauf der 15 Jahre das Land der Kirche überliefere; wenn sie in dessen Besitz sei, solle es ihm freistehen, den Beweis seines Eigenthums zu führen. Allein der Kaiser verwarf dieses Anerbieten sofort; nur einen Augenblick den Besitz hingeben, hieß für alle Zeit darauf verzichten[1]): er theilte darin ganz die Auffassung Alexander III., welcher wohl aus demselben Grunde den zweiten Theil der kaiserlichen Forderung abgelehnt hatte.

Nun erkannte man von kaiserlicher und päpstlicher Seite, daß man die Frage umgehen müsse, wenn man den Abschluß des Friedens nicht noch weiter hinausschieben, oder gar gänzlich vereiteln wolle. Sehr behutsam wurde daher in der Friedensurkunde, welche zu Chioggia entworfen[2]) und zu Venedig bestätigt wurde, die Bestimmung getroffen, daß Friedrich der Kirche alle ihre entrissenen Besitzungen zurückerstatten würde, aber unter Wahrung der Reichsrechte. Gleicher Weise verpflichtete sich Alexander, dem

---

1) Postquam — hic modus petitionis implende per episcopum Claremontis et abbatem de Bonavalle fuit imperatori propositus, plurimum illi displicuit et sic concordia remansit. Romoald. l. c.

2) — secundum formam, quam cum cardinalibus Romane ecclesie super iisdem possessionibus Clodii convenimus, que et illic in scripta redacta et Venetiis postmodum confirmata fuit etc. Brief des Kaisers an Lucius III. Notices et extr. des mscr. de la bibl. imp. 21, 321. — Imperator — nondum Venetias venerat sed erat is civitate proxima nomine Clogia ibique omnia, que in die (nämlich zu Venedig mit Papst Alexander) tractata sero sunt ei nuntiata. Tandem capitulis atque compositis et in rotula magna conscriptis feria sexta quarta scilicet die ante festivitatem sancti Jacobi apostoli pax est publice denuntiata. De pace Veneta relat. M. G. 19, 462.

Reiche alle Besitzungen zurückzugeben, welche ihm etwa durch die
Kirche entrissen wären, jedoch auch unter Wahrung ihrer Rechte[1]).
Mit dieser Bestimmung hatte man sich nur einen Augenblick
über die Schwierigkeiten hinweggeholfen; augenscheinlich schloß sie die
Bedingung in sich, daß der so dehnbare Begriff der beiderseitigen
Rechte noch eine genauere Abgränzung erfahren solle. Dazu schien
bei der bevorstehenden Abreise des Kaisers aus Venedig die Stunde
gekommen. Als der Papst damals die Vollziehung der betreffenden
Friedensbestimmung verlangte, antwortete ihm der Kaiser, „er wolle
zwar die Regalien des heiligen Petrus und die andern Besitzungen
der römischen Kirche sofort zurückgeben, nicht aber das mathildinische
Land, welches nach seiner Ansicht dem Reiche gehöre".[2]). Jedoch
machte er dem Papste den billigen Vorschlag: „Möget Ihr aus unseren

---

1) Omne vero tenementum sive prefecture sive alterius rei, quam Rom. ecclesia habuit et ipse abstulit per se vel per alios bona fide restituet ei (salvo omni iure imperii. Ecclesia quoque Rom. omnem possessionem et tenementum, quod ai abstulerit per se vel per alios, bona fide restituet) salvo omni iure Rom. ecclesie. Theiner Cod. dipl. stae. sedis 1. 22. Daß dieser, nicht der Text M. G. L. 2, 147, in welchem das von mir in Klammern Gesetzte fehlt, der ursprüngliche sei, liegt wohl auf der Hand. Ausdrücklich bestätigt es auch der angeführte Brief des Kaisers, in welchem es heißt: eamdem concordiam (sc. super iisdem possessionibus) ratam habere firmiter decrevimus, si vos eam ex parte vestra ratam habere volueritis observare. In demselben Briefe sagt der Kaiser ferner von der angeführten Bestimmung, daß sie utrique parti de suo jure contendendi facilem posset ingerere occasionem. Die Kirche selbst hat später zugestanden, daß sie dem Reiche Gehörendes besitze, wenn Gregor VIII. omnia, que Romani imperii iure essent, eidem regi Heinrico concedere spopondit. Annal. Romani M. G. 5, 479. Der Text M. G. L. 2, 147 ist also in dieser Bestimmung eine Fälschung zu Gunsten des römischen Stuhles.
Mit Unrecht wurde das Friedensinstrument Pactum Anagninum genannt, wie Hefele Conziliengesch. 5, 620 zuerst bemerkt, Reuter Gesch. Alex. III. 3, 729 weiter ausgeführt hat. Doch irrt der Letztere, wenn er glaubt, dasselbe sei „vielmehr eine der Urkunden des venetianer Friedens". Unsere Ueberlieferung weiß nicht einmal von Einer venetianer Friedensurkunde, sie weiß nur, daß zu Venedig der Frieden bestätigt, beschworen wurde. Nach den in der vorhergehenden Note angeführten Stellen kann es nicht zweifelhaft sein, daß die Friedensurkunde aus Chioggia datirt.

2) — ista videntur mihi ad ius imperii pertinere. Vita Alex. l. c. — asserens, illam ad ius sui imperii pertinere. Romoald. l. c. Diese Ansicht spricht auch Ragewin 2, 10 aus, wenn er die Güter reditus imperiales nennt; und eigenthümlich ist die Auffassung der Annal. Colon. max. 894 ad a. 1209: Que (sc. comitissa M.) ad senilem perveniens aetatem, circumventa a papa tunc temporis, marchiam imperium attinentem, quam regebat, magistratibus et potestatibus insciis et inconsultis beato Petro tradidit. Que tamen post mortem eius ab imperatoribus sedi apostolice ablata et imperio restituta est.
Dem steht dann entgegen, wenn die Kirche verlangt totum terram oder einfach terram comitissae M. Das Eine gewiß so verkehrt, wie das Andere!

Fürsten drei erwählen und wir eben so viele aus Euren Kardinälen, damit diese eine endgültige Entscheidung treffen"[1]). Nur unwillig[2]) entschloß sich der Papst dazu, er ernannte den Erzbischof von Mainz, den Erwählten von Worms und den Protonotar. Diesen stellte der Kaiser die Kardinäle Humbald von Ostia, Wilhelm von Porto und den Kardinaldiacon Hyazinth gegenüber; seinem Versprechen gemäß befahl er alsdann dem Erzbischofe von Mainz, die Kirche unverzüglich wieder in den Besitz ihres Eigenthums zu setzen.

Ob demnach den Ansprüchen der Kirche, sofern sie nicht das mathildinische Land betrafen, in jeder Weise genügt war? — Unzweifelhaft verdankte der Papst dem Erzbischof von Mainz die Wiedereinführung in seine Staaten, unzweifelhaft ist er durch ihn wenigstens in einen großen Theil derjenigen Lande wieder eingesetzt, in deren Besitze Friedrich den Papst auch vor dem Schisma anerkannt hatte[3]); unzweifelhaft behielt aber auch der Kaiser einige Besitzungen in seinen Händen[4]) und wenn der Papst auf die weit-

---

1) Vita Alex. l. c. Ueber den 15jährigen Nießbrauch der mathildinischen Güter, der nach Raumer Gesch. d. Hohenstaufen 2, 263. ed. II. Stälin Wirtemb. Gesch. 2, 110. Sugenheim Entstehung d. Kirchenstaates 100. Reuter Gesch. Alex. III. 3, 327 dem Kaiser zugestanden wäre, s. Ausführung I.
Derselben Bedingung sollte auch Burg und Grafschaft Bertinoro unterstehen. Jedoch trat der Papst dieselben schon am 8. Oktober dem Erzbischofe von Ravenna ab, — Mittarelli Annal. Camald. 3, 331 — während der Kaiser sich gewaltsam in deren Besitz gesetzt hatte. Vita Alex. l. c. Jedenfalls hatte sich der Kaiser also jetzt mit dem Erzbischofe von Ravenna auseinander zu setzen. Da ist es denn beachtenswerth, daß die gleichzeitigen Beziehungen zwischen ihm und dem Erzbischofe nur freundschaftlicher Art sind: Am 3. Nov. 1177 bestätigt er dilectissimo et fideli principi suo Gerardo Rav. sep. und dessen Suffraganen alle Rechte und Freiheiten. „Adnectamus etiam," sagt er ferner, „nimia et instanti supplicatione venerabilis et carissimi principis nostri archiepiscopi" etc. Fantuzzi Memor. Ravenn. 4, 275.

2) — quoniam et in forma pacis de restituenda comitissae Matildis, wie die Gesta Alex. l. c. den Unwillen über den Frieden begründen. Davon steht aber im Frieden selbst Nichts; die Behauptung ist nur insofern richtig, als unter den Besitzungen der Kirche, über die im Frieden verfügt wurde, auch das mathildinische Land verstanden werden konnte.

3) Pro restituendis — regalibus et caeteris possessionibus ecclesiae illico — Maguntinum pontifici assignavit, praecipiens ei sub obtentu gratiae suae, ut restitutionem ipsam intra tres menses cum integritate perficeret. Vita Alex. l. c. — Magister — Rainerius cardinalis et Grecus subdiaconus cum Christiano cancellario in Romaniam descenderunt pro restauratione regalium, que imperator invaserat, recipienda. Romuald. l. c.

4) Im Jahre 1184 schreibt der Kaiser: Sane propositum nobis fuit de pace et concordia Venetiis de possessionibus ecclesie et imperii tractata et, ut eam ratam habere vellemus, legati vestri postulabant. Notices et extraits l. c. Ebenso allgemein ist auch das Verlangen Urban III., ut ecclesie Rom. restituat possessiones, quas detinet occupatas. Ludewig Rel. mscr. 2, 436. Wäre das mathildinische Land allein darunter begriffen, so hätte man sich nicht

gehenden Forderungen Hadrian IV. zurückgekommen ist¹), so blieb gar ein großer Theil derselben unerfüllt. Nach wie vor berief sich der Papst auf jene Bestimmung des Friedens von Venedig und forderte deren Durchführung. Der Kaiser erklärte sich wohl bereit dazu, verlangte indessen auch vom Papste, daß er der entsprechenden Verpflichtung nachkäme.

In die Forderung des Papstes ist auch und zwar vorzüglich das mathildinische Land einbegriffen. Die Schiedsrichter haben entweder kein Urtheil gefällt oder ihr Urtheil ist ohne direkte Folgen geblieben²). Bald ist der Kardinal von Porto gestorben³); der Bischof von Worms und der Protonotar kehrten nach Deutschland zurück; das Schiedsgericht war damit aufgelöst. Der Kaiser hat später ein Vergleichsverfahren vorgeschlagen, welches sich gleichmäßig auf alle von der Kirche verlangten Besitzungen, also besonders auf das mathildinische Land erstrecken sollte. Ob dies in Folge eines Urtheils des Schiedsgerichtes geschah, fragt man vergebens.

Alexander III. mag bald oder später die Verhandlungen wieder aufgenommen haben. Im April und Juni 1180 finden wir zwei päpstliche Gesandte auf den großen Höfen zu Gelnhausen und Regensburg⁴), und immerhin darf man ihre Sendung mit den Besitzverhältnissen in Verbindung bringen. Aber auch sie kehrten unverrichteter Sache zurück.

---

so allgemein gefaßt. So wissen wir denn auch wenigstens von einer Stadt des engeren Kirchenstaates, daß sie im Besitze des Kaisers verblieb. 1187 belehnt Heinrich VI. den Leo d'Aquillara mit Sutri, wie der Kaiser es a retroactis triginta annis besessen hatte. Ungedruckte Urkunde, mitgetheilt von Ficker.

1) De possessionibus ecclesiae Romanae restituendis et tributis Ferrariae, Massae, Ficorulae, totius terrae comitissae Mathildis, totius terrae quae ab Aquapendente est usque Romam, ducatus Spoletani, insularum Sardiniae, Corsicae. Ragewin 2, 30. Im Jahre 1186 behauptet Urban III. allerdings, wie von anderen Städten, so auch von Perugia in Spoleto: nostre jurisdictionis existunt. Denis Cod. mscr. 1b, 1210.

2) Im Mai 1178 bestätigt der Kaiser auf Bitten des Bischofs von Mantua und mehrer genannter fidelium nostrorum de domo comitissae Matildis, die sich in der Frignana nachweisen lassen, einen Tausch zwischen dem Kloster sti. Benedicti, ad cujus honorem monasterium nostrum de Padolirone dedicatum est, und dem Bischofe von Mantua. Muratori Ant. It. 1, 603. Orig. Guelf. 2, 617. Von diesem Kloster, dessen Reichsunmittelbarkeit der Kaiser schon 1164 betont, — Margarin. Bullar. Casin. 1, 18 — sagt der Großvater Mathildens im Stiftungsbriefe von 1007: Hoc namque monasterium nullo regi nec alicui potestati concedimus, sed in perpetuum in mea meorum heredum — permaneat potestate. Margarin. 67.

3) Zwischen Oktober 30 und Dezember 14 Romoald. 459. Am 9. Oktober zeugt er zum letzten Male in einer päpstlichen Urkunde. Jaffé Reg. pont. 8545.

4) S. den diplomatischen Verkehr zwischen Kaiser und Papst von 1180 bis 90 in Beilage II.

So standen sich die Ansprüche gegenüber, als Alexander III. starb. Ihm folgte der Kardinal Humbald von Ostia als Lucius III., ein sanfter, hochbetagter[1]) Mann, scheint er das besondere Vertrauen des Kaisers besessen zu haben. Ihn hatte Friedrich zur ersten Friedensverhandlung zu sich beschieden[2]), er hatte seinem Vorgänger gerathen, die geheime Bedingung in Betreff des mathildinischen Landes anzunehmen, ihn hatte dann der Kaiser in das Schiedsgericht gewählt[3]). Von ihm mochte dieser also wohl erwarten, daß er sich in seinen Forderungen bescheiden, daß er wenigstens einem Vergleiche nicht abgeneigt sein würde.

Kaum zwei Monate nach seinem Regierungsantritte erklärte Lucius einem damals zu Rom weilenden Deutschen, daß er in nächster Zeit mit dem Kaiser zusammenkommen würde[4]). Wir dürfen die Absicht, welche ihn leitete, wohl auf die endliche Lösung der Besitzfrage deuten. Allein die Zusammenkunft unterblieb; statt dessen wurden die diplomatischen Verhandlungen wieder aufgenommen. Lucius ließ den Kaiser ermahnen, die betreffende Bestimmung des Friedens von Benedig zu erfüllen.

Also traten an den Kaiser und seine Räthe neue Erwägungen, namentlich über das mathildinische Land.

Schwerlich mochte der Kaiser gesonnen sein, die Kämpfe mit den lombardischen Städten wieder aufzunehmen. Geschah es nicht, so verzichtete er auf jede unmittelbare Herrschaft über ihre Gebiete. Wohl fehlten ihm, wie wir zeigten[5]), nicht die Mittel, ihnen das Gegengewicht zu halten; aber dazu schien eben das reiche mathildinische Land nicht wenig erforderlich zu sein. Das haben Friedrich und Heinrich bestimmt genug ausgesprochen, wenn sie in ihren Bündnissen mit lombardischen Städten, diese vor Allem verpflichten,

---

1) vir mitissimus et grandaevus. Robert. Altissidor. 250. — Alexandro etate senior. Cont. Aquic. 420.

2) Vita Alex. l. c.

3) Daher mag es nicht bloße Phrase sein, wenn der Kaiser an ihn schreibt specialis amoris, quo personam vestram amplectimur, consideratione etc.

4) Lucius verspricht dem Abte von Siegburg se imperatori suam praesentiam in brevi exhibiturum et cum eo super negotio abbatis tractaturum nec quidquam ex his, quae imperator promovere vellet, esse negaturum. Transl. sti. Annon. 511. Das geschah als der Papst vix per duos menses in papatu sederat: also im November 1181. Am 18. dieses Monats und Jahres nimmt Lucius denn auch, unzweifelhaft auf Bitten des Abtes, das Kloster Siegburg in seinen Schutz. Lacomblet Niederrh. U.-B. 1, 337.

5) Seite 3. 4.

ihnen in der Aufrechthaltung ihrer Herrschaft über das mathildinische Land behülflich zu sein[1]). Gerade nach dem Frieden von Konstanz sehen wir den Kaiser auf das Eifrigste bemüht, das Land in seinem ganzen Umfange wiederherzustellen, überall auf die Rechte der Mathilde zurückzugehen[2]).

Wie nothwendig das Land für das Reich sei, haben auch deutsche Fürsten erkannt. Ein Mann von unbezweifelter Katholicität, der Erzbischof Konrad von Salzburg, empfahl dem Papste, gegen eine Zinszahlung auf seine Ansprüche zu verzichten, und auch Wichmann von Magdeburg konnte dem Papste nicht beistimmen, als dieser ihn aufforderte, den Kaiser zur Herausgabe der Besitzungen zu veranlassen. Und so scheinen fast alle Fürsten die mathildinische Frage aufgefaßt zu haben.

Diese Auffassung war aber nicht allein deshalb berechtigt, weil das Reich seinen letzten realen Besitz in der Lombardei verlor, wenn der Papst das beanspruchte Land erhielt, sondern weil Schlimmeres zu befürchten war. Ein Papstthum, welches am Tiber nur durch kaiserliche Waffen gehalten wurde, — wir werden mit einem Worte darauf zurückkommen, — hätte sich gewiß nicht am Po behaupten können. Bei dem energischen Streben der lombardischen Städte, ihr Gebiet immer mehr zu erweitern, die umwohnenden Vasallen in ihre Abhängigkeit zu bringen, hätte es nicht ausbleiben können, daß über Jahresfrist nicht mehr der Papst, sondern die Städte das Land beherrschten. War dieses bestimmt, die Macht der Städte zu paralysiren, es hätte somit in letzter Folge die Macht der Städte gehoben. Die ihnen drohende Gefahr scheinen die Vasallen denn auch von jeher erkannt zu haben. Nicht den Papst luden sie nach dem Tode ihrer Herrin zur Besitzergreifung des Landes ein, wohl aber den Kaiser[3]), welcher sogar von dem Biographen Mathildens freudig begrüßt[4]), in dasselbe einzog. Und wohl mochte Jemand, der mit den Verhältnissen genau bekannt war, die rechte Stimmung treffen, wenn er die Vasallen an Lothar III. schreiben läßt, wie

---

1) Friedrichs Urkunde für Mailand. S. die Regesten Friedrichs in Beilage X. Nr. 29. Heinrichs Urkunden für Como und Piacenza. Rovelli Storia di Como 2, 362. Poggiali Mem. stor. di Piacenza 5, 8.
2) Vgl. Regest 29. 41. 69.
3) S. Seite 17 Note 3.
4) Donizo M. G. 12, 409.

sehr sie seiner Ankunft harrten, von welcher sie sich die Wiederherstellung der eingebüßten Macht versprachen[1]). Das aber geschah, nachdem der Papst zu kurzer Herrschaft über sie gelangt war. Später ist das Land ohne den kräftigen Schutz des Reiches, wie wir hörten, wieder in Auflösung und Verfall gerathen, bis Kaiser Friedrich sich zum Herrn desselben machte.

Jedoch forderte der Kaiser nicht mehr wie früher den unbedingten Verzicht des Papstes; er gedachte ihm eine reichliche Entschädigung zu geben. Sein Vorschlag lautete[2]): Der Papst verzichtet auf die streitigen Besitzungen, dafür erhält er den Zehnten, die Kardinäle den Neunten sämmtlicher Einkünfte, die das Reich aus Italien bezieht. Für die Durchführung dieses Vertrages erhält die Kirche die ausreichendste Sicherheit. Der Kaiser selbst und seine Söhne verbürgen sich in bündigster Form; damit der Friede für alle Zeiten ungefährdet bleibe, wird jeder folgende Kaiser vor seiner Krönung den neuen Vertrag beschwören. Denselben Eid leisten die noch lebenden Fürsten, die der Kaiser als Bürgen des Friedens von Venedig aufgestellt hat, und auch ihre Nachfolger gelangen nicht eher zu ihren Würden, bis sie den Eid ihrer Vorgänger geleistet haben; dagegen wird auch vom Papste und den Kardinälen eine ausreichende Bürgschaft verlangt.

---

1) Stilübungen a. a. O.

2) Die Darstellung beruht auf einem soeben veröffentlichten Briefe, über den Folgendes bemerkt sei. Er gehört zu jenen Briefen und Urkunden, von denen Innocenz IV. Abschriften nehmen ließ, die er in der dritten Sitzung des Concils von Lyon — 1245 Juli 7 — den versammelten Prälaten zur Besiegelung vorlegte. Ein Exemplar dieser Abschriften, die je 17 Rollen umfaßten, gelangte in das Archiv von Cluny. Dieses besaß dieselben noch zur Zeit der Revolution, seitdem sind sie verschollen. Glücklicher Weise aber hat sich eine sorgfältige Abschrift derselben erhalten, welche der französische Advokat de Barève 1773 im Auftrage der Regierung angefertigt hatte. Schon 1834 gab Champollion-Figéac eine von de Barève selbst herrührende Notiz über diese Rollen im Bulletin de l'hist. de France 1s, 222. Allein zu einer Veröffentlichung der Handschrift kam es nicht. Wofern sich nicht die Originale oder andere Abschriften der Urkunden erhalten hatten, nach denen dieselben gedruckt wurden, blieb man lediglich auf die summaria privilegiorum ecclesiae Romanae angewiesen, welche Martène und Durand nach einer Abschrift des Kardinals Ottoboni, der jedoch im Vatican selbst nur 12 Rollen vorgefunden hatte, in ihrer Coll. ampl. 2. veröffentlichten. Nun hat Huillard-Bréholles in den Notices et extraits des manuscrits de la bibl. imp. — Paris 1865 — Bd. 21 S. 267 flg. die noch unbekannten Stücke aus der Abschrift de Barève's mitgetheilt. Das zweite derselben ist der angeführte Brief, von dem Huillard schon kurz vorher zwei wichtigere Stellen in seinen Etudes sur la vie de Pierre de la Vigne 174 mitgetheilt hatte.

Man darf es dem Kaiser nachrühmen, daß er den Frieden mit der Kirche aufrichtig gewünscht hat, daß sein Vorschlag die billigste Ausgleichung der entgegenstehenden Ansprüche bezweckte. Die gegenseitige Verpflichtung hätte eine feste Einung zwischen Kirche und Reich gefügt und allen Kämpfen um realen Besitz vorgebeugt. Für dasjenige aber, welches der Kirche den Besitz vor Allem werth machen mußte, war ja im weitesten Maße gesorgt: durch die Zinszahlung der Kaiser wären die leeren Kassen des Papstthums gefüllt, sein wundester Fleck, eine fast beständige Finanznoth[1]), geheilt worden. Freilich mochte das Anerbieten nur vortheilhaft und annehmbar erscheinen, so lange es allein auf das mathildinische Land angewandt, so lange wenigstens nicht Besitzungen im engeren Kirchenstaate darunter begriffen werden sollten. Was diese betraf, so konnte es während des Friedens mit dem Reiche ja auch nur im Interesse der Kirche sein, in ihrer unmittelbaren Nähe den mächtigen Schützer zu haben, welcher ihr von einzelnen festen Punkten, die er in ihrem Lande inne hatte, sofort gegen jeden Bedränger zu Hülfe eilen konnte. Allein für die Möglichkeit eines Kampfes zwischen Kirche und Reich war es doch zu bedenklich, dem Kaiser eine militairische Position im eigenen Lande zu gewähren. Wir wissen zwar nicht, wie viele Städte und Plätze des engeren Kirchenstaates der Kaiser noch besetzt hielt, jedoch möchte es hier dem Papste nicht schwer gefallen sein, ihn zum Verzichte zu bewegen. Dann aber behauptete auch der Kaiser, daß die Kirche noch im Besitze von Reichsgütern sei. Ein Austausch hätte hier leicht den Forderungen Beider genügen können.

Ueberbringer dieses Vorschlages war der Erzbischof Konrad von Salzburg. Als Erzbischof von Mainz hatte er sich einst für Alexander III. erklärt und Heimat und Bischofssitz verlassen, um sich ganz der Sache dessen zu weihen, den er als den wahren Papst verehrt. Seines erzbischöflichen Sitzes war er verlustig gegangen, erst der Friede von Venedig hatte ihn durch Salzburg entschädigt. Keiner hat fortan das Vertrauen des Kaisers in höherem Maße besessen, als er, der streng kirchlich gesinnte Mann, welcher er nach wie vor geblieben ist. Aber der Kaiser durfte in ihm auch den Mann schätzen, der trotz seines finsteren, starren Wesens[2]) ein

---

[1]) Bezeichnend ist folgende Stelle: Dumque enteca, quod frequenter contigit, penitus exhausta fuerit, etc. Gerhoh. Reichersperg. De investig. 141.

[2]) — homo melancolicus. Gisleb. 240.

warmes Herz für die Interessen des Reiches hatte. Für die Verhandlungen zwischen Kirche und Reich schien er daher wie geschaffen; er ist nach dieser Seite denn auch der Träger der kaiserlichen Politik geworden¹).

Im März 1182 verließ Konrad mit anderen, unbekannten Gesandten, zu denen vielleicht der Propst Friedrich von Straßburg gehörte²), das kaiserliche Hoflager zu Gelnhausen; im Mai hatte er zu Velletri, wo damals der Papst weilte, seines Auftrages sich entledigt; im Juni kehrte er zurück³). Unzweifelhaft war es eine verneinende Antwort, welche er dem Kaiser überbrachte; denn noch in demselben Jahre oder zu Anfang des folgenden richtete Lucius eine zweite Gesandtschaft an den Kaiser, welche nochmals die Erfüllung jener Bestimmung des venetianer Friedens verlangen und zugleich die Einladung zu einer persönlichen Begegnung überbringen, vielleicht erneuern sollte.

Die Verhandlungen bewegten sich in den Formen der größten Höflichkeit. War des Kaisers Gesandter ein Erzbischof, der während des Schisma ein warmer Anhänger des wahren Papstes war, so erwiederte Lucius jetzt durch zwei Gesandte, von denen wenigstens der Eine ein so aufrichtiger Freund des Kaisers war, wie er kaum einen zweiten in Italien zu besitzen wähnte. Es war der hochgebildete Bischof von Luni⁴), der mit dem Kardinal Johann von Anagni in Deutschland eintraf. Beide finden wir auf jenem großen Hofe⁵), der im Juni 1183 zu Konstanz gehalten wurde⁶) und den

---

1) Es ist ein glücklicher Zufall, daß der bedeutendste Unterhändler zwischen Kaiser und Papst zugleich Kardinal und deutscher Kirchenfürst ist. Da er nun bald als Erzbischof in kaiserlichen, bald als Kardinal in päpstlichen Urkunden zeugt, so haben wir darin ein Mittel, auch überlieferte Gesandtschaften aufzufinden, überlieferte chronologisch zu bestimmen. — Ich habe die jedesmaligen ersten und letzten Daten, an denen wir den Erzbischof am kaiserlichen oder päpstlichen Hofe finden, in Beilage II. Nr. 2. 7 und 9 zusammengestellt.

2) Wir finden ihn nämlich gleichzeitig mit dem Erzbischofe zu Gelnhausen — S. die in Beilage II. Nr. 2 erwähnte Urkunde — und werden ihn auch später als Unterhändler zwischen Kaiser und Papst kennen lernen.

3) S. also über die einzelnen Daten Beilage II. Nr. 2.

4) Der Kaiser nennt ihn sobria morum honestate docenter illustratum, scientiaque litterarum pariter et christianae religionis cultu merito venerandum. Lami Mon. eccl. Florent. 1, 340. Vgl. auch sein Lob in Beilage II. Nr. 3.

5) S. die Beweise in Beilage II. Nr. 3.

6) Der Kaiser urkundet apud Constantiam in sollempni curia. Juni 20. Wirtemb. U.-B. 2, 230. Juni 25. B. R. I. 2657. 58. Zeerleber U.-B. d. Stadt Bern 1, 127. Juni 30. B. R. I. 2659.

Frieden mit den Lombarden zu Stande brachte. Hier mögen sie die Forderung des Papstes vorgetragen, der Kaiser und seine Räthe die wichtige Frage verhandelt haben. Ersterer erklärte sich bereit, der Forderung des Papstes zu genügen, wenn auch dieser seiner Verpflichtung nachkäme. Allein die Verständigen seines Rathes[1]) erklärten, daß ein Versuch, die betreffende Bestimmung des Friedens durchzuführen, wohl Hader und Zwist, nicht aber die gewünschte Einigung herbeiführen werde, da jeder überall sein Recht, wie es ihm der Friede gewährt hatte, geltend machen werde[2]).

Deshalb schlug man zwei andere Wege zur Ausgleichung vor. Man kam zunächst auf jenes Anerbieten zurück, welches im vorigen Jahre Konrad von Salzburg als Bevollmächtigter des Kaisers dem päpstlichen Hofe gemacht hatte.

Der zweite Vorschlag lautete: Die Kirche erhält bestimmte Besitzungen, von denen sie nur die Verpflegung des kaiserlichen Heeres zu tragen hat, in denen sie im Uebrigen ohne alle Belästigung, frei und ruhig verbleiben soll. Da es sich aber nicht leicht entscheiden läßt, welche Besitzungen dem Reiche, welche der Kirche zukommen, so werden von Seiten der Kirche und des Reiches aus der Nähe jener streitigen Besitzungen einige weise und bejahrte Männer gewählt, welche die Gränzen bestimmen und deren Urtheil für Kirche und Reich maßgebend ist. Wenn jedoch einige Besitzungen, welche dem Reiche zufallen, für die Kirche günstiger gelegen sind, so kann die Kirche diese gegen andere von entsprechendem Werthe austauschen. Erhält aber die Kirche Besitzungen, die zur Vertheidigung des Reiches und der Kirche nothwendig erscheinen, so kann auch der Kaiser diese von der Kirche austauschen.

Also auch hier der Gesichtspunkt billiger Ausgleichung. Der Kaiser will und kann nicht auf das ganze mathildinische Land verzichten; die dem Reiche, die der Kirche zugehörenden Theile sollen von denjenigen gesondert werden, denen die Ermittlung des Ursprünglichen noch am Ersten gelingen mochte. Auf die strategisch wichtigeren

---

1) Anwesend waren außer den päpstlichen Gesandten: die Bischöfe von Münster, Metz, Augsburg, Asti, Como, die Erwählten von Konstanz und Chur, der Abt von Reichenau, die Herzöge von Baiern, Schwaben, Zähringen, Herzog Welf, der Markgraf von Istrien u. s. w. Zeugen der in vorhergehender Note angeführten Urkunden.

2) — prudentibus qui aderant hic modus magis scandali quam concordie materiam prestare videbatur, dum utrique parti de suo jure contendendi facilem posset ingerere occasionem. —

Punkte, welche der Kirche zufallen, kann das Reich aber dennoch nicht verzichten; deshalb der Austausch. In Spoleto und im südlichen Tuscien ließen sich die Gebiete finden, durch welche der Papst entschädigt wurde.

Jedoch auch der Kaiser erkannte, daß sich die Entscheidung auf dem Wege diplomatischer Unterhandlungen wohl noch lange hinschleppen würde, während eine persönliche Besprechung dieselbe längst geregelt hätte. So war er denn bereit, den lang gehegten Wünschen, den jetzt wohl nur erneuten Bitten des Papstes zu entsprechen, mit ihm zusammenzukommen. Er berieth also, wie er nachmals dem Papste schrieb, mit dessen Gesandten hin und her, bis sie nach mannichfachen Erwägungen endlich dahin übereinkamen, daß am 29. Juni des folgenden Jahres in der Nähe des Gardasees die Zusammenkunft stattfinden sollte. Die weitere Wahl des Ortes wollte der Kaiser ganz dem Ermessen des Papstes anheimstellen, wofern er und seine Begleitung nur ohne größere Mühen zu dem Orte seiner Wahl gelangen konnten. Gern würde er nach Como kommen; da ihm diese Stadt jedoch Geiseln gestellt hatte, die er noch in Deutschland gefangen hielt[1]), so befürchtete er, daß ein dortiger Aufenthalt mit Unbequemlichkeiten für ihn verbunden sei. So wurde denn zunächst nur beschlossen, daß der Kaiser nach Riva am Gardasee, der Papst nach Verona, Brescia oder Mantua käme. Von dort aus wolle man sich über den Ort der Zusammenkunft vereinbaren.

Die Gesandten verließen den kaiserlichen Hof, um sich in kirchlichen Angelegenheiten anderen Gegenden Deutschlands zuzuwenden[2]). Das veranlaßte den Kaiser, einen eigenen Boten an den Papst zu senden. Ein kaiserlicher Hofkapellan, Magister Metellus[3]), überbrachte demselben ein Schreiben, welches ihm die Resultate der zu Konstanz gepflogenen Verhandlungen mittheilte. Der Kaiser lobt die Bescheidenheit und Klugheit der päpstlichen Gesandten, spricht

---

1) Weshalb, ist mir unbekannt; ich kenne nur freundschaftliche Beziehungen zwischen dem Kaiser und Como.
2) S. Beilage II. Nr. 3.
3) S. Beilage II. Nr. 4. — Der Text liest Magister Beletus; aber ein solcher findet sich nicht, öfter aber ein Magister Metellus aus Brescia, woraus Beletus verschrieben oder verlesen sein möchte. Er ist am kaiserlichen Hofe als Magister Metellus 1178. 85 Ughelli II. sac. 3, 413. Regest 34. — als judex imperatoris 1184. Regest 19. — als vicarius curiae 1178. 86. Mandelli Commune di Vercelli 2, 340. Regest 69.

es als seinen sehnlichsten Wunsch aus, daß ein ewiger Frieden zwischen Kirche und Reich zu Stande käme[1]), und eröffnet dann die Vorschläge, welche seine Räthe zur Lösung der Streitfrage gemacht hätten. Was die Zusammenkunft betrifft, so heißt er eine Gelegenheit willkommen, seine Ergebenheit gegen den Papst und die Kirche an den Tag legen zu können. Den Papst aber bittet und ermahnt er, die Mühen der Reise doch nicht zu scheuen, da es ja nicht zu bezweifeln wäre, daß sie mit Gottes Hülfe den Frieden vollenden würden. Dies könne nicht fehlen, wenn Gott ihm nur das Wollen gäbe. Dem Ueberbringer des Schreibens möge er sein volles Vertrauen schenken und demselben schriftlich oder mündlich seinen Beschluß mittheilen.

Nicht durch den Boten des Kaisers scheint Letzteres geschehen zu sein; der Papst schickte vielmehr noch im selbigen Jahre einen anderen Boten an den Kaiserhof, um die Verhandlungen wegen der Zusammenkunft weiterzuführen. Es war der gewandte Kleriker Sieghard[2]) der bald darauf zur bischöflichen Würde von Kremona gelangte. Durch ihn scheint die letzte Vereinbarung über den Ort zu Stande gekommen zu sein. Von Verhandlungen, die über dessen Wahl erst dann stattfinden sollten, wenn der Kaiser in Riva, der Papst in Verona, Mantua oder Brescia eingetroffen sei, verlautet wenigstens Nichts mehr. Es steht fortan fest, daß Verona den Kaiser und Papst zu gemeinsamer Berathung in seinen Mauern vereinigen soll. Auch die Vereinbarung über die Zeit der Zusammenkunft hat noch eine Veränderung erfahren; thatsächlich wenigstens findet sie einige Monate später statt, als zu Konstanz bestimmt war.

Leicht hofften Kaiser und Papst sich zu verständigen. Der Kaiser sprach diese Zuversicht in seinem Briefe an den Papst aus, der Papst schien sie zu theilen: er zeigte sich einer höchst bedeutsamen Bitte des Kaisers geneigt, deren Erfüllung die innigste Verbindung mit dem Kaiser voraussetzte, welche den Frieden gleichsam besiegeln sollte.

---

1) — pacem perpetuam inter ecclesiam et imperium vestris nostrisque temporibus consummatam iri, summo desiderio anhelamus.
2) S. Beilage II. Nr. 5.

Am Abende seines Lebens hatte Karl der Große seinem Sohne Ludwig die Kaiserkrone auf's Haupt gesetzt. „So schien es ihm von Oben eingegeben"; sagt Einhard, „und dies erhöhte seine Majestät und flößte fernen Nationen nicht geringe Furcht ein"[1]). Jetzt schien das Kaiserthum völlig gesichert zu sein, da der Sohn schon zu Lebzeiten des Vaters die kaiserliche Krone trug; keine Unterbrechung und Schwankung war mehr zu befürchten: die Kaiserwürde war im karolingischen Hause erblich geworden. Nicht lange darauf ist dann die Weihe und Salbung durch den Papst hinzugekommen. Wie Karl hat auch Ludwig seinen Sohn noch neben sich als Kaiser gesehen.

Darauf lenkte der Erneurer der abendländischen Kaiserwürde Otto der Große zurück; jedoch hatte er nicht aus eigener Machtvollkommenheit, wie einst Karl, seinem Sohne die Kaiserkrone übertragen: Otto II. wurde erst durch die Weihe des Papstes römischer Kaiser. So hätte es fortan, bei der veränderten Beziehung zwischen Papstthum und Kaiserthum, als Norm gelten müssen. Doch Otto II. hinterließ einen minderjährigen Sohn; Otto III. und Heinrich II. starben kinderlos. Kein folgender Kaiser ließ seinen Sohn zum Kaiser krönen. Aber noch lebte die Erinnerung an jene Vorgänge[2]); ihrer gedachte Friedrich. Er führte wohl die hochtönenden Titel Karl des Großen[3]), er erinnerte wohl, wie wir bemerkten, die Zeitgenossen an Karl den Großen, — ist es zu verwundern, wenn er es auch in demjenigen, was Karls Majestät so sehr erhöht hatte, ihm gleich thun wollte? Jedoch nicht allein um einem Karl und Otto gleichgestellt zu werden, wünschte Friedrich die Kaiserkrönung seines Sohnes. Wohl mochte es sein Stolz sein, zum ersten Male nach zweihundert Jahren am Tage der Kaiserkrönung seines Sohnes das Imperatorenthum in seinem höchsten Glanze zeigen zu können, aber vorwiegend war doch der praktische Gesichtspunkt, durch die Kaiserkrönung des Sohnes die staufische Herrschaft und die angebahnte Erblichkeit des Reiches zu befestigen. Wegen eitlen Glanzes hatten ja auch Karl und Otto ihre Söhne nicht krönen lassen; Einhard betont den Nutzen der Kaiserkrönung Ludwigs. Karl, Otto und Friedrich dachten durch die Kaiserkrönung ihrer Söhne das Kaiserthum an ihr Geschlecht

---

1) Vita Caroli 2, 30.
2) Otto Fris. chron. 5, 33. 6, 25.
3) Vgl. darüber Wattenbach im Archiv f. Kunde oest. Geschichtsquellen 14, 21.

zu binden, den einmaligen Vorgang zur Regel zu machen und der Nation gegenüber als das kaiserliche Geschlecht zu gelten.

Wenn Johann von Salisbury in einem Briefe, welchen er im Jahre 1169 schrieb, sich nicht ungenau ausgedrückt hat, so hätte der Kaiser sich damals zum Frieden mit der Kirche verstehen wollen, wenn der Papst seinem Sohne die Kaiserkrone zugeständte[1]). Der Friede wurde nicht geschlossen; von der Kaiserkrönung Heinrichs ist ferner keine Rede gewesen, selbst nicht in jenen Verhandlungen, die wirklich zum Frieden führten[2]). Erst nach der Wehrhaftmachung Heinrichs tritt der Plan bestimmt hervor[3]). Jedoch kann es nicht

---

1) Fridericus — pacem cum ecclesia facturus creditur petens, ut filium suum natu secundum (!), quem in regem elegi fecit, in imperatorem recipiat dominus papa et a catholicis episcopis praecipiat consecrari. Ep. Johann. Saresb. in op. ejusd. ed. Giles 2, 222. ap. Bouquet 16, 605. — In imperatorem recipere = als Kaiser anerkennen kann man nur denjenigen, der thatsächlich schon Kaiser ist. So heißt es im Frieden von Venedig: Pontifex et omnes cardinales recipient Beatricem — in catholicam et Romanam imperatricem eamque aut Alex. pontifex aut legatus eius coronabit. Kaiserin war Beatrix seit 1167, nur war ihre Krönung nicht vom katholischen Papste vollzogen. Das galt von Heinrich nicht, ihn konnte man also auch nicht in imperatorem recipere. Ferner, wie in der Bestimmung des Friedens eamque — coronabit selbstverständlich in imperatricem zu ergänzen ist, so würde auch aus den Worten des Johann von Salisbury zu folgern sein, daß Heinrich von katholischen Bischöfen zum Kaiser gekrönt werden solle. Die Vollziehung der Kaiserkrönung durch Bischöfe ist aber ganz undenkbar. Ich bin daher zu der Annahme geneigt, daß Johann von Salisbury mit dem Ausdrucke in imperatorem recipiat nur die päpstliche Anerkennung Heinrichs als König bezeichnen wollte, womit ihm dann ja zugleich das Anrecht auf die Kaiserkrone zugestanden war.

2) Hier mag ein eigenthümliches Versehen bemerkt werden, das Reuter in seiner Gesch. Alexander' III. begegnet ist. 3, 246 interpretirt er den §. 22 des Benetianer Friedens: „Der Papst und die Kardinäle geloben, die Beatrix als Gemahlin des Kaiser Friedrich, als Kaiserin anerkennen zu wollen. Entweder der Erstere oder ein von ihm beauftragter Legat wird sie selbst und den Sohn Beider zum römischen Könige krönen". 3, 541 kommt er noch einmal auf die nicht zur Ausführung gebrachte Krönung Heinrichs zurück. Aber der §. verheißt eine solche durchaus nicht. Derselbe lautet M. G. L. 2, 148: Pontifex et omnes cardinales recipient Beatricem — in catholicam et Romanam imperatricem eamque aut Alex. pontifex aut legatus eius coronabit, et Henricum filium eorum in catholicum et Romanum regem. Macht das „in" des letzten Satzes schon die Ergänzung des Wortes recipient nöthig, so wiederholt der Text ap. Theiner Cod. dipl. s. sed. 1, 24: Dominum autem Henricum, filium eorum, in catholicum regem recipient. Von einer Krönung Heinrichs ist also nirgends die Rede. Wie hätte auch der Kaiser zu einer Anschauung, die das Königthum in gleicher Weise, wie das Kaiserthum, an Rom geknüpft hätte, den Grund legen können?

3) Ich führe zunächst eine bisher unbeachtete Notiz an. Cum praedictus venerabilis Lucius pro unitate stae. ecclesiae et maxime, ut coronationis triumphum Henrico, Frederici filio, concederet, Veronam — dirigeret iter etc. Mittarelli Scr. rer. Favent. 207. Diese Stelle fand sich in codice ms., qui pertinet ad familiam illustrem Faventinam Pasiam quique continet Tolosani historiam. Die weiteren Mittheilungen aus diesem Codex betreffen Vorgänge

zweifelhaft sein, daß Friedrich schon in den vorhergehenden Verhandlungen dem Papste seine Wünsche vorgetragen hatte. Wie schon erwähnt, war dieser bereit, dieselben zu erfüllen. Als er auf seiner Reise nach Verona Faenza berührte, erzählte man sich hier, daß er eben in der Absicht mit dem Kaiser zusammenkomme, „um diesem den Triumph der Kaiserkrönung seines Sohnes zu gewähren".

Noch ein dritter Punkt sollte in Verona zur Sprache kommen. Fast um dieselbe Zeit, in welcher die Zusammenkunft zwischen Papst und Kaiser vereinbart wurde, war in einem deutschen Erzbisthume eine Doppelwahl erfolgt. Ueber ihren Verlauf und ihre Folgen, die für Kirche und Staat bedeutsam wurden, besitzen wir den genauen Bericht eines Geistlichen, der sie miterlebt und ihr nahe gestanden hat. Wir glauben von ihm behaupten zu dürfen, daß er über den Parteien stehe, nie die Ruhe des objektiven Beobachters verliere und wegen seiner Treue und Wahrheitsliebe als unser zuverlässigster Führer gelten müsse[1]).

Am 25. Mai 1183 war der Erzbischof Arnold von Trier gestorben[2]); noch stand seine Leiche über der Erde, als man schon die Vorbereitung zur Neuwahl traf. Die Domherren und höheren Würdenträger[3]) der trierer Kirche waren am Abende vor dem Begräbnißtage zu einer Berathung und Vorwahl zusammengetreten; sie einigten sich bald; nach dem Vorschlage des Domdechanten gaben

in Faenza, die Ankunft des Papstes und seine Handlungen in Faenza mit genauen Tagesangaben. Der ganze Bericht macht den Eindruck der Gleichzeitigkeit.

Daß Lucius die Absicht hatte, Heinrich zu krönen, bestätigen auch die Annal. Stadens. M. G. 16, 359. — desiderabat coronare et consecrare Henricum filium imperatoris.

Annal. Colon. max. 791 — cum imperator vellet, ut imperiali benedictione sublimaretur etc.

Arn. Lub. 3, 11 — inter plurima negotia agebat imperator cum apostolico de filio suo rege, ut coronam imperii super caput eius poneret.

Annal. Reinhardsbr. 59. Heinrich hätte erst nach des Vaters Tode Kaiser werden können, quippe cum Roma altitonans duos imperatores in eodem tempore et circum idem imperium habere non consuerit.

1) S. die Ausführung über die Gesta Trevirorum in Beilage III.

2) Necrol. sti. Maximini ap. Hontheim Prodrom. hist. Trever. 978. Gesta Trevir. c. 93.

3) — canonici majoris ecclesiae cum praelatis. Gesta Trevir. c. 94. Zu den Prälaten zählt eine Kaiserurkunde von 1186 den Dompropst, den Domdechanten, drei Pröpste, den Custos und Scholasticus. Vgl. Ficker Vom Reichsfürstenstande, 1, 143.

wenigstens die Meisten ihre Stimmen dem Dompropste Rudolf¹), aber während der Nacht war der Kandidat der Minderheit, der Erzdiakon Folmar²), eifrigst bemüht, die Ausführung der beabsichtigten Wahl zu hintertreiben.

Rudolf und Folmar, Beide rühmte man als ausgezeichnete Männer³); nur war jener maßvoll und ruhig⁴), dieser leidenschaftlich und ungestüm⁵). Um jeden Preis wollte Folmar zu der Würde gelangen, nach welcher Rudolf kein allzu großes Verlangen trug. Dabei rechnete er auf die Masse des niederen Volkes und Klerus, dessen Mann er war.

Das zeigte sich am anderen Morgen, als die entscheidende Wahl vor sich gehen sollte. Folmar trat auf und behauptete, bei der gestrigen Vorwahl habe man bestimmt, daß derjenige Bischof sein solle, für den die Mehrheit des Klerus und Volkes sich entscheide. Auf dieses Wort bildeten sich sofort Parteien, es kam zu heftigen Wechselreden, zum Streite mit Worten und Gründen.

---

1) Er war ein Herr von Wieb. Alberic. ap. Leibnitz Access. 2, 353.

2) Folmar war praepositus Cardensis, et Treverensis et Metensis ecclesie archidiaconus. Beyer Mittelrh. U.-B. 2, 98. — Worauf die Angabe beruht, Folmar sei ein Graf von Bliescastel gewesen, wie zuletzt von Eltester im Mittelrh. U.-B. 2, XLV. angegeben wurde, weiß ich nicht zu sagen. In der Stammtafel, die Alberic. 352 uns von den Grafen Bliecastel (= de castris vgl. Mittelrh. U.-B. LVI, Görz Reg. der Erzb. v. Trier 364) überliefert hat, findet sich ein Erzbischof Folmar nicht:

Folmar de Castris.

Heinrich, Hugo de Lignevilla. Folmar de Castris.
Bischof von Verdun. Heinrich. Hugo.
Folmar. Konrad Hugo. de Risla.

Die Letzteren, Folmar und Hugo, finden sich als Grafen de castris von 1173 bis 1212. Folmar dieser Familie zuzutheilen, wurde man vielleicht durch den in derselben oft wiederkehrenden Namen Folmar veranlaßt. Auch beachte man, daß Heinrich, Bischof von Verdun, von Folmar, also seinem angeblichen Verwandten, entsetzt wurde. Gesta ep. Virdun. M. G. 10, 520.

3) Folmar war ein Mann magnae virtutis magnaeque prudentiae, Rudolf aeque reverendus. Vita stae. Hildegund. A. S. April 2, 785. Der Verfasser war Mönch des Klosters Schönau bei Heidelberg und 1188 beim Tode der hl. Hildegund zugegen.

4) vir mansuetus et pacificus. Gesta c. 97.

5) Dieses Urtheil rechtfertigt sein ganzes Verhalten, wie es nicht allein die Gesta, sondern auch Andere schildern. Selbst sein Gönner Arn. Lub. 3, 12 gesteht, daß Folmar dem Papste wegen seiner Erhebung molestus gewesen sei, und Papst Gregor VIII. spricht den Tadel, den wir sonst nur auf Grund der Thatsachen fällen können, rückhaltslos aus.

3*

Man konnte sich augenscheinlich über den Wahlmodus nicht einigen. Zwar sollten nach kanonischer Satzung nur die Stiftsherren wählen; aber selbst eine strengere kirchliche Richtung mußte der übrigen Geistlichkeit ein Mitberathungsrecht, dem Volke ein Bittrecht, den Lehns= und Dienstmannen ein Zustimmungsrecht bewilligen[1]). Freilich sollten diese Rechte der kanonischen Wahl gegenüber ohne Bedeutung bleiben, allein nur zu oft beanspruchten die übrigen Geistlichen gleiches Recht mit den Stiftsherren, wollten die weltlichen Großen und Ministerialen nicht dulden, daß ihnen ohne ihre Mitwirkung ein Lehns= und Dienstherr vorgesetzt würde; sträubten sich die Bürger gegen den Herrn ihrer Stadt, zu dessen Wahl sie nicht mindestens ihre Zustimmung gegeben hätten. Daher das bewegte Bild, welches die Wahlen des 12. und 13. Jahrhunderts bieten. Hoch und Niedrig strömte von Nah und Fern heran, als gälte es die Bischofsstadt zu belagern[2]), und wie es dann gerade die Interessen bedingten, verbanden und befeindeten sich die Parteien. So erfolgten jene Wahlen, welche Kaiser Friedrich einmal als die sogenannten kanonischen Wahlen verspottete[3]).

Die Mehrzahl der trierer Domherren, welche der angeblichen Bestimmung der gestrigen Vorwahl vielleicht ganz fremd waren, mochten ihre Zustimmung zu einem Wahlmodus nicht geben wollen, der die Entscheidung der Masse anheimgab; manche Lehnsträger und Ministerialen mochten ein höheres Recht an der Wahl beanspruchen, als die niederen Laien, welche durch die allgemeine Entscheidung ihnen gleichgestellt wurden. Wer aber Folmars Freund war, der empfahl die Entscheidung durch die gesammte Laienschaft und Geistlichkeit um so wärmer, je sicherer er des Erfolges war; da Folmar die Masse aufgeboten hatte, war ihm ja der Sieg durch dieselbe gesichert.

---

1) Sehr bezeichnend für den Wahlmodus ist folgende Stelle: — quamquam recte requirutur assensus cujusque civitatis honoratorum. Huc accedit novum papae Innocentii decretum, quo praecipitur electio a canonicis fieri secundum consilium religiosorum. Quibus omnibus diligenter pensatis, quatuor inveniuntur distinctiones in electione canonica: nam spiritales et religiosi viri habent consulere, canonici eligere, populus petere, honorati assentire. Gerhoh. Reichersp. De corrupto statu eccl. ap. Migne Patrol. 194, 26.

2) — tanta frequentia populorum cum ducibus et comitibus venit ad civitatem Leodiensem, ut cives urbis crederent se esse obsessos tanta multitudine. Lamberti parvi annal. M. G. 17, 650.

3) — electionem, quam vos canonice fieri dicitis. Arn. Lub. 3, 19.

Bald schien eine friedliche Ausgleichung unmöglich zu sein; ein weiser und viel erfahrener Mann, Lehnsträger der trierer Kirche und Dienstmann des Reiches, Herr Werner von Boland[1]), forderte deshalb, die Wahl solle vor den Kaiser gebracht werden, damit dieser den Zwist entscheide. Seine Ansicht theilte auch der Vogt der trierer Kirche, Pfalzgraf Konrad bei Rhein[2]).

Wäre man ihrer Forderung gefolgt, so hätte der erzbischöfliche Stuhl einige Zeit hindurch leer gestanden und dies, bewies Folmar jetzt, dürfe nach Kirchenbeschlüssen nicht der Fall sein. Deshalb müsse sofort gewählt werden; nach der Wahl sollten dann die Massen den Ausschlag geben, ihn selbst auf den Erzstuhl erheben.

Die Bewegung wuchs immer mehr. Endlich kam man überein, die Wahl bis drei Uhr Nachmittags hinauszuschieben. Dann sollten die Glocken das Zeichen zum Wiederbeginn der Wahl geben. So ging man auseinander, um sich zur friedlichen Wahl wieder zu vereinigen. Aber Einer war mit dieser Verzögerung sehr unzufrieden; als könne er den Augenblick seiner Wahl nicht abwarten, ging Folmar zu den Laien, deren sich eine große Menge im Kloster St. Maximin versammelt hatte, um dort Alles aufzubieten, zu ermahnen, darauf zu bringen, daß die Wahl sofort vollzogen würde. Nun sollten diejenigen, welche man zwar selten ganz von der Wahl ausschließen konnte, welche auch wohl mit Grund einen gewissen Antheil an derselben forderten, von denen aber wahrlich die Wahl nicht ausgehen sollte, die eigentlichen Faktoren derselben werden.

Mit Folmar vereinigten sich auch Herzog Heinrich von Limburg, mehrere Edle, Ministerialen und Bürger, die auch der Ansicht waren, daß man sich nicht trennen, sondern die schon Weggegangenen zurückrufen sollte. Vor Allem rührig zeigte sich der Herzog, dem die nöthigen Eigenschaften eines Parteimannes, Ueberredungs- und Verführungskünste, nicht gefehlt zu haben scheinen[3]). Er predigte Folmars Lob und empfahl mit vielen Worten dessen Wahl.

Um diese sofort vollziehen zu können, wurden zunächst Geistliche, dann Edle und Freie, zuletzt angesehene Bürger entsandt,

---

1) Wernerius de Bollanda, ministerialis imperii, homo sapientissimus. Gisleb. 127.

2) Zu Köln galt der Grundsatz: majoris ecclesie advocatus, cujus prima vox est in assensu praestando. Dialog. inter cleric. et laic. ap. Böhmer Font. 3, 403.

3) Cf. Gisleb. 240. Ex vanis autem suggestionibus ducis de Lemborch etc.

welche die Weggegangenen zur sofortigen Rückkehr veranlassen
sollten. Diese fanden einige in weiter Entfernung, Andere in der
Nachbarschaft beim Mahle sitzend; ihre Aufforderung blieb unerfüllt;
als Antwort erhielten sie die Mahnung, dem Uebereinkommen getreu
zu bleiben. Aber Folmar kümmerte sich nicht darum; in wenigen
Stunden konnte die Besonnenheit den Sieg davontragen, während
er jetzt des erwünschten Erfolges sicher war. So wurde denn die
Uebereinkunft gebrochen; Folmars Anhänger, zahlreich versammelte
Laien und Kleriker[1]), die durch gemeinsame Interessen verbunden
waren, schritten zur Wahl und der Mann des Volkes, welcher
in der uneigennützigsten Freisinnigkeit, wie es scheinen mochte, die
Wahl aus dem Kapitel auf die Straße getragen hatte, wurde nun
mehr durch gewaltsame Erhebung, als in gesetzlicher Wahl[2]), auf
den bischöflichen Sitz erhoben.

Als zur festgesetzten Stunde die Andern mit dem Pfalzgrafen
und Werner von Boland zurückkamen und schon einen Gewählten
vorfanden, drangen sie natürlich auf die Vernichtung der Wahl.
Doch vergebens. Da sollte der Kaiser ihnen Recht schaffen; an ihn
also richtete man eine Gesandtschaft, um ihm Verlauf und Ergebniß
der Wahl anzuzeigen.

Dieser war jedenfalls an den bisherigen Vorgängen ganz un-
betheiligt. Wohl hat er durch seinen oft gebieterischen[3]) Rath einen
maßgebenden Einfluß auf andere Wahlen geübt, und das ist wahrlich, wie hier bemerkt sei, weder zum Nachtheile des Reiches noch
der Kirchen geschehen. Nur die Vermittlung geistlicher und weltlicher
Interessen ließ er sich angelegen sein: er wollte Bischöfe, die für

---

1) Ihrer erwähnt der trierer Geschichtschreiber zwar nicht ausdrücklich;
daß sie aber auf Seiten Folmars standen, geht aus c. 95 hervor. Es wiederholte sich hier die Stellung der Parteien des Jahres 1132. „— omnem sere
clerum, preter nos qui electionem feceramus a nobis discordantem invenimus",
schrieben damals die personae Treverensis ecclesiae an Innocenz II. Gesta
Alberon. M. G. 8, 249.

2) — raptum eundem potius, quam electum magno concursu in oratorium
et in sedem episcopalem traxerunt. — per subreptionem magis quam per
canonicam electionem — Gesta c. 93.

3) So schrieb der Kaiser nach dem Tode Erzbischof Reinalds an drei
kölner Lehnsmänner: — hunc solum (sc. Philippum cancellarium) et non alium
vestra pervigili industria in Coloniensis episcopi dignitatem — sine mora subli-
mari intimis visceribus praeoptamus". Der noch ungedruckte Brief, dessen Mittheilung ich meinem Freunde Barrentrapp verdanke, wurde benutzt vom Verfasser der Cronica praes. Colon. bei Lacomblet Annalen d. hist. Vereins f. d.
Niederrh. 2, 200.

den Dienst Gottes und des Reiches tauglich wären[1]). Die tüchtigsten Bischöfe sind denn auch gerade diejenigen, die mit Rath des Kaisers gewählt werden; ihre frühere Stellung bei Hofe, ihre Kenntnisse und Erfahrung haben sie vollkommen für ihre hohe Würde befähigt. Deshalb ließen sich auch die Wähler nicht allein seine Empfehlung gern gefallen, sondern baten ihn auch wohl geradezu um die Ernennung eines Bischofs[2]). Von einer Beeinflussung aber, welche etwa Herr Werner von Boland im Auftrage des Kaisers geleitet hätte, kann bei der trierer Wahl keine Rede sein. Denn kaum möchte der Kaiser, der damals in den östlichsten Theilen des Reiches weilte[3]), von dem Ableben Erzbischof Arnolds Kunde erhalten haben, als man schon in Trier zur Wahl schritt. Werner von Boland war daher nur in seiner Eigenschaft als trierer Lehnsträger, der Pfalzgraf nur als Vogt von Trier bei der Wahl zugegen gewesen.

Somit ließ sich vom Kaiser wohl eine unparteiische Entscheidung erwarten, — eine Entscheidung, denn nach dem wormser Konkordate trat er nun in jenes Recht, welches ihm der Zwiespalt der Parteien gab: er sollte auf Rath des Metropoliten und der Sprengelbischöfe dem verständigeren Theile seine Zustimmung und Unterstützung gewähren.

Um dieses Recht zu üben, beschied er die Trierer zu dem schon erwähnten Hofe nach Konstanz. Dort befragte er die Fürsten, was in diesem Falle Rechtens sei. Einer fällte den Spruch: „Der Kaiser kann nach dem Rathe der Fürsten jede beliebige Person erheben, wo in einer Wahl Zwiespalt entstanden ist". Der Spruch wurde vom Hofe bestätigt, und mithin hätte nun der Kaiser die Ernennung vollziehen

---

1) Dem Kapitel von Kammerich räth er, zu wählen personam deo placentem et imperio, ecclesiae et imperii servitiis idoneam, in divinis et humanis legibus eruditam, morum honestate et maturitate conspicuam, — per quam imperio debitum reddatur obsequium et commissa ei ecclesia gratum domino accipiat incrementum. Bouquet 16, 695.

2) Wie wir es aus Lübeck wissen. Arn. Lub. 3, 11.

3) Das Itinerar des Kaisers aus der ersten Hälfte des Jahres 83 ist leider sehr spärlich. Wir finden denselben am 13. März zu Nürnberg, am 30. Mai zu Eger, am 5. Juni zu Regensburg. B. R. I. 2655. 56. Annal. August. min. M. G. 10, 9. Somit befand sich der Kaiser um die Zeit der Wahl, die am Begräbnißtage Arnolds, also wohl am 28. oder 29. stattfand, im Osten des Reiches. Möglicherweise konnte er damals die Botschaft von Arnolds Tode empfangen haben, seine Boten aber noch nicht in Trier eingetroffen sein. Wenn daher nach Gesta c. 92 Werner von Boland cum aliis nuntiis imperatoris mit der Einziehung der Hinterlassenschaft Arnolds beschäftigt ist, so ist dies auf eine spätere Zeit zu beziehen.

können. Allerdings würde er dann nicht in strenger Gemäßheit des wormser Konkordats gehandelt haben, wiewohl das Ernennungsrecht an Stelle des bewilligten Entscheidungsrechtes so üblich war, daß man es geradezu auf das wormser Konkordat zurückführte[1]. Und der Kaiser machte auch von diesem Rechte keinen Gebrauch; er beliebte hier, wie häufiger bei zwistigen Wahlen, ein anderes Verfahren[2], das wohl geeignet schien, die Parteien zu versöhnen: er bewilligte den Trierern eine Neuwahl, die sie in seiner Gegenwart vornehmen sollten. Aber Folmar wollte darauf nicht eingehen. Sei es daß er sich dadurch den Anschein zu geben fürchtete, als ob er selbst die Unzulänglichkeit seiner früheren Wahl anerkenne; sei es daß er seiner Wiederwahl nicht sicher genug war, da ihm ja die Massen fehlten, die ihn auf den Erzstuhl erhoben hatten: er ging mit den Seinen von dannen. Somit hatte die Partei Folmars den billigsten Ausgleichungsversuch verschmäht, wozu sollte der Kaiser da noch Rücksichten gegen sie gebrauchen? Als daher die Anderen ihm den Rudolf, den sie unterdeß wiedergewählt hatten, zur Genehmigung vorstellten, zog er die Fürsten zu Rathe, belehnte auf ihr Gutheißen den Rudolf mit dem Weltlichen[3] und ließ ihn als Erwählten in die Heimath ziehen. Aber dort fand Rudolf den Dom schon besetzt. Die Thüren waren verriegelt; Waffen verwehrten ihm jeglichen Eingang. So sah er sich genöthigt, seinen Einzug in eine andere Kirche zu halten. Bei St. Simon wurde er feierlich empfangen; und wie manchen Widerstand er auch finden mochte, so behauptete er doch fortan durch kaiserliche Autorität seine erzbischöfliche Stellung[4]. Als Erwählter von Trier nahm er auf dem mainzer Pfingstfeste seinen Platz unter den Reichsfürsten ein[5].

---

1) Tradit curia et ab ecclesia eo tempore, quo sub Henrico V. de investitura episcoporum decisa fuit inter regnum et sacerdotium controversia sibi concessum autumat, quod obeuntibus episcopis, si forte in eligendo partes fiant, principis arbitrii esse quem voluerit primatum suorum consilio ponere. Otto Fris. Vita 2, 6. Dahin lautende Entscheidungen s. Gesta Trevir. c. 93. Gisleb. 228.

2) So in Magdeburg Otto Fris. Vita l. c. — in Kammerich Ep. Friderici ap. Bouquet l. c.

3) — petiit, ut eum, quem per sententiam principum investisset, papa consecrare non differret. Gesta l. c.

4) — auctoritate imperatoris episcopatum saisivit. Statt saisivit, wie die Ausgaben von Martène Coll. ampl. 4, 213 und Hontheim Prodrom. hist. Trever. 787 haben, lesen Wyttenbach et Müller 1, 274 sancivit, wodurch der Satz ganz unverständlich wird. Saisire = possidere; so hat denn auch der Text ap. Eccard Corp. hist. 2, 2212 geradezu acquisivit.

5) Gisleb. 126.

Freilich waren der Wähler nur Wenige gewesen, aber das
änderte Nichts an dem Rechte des Kaisers. Dem vernünftigeren,
nicht dem größeren Theile sollte er seine Zustimmung geben, und
danach glaubte er zu handeln, denn wie sogar einer seiner Gegner zuge-
steht, war er der Meinung, daß Rudolf der vorzüglichere sei, daß
derselbe zur Leitung der trierer Kirche sich besser eigne und daher
auf den Erzstuhl zu erheben sei[1]). Was ferner das Mitberathungsrecht des Metropoliten betrifft, so handelte es sich ja eben um einen
Metropoliten selbst, und so konnten nur die Suffragane in Betracht
kommen. Von den Suffraganen Triers finden wir urkundlich
freilich nur Bertram von Metz auf dem konstanzer Hofe, und gerade
er ist es, der später als Anhänger Folmars auftritt. Wenn dagegen
die Bischöfe von Verdun und Toul auch nicht anwesend waren, —
was sich nicht beweisen läßt, — so stimmten sie wenigstens der Entscheidung Friedrichs bei. Wir werden sie in der Folge als Gegner
Folmars kennen lernen. War denn aber dieser Punkt so bedeutsam,
daß man wegen seiner etwaigen Nichtachtung die Entscheidung an-
fechten konnte? Trat nicht an Stelle der mitberathenden Sprengelbischöfe der Fürstenspruch, der Rath zahlreicher anderer Bischöfe?

Doch auch ein anderes Moment rechtfertigte die Entscheidung
des Kaisers. Mochte auch auf Seiten Folmars die Majorität sein,
die Wähler Rudolfs vertraten doch die wahlberechtigte Autorität.
Denn wie in jener Vorberathung die meisten Domgeistlichen und
höheren Würdenträger ihre Stimmen dem Rudolf gegeben hatten,
so waren sie es auch, die jetzt dem Papste berichteten, wie Folmar
mehr durch Erschleichung, als in kanonischer Form gewählt sei[2]).

---

1) (Rudolfum) itaque princeps, — non agens ratione, sed magis utens
potestate, intendebat ingerere et in archiepiscopatus apicem evehere, iudicans
electum suum potiorem et digniorem magisque competere ecclesiae Trevirensi
ideoque sublimandum et in cathedra pontificali censuit promovendum. Vita
stae. Hildegund. l. c.

2) Dagegen Arn. Lub. 3, 11: Volcmarus prior a saniore parte electus
est. Cont. Aquic. 428.: Electus perperam fuit, quem imperator manutenebat.
Gervas. Dorob. ap. Twysden 1479.: Dederat imperator cuidam nepoti suo
archiepiscopatum Treverensis ecclesiae, sed canonici alium quendam elegerunt.
Ich glaube nicht, daß diese theils örtlich, theils zeitlich ferner stehenden Berichte,
die nur Rückschlüsse aus der späteren Entscheidung des Papstes sein möchten,
die unparteiische Erzählung der Gesta erschüttern können. In Betracht käme
noch die Angabe der Vita Hildegund. l. c. Volmarum — pari voto commu-
nique consilio ferme tota civitas Trevirensis elegerant in pastorem, alterum
vero — Rudolfum — imperator nominavit paucis sibi faventibus timore potius imperatoriae majestatis, quam amore devotionis et pietatis. Ferme tota
civitas Trevirensis hatte freilich für Folmar gestimmt, und ihr gegenüber er-

Aber auch Folmar hatte nicht geruht; seinem Ungestüm gemäß war er über Wasser und Land geeilt, um vor dem Papste Klage zu führen und Recht zu verlangen. „Mit Geld versehen," sagen die kölner Jahrbücher, „ging Folmar nach Italien und erwarb sich die Gunst des Papstes und der Kardinäle¹)."

Zur Untersuchung berief nun der Papst beide Parteien vor seinen Stuhl, vernahm den Hergang der Wahl, konnte sich aber zu keiner Entscheidung entschließen. Er schob dieselbe um so lieber auf, als ihm auch der Kaiser über diese Angelegenheit geschrieben und schon die Reise nach Verona angetreten hatte²).

---

schien die Wahl Rudolfs sehr in der Minderheit. Aber ich denke, daß die civitas Trev. wohl eine Zustimmung zu geben hatte, daß hingegen die Wähler Rudolfs quamvis pauci wie die Gesta selbst zugestehen, die eigentlich Wahlberechtigten vertraten. Wenn der Autor ferner behauptet: quod ita factum est paucis de plebe plebeia acclamantibus laudesque decantantibus, so widerlegen ihn die Gesta: Papa dudum litteras omnium personarum (vgl. Seite 38 Note 1) ecclesiae Trevirensis susceperat contra eum (sc. Folmarum). Ferner waren es nicht pauci de plebe plebeia, die später wegen ihrer Parteinahme für Rudolf gebannt wurden, sondern priores Trevirenses. Annal. Colon. max. 792. Und nicht diese allein, sondern auch die Bischöfe von Toul und Verdun und der Abt von St. Viton, die doch gewiß nicht de plebe plebeia sind.

Alles Urtheils enthalten sich die Annal. Colon. max. 791, sie sprechen nur vom scisma eligentium; ebenso Caesar. Heisterb. Dialog. l. c.: controversia in ecclesia Treverensi inter duos electos. — Lamberti parvi Annal. 649: Fulmarus et Rodulphus de archiepiscopatu contendunt.

1) Wir wollen diese versteckte Beschuldigung gewiß nicht unterschreiben, verweisen aber auf den Tadel, welchen in dieser Hinsicht der sehr katholische Gerhoh von Reichersberg der Kurie um das Jahr 1162 macht. De investig. 141. 142. Noch 1188 geloben die Kardinäle, quod de caetero nulla munera recipient ab aliquo, qui causam habeat in curia. Ep. Petri Blesens. ap. Bouquet 17, 473.

2) Gesta l. c.

Zweites Kapitel.

Nach dem mainzer Pfingstfeste hatte sich der Kaiser zunächst nach Gelnhausen¹), dann nach Kaiserslautern begeben. Am 21. Juli hielt er hier einen Fürstenrath²). Es mochte noch Manches für den Zug über Berg zu berathen und zu ordnen sein. Im August zog er nach Regensburg hinab, wenn dieses, wie es scheint, der Sammelplatz für die mitziehenden Fürsten war. Die Sorge für Deutschland dem jungen König überlassend, brach er am 1. September nach Italien auf³). Ein zahlreiches Fürstengefolge umgab ihn⁴); aber zum ersten Male fehlte das kampfbereite Heer⁵).

Ein friedlicher Herr betrat der Kaiser am 19. September jene Stadt, die einst seine grimmigste Feindin war⁶). Wenige Tage später hielt er in ihren Mauern eine glänzende Reichsversammlung. Die ersten Erzbischöfe der drei Reiche umstanden den Kaiser: Konrad von Mainz, — er ist derselbe, den wir früher als Konrad von Salzburg kennen lernten⁷), — Robert von Vienne, Algisius von Mailand. Dazu kamen die Bischöfe von Bamberg, Merseburg, Metz, Worms, Verdun, Turin, Asti, Bergamo; die Aebte von Hersfeld und Prüm;

---

1) S. Regesten Friedrichs in Beilage 10 Nr. 1—4.
2) Regest 5. Nach B. R. I. 2663 wäre der Kaiser am 6. Juli zu Regensburg gewesen, jedoch gehört die Urkunde zum Jahre 1174. Vgl. v. Meiller Regesten der Babenberger 52.
3) Annal. Ratispon. M. G. 16, 589. Da gerade sie den Tag der Abreise kennen, so scheint die Annahme berechtigt, daß hier der Sammelplatz war.
4) — cum maxima principum frequentia. — Otto Sanblas. c. 28.
5) — in augusto sine armis Italiam ingressus est. Chronogr. Weingart. 64 — est profectus in bono pacis causa visendi dominum papam. Annal. Ratispon. l. c.
6) Annal. Mediolan. M. G. 18, 396. Notae sti. Georgii ibid. 387.
7) Denn nach dem Tode Christian's von Mainz war er auf den Mainzer Erzstuhl zurückgekehrt, von dem ihn das Schisma vertrieben hatte.

Landgraf Ludwig von Thüringen und andere Großen[1]). Dann brach der Kaiser gen Pavia auf; sein Weg von Mailand dorthin glich einem Triumphzuge[2]). Auf seiner Weiterreise berührte er Kremona, welches ihm keinen minder festlichen Empfang bereitete[3]). Nun eilte er zur Berathung mit dem Papste. Manche Gesandtschaften waren seit seiner Ankunft in Italien zwischen ihnen gewechselt worden[4]), sei es um sich über Förmlichkeiten zu verständigen, wie solche die Begegnung mit sich bringen mochte, sei es um auf dem Wege der Unterhandlung eine schnellere Verständigung vorzubereiten.

Schon seit dem 22. Juli weilte Papst Lucius zu Verona[5]). Traurige Verhältnisse hatten ihn so früh dem Norden Italiens zugeführt.

Zum Schatten war die weltliche Macht der Päpste herabgesunken, seitdem die Römer im Kampfe um municipale Rechte, unter Einwirkung altrömischer Ideen „das unverdiente Joch der Geistlichkeit" abschütteln wollten. Vertreibung und Rückkehr der Päpste haben seit Innocenz II. in schneller Folge gewechselt; zu einem dauernden kräftigen Regimente in Rom ist keiner der folgenden Päpste gelangt, und konnte es scheinen, daß Eugen III. dazu gelangen würde, so geschah es doch nur vermittelst großer Geldspenden, durch welche er die feile Stadt gewonnen hatte[6]). Seinen Nachfolgern entging auch diese Möglichkeit. Das Schisma hat denn nur dazu beigetragen, die Ohnmacht des Papstthums zu erhöhen, und diese hörte auch dann noch nicht auf, als jenes im Frieden von Venedig beseitigt war; denn nur wenige Monate hatte Alexander III. nach seiner Zurückführung durch kaiserliche Waffen in der ewigen Stadt geweilt. Gewiß hat er dieselbe nicht gutwillig verlassen; aus dem Kampfe mit einem Kaiser siegreich hervorgegangen, ist er ein Verbannter außerhalb Roms gestorben. Selbst noch dem Todten

---

1) Regest 8.
2) — a Papia urbe usque Mediolanum deducitur cum magna gloria et exultatione Italicorum. Lamberti parvi annal. M. G. 16, 649. Statt a Papia usque Mediolanum sollte natürlich a Mediolano usque Papiam heißen. — a Mediolanensibus et Veronensibus cum maximo honore susceptus. Chronogr. Weingart. l. c. cf. Cont. Zwetl. alt. M. G. 9, 592.
3) Annal. Cremonens. M. G. 18, 801. (Vgl. dazu die Regesten). Annal. Placent. M. G. 18, 415.
4) S. die Stelle in Beilage II. Nr. 6.
5) Chron. Veronense ap. Biancolini Serie dei vescovi e governatore di Verona 69. Chron. Patavin. ap. Muratori Ant. It. 4, 1122.
6) Romoald. 425.

bewies man einen unversöhnlichen Haß¹). — Alexanders Nachfolger ist zwar nach Rom zurückgekehrt; aber kaum hatte er zwei Monate auf dem päpstlichen Stuhle gesessen, als auch er schon mit den Römern zerfallen war²), weil er bisher übliche Gewohnheiten nicht zugestehen wollte. Die Revolution war die Folge dieser Weigerung, und Lucius mußte die ewige Stadt verlassen³). Sengend und verwüstend durchzogen nun die Römer den Kirchenstaat und versuchten besonders das von ihnen tödtlich gehaßte Tusculum zu brechen⁴). Die Hoffnung des Papstes beruhte allein auf den Waffen des kaiserlichen Feldherrn⁵). Während er von Ort zu Ort floh⁶), rief er Christian von Mainz zu seiner Hülfe herbei. Wohl ist dieser herangezogen, hat drohend vor den Mauern Roms gestanden und die Römer durch den bloßen Schrecken seines Namens bezwungen⁷); aber um so mächtiger erhob sich die Revolution, als er bald darauf den Mühen und dem Klima erlag. Die Geschichten wissen von argen Verwüstungen, von der Zerstörung päpstlicher Burgen, von der Verhöhnung des Papstes und der Kardinäle zu erzählen⁸). Und der Geist der Empörung regte sich auch in anderen Städten. Wie die Römer nach der Rückkehr Alexander' III. an den Edlen von Viterbo Bundesgenossen gefunden hatten⁹), so möchte sich auch jetzt manche Stadt, der päpstlichen Herrschaft überdrüssig, ihnen angeschlossen haben. Der ganze Kirchenstaat scheint in Auflösung und

---

1) Cont. Aquic. 418.

2) Schon zum November 1181 heißt es von ihm a Romanis minus reverenter habitus. Transl. sti. Annon. 516.

3) Lucius papa exiit a Roma — propter quasdam exigentias, quas Romani exigebant de papatu et propter Tusculanum castrum. Lamberti parvi annal. 649 — grave dissidium ortum est inter Romanos et papam Lucium super consuetudinibus, quas praedecessores papae Lucii facere solebant quas papa Lucius se nunquam facturum iuravit. Bened. Petrob. 2, 401. Sind etwa jene unerhörten Geldzahlungen gemeint, durch welche sich die Päpste des 12. Jahrhunderts die Herrschaft über Rom vom Volke erkauften? Gerhoh. De investig. 141.

4) Annal. Romani M. G. 5, 480. Annal. Ceccanens. M. G. 19, 287. Bened. Petroh. l. c.

5) — auxilio cancellarii fovebatur. Transl. sti. Annon. l. c. — cum Romanorum perfidiam — aliter comprimere non possemus, eundem archiepiscopum ad obsequium ecclesiae convocavimus. Ep. Lucii ap. Guden. Cod. dipl. 1, 280.

6) Bened. Petrob. l. c.

7) Romani bis ad solius nominis eius terrorem fugierunt. Ep. Lucii l. c.

8) Robert. Altissidor. 251. Cont. Aquic. 442. Annal. Stadens. 350.

9) Romoald. 459.

Verfall begriffen gewesen¹). Lucius floh aus seinem Lande, wohin weder er noch seine nächsten Nachfolger zurückkehrten. Nur die Waffen Deutschlands und das Geld Englands gewährten dem Vertriebenen noch Hoffnung und Trost. Während er selbst vom Kaiser größere Hülfe erwartete²), sollte zunächst ein kaiserlicher Legat den Kirchenstaat vertheidigen³). Nach England aber schickte er Gesandte, um dort einen Peterspfennig zur Vertheidigung seiner Staaten zu erheben⁴).

War es zu befürchten, daß dieses Papstthum in seiner Ohnmacht nach neuem Besitze trachtend, die billigste Ausgleichung, welche ihm angeboten war, von der Hand weisen würde?

In den ersten Tagen des Oktober traf der Kaiser in Verona ein⁵), freudig vom Volke, freudiger von einer großen Schaar Unglücklicher empfangen, die aus allen Theilen des Reiches hierher geströmt waren, weil sie vom Kaiser ihr Heil erwarteten. Mit dem Gesange „Du bist gekommen, Ersehnter!" zogen sie ihm entgegen.

Alle Geistlichen, die ihre Weihe von Schismatikern erhalten haben, sind ihrer Würden entsetzt, so lautete das Urtheil, als zu Venedig das Schisma vernichtet war. Hunderte und aber Hunderte hatte dieses Urtheil getroffen. Von der Abtei Hilsenburg erzählt Arnold von Lübeck, daß beinahe die ganze Mönchschaft ihre Harfen an die Weiden gehängt hatte⁶). Da drängte natürlich Alles zum Papste, um Gnade für Recht zu erwirken. Kaum war die Kunde

---

1) An bestimmten Nachrichten über den Kirchenstaat fehlt es zwar. Wenn aber erst der dritte Nachfolger Lucius III. in denselben zurückkehrt, wenn 1186 der Kaiser seinen Sohn entsendet quibuslibet expositum periculis pro defensione ac libertate ecclesie Romane quanto potuit velocitate, während die Beziehungen des Kaisers zu den Römern selbst nur freundschaftlicher Art sind, so wird die Richtigkeit der ausgesprochenen Behauptung nicht zu bezweifeln sein.

2) Veronam se contulit sperans sibi auxilium ab imperatore ferendum. Robert. Altissidor. l. c.

3) — misit comitem Bertoldum legatum imperatoris Frederici pro defensione Tusculanae Annal. Ceccanens. l. c. — dimisso comite Bertoldo ad defensionem Campaniae — Veronam accessit. Anon. Casinens. ap. Muratori 5, 70.

4) Bened. Petrob. 2, 404.

5) — circa octavam sti. Michaelis. Annal. Placent l. c.

6) Arn. Lub. 2, 9.

des Friedens erschollen, und schon strömten die Schismatiker nach Venedig, um dem Schisma abzuschwören, und sich in ihren Stellen bestätigen zu lassen¹). Dasselbe wiederholte sich, wo nur eine Gelegenheit geboten wurde²). Aber wie sehr auch der Papst seine Gnade walten ließ, unendlich schien noch immer die Zahl der Entsetzten. Das mußte wie ein Alp auf der Seele des Kaisers lasten. Hatte er doch einst geschworen, er würde nimmer zugeben, daß die unter Paschalis oder dessen Nachfolgern Geweihten ihrer Aemter entsetzt würden³). So mochte es nicht das erste Mal gewesen sein, daß er im vorigen Jahre den Papst gebeten hatte, mehrere Geistliche wieder in ihre Aemter einzusetzen. Seine Bitte hatte Erfolg gehabt, die beiden Kardinäle, welche ihm die Einladung zu einer persönlichen Begegnung überbrachten, vollzogen auch die gewünschten Reordinationen⁴). Die Kunde davon mag das Vertrauen auf die Fürbitte des Kaisers besonders gestärkt und in diesen Hunderten, die jetzt zu Verona versammelt waren, den Entschluß gezeitigt haben, dorthin zu eilen, wo der Kaiser am Nachdrücklichsten als ihr Anwalt auftreten konnte; daher der Jubel bei seinem Einzuge.

In der Villa San Zeno, nahe bei Verona, nahm der Kaiser mit seinem Gefolge Wohnung. Hier läßt er sich urkundlich zum ersten Male am 19. Oktober nachweisen⁵); er hat seine Thätigkeit wieder mit einem großen Hofe eröffnet, dessen bedeutendste Persönlichkeiten der Patriarch von Aglei und der Erzbischof von Mainz sind. Manche Reichsangelegenheit wurde im Laufe der Tage erledigt⁶); mit größerem Eifer pflog der Kaiser die Verhandlungen mit dem Papste. Ihr Verkehr wird uns als ein sehr herzlicher geschildert. „Geistliche und weltliche Angelegenheiten" sagt ein Zeitgenosse, „wurden unter ihnen verhandelt, gleichsam als bildeten die beiden Häupter der Welt mit ihren Räthen nur Einen Staat"⁷). Ob in

---

1) Vita Alex. 471.
2) So im Dezember 1177 zu Anagni, Vita Alex. 474. — dann zu Rom, Annal. Pegav. M. G. 16, 261 — auf dem Laterankonzil. Arn. Lub. l. c.
3) Ficker Reinald v. Dassel 84.
4) S. die Stelle in Beilage II. Nr. 3.
5) Regest 7. Ueber eine, angeblich am 23. September zu Verona ausgestellte Urkunde des Kaisers s. Regest 24.
6) Regest 10—17.
7) Anon. Zwetl. hist. Rom. pontif. ap. Pez Thesaur 1c, 392. Der Verfasser ist Zeitgenosse; an dieser Stelle lag ihm der Brief des Papstes vor, in welchem derselbe die Bannung der Ketzer verkündigt; hier wie dort finden sich die Worte imperatoris praesentia et vigore suffulti, communi consilio etc.

allen Fragen ein so inniges Einverständniß zwischen Kaiser und Papst bestanden habe, mag zunächst dahingestellt bleiben; ihr gemeinschaftliches Vorgehen in einer rein kirchlichen Angelegenheit mochte den Vergleich allerdings nahe legen.

Als Vogt der Kirche hatte der Kaiser die Verpflichtung, die Kirche gegen jeden Feind zu schützen. Also mußte er auch gegen die Feinde des wahren Glaubens mit den Streitmitteln seiner Macht vorschreiten. Dazu war überreiche Gelegenheit vorhanden. Wie es nicht ausbleiben konnte, hatte sich mit dem Streben nach politischer Freiheit auch ein freieres religiöses Bedürfniß geregt. Der Sitz der höchsten municipalen Freiheit, die Lombardei, war immer der Sitz neuer religiöser Lehren und Verirrungen[1]). Fehlte ihnen auch die Geschlossenheit, — denn nicht eine Grundidee, von einem Repräsentanten getragen, sondern verschiedene Sekten kamen zur Geltung, — so lag doch in ihrer weiten Verbreitung Gefahr genug für die Kirche. Auch im übrigen Italien hatten sie Aufnahme gefunden, „sie beschmutzten", wie ein Zeitgenosse sagt, „ganz Italien"[2]). Vergebens hatte Lucius dagegen geeifert, vergebens den Bann ausgesprochen und jeden neueintretenden Konsul zu einem Eide gegen die Sektirer verpflichtet: er mußte endlich gestehen, „daß er fast an der Heilung dieser verderblichen Wunde verzweifle"[3]). Ja, unter seinen Augen zu Verona trieben die Ketzer ihr Wesen[4]). Da sollte der Kaiser dem Banne des Papstes durch die Reichsacht höhere Wirkung verleihen. Wenn Papst und Kaiser an einem Orte und in einer Stunde die Vernichtung aussprachen, schien dann nicht die Vernichtung selbst vollzogen zu sein?

In dieser Absicht hatten sich am 4. November Papst und Kaiser mit den Ihrigen im Dome zu Verona eingefunden. Nie mag dieser eine glänzendere Versammlung in seinen Mauern vereinigt haben. Den Papst umgab die Schaar der Kardinäle, den Kaiser die ersten Würdenträger des Reiches: der Erzkanzler Deutsch-

---

1) Bezeichnend ist folgende Stelle: Audivi quod multi haeretici sint in Lombardia. — Hoc mirum non est, habent enim suos magistros in diversis civitatibus, aperte legentes et sacram paginam perverse exponentes. Caesar. Heisterb. Dialog. 5, 26.

2) Cont. Zwetl. alt. 542. Der Verfasser ist wohl auch Verfasser der Hist. pont. Rom. s. Seite 47 Note 7.

3) Ep. Lucil ap. Tonini Storia di Rimini 2, 591.

4) S. die merkwürdige Geschichte eines Kölner Klerikers bei Caesar Heisterb. Dialog. l. c.

lands, zugleich Kardinal und Legat des heil. Stuhls, Erzbischof Konrad von Mainz, ferner der Erzkanzler Burgunds, Erzbischof Robert von Vienne, der Patriarch Gottfried von Aglei; die Erzbischöfe Adalbert von Salzburg, Johann von Lyon, Gerhard von Ravenna. An diese schlossen sich die deutschen, burgundischen, italienischen Bischöfe und Großen: Otto von Bamberg, Eberhard von Merseburg, Bertram von Metz, Heinrich von Verdun, die Erwählten von Trier und Lübeck, Wilhelm von Gap und Johann von Grenoble, Omnebonus von Verona und Garsidonius von Mantua, Landgraf Ludwig von Thüringen, die Markgrafen von Andechs und Este und Andere[1]). In dieser Versammlung verkündigte zunächst ein Dolmetscher die Acht des Kaisers; dann erhob sich dieser selbst von seinem Sitze und gab den Worten des Dolmetschers eine sinnbildliche Bestätigung, indem er seine Hände in die vier Himmelsgegenden ausstreckte und seine Handschuhe mit drohender Miene zur Erde warf. Die Aechtung der Ketzer wurde dann durch ein kaiserliches Gesetz zur allgemeinen Kenntniß gebracht[2]); der Papst aber verkündigte, daß er „durch die Anwesenheit und das Ansehen des Kaisers unterstützt, nach gemeinsamem Rathe der Kardinäle, Patriarchen, Erzbischöfe und vieler Fürsten," die Ketzereien verdammt habe[3]).

Dem Triumphe des wahren Glaubens galt auch eine andere Verhandlung, die an diesem Tage gepflogen wurde. Jedoch bezweckte dieselbe nicht die Ausrottung einiger Sekten, sondern es sollte ein Volk bezwungen oder doch beschränkt werden, das man als den Erbfeind des Christenthums zu betrachten pflegte, gegen das kein Bannstrahl, keine Aechtung etwas vermochten, sondern nur die Waffen der vereinten Christenheit.

Man kennt die traurige Lage Paläſtinas, die Schwäche der

---

1) Zeugen der verschiedenen zu Verona ausgestellten Urkunden. Regest 10—17. Adalbert von Salzburg erscheint zwar nicht als Zeuge, er selbst aber schreibt aus Verona, von wo er bald zu einer Zusammenkunft mit dem Herzoge von Steier eilte, über seinen Empfang beim Kaiser und Papst. Pez Cod. epist. 2, 48. Ebenso läßt sich die Anwesenheit des Erzbischofs von Ravenna nicht urkundlich nachweisen, aber sie wird durch die S. 50 Note 2 angeführte Stelle erwiesen. Auch war derselbe schon beim Papste, als dieser auf dem Wege nach Verona zu Modena weilte. Inschrift bei Vedriani Storia di Modena 2, 118. cf. Annal. vet. Mutinens. ap. Muratori 11, 54. — Mit Unrecht folgert Muratori Ant. Est. 1, 363 aus einer Urkunde vom Jahre 1193, daß auch Herzog Welf anwesend gewesen sei.
2) Chron. Laudun. ap. Bouquet 18, 703. Cont. Zwetl. alt. l. c. Ep. Adalb. Salisb. l. c. Das Gesetz selbst findet sich nicht vor.
3) Augustin. Tarracon. op. 4, 296. Mansi Coll. conc. 22, 476.

christlichen Fürsten, die steigende Macht Saladins. Schon scheint Jerusalem dem Untergange geweiht, da bricht der Patriarch Heraklius mit den Großmeistern der Ritterorden auf, um dem Abendlande die Gefahr zu verkünden, die seiner eigenen Schöpfung drohe, um es anzufeuern, wieder für die heiligen Stätten in den Kampf zu ziehen[1]). An keinem günstigeren Orte hätten die Hülfeflehenden ihre Thätigkeit eröffnen können, als zu Verona, wo so viele hohe und niedere Geistliche, so viele Fürsten und Edle versammelt waren. Wenn diese Verona verließen, trugen tausende von Stimmen das Leid der orientalischen Christen durch alle Lande. Auch sollte der beredte Mund nicht fehlen, der die Begeisterung für die Sache des hl. Landes entfachte. Der eben so fromme, wie thatkräftige Erzbischof von Ravenna schilderte den drohenden Verlust Palästinas und forderte zum Kreuzzuge auf[2]).

Wie es dem Papste geziemte, nahm sich Lucius eifrig der orientalischen Christen an und ermahnte den Kaiser zu dem verdienstlichen Werke. Und der Kaiser war bereit, den Ermahnungen des Papstes, den Bitten des Patriarchen und der Großmeister zu willfahren[3]). „Wenn er nach Deutschland zurückgekehrt sei", versprach er, „würde er mit den Fürsten über einen Kreuzzug unterhandeln; jedenfalls aber sollten die Rüstungen, mit Weihnachten beginnend, das folgende Jahr hindurch betrieben werden"[4]). — So war im Dome zu Verona der erste, freilich noch schwache Funke jener Begeisterung entfacht, die nun langsam wachsend endlich aller Herzen sich bemächtigte und den großen Menschenstrom aufbot, als dessen hehren Führer wir Kaiser Friedrich kennen.

Diese Einmüthigkeit zwischen Kaiser und Papst mochte als günstiges Zeichen für die glückliche Vollendung des Friedens gelten.

---

1) Ep. Adalberti Salisb. l. c. Cont. Zwetl. alt. l. c. Annal. Marbac. M. G. 17, 162.

2) Quarto die intrantis Novembris, consedentibus Veronae in ecclesia majori papa et imperatore, cardinalibus et plerisque ecclesiae rectoribus, archiepiscopus Ravennas in serie sermonis suis casum et perditionem terrae Jerosolimitanae omnibus exposuit et ad succurrendum in peccatorum remissionibus cujuslibet generis homines evocare curavit. Radulf. de Diceto 624. Der Erzbischof von Ravenna hat denn auch ferner eifrig für den Kreuzzug geworben. Nach einem Urkundenauszuge bei Rubeus Hist. Ravenn. 359 predigt er 1188 am 2. Februar den Florentinern das Kreuz. Ueber seine eigene Theilnahme am Kreuzzuge s. ebendort.

3) — quod (sc. subvenire ecclesie orientali) ipse precibus istorum et exhortatione summi pontificis inductus facere promisit. Cont. Zwetl. alt. l. c.

4) Ep. Adalberti l. c.

Aber dasselbe trügte; der Vergleich „des Einen Staates" würde auf die weiteren Verhandlungen nicht passen.

Mit dem lebendigsten Interesse hatte sich der Kaiser der entsetzten Geistlichen angenommen; er drang in den Papst, Milde für Recht ergehen zu lassen. Lucius schien auch bereit dazu; schon befahl er Allen, ein schriftliches Gesuch einzureichen, auf Grund dessen über jeden Einzelnen entschieden werden sollte. Aber bald[1]) änderte er seinen Entschluß, indem er folgerte: „Was zu Venedig in allgemeiner Versammlung der Kardinäle und Bischöfe entschieden sei, könne nur durch eine neue Versammlung der Kardinäle und Bischöfe geändert werden." Deshalb versprach er ein Conzil zu Lyon halten zu wollen.

Unter den Geistlichen verursachte diese Entscheidung nicht geringe Trauer, sie sahen ihre letzte Hoffnung vernichtet oder deren Erfüllung, welche sie schon so nahe geglaubt, doch in unbestimmte Ferne gerückt. So geschah es denn, wie Arnold von Lübeck erzählt, daß diejenigen, welche beim Empfange des Kaisers gesungen hatten: „Du bist gekommen, Ersehnter" nun das Trauerlied anstimmten: „Wir haben den Frieden erwartet und er ist nicht gekommen." Die Kardinäle sollen darüber großes Mißfallen geäußert haben. „Wie anmaßend", hieß es, „sind doch die Deutschen, welche drohend Gnade zu erlangen suchen."

Die Deutschen aber erzählten sich, daß der Erzbischof von Mainz und der Bischof von Worms den Papst zu seiner Sinnesänderung bewogen hätten[2]). Wie weit diese Muthmaßung auf Wahrheit begründet war, muß dahingestellt bleiben. Eine Spannung zwischen dem Kaiser und Erzbischofe, wie sie der Vereitlung eines so sehnlichen Wunsches wohl gefolgt wäre, ist nicht ersichtlich; wir begegnen Konrad von Mainz nach wie vor in des Kaisers Begleitung oder als Unterhändler zwischen ihm und dem Papste[3]). Konrad von Worms läßt sich überhaupt zu Verona nicht nachweisen; hatte er in der That den Kaiser von Mailand, wo wir ihn bei demselben fanden, nach Verona begleitet, so mag das Fehlen seines Namens in den Zeugenreihen der Urkunden, die der Kaiser hier

---

1) Altera die. Arn. Lub. l. c. Ob dem so ist und die folgende Entscheidung auch am 4. November im Dome zu Verona verkündigt wurde, muß dahingestellt bleiben.

2) Arn. Lub. l. c.

3) S. Beilage III. Nr. 7.

ausstellt, immerhin auf eine Spannung zwischen Beiden deuten. Ihm zu zürnen, hätte der Kaiser um so gerechteren Grund gehabt, als Konrad von Worms nicht, wie Konrad von Mainz, während des Schisma ein Anhänger Alexander' III. gewesen war, sondern im Frieden von Venedig dem Schisma abschwören mußte und dadurch sich der Gnade theilhaftig machte[1]), die er jetzt den Anderen zu mißgönnen schien.

Bedeutsam könnte eine Spannung zwischen dem Kaiser und dem Wormser auch in anderer Hinsicht sein. Konrad war einst von Alexander III. in jene Kommission gewählt, welche darüber entscheiden sollte, ob das Land der Gräfin Mathilde dem Reiche oder der Kirche eigene. Also hatte der Papst erwartet, daß Konrad zu Gunsten der Kirche entscheiden würde. Rechtfertigte er vielleicht eben dieses Vertrauen, indem er die erneuten Forderungen der Kirche unterstützte?

Drei Jahre vermissen wir Konrad am kaiserlichen Hofe; eine Spannung zwischen ihm und dem Kaiser möchte kaum zu läugnen sein.

Aber leicht könnten wir zuviel vermuthen, wo der Vermuthung das weiteste Feld geöffnet ist. Denn gerade hier, wo man die größte Anforderung an die Ueberlieferung stellen möchte, läßt sie völlig unbefriedigt: wie Kaiser und Papst den Hauptzweck ihrer Zusammenkunft zu erreichen suchten, frägt man vergebens. Nur ein Autor erwähnt der betreffenden Verhandlungen, aber seine Worte dienen eher zur Verdunkelung, als zur Aufklärung. Auch hat derselbe sein Werk fast ein Menschenalter später abgefaßt, und wie manche Nachrichten ihm auch von Landsleuten, die damals mit ihrem Bischofe zu Verona weilten, mitgetheilt sein mögen, großes Vertrauen in ihre Richtigkeit erweckt seine Angabe nicht. Es ist Arnold von Lübeck, der fast nur beiläufig bemerkt: Kaiser und Papst hätten mit einander über das Erbe der Gräfin Mathilde verhandelt; der Kaiser habe auf dasselbe nicht verzichten wollen, weil die Gräfin, wie er versicherte, es dem Reiche übertragen habe; der Papst hingegen habe behauptet, sie habe es dem apostolischen Stuhle vermacht. Beide hätten dann, um ihre Ansprüche zu beweisen, ur-

---

1) Reuter Gesch. Alex. III. 3, 318.

kundliche Belege vorgezeigt, wären aber zu keiner Ausgleichung und Entscheidung gelangt¹).

Gewiß beruht die angegebene Begründung der kaiserlichen Ansprüche auf Mißverständniß oder Unkenntniß des Autors, denn mit der Behauptung, die Gräfin habe ihre Besitzungen dem Reiche übertragen, hätte ja der Kaiser die Dinge geradezu auf den Kopf gestellt, den Hohn der Gegner herausgefordert und diesen gewissermaßen die Waffen gegen sich selbst in die Hand gegeben. Eine derartige Verkehrung der Geschichte wird also weder ihm, noch seinen Juristen je in den Sinn gekommen sein.

Jedenfalls aber erhellt aus dieser Angabe, daß der Papst den ersten Vorschlag des Kaisers unbedingt zurückwies; er und seine Kardinäle gaben dem Besitze eines Landes, dessen Behauptung ihnen voraussichtlich schwer fallen würde, vor den sicheren Zehnten und Neunten der italienischen Reichseinkünfte den Vorzug. Den zweiten Vorschlag mag der Papst nicht so unbedingt zurückgewiesen haben. Alterfahrenen Männern aus der Nähe der streitigen Besitzungen ist die Ermittlung dessen, was dem Reiche, was der Kirche gehöre, zwar nicht übertragen; wenn man aber die Erzählung Arnolds von Lübeck deuten darf, so konnte es sich bei der urkundlichen Beweisführung nicht um das Vermächtniß der Gräfin handeln, wie unser Gewährsmann will, sondern um die Trennung von Eigengut und Lehengut Mathildens. Darüber entbrannte dann der Streit; der Eine erblickte in fast jedem Gebiete Reichslehen, der Andere Eigengut.

Bedeutsamer als die Besitzfrage tritt wenigstens in der Geschichtsschreibung die trierer Wahlstreitigkeit hervor. Indem die Chronisten sich zur Erzählung der betreffenden Verhandlungen anschicken, bezeichnen sie diese Angelegenheit als die keineswegs geringste oder gar als die bedeutendste und größte²). Und in der

---

1) l. c. Cum — in argumentum probandi testamenti ex utraque parte privilegia porrigerentur etc. Also aus dem einen Testamente hätten Beide ihre Ansprüche hergeleitet. Das kann man geradezu unmöglich nennen. Diese ungenaue Kenntniß der Frage fällt beim Arn. Lub. um so mehr auf, als über dieselbe ja auch in seiner Zeit lebhaft verhandelt wurde. Im Allgemeinen sprechen auch die Gesta Trevir. c. 93 de negotiis, quae inter sedem apostolicam et imperium versabantur, quaestiones hinc inde discurrerent und begreifen darunter auch diese Frage, wie wir aus c. 95 ersehen. Leider war die genauere Erörterung derselben nicht instantis operis, wie der Autor sonst sagt, und wurde somit übergangen.

2) — inter ceteras quaestiones ista habita est non una de minimis. Gesta Trevir. c. 93. — negotium — maximum et praecipuum. Arn. Lub. l. c. — causa — ardua. Annal. Reinhardsbr. 42.

That war sie von großer Bedeutung nicht allein wegen des Aufsehens, das sie erregte, wegen der Folgen, die sie nach sich zog, es handelte sich um Punkte, welche den letzten Einfluß des Kaisers auf die Besetzung der Bischofsstühle betrafen.

Zunächst warf sich die Frage auf, ob der Papst an die kaiserliche Entscheidung einer Doppelwahl gebunden sei. — Wenn Friedrich den Papst gebeten hatte, ohne ihn in der trierer Angelegenheit nicht vorzugehen, so hatte er ihm damit keineswegs das Recht der Entscheidung zuerkannt; eine gemeinschaftliche Verständigung mochte er sich gefallen lassen, im Uebrigen erklärte er, diesen kleinen Rest größerer verlorener Rechte würde er sich nimmer schmälern lassen. Der wormser Vertrag hatte dem Kaiser das Entscheidungsrecht ja auch unbedingt, nicht unter Vorbehalt der päpstlichen Zustimmung zugestanden; und was nutzte ein Entscheidungsrecht, wenn der Papst die Entscheidung selbst verwerfen konnte? Für die Rechtlichkeit seiner Entscheidung bürgte die Genehmigung derselben durch den Spruch der Fürsten.

Wie wir hören werden, fußte eine spätere Entscheidung auf dem Grundsatze, die Weihe des Gewählten müsse der Belehnung desselben vorausgehen. Den Erwählten von Trier hatte der Kaiser auf Rath der Fürsten sofort nach der Wahl belehnt; es warf sich also die zweite Frage auf, ob nur ein Belehnter zu weihen oder ein Geweihter zu belehnen sei.

Der wormser Vertrag hatte in Betreff der Reihenfolge von Belehnung und Weihe festgestellt, die Belehnung von Seiten des Reiches solle in Deutschland vor der Weihe, in Italien und Burgund nach derselben vor sich gehen. Allerdings soll dann Lothar bei seiner Wahl auf die vorhergehende Belehnung verzichtet haben[1]); allein schon Lothar selbst erkannte, daß er sich an diesen Verzicht nicht binden könne. So machte er dem Albero von Trier, der wirklich die Weihe vor der Belehnung empfangen hatte, deswegen einen Vorwurf, und Albero mußte auf allgemeinen Rath der Fürsten sich zu dem Eide erbieten, „er habe dies nicht zur Schmälerung der kaiserlichen Ehre gethan, sondern er sei vom Papste dazu gezwungen[2])." Nur durch das strengste

---

[1] Narratio de elect. Lotharii. M. G. 12, 511.

[2] — quod non ad diminutionem sui honoris hoc factum esset, sed a domino papa coactus. —

Festhalten an der vorhergehenden Belehnung kann es dann möglich geworden sein, daß Lothars Verzicht allmälig in Vergessenheit gerieth. Niemals hören wir, daß die Kirche sich auf denselben berufe; wo sie die vorhergehende Weihe verlangte, da diente ihr, wenn wir recht berichtet sind, nicht Lothars Verzicht zur Begründung ihres Verlangens, sondern der Vorwand, jene Bestimmung des wormser Konkordats, welche die vorhergehende Belehnung bewilligte, habe nur für Heinrich V., nicht für seine Nachfolger gegolten [1]). Jedoch diese Ansprüche blieben erfolglos. Otto von Freising stellt die vorhergehende Belehnung als rechtsgültigen Grundsatz auf [2]); und der Kaiser behauptet geradezu, es sei unerhört, daß ein Bischof im deutschen Reiche die Weihe vor der Belehnung empfangen hätte [3]). Aber deshalb verzichtete die Kirche nicht auf ihre Ansprüche. Wenn es im Frieden von Venedig heißt, es sollten alle Streitigkeiten, welche zwischen Kirche und Reich schon vor der Zeit Hadrian IV. entstanden waren, einer schiedsrichterlichen Ausgleichung vorbehalten bleiben, so nimmt man wohl mit Recht an [4]), daß darunter auch dieser Punkt bezüglich der Investitur begriffen sei. So betont ihn die Kirche denn auch sofort nach jenem Frieden, indem sie unter den Gründen, welche sie zur Verwerfung der Wahl Bertrams von Bremen veranlassen, auch den aufführt, daß Bertram die Belehnung vor der Weihe empfangen habe [5]).

Eben so sehr behauptet aber auch der Kaiser sein Recht. Und nicht ohne Grund. Das weltliche Moment, die Belehnung, ließ sich immerhin rückgängig machen; über die schon vollzogene Weihe konnte aber auch der Kaiser nicht ohne Weiteres hinwegsehen, weil ja die gläubige Menge in dem Geweihten ihren Bischof verehrte; versagte

---

1) hoc pro bono pacis sibi soli et non successoribus datum dicunt Romani. Otto Fris. chron. 7, 10.

2) Otto Fris. chron. l. c. Gesta Frid. 2, 6. Freilich in ersterem mit der Abweichung vom wormser Konkordate, daß auch die electi cisalpini dieser Bestimmung unterliegen.

3) — cum nulla — antiquitatis curiosa reportet memoria, quod episcoporum quispiam in regno teutonico consecrationem prius, quam regalia per sceptrum imperiale receperit etc. Ludewig Rel. mscr. 2, 448.

4) Ficker Deutsch. Königth. u. Kaiserth. 76: „Nicht einmal in dem, was bzüglich der Investitur noch streitig, von Kg. Lothar sogar schon zugestanden w., machte der Kaiser eine Konzession." Den strikten Beweis dafür kann man nicht beibringen; auch Reuter Gesch. Alex. III., 334 beruft sich einfach auf Ficker a. a. O.

5) Praeterea electus vester ante sacros ordines suscepit regalia de manu imperatoris. Annal. Stadens. 349.

ihm der Kaiser die Regalien, so hatte er sicher den größten Theil der Bevölkerung gegen sich. Eine häufigere Weigerung, den Geweihten zu belehnen, hätte somit zu ganz unhaltbaren Zuständen geführt. Während jetzt die Wähler wohl darauf Rücksicht nahmen, nur einen Solchen zu wählen, dem der Kaiser voraussichtlich gern die Regalien ertheilen würde, hätte der Kaiser diesen indirekten Einfluß auf die Wahlen eingebüßt, wenn die Weihe der Belehnung voranging. Deshalb meinte Kaiser Friedrich denn auch, daß der Brauch der vorhergehenden Belehnung des vernünftigen Grundes nicht entrathe[1]).

Diese Fragen also, zu denen die Untersuchung über die Gültigkeit der Wahl Rudolfs oder Folmars kam, werden damals die Rechtskundigen beschäftigt und mannichfache Erörterungen hervorgerufen haben. Nach dem Berichte eines Mönches von Reinhardsbrunn müßten diese ziemlich erfolglos geblieben sein und so den anwesenden Landgrafen von Thüringen veranlaßt haben, eine ihm nahestehende Autorität ersten Ranges, nämlich den Abt des genannten Klosters, zur Entscheidung herbeizurufen. Während eine Angelegenheit von hoher Bedeutung zwischen dem Kaiser und Papste zu Verona verhandelt wurde, sagt der Mönch — und versteht unter dieser Angelegenheit unzweifelhaft die Verhandlungen, welche die trierer Wahlstreitigkeit veranlaßte —, während Kaiser und Fürsten zu keiner Entscheidung gelangen konnten, rief Landgraf Ludwig von Thüringen den Abt von Reinhardsbrunn herbei, damit dieser aus der Fülle seiner Kenntnisse des kirchlichen und weltlichen Rechtes die Entscheidung fällen sollte[2]).

Ob die Räthe der Krone in der That so rathlos dastanden, ob ihre letzte Hoffnung, alle Zweifel gelöst zu sehen, allein auf die Entscheidung des Abtes gerichtet war, möchte man bezweifeln; es waren doch auch in der nächsten Umgebung des Kaisers Männer,

---

1) — quod quidem ratione non derogans etc. Ludewig Rel. mscr. l. c.
2) Cum ibidem morarentur, causa quaedam ardua inter eos ventilabatur, cumque imperator cum principibus consilium debitum (non) inveniret, pyus princeps Ludewicus convocato domino Hermanno abbate Reynersbornensi, ipsum coram principibus interrogavit, quod consilium daret super tali causa. Ac ille ut erat eruditissimus tam in divinis quam in humanis legibus optimum consilium dedit in talibus negotiis. Quod consilium imperator et omnes principes affirmarunt et approbarunt, unde idem pater ab imperatore et principibus multis divitiis honoratus ad propria est reversus, cum quibus ut dicitur turres, campanas ac predia construxit in coenobio suo et comparavit. Annal. Reinhardsbr. 42. Unter dem consilium ist offenbar eine sententia verstanden, wie schon die affirmatio und approbatio der Fürsten zeigt.

deren Weisheit und genaue Kenntniß beider Rechte den Zeitgenossen ebenso bewunderungswürdig erschienen, als dem Mönche diese Gaben seines Abtes. Da war am kaiserlichen Hofe Bertram von Metz, dessen gründliche wissenschaftliche Bildung und juristischen Kenntnisse nicht allein der Lobredner der metzer Bischöfe, sondern auch Fernerstehende feiern[1]); da war der ehemalige Kapellan des Kaisers, Konrad von Lübeck, „ein sehr wissenschaftlicher und beredter Mann, der bei Verhandlungen von Geschäften sehr gewandt das Wort zu führen wußte," dessen Würde, Ehrbarkeit und Gerechtigkeitsliebe die Zeitgenossen eben so hoch preisen, als seinen durchdringenden Verstand und seine umfassenden Kenntnisse[2]); da war vor Allem der hochbegabte Reichskanzler Gottfried, einer der geistvollsten Diplomaten, die aus der Schule Friedrichs hervorgegangen sind: er paarte hohe wissenschaftliche Bildung mit Anmuth und Lebendigkeit und fand an natürlicher Beredtsamkeit und Kenntniß beider Rechte so leicht seines Gleichen nicht[3]). Auch gehörte der anwesende Erzbischof von Mainz unstreitig zu den begabtesten Männern seiner Zeit. Gewiß konnten diese Männer eben so gut das Recht weisen, als der Abt von Reinhardsbrunn. Aber je mehr Autoritäten ihr Gutachten abgaben, um so mehr konnte man ja versichert sein, daß man das Rechte träfe, und je mehr wissenschaftliche Stimmen sich für die Sache des Kaisers erklärten, desto mehr Gegner mußten auch zu ihr bekehrt werden. In diesem Sinne dürfen wir denn auch die Erzählung des reinhardsbrunner Mönches deuten, der das Ereigniß gleichsam schon im Gewande der Sage mittheilt. „In Gegenwart des Kaisers und aller Fürsten," erzählt derselbe weiter, „frug nun der Landgraf seinen Abt um ein Urtheil

---

1) Gesta ep. Metens. M. G. 10, 546. Arn. Lub. 2, 9. Caesar. Heisterb. Dialog. 5, 20. Annal. Stadens. 348.
2) Arn. Lub. 3, 6 — vir ingeniosus et industrius. Gesta Innoc. III. c. 44. Innocenz III. selbst nennt ihn virum tanta nobilitate conspicuum, tanta praeditum dignitate, tanta ornatum scientia et eloquentia praepollentem. Brequigny 1, 223.
3) — mirae facundiae et scientiae. Annal. Egmund. M. G. 16, 470. — vir et nobilitate generis et scientia litterarum facetus atque facundia tunc temporis scientissimus et utriusque juris peritus — disertus et eloquens — prudens et venerabilis — Ansbert. De exped. Frid. Font. rer. Aust. I. 5, 12. 73. Homo discretus et vividus. Gisleb. chron. Hann. 127. Statt vividus möchte Stälin Wirtemb. Gesch. 2, 394 providus lesen; doch spricht Gisleb. 98 nicht auch von Alexander III. als von einem viro prudente vividoque? und Arn. Lub. 3, 35 nennt ihn einen weisen und raschen Mann, wie wir aus der Uebersetzung Laurents 143 ersehen. In unseren ungenauen Ausgaben heißt es freilich vir prudens et eloquens.

in dieser Angelegenheit." Wie man es erwarten durfte, fällte er einen Spruch voll Weisheit, dem nun auch der Kaiser und alle Fürsten beitraten und ihre Bestätigung gaben.

In so dunkler Weise erzählt uns der Mönch diese Episode des Wahlstreites; den Inhalt und die Wirkung jenes Urtheils scheint er selbst nicht gekannt zu haben; dagegen hat ihm die Ueberlieferung mitgetheilt, was sich an diese Reise des Abtes für sein Kloster knüpfte. Mit reichen Schätzen, hat man ihm erzählt, sei der Abt vom Kaiser und den Fürsten begabt worden, und in die Heimat zurückgekehrt, habe er dieselben für den Ausbau und die Verschönerung seines Klosters benutzt und neue Besitzungen für dasselbe erworben¹).

Ob die Entscheidung des Abtes und der anderen Autoritäten, die etwa um ihr Gutachten befragt waren, auch auf das Verhalten des Papstes in der trierer Wahlangelegenheit zurückwirkte, wissen wir zwar nicht mit Bestimmtheit, dürfen es aber vielleicht vermuthen, da wir Kaiser und Papst wenigstens in einer augenblicklichen, wenn auch nur scheinbaren Uebereinstimmung finden. Als der Kaiser nämlich vom Papste verlangte, dem auf Spruch seiner Fürsten belehnten Rudolf die Weihen zu ertheilen, da soll der Papst ihm die sichere Hoffnung gemacht haben, daß er seinen Wunsch erfüllen würde. Jedoch die Erfüllung selbst wurde von Tag zu Tag hinausgeschoben; „wie es Sitte der Kurie ist," fügen die trierer Geschichten hinzu²).

---

1) Jedoch auch der Papst erwies dem Abte oder vielmehr dessen Herrn, dem frommen Landgrafen, eine Gnade. Derselbe hatte nämlich den Papst gebeten, zu Schmuck und Zier seiner geliebten reinhardsbrunner Kirche dem Abte und dessen Nachfolgern die Mitra zu verleihen. Lucius willfahrte dem Landgrafen und übergab ihm die Mitra, damit er sie dem schon vorausgegangenen Abte überbringe. Ob sich aber in dieser Verleihung in ähnlicher Weise der Dank des Papstes aussprechen sollte, wie in der reichen Beschenkung von Seiten des Kaisers; erscheint mindestens sehr zweifelhaft. Der reinhardsbrunner Mönch berichtet mit keinem Worte, daß die Entscheidung des Abtes auch den Papst zufriedengestellt habe, und obwohl er weiß, wem sein Kloster die Mitra verdankt, so deutet er dieses Geschenk doch keineswegs als eine Belohnung. So bezeichnet denn auch der Papst in einem Briefe, den er unter dem 3. Dezember an den Abt richtet, nicht etwa Dankbarkeit oder Werthschätzung als die Motive seines Geschenkes, er schärft ihm vielmehr ein: Nobilis viri tertii Ludewici landgravii Thuringiae precibus et supplicationibus inducti etc. — in memoriam tanti honoris, favore ipsius (sc. landgravii) indulti etc. Thuringia sacra 174. Schannat Vindem. 2, 117.

2) Imp. caussam Rudolfi praepositi suam faciebat, unde et constanter petiit, ut eum, quem per sententiam principum investisset, papa consecrare non differret. Quod dum apostolicus more curie de die in diem pertrahendo

Ueber den Wunsch Friedrichs, seinen Sohn zum Kaiser gekrönt zu sehen, verlautet zunächst nichts. Möglicher Weise hat Lucius auch hier Versprechungen gemacht, aber die Ausführung derselben ließ ebenso lange auf sich warten, als die versprochene Weihe Rudolfs. Wäre der Papst jedoch auch geneigt gewesen, in diesem Punkte dem Kaiser zu willfahren, so regte sich doch, wie wir hören werden, im Kardinalkollegium ein Widerspruch, der von einigen deutschen Fürsten unterstützt wurde und den Plan des Kaisers vereitelte.

Volle Einmüthigkeit zwischen Kaiser und Papst finden wir nur noch in einer Angelegenheit, die freilich für die Beziehungen Beider keine andere Bedeutung hat, als daß sie uns eine Zuvorkommenheit des Kaisers gegen den Papst kennen lehrt.

Als der Sturz Heinrich des Löwen vorbereitet wurde, versuchte König Heinrich von England, die Herrscher Frankreichs und Flanderns zu einem Kriege gegen Kaiser und Reich zu bewegen[1]). Sein Versuch mißlang; er selbst mußte es bedauern, „wegen der Entfernung der Lande seinem Schwiegersohne keine Hülfe leisten zu können[2]).“ Statt der Waffen ergriff er nun den Weg der Bitte, um Heinrichs Schicksal wenigstens zu mildern. Der Kaiser verkürzte denn auch die Zeit der Verbannung um einige Jahre[3]); aber König Heinrich wünschte den Schwiegersohn wieder im vollen Besitz seiner Herzogthümer zu sehen. Und der Kaiser soll die dahin gehenden Bitten des Königs nicht zurückgewiesen haben. Doch vergebens war es, daß Heinrich der Löwe nun nach Deutschland herüberkam. Er allein konnte nicht in die Freuden des mainzer Pfingstfestes einstimmen; enttäuscht kehrte er von diesem Hofe, für dessen Besucher er nur das Interesse einer gefallenen Größe hatte, nach England zurück[4]). Da soll Erzbischof Philipp von Köln, der im

---

imperatori firmam spem suae voluntatis exequendae promitteret etc. Gesta l. c. Dem widerspricht Arn. Lub. 3, 11, wonach Lucius sich sofort offen für Folmar erklärt.

1) Cont. Aquic. 420.
2) Bened. Petroburg. 1, 330.
3) Bened. Petroburg. 1, 376.
4) Ibi dux Henricus nullam impetravit gratiam. Annal. Pegav. 265. Ibi cum — dux Henricus patrocinante Cunrado Mogontino affuisset, nihil clementiae regalis obtinuit. Chron. Sampetr. ap. Mencken 3, 230. Dazu kommt der ausführliche Bericht des Engländers Bened. Petrob. 2, 403. Letzterer begeht jedoch den kleinen Irrthum, die Reise durch den Tod des Herzogs von Sachsen zu motiviren. Der Herzog von Baiern war gestorben und sein Tod mochte

Jahre 1184 nach London gekommen war und sich dort mit Heinrich dem Löwen versöhnt hatte, dem Könige von England den Rath ertheilt haben, die Vermittlung und Fürbitte des Papstes anzurufen[1]). Diesem Rathe folgend, schickte der König eine Gesandtschaft an den päpstlichen Hof, die den gewünschten Erfolg nicht verfehlte. Lucius III. ergriff gern die Sache Heinrichs, sei es daß er Mitleid mit ihm fühlte, sei es daß er für den reichen Peterspfennig, der aus England herübergekommen war[2]), dem Könige sich dankbar zeigen wollte. Und der Kaiser bewies dem Papste dieselbe Bereitwilligkeit. Schon in den ersten Tagen seiner Anwesenheit in Verona, als er dem Markgrafen von Este die italienischen Besitzungen Heinrichs verlieh, nahm er auf die Möglichkeit Rücksicht, daß er dem Herzog oder seinen Erben dieselben zurückgäbe[3]). Bald konnten die englischen Gesandten nach London zurückkehren und dem Herzoge die Erlaubniß zur Rückkehr in die Heimat überbringen. Dafür zu danken, richtete der englische König auf Veranlassung Heinrichs und dessen Gemahlin eine neue Gesandtschaft an Kaiser und Papst[4]).

Nicht lange nach dem 4. November schied der Kaiser aus Verona[5]), ohne den Zweck seiner Reise erfüllt zu sehen. Freilich brauchte er nicht jede Hoffnung aufzugeben, dennoch eine Verständigung zu erzielen; der Papst selbst hatte ja die Weihe Rudolfs in Aussicht gestellt, die Kaiserkrönung Heinrichs nicht unbedingt abgeschlagen. Aber seine Ungeneigtheit und Mißstimmung war doch unverkennbar. Mit so vieler Hoffnung auf eine leichte Verständigung hatten Kaiser und Papst die Zusammenkunft vorbereitet und begonnen; als sie von

---

Heinrich dem Löwen allerdings einige Hoffnung auf die Wiedererwerbung Baierns eröffnen. — Prutz Heinrich der Löwe 361 kennt nur die erste der angeführten Stellen und scheint eine persönliche Anwesenheit des Herzogs zu Mainz nicht anzunehmen.

1) Zusatz des Roger. Hoveden. ed. Londini 1696. 355b zu einem Berichte des Bened. Petrob. 2, 432.

2) Bened. Petrob. 2, 404.

3) Regest 11. Danach scheint es nicht unmöglich, daß der Kaiser ad instantiam precum domini regis Anglie promisit, se redditurum praedicto nepoti suo ducatum suum cum universis, quae eum contingebant. Bened. Petrob. 2, 403. Auch Arn. Lub. 3, 13 erzählt noch von einer etwas späteren Zeit: Imperator — verbis bonis et consolatoriis per litteras suas frequenter ei bonam spem faciebat etc.

4) Bened. Petrob. 2, 413.

5) Der stete Reisebegleiter des Kaisers, Konrad von Mainz, bezeugt noch am 9. eine Urkunde des Papstes; danach mag sich die Abreise des Kaisers bestimmen.

einander schieden, gehörte ein Bruch zwischen ihnen nicht gerade zu den Unmöglichkeiten. Und doch hatten sich die Punkte der Verhandlung in Nichts geändert. Der Papst kannte ja auch vor der Zusammenkunft die Bedingungen, unter denen allein eine Regelung der wichtigsten Frage möglich war. Damals aber zweifelte er ebensowenig an dem Zustandekommen des Friedens, als der Kaiser; durch die offen ausgesprochene Absicht, den jungen König zum Kaiser zu krönen, hatte er dies genugsam bewiesen. So möchte die Ursache des Mißlingens aller Verhandlungen wenigstens nicht allein in deren Wesen selbst liegen; es mußte ein anderes Moment hinzutreten, welches in ungünstigster Weise auf die Verhandlungen einwirkte.

Wer zu den Kronen Deutschlands, Burgunds und Italiens auch die Krone Siciliens fügte, der durfte wähnen, er könne dem Reiche das Erbreich unterwerfen. Durch die Erwerbung Siciliens wurde erst die maritime Stellung gewonnen, welche die Ausführung solches Planes ermöglichte. Denn Sicilien ist die natürliche Beherrscherin des Mittelmeeres, in dessen Mitte es liegt; seine Flotten könnten dasselbe nach Afrika, Asien und Europa hin gleichsam überbrücken. Anderseits gebot der Herrscher dieses Landes über ungemessene Reichthümer. In der That, „wenn das Kaiserreich die Kräfte der Männer, wenn das Königreich die Fülle des Reichthums darbot," wie nachmals Innocenz III. schrieb[1]), dann schienen alle Bedingungen gegeben, die kühnen Träume der kaiserlichen Weltbeherrschung und Allgewalt zu verwirklichen.

Nach solchen Vortheilen hatten begreiflicher Weise schon manche Kaiser getrachtet. Otto II. hatte unter Kämpfen um die Herrschaft Unteritaliens sein Leben geschlossen. Friedlicher Weise gelang es Heinrich II., die Normannen in den Lehnsverband des Reiches zu ziehen. Aber als Gregor VII. den Robert Guiscard mit Sicilien, Calabrien und Apulien belehnte, schien er dem deutschen Einflusse auf Unteritalien dauernde Schranken zu setzen. Noch einmal versuchte Kaiser Lothar seine Oberhoheit geltend zu machen, und wenigstens gelang ihm dieses insofern, als er in Gemeinschaft mit

---

1) Reg. imp. 64. ed. Baluze 1, 718.

dem Papste einen Herzog von Apulien ernannte und belehnte¹). Erst Lothars Tod ermöglichte, nach der Anschauung eines Reichschronisten, die Trennung Siciliens vom Reiche²). Da ergriff Kaiser Friedrich, wie in Allem, so auch hier die Pläne seiner großen Vorgänger. In seinem ganzen Kampfe mit Rom war die Erwerbung Siciliens sein letztes Ziel, mit dessen Erreichung ihm Alles erreicht zu sein schien³).

Durch den Waffenstillstand, den er im Frieden von Venedig mit Sicilien schloß, war dieses Ziel, sofern er es zu erkämpfen gedachte, in weite Ferne gerückt. Aber nach wenigen Jahren eröffnete sich ihm die Aussicht, dasselbe auf friedlichem Wege zu erreichen: er konnte für seinen Sohn, den König Heinrich, um die Hand der Erbin Siciliens werben. König Wilhelm zeigte sich der Werbung geneigt, aber einer der einflußreichsten Männer des Reiches, der Erzbischof von Palermo, wirkte ihr entgegen. Indeß fand auch der Kaiser seinen Verbündeten am sicilischen Hofe. Der Kanzler Matthaeus, vielleicht von alter Feindschaft gegen den Erzbischof geleitet, trat gegen diesen auf und triumphirte über ihn. Am 24. Oktober hatte der junge König im Palaste zu Augsburg seine Verlobung mit Constanze von Sicilien vollzogen⁴). König Wilhelm, mit dem der Kaiser bisher nicht einmal Frieden geschlossen hatte, war somit in die nächste Verbindung mit dem staufischen Hause getreten und hatte demselben die sichere Anwartschaft auf sein Reich eröffnet.

Begreiflich, daß dieses Ereigniß den höchsten Unwillen des Papstes erregen mußte, wenn man des Nutzens gedenkt, den die

---

1) Vgl. Jaffé Gesch. des Reichs unter Lothar III. 215.

2) Regnum Siciliae cum ducatu Apuliae primatuque Capuae — post mortem Lotharii imperatoris imperio ablatum fuerat. Otto Sanblas. c. 21. Diese Anschauung theilt auch Heinrich VI.: cum nos pro obtinendo regno Siciliae et Apuliae, quod tum antiquo jure imperii, tum ex hereditate — ad imperium deveniant, exercitum — produxissemus etc. Gattula Access. ad hist. Casin. 269.

3) Ficker Das deutsche Kaiserreich 98. 107. S. als Beleg dazu das äußerst treffende Urtheil des Gervasius von Tilbury, welches Seite 3 Note 1 schon angeführt wurde.

4) Abel König Philipp. 298 berechnete zuerst aus der Kombination der Angaben der Annal. Marbacens. 162 und der Annal. Augustens. min. 9 das Jahr 1184 als das Verlobungsjahr. Cohn Heinrich VI. Rom und Unteritalien in Forsch. z. deutsch. Gesch. 1, 440 zeigt die Richtigkeit dieser Berechnung; er führt an, daß auch die Cont. Zwetl. alt. 542 die Verlobung in's Jahr 1184 setzen. Tag und Ort geben die Annal. August. min. l. c., nur den Ort die Annal. Marbac. l. c.

normannische Herrschaft in Sicilien ihm gewährte, wenn man die Gefahren erwägt, mit denen ihm die kaiserliche Herrschaft in Sicilien drohte.

In der richtigen Erkenntniß, was die Kirche von einer Macht zu befürchten habe, die im Norden und im Süden ihre Besitzungen begrenzte, die so bestimmt auf die Tendenz der Weltherrschaft und Allgewalt hingewiesen war, hatte Gregor VII. die deutsche Herrschaft von Unteritalien ausgeschlossen. Indem er es that, brachte er ein Volk, das stets zum Kampfe bereit, um so lieber für religiöse Interessen das Schwert zog, in die Lehnsabhängigkeit des heil. Stuhles. Der Treueid dieser Normannen sicherte den Päpsten eine kräftige und zuverlässige Hülfe für die Stunde der Gefahr; namentlich waren sie das wesentlichste Hemmniß für jeden Uebergriff des Kaisers in die Rechte und Machtstellung des Papstes geworden. Das normannische Reich galt als die eigentliche Bürgschaft für das Gleichgewicht zwischen Kaiserthum und Papstthum. Nun sollte es dem künftigen Kaiser zufallen. Rom entrieth fortan seines treusten Schutzes und war all' den Gefahren ausgesetzt, denen eine kluge Politik für immer vorgebeugt zu haben glaubte. Wie, wenn der Kaiser oder sein Sohn jene Pläne wieder aufnahm, die im Frieden von Venedig hingegeben waren? Konnte das Papstthum sich davor retten, zum ersten Bisthume des Reiches herabgedrückt zu werden? — Nicht einmal durfte der Papst erwarten, daß die Staufer nach Weise der normannischen Könige ihm den Lehnseid leisten und damit seine Oberhoheit über Sicilien, wäre es auch nur dem Namen nach, anerkennen würden. In die Abhängigkeit des heil. Stuhles zu treten, war mit Friedrichs und Heinrichs Begriffen von der Würde des Kaiserthums unvereinbar.

Keine Frage also, was die Harmonie zwischen Kaiser und Papst störte, was einen so nachtheiligen Einfluß auf die Verhandlungen übte. Vielleicht hatte Lucius schon von dem Intriguenspiel am sicilischen Hofe gehört und mit wachsender Besorgniß dorthin geblickt. Schlimmer noch, wenn er in den letzten Tagen des Oktober, da wohl ein Eilbote aus Augsburg dem Kaiser die frohe Kunde überbrachte, durch die vollendete Thatsache überrascht wurde[1].

---

[1] Eine Vermuthung, die mit großer Vorsicht Cohn a. a. O. 441 ausgesprochen hat.

Der Kaiser beeilte sich, seinen Rundzug durch die Lombardei fortzusetzen. Der Patriarch von Aglei, Erzbischof Konrad von Mainz, der Bischof von Bamberg, der Erwählte von Lübeck, Landgraf Ludwig von Thüringen und andere Deutsche bildeten seine Reisebegleitung; lombardische Bischöfe begrüßten ihn in den größeren Städten, durch welche sein Weg führte. Am 12. hielt er Hof zu Monselice, am 16. weilte er zu Vicenza[1]). Während er dann mit dem übrigen Gefolge nach Padua und Treviso[2]) hinaufzog, ging der Erzbischof von Mainz als sein Gesandter an den päpstlichen Hof. Am 21. finden wir ihn dort, aber schon am 24. ist er zum Kaiser zurückgekehrt[3]) — eine Eile, welche die Dringlichkeit seiner Sendung beweist, über deren Zweck uns leider keine Kunde geworden ist.

Nördlich gelangte der Kaiser bis Cividale in Friaul[4]). Er hatte nun einen großen Theil der Lombardei durchzogen, war überall mit Jubel empfangen worden, hatte die meisten lombardischen Bischöfe an seinem Hofe gesehen und sich überall der Treue versichert. Wenn der Bischof von Bamberg[5]) und andere Deutsche jetzt aus der Begleitung des Kaisers schieden, um den Rückweg in die Heimat anzutreten, so konnten sie ihren Landsleuten über die Beziehungen des Kaisers zu den Lombarden frohe Kunde bringen. Was die weniger erfreulichen zwischen Kaiser und Papst betraf, so mochte man von einer abermaligen Begegnung Beider vielleicht ein günstigeres Resultat erwarten, als es die frühere erzielt hatte.

Denn nachdem der Kaiser Cividale verlassen hatte, kehrte er laut dem Reiseberichte der Jahrbücher von Piacenza nach Verona zurück[6]). Um die Mitte des Dezember möchte er hier geweilt haben. Am 21. und 23. dieses Monats können wir wenigstens

---

1) Regest 14—17.
2) — ivit Vicentiam (November 16. Regest 16. 17), Trivisum (November 24. Regest 18), Paduam. Annal. Placent. Guelf. l. c. — ivit Vicentiam et Paduam et Trivisum. Annal. Placent. Gibell. l. c. Welche Angabe die richtigere ist, wird sich schwer entscheiden lassen; ich folge der ersteren, weil das Itinerar der welfischen Recension im Uebrigen genauer und reichhaltiger ist.
3) S. Beilage III. Nr. 7.
4) Regest 19.
5) Wir finden ihn zuletzt beim Kaiser in Treviso. Regest 18.
6) — redivit Veronam. Annal. Placent. Guelf. l. c. — reversus est in Veronam. Annal. Placent. Gibell. l. c. — Ueber einen angeblichen Aufenthalt des Kaisers zu Verona im Januar 1185 s. Regest 20.

seinen steten Reisebegleiter, den Erzbischof von Mainz, urkundlich am
päpstlichen Hofe nachweisen¹). Damit ist aber auch unsere Kunde
über die zweite Begegnung zwischen Kaiser und Papst erschöpft.
Die nächsten Ereignisse zeigen nur, daß eine Verständigung auch jetzt
nicht erzielt wurde.

Das Weihnachtsfest beging der Kaiser zu Brescia²), trauernd
um den kurz vorher erfolgten Tod der geliebten Gattin und Toch-
ter³), verstimmt durch die Erfolglosigkeit seiner Verhandlungen mit
dem Papste. Diese Verstimmung zu heben, waren die nächsten
Ereignisse des folgenden Jahres am Allerwenigsten geeignet.

Von Brescia hatte sich der Kaiser nach Bergamo⁴) gewandt,
war dann wieder südlich gezogen und am 17. Januar in Lodi eingetroffen. In seiner Begleitung wird auch Rudolf der Erwählte
von Trier genannt⁵). Nicht lange mehr sollte er dem kaiserlichen
Hofe folgen.

Während der Papst die versprochene Weihe Rudolfs von Tag
zu Tag hinausschob, erzählen die Geschichten von Trier, wurde dem
Kaiser endlich von einigen Kardinälen gemeldet, daß man keine
Entscheidung treffen könne, ohne vorher beide Theile gehört zu
haben⁶). Dem gemäß erging die strenge Weisung an Rudolf, vor
dem apostolischen Stuhle sich zu stellen.

---

1) Beilage II. Nr. 7.

2) Annal. Brixiens. M. G. 18, 814. Irrig ist die Angabe der Annal. Colon.
max. l. c., der Kaiser habe die Weihnacht zu Pavia gefeiert.

3) Annal. Colon. max. 791. Otto Sanblas. c. 27. Annal. Stadens. 851
setzen den Tod der Kaiserin in's Jahr 1185. Dem folgten die Neueren. Aber
abgesehen von den Annal. Pegav. 265, die Beatricens Tod zu 1186 berichten,
geben die meisten Quellen das Jahr 1184. Cont. Zwetl. 549 (und die verwandten österreichischen Annalen M. G. 9.) Annal. Ratispon. 589. Annal.
Marbac. 162. Chron. Sampetr. 230. Necrolog. Eusebian. ap. Mandelli Commune di Vercelli 2, 337. Ebenfalls zu 1184 berichtet Bened. Petrob. 2, 417
den Tod der Kaiserin und ihrer Tochter, der Braut des englischen Prinzen.
Annal. Aquens. M. G. 16, 687 geben zwar das Jahr 1183, aber was sie zum
Jahre 1183 mittheilen, gehört mit Ausnahme der Zerstörung Kremas zu 1184.

Der Todestag wird verschieden angegeben: November 13. Necrolog. Eusebian. l. c. — 14. Necrolog. Eusebian. alt. ibid. — 15. Necrolog. Casalense
Mon. patr. Taurin. Scr. 3, 504. — 18. Necrolog. Lauresham. ap. Böhmer
Font. 3, 151. — Oktober 16. Necrolog. Spirense bei Remling Gesch. d. Bischöfe v. Speier 1, 413. (Die weiteren Angaben Remlings sind ganz werthlos.)

4) Annal. Placent. l. c. Vgl. die Regesten.

5) Regest 26.

6) Der Papst hat die Weihe „von Tag zu Tag" hinausgeschoben; „endlich" wird dem Kaiser die erwähnte Meldung gemacht. Eine Frist von zwei
Monaten möchte daher zum wenigsten seit dem ersten veroneser Aufenthalte
des Kaisers verflossen sein.

Eine abermalige Untersuchung sollte augenscheinlich zum Vorwande dienen, die Entscheidung weiter und weiter hinauszuschieben. Denn zweifelsohne war die Angelegenheit, die nun schon über ein Jahr spielte, am päpstlichen Hofe hinlänglich erwogen und beleuchtet. Der Unwille des Kaisers über die Vorladung Rudolfs erschien daher nicht ungerechtfertigt. Um jedoch dem Papst keinen Grund zur Klage zu geben, befahl er seinem Schützlinge, der Ladung zu folgen[1]. Zwei Legisten und zwei Dekretisten wurden ihm zur Seite gegeben, damit diese Rudolfs Sache nach kirchlichem Rechte vertheidigen, jene des Kaisers Gerechtsame nach weltlichem Rechte wahren sollten[2]. So zog denn Rudolf mit den Seinen zur Kurie, während von der anderen Seite Folmar, der am päpstlichen Hofe zurückgeblieben war und hier ebenso stürmisch auf die Bestätigung seiner Wahl drang[3], wie er in Trier die Vollziehung derselben ins Werk gesetzt, seinen Anhang herbeigerufen und sich zur Bekämpfung Rudolfs gerüstet hatte. Von beiden Seiten wurde, wie es die Wichtigkeit des Gegenstandes erheischte, mit Lebendigkeit gestritten. Ihre Vertheidigung wurde zu Protokoll genommen und der Kurie vorgelegt; aber das Collegium, welches mit der Untersuchung betraut war, konnte zu keiner Entscheidung gelangen, „weil es hier den heftigen Unwillen des Papstes, dort des Kaisers zu erregen fürchtete," — eine Furcht, die uns zuerst die offene Parteinahme des Papstes für Folmar kennen lehrt[4].

Schwerlich täuschten sich der Papst und die Kardinäle über die unkanonische Form, in welcher Folmars Wahl vollzogen war. Es galt ihnen, dem Kaiser Opposition zu machen, sein Entscheidungsrecht anzugreifen. Rudolfs Wahl mochten sie schon deshalb nicht billigen, weil er sich erkühnt hatte, die Weihe vor der Belehnung zu empfangen.

---

1) — apostolicus missa epistola peremtorie citavit Rhudolfum. Ipsum tamen, ne contumax videretur, ad audientiam venire hortatus est (sc. imperator) Arn. Lub. l. c. — Ex consensu igitur imperatoris Rudolfus cum suis processit ad curiam. Gesta Trevir. l. c.

2) Arn. Lub. l. c.

3) — cum pro suo negotio molestus esset apostolico. Arn. Lub. l. c.

4) — Rudolfus ad imperatorem revertitur, Volcmaro cum apostolico remanente. Arn. Lub. 3, 11. — Gesta Trevir. c. 98 zeigen aber, daß beide Parteien am päpstlichen Hofe blieben. In Uebereinstimmung damit finden wir den Rudolf erst nach einer definitiven Entscheidung der Wahl am 8. Juni 1186 wieder beim Kaiser.

Während so sein Verhältniß zum Papste stets bedenklicher wurde, war der Kaiser unablässig bemüht, sich in der Freundschaft der Lombarden mehr und mehr zu befestigen. Gerade im Hinblick auf die Möglichkeit eines ernsten Conflicts mit dem Papste mußte ihm dies um so gebotener erscheinen. Der Bund des Papstes und der Lombarden hatte ihm einmal Verderben bereitet; es galt jetzt ihrer Wiedervereinigung vorzubeugen und — wenn es nöthig wurde — ihre Bundesgenossenschaft gegen den Papst zu gewinnen. Diese Rücksicht mag denn auch nicht wenig mitgewirkt haben zum Abschlusse eines Bündnisses mit der mächtigsten Stadt der Lombardei, mit Mailand.

Im Palaste zu Reggio, wohin man über Piacenza, Borgo Sandonino und Parma gelangt war[1]), hatten sich am 11. Februar der Kaiser und seine Großen zum Empfange der mailändischen Gesandten eingefunden. Hier wurde die Akte vollzogen, hier die Bedingungen beschworen. In Anbetracht ihrer Treue und Ergebenheit, welche sie täglich seiner Gnade würdiger mache, verleiht Friedrich den Mailändern alle Regalien in ihrem Erzbisthume. Gegen diese und andere Vergünstigungen versprachen sie dem Kaiser und seinem Sohne beizustehen in der Aufrechthaltung der kaiserlichen Herrschaft über die Lombardei, Tuscien, die Romagna und besonders das Land der Gräfin Mathilde. Wo dem Reiche in diesen Landen Besitzungen entrissen wären, da wollten sie zu deren Wiedererlangung behülflich sein[2]). Unter dieser Bedingung hatte der Kaiser von einer Machtvergrößerung Mailands allerdings Nichts zu befürchten, übernahm Mailand doch nun gleichsam die Garantie für den Bestand der kaiserlichen Herrschaft in den genannten Ländern.

War das Versprechen in Betreff des mathildinischen Landes, dessen hohe Wichtigkeit für das Reich hier so deutlich hervortritt, auch nur gegen etwaige Vergewaltigungen desselben durch lombardische Städte oder Große, nicht gegen die Forderung des Papstes gerichtet, so war doch durch das Bündniß selbst dem Papste jede Verbindung mit Mailand abgeschnitten. Lucius III. durfte auf die Hülfe jener Macht, die den Sieg seines Vorgängers so wesentlich gefördert hatte, nicht mehr rechnen.

---

1) Regest 26—29.
2) Regest 29. Im Jahre 1185 hatte Mailand seinen ersten Podestà, Hubert Bisconti aus Piacenza. — Annal. Mediolan. min. M. G. 18, 396 — dessen Einsetzung man auf den Bund des Kaisers mit der Stadt zurückführt.

Zu Reggio finden wir auch die Konsuln Kremas, und Krema betrifft ein Versprechen des Kaisers, welches er hier den Mailändern verbrieft. Es verdient eine Erwähnung, weil die Ausführung desselben Verwicklungen herbeiführte, die in unsere Geschichte eingreifen.

Es ist bekannt, wie der Kaiser im Jahre 1159 zur Vernichtung Kremas auszog. Seine Bundesgenossin war damals Kremona, welches bei der Vernichtung Kremas den Triumph feierte, den es so lange ersehnt hatte[1]. Bis zur Stunde lagen Kremas Mauern in Trümmern. Jetzt baten die Mailänder den Kaiser um die Wiederaufbauung derselben, sei es daß Mitleid mit Krema, sei es daß Feindschaft gegen die alte Rivalin Kremona[2] sie dazu bewog. Und der Kaiser hatte ja als Bringer des Friedens Italien betreten; hier galt es, eines der traurigsten Zeichen vergangener Feindschaft auszutilgen. Er versprach also, — freilich einem Versprechen zuwider, welches er Kremona geleistet hatte[3], — Krema bis zu einem näher zu bestimmenden Termine wiederherzustellen und zu diesem Zwecke die Hülfe der Städte in der Lombardei, Tuscien und der Romagna aufzubieten.

Im Laufe zweier Monate, während welcher der Kaiser zu Modena, Castellarano und Bologna geweilt hatte[4], war man dahin übereingekommen, im Mai mit dem Wiederaufbau Kremas zu beginnen. Deshalb wandte sich der Kaiser im März zum Rückzuge aus der südlichen Lombardei; über Piacenza und Pavia[5] gelangte er nach Mailand. Mit dem Herzoge von Oesterreich, der um diese Zeit aus Deutschland eingetroffen war[6], zog er dann gen Krema. Vor Allem folgte ihm Mailand und Piacenza, aber auch Bergamo, Tortona, Pavia, Reggio, Modena, Bologna, Imola und Faenza hatten ihr Kontingent gestellt[7]. Am 4. Mai hatte der Kaiser zu

---

1) Schon Lothar III. wurde bei einer Belagerung Kremas von Kremona unterstützt. Notae sti Georgii 386. Siccardi chron. 596. Bezeichnend für die Feindschaft beider Städte sind die Verse bei Vincent. Pragens. M. G. 17, 678.

2) Mediolanenses et Cremonenses diuturnum inter se bellum habentes Otto Fris. chron. 7, 19.

3) M. G. L. 2, 417.

4) Regest 30—33. Annal. Placent. Guelfi l. c.

5) Regest 34. Annal. Placent. l. c.

6) Regest 35.

7) Annal. Placent. l. c. Es sind also dieselben Städte, die einst, als es sich darum handelte, Kremona für den lombardischen Bund zu gewinnen, gegen die Wiederaufbauung Kremas sich verpflichteten. Muratori Ant. Ital. 4, 271.

Mailand noch dem Kloster des heil. Ambrosius sich gnädig gezeigt[1]); drei Tage später legte er schon den Grund zur neuen Stadt[2]). Einen Monat weilte er hier; am 17. stand er über den Gräben der wiedererstehenden Stadt[3]).

Da lohnt es sich wohl der Mühe, einen Blick auf die Umgebung des Kaisers zu werfen. Wie fast immer, ist auch jetzt der Erzbischof von Mainz an seiner Seite; ihm schließen sich die Bischöfe von Asti, Reggio und Volterra an. Eine neue und schnell verschwindende Erscheinung am kaiserlichen Hoflager ist Herzog Welf. Nur auf kurze Zeit kann er sich von seinem geselligen, liebereichen Hofe losreißen; nur einmal finden wir ihn beim Kaiser; aber es ist auffallend, daß wir ihn dieses Mal gerade zu Krema finden; war er es doch gewesen, der vor nunmehr 25 Jahren einen hervorragenden Antheil an der Belagerung Kremas genommen hatte[4]). Es mag ein zufälliges Zusammentreffen sein, daß er bei der Zerstörung und dem Wiederaufbau gegenwärtig ist; aber die nahe Stehenden haben darin gewiß das freudige Zeichen allseitiger Versöhnung erblickt.

Versöhnung scheint in der That die Losung des Kaisers, das Bedürfniß der Italiener selbst zu sein: An eben diesem Tage finden wir den Markgrafen Bonifaz von Montferrat am kaiserlichen Hofe. Vor wenigen Jahren hatte sein Bruder Konrad den Feldherrn des Kaisers, Christian von Mainz, in Fesseln geschlagen[5]), sein ganzes Haus war mit dem Kaiser verfeindet[6]). Jetzt wurde die Versöhnung eingeleitet; bald erscheinen nicht allein beide Brüder am kaiserlichen Hofe, sondern es wird auch das engste Bündniß zwischen dem Kaiser und diesem Geschlechte geschlossen — in der Verlobung des dereinstigen Stammherrn mit der kaiserlichen Tochter[7]).

---

1) Regest 35.
2) Annal. Placent. l. c. Notae sti Georgii 387. Inschrift bei Campi Cremona fidel. 25. Dagegen 8 intrante Madii Annal. Brixiens. 814.
3) Regest 37. — ibi stetit per unum mensem. Annal. Placent. l. c.
4) Anon. Weingart. 30. Morena M. G. 18.
5) S. vorzüglich Nicetas Choniat. 260. Bened. Petrob. 2, 321.
6) S. die Schilderung ihrer Feindschaft bei Godef. Viterb. Carmen ed. Ficker 53.
7) Schiavinae annal. Alexand. ed. Ponzilionus 1, 132: Friedrich habe 1187 seine Tochter Beatrix dem Markgrafen Wilhelm von Montferrat, dem Bruder des Bonifaz, vermählt. Dieser Bruder des Bonifaz hatte aber die Schwester König Balduins von Jerusalem zur Frau und war 1187 längst todt. Es ist daher jedenfalls Wilhelm, der Sohn des Bonifaz, gewesen, dessen Gemahlin

Die Bedeutung dieser Tage zeigt ferner die Gegenwart des römischen Konsul Leo de Monumento. Schon im Januar war derselbe mit dem römischen Präfekten vom Kaiser empfangen worden. Unzweifelhaft war es ihre Aufgabe, freundschaftlichere Beziehungen zwischen dem Kaiser und ihrer Stadt anzubahnen. Zurückhaltender mag Friedrich gegen die Feinde des Papstes sich gezeigt haben, vertraulicheren Verkehr pflog später König Heinrich mit ihnen[1]).

Während so überall neue Freundschaften gewonnen wurden, war es in der Lombardei nur eine Stadt, welche die Feindschaft des Kaisers herausforderte: Die Kremonenser empfanden den bittersten Schmerz über die Wiedererstehung Kremas und konnten diesen Schmerz in der empörten Brust nicht beschwichtigen. Bald standen sie gegen den Kaiser in Aufruhr und verwüsteten das Gebiet von Krema[2]). Die Aechtung von Seiten des Kaisers folgte der feindlichen That[3]). Die weitere Folgerung liegt nahe: einst stand der Kaiser und Kremona gegen Mailand, die Freundin des Papstes, jetzt war Mailand mit dem Kaiser gegen Kremona verbündet, Kremona sucht daher die Bundesgenossenschaft dessen, mit dem der Kaiser verfeindet wird, — des Papstes.

Ereignisse des folgenden Jahres werden uns auf dieses Verhältniß zurückführen.

---

auch wirklich Beatrix hieß. Das Faktum kennt auch Guilelm. Astens. ap. Muratori 14, 1041: Curat, ut uxorem natam eius marchio ducat :: Montisferrati.

1) Es erscheinen beim Kaiser: 1185 Januar 17. Leo de Monumento. Prefectus Urbis. Regest 26. — Mai 17. Leo de Monumento. Regest 37. — September 18. Petrus urbis prefectus. Regest 50. — beim Könige: 1186 Juni 24. Otto Frangenspanem. Mittarelli Annal. Camald. 9, 35. — Juli 6. derselbe und Prefectus Rome. M. G. L. 2, 183. — August 6. Otto Frangenspanem. Leo de Monumento. Bartoli Storia di Perugia 1, 253. — August 28. dieselben. Lami Mon. eccl. Florent. 1, 469. — September 1. die Ersteren ibid. 1, 341. — October 17. Otto Frangenspanem. Fantuzzi Mem. Ravenn. 2, 155. — November 27. derselbe und Leo de Monumento. Ughelli Ital. sac. 1, 332. — 1187 Juni 24. Petrus urbis Prefectus. Ungedruckte Urkunde s. Seite 75 Note 7.

2) Annal. Placent. l. c. Annal. Cremonens. 802. Sicardi chron. 603. Annal. Marbac. 163. Die falsche Angabe der Annal. Colon. max. 791. Imp. Cremam studiose reedificat, que restaurata ei rebellat, erklärt sich durch den Gleichklang der Namen Krema und Kremona.

3) Placentiae idem imp. Cremonenses banno bannivit imperii. Annal. Cremonens. l. c. Mit dem falschen Jahr 1183. Zu Piacenza weilte der Kaiser am 10. Juli 1185. Regest 42.

Die Spannung zwischen Kaiser und Papst wuchs immer mehr. Als Rudolf zum kaiserlichen Hofe zurückkehrte, fürchteten ängstliche Gemüther, „welche die Pein des Schismas erduldet hatten, daß die Kirche wiederum in großes Aergerniß kommen würde¹)." Diese Furcht zu steigern, trugen besonders die Ereignisse in Deutschland bei.

Heinrich VI. war nicht gewohnt, seine Gegner mit Schonung und Milde zu behandeln; besser verstand er es, zu strafen und zu rächen. „Der junge König," sagen die kölner Jahrbücher²), „begann eigenmächtig zu handeln und fremdes Besitzthum sich anzumaßen." „Da griff er übermüthig und leidenschaftlich den Dechanten und einige Domherrn zu Koblenz an, nahm ihnen ihre Einkünfte und ließ ihre Häuser und Besitzungen zerstören, weil sie Folmars Anhänger waren³)." „Da kam er mit schwer drückender Heeresmenge nach Trier und brach, durch den Rath einiger Schlechten verführt," wie die Geschichten entschuldigend hinzufügen, „die Immunität der Geistlichen und die Freiheit der Bürger, die ihnen von seinen glorreichen Vorgängern verliehen und bis auf diesen Tag geachtet waren." Seine Soldaten stürzten in die Häuser der Geistlichen, welche die Bundesgenossen des Volkes, die Gegner des Domkapitels waren. Ohne sonderliche Rücksicht auf Freund oder Feind zu nehmen⁴), verfolgten sie doch zumeist die Folmarianer; Folmars Haus wurde dem Erdboden gleich gemacht. Wenn ein Bürger von Angebern verdächtigt wurde, so zwang man ihn entweder zur Loskaufung seiner Habe oder schlug ihn in Bande.

---

1) Arn. Lub. l. c.
2) Annal. Colon. max. 791 erwähnen dieses Faktums nach Weihnachten 1184 und vor der Wiedererbauung Kremas, Mai 1185. Gesta Trevir. c. 94 knüpfen an die Verhandlungen, welche in Folge der Berufung Folmars und Rudolfs zu Verona gepflogen wurden: His ita se habentibus rex II. etc. und ebenso Arn. Lub. l. c. Interea rex juvenis etc. Konnten wir diese Verhandlungen zum Januar oder Februar 1185 feststellen, so gilt ungefähr dasselbe auch von dem Gewaltverfahren Heinrichs. Nach dessen freilich sehr dürftigem Itinerar läßt es sich denn auch am Besten hier einreihen.
 1184 Oktober 24. Augsburg.
 1185 Juli – – Basel — Trouillat Mon. de Bâle 1, 399.
 — — – Breisach — Annal. Argent. M. G. 17, 89.
 — Septemb. – – Lüttich — Lacomblet Niederrh. U. B. 1, 347.
 — Oktober 25. Aachen — Lacomblet 1, 348.
3) Arn. Lub. 3, 11.
4) Das liegt wohl in den Worten irruentes in domos clericorum maxime eorum, qui partem Folmari tueri videbantur. Gesta l. c.

„Das war der Anfang großen Uebels und großer Zwietracht zwischen Kaiserthum und Papstthum," ruft der Trierer aus[1]). Denn als die Kunde hiervon nach Verona kam, — es sollen zuerst vielfache Klagen vor den Vater, dann vor den Papst gebracht sein[2]), — da konnten die Kardinäle und die Schaar der Geistlichen, die noch immer zu Verona weilte, ihren heftigen Unwillen über ein so großes Unrecht nicht verbergen, und ihrem Tadel beistimmend, soll sogar der Papst Thränen der Entrüstung und des Mitleids geweint haben.

Jetzt glaubte der Hof zu Verona, seine Parteinahme für Folmar entschiedener an den Tag legen zu können. Der triftige Grund schien ja nicht zu fehlen. Der Papst soll nun beschlossen haben, seinen Schützling zu weihen[3]). An den Kaiser aber schickte er Gesandte, die ihn auffordern sollten, die trierer Geistlichen wieder in den Besitz ihrer Güter zu setzen. Friedrich soll ihnen geantwortet haben: „Die Immunität ist den Geistlichen in der Absicht gewährt, daß sie frei von weltlichen Händeln, in Ehrfurcht und Demuth ihrem Gotte dienen. Wenn sie aber vom Göttlichen ablassend, die Grenzen ihrer Befugniß überschreiten, so sollen sie auch ihrer Freiheiten sich nicht erfreuen, wofern sie ihren Fehler nicht wieder gut machen. Da nun der trierer Klerus die Reichsrechte, die von unseren Vorfahren auf unsere Zeiten überkommen sind, zu verletzen gewagt, so hatte unser Sohn das Recht, sie wie Reichsfeinde zu behandeln. Weil aber jenes Strafgericht, wie ihr sagt, ohne die Bewilligung unserer Kurie ergangen ist, so heben wir es auf und befehlen, daß Alles in den vorigen Stand zurückgesetzt werde"[4]).

Die Trierer hatten allerdings sein bisher unverletztes Recht angetastet, hatten die Entscheidung, die ihm beim Zwiespalte wählender Parteien zustand, nicht anerkennen wollen, derselben zum Trotz in Folmar ihren Erzbischof verehrt und dem Belehnten des Kaisers die Thore des Doms verschlossen. Dies hieß unstreitig einer Gerechtsame des Kaisers Hohn sprechen. Daher war Heinrich im Rechte,

---

1) Gesta l. c. Dagegen bezeichnen die Annal. Colon. max. 792 die spätere Weihe Folmars als das quoddam discordiarum initium inter apostolicum et imperatorem, während Arn. Lub. 3, 11 die Gesta bestätigend dem Treiben Heinrichs die Hauptschuld beilegt und 3, 17 gerade die Weihe Folmars als Vollendung, nicht als Anfang der Feindschaft bezeichnet.

2) Annal. Colon. max. l. c.

3) Apostolicus exinde magis commotus Volcmarum ad pontificatus apices promovere decrevit. Arn. Lub. l. c.

4) Gesta Trevir. l. c.

die Anhänger Folmars als Reichsfeinde zu behandeln. Seine Rücksichtslosigkeit und Gewaltsamkeit konnten aber die Billigung des Kaisers nicht finden. Er tadelte den Absolutismus seines Sohnes, der in einer so wichtigen Angelegenheit ohne den Reichsrath vorgegangen war und größere Erfolge von der Milde, als von der Strenge erwartend, scheute er sich nicht, die Maßregeln seines Mitregenten zu widerrufen.

Gleichzeitig mit dieser Antwort mag Friedrich dem Papste auch einen anderen Bescheid ertheilt haben, der die Spannung Beider in ihren höchsten Stadien zeigt. „Wenn er den Folmar wider seinen Willen zum Erzbischofe weihe," ließ er ihm sagen, als er von dieser Absicht des Papstes hörte, „dann solle er versichert sein, daß alle Freundschaft zwischen ihnen für ewig aufgehört habe." Auch einige furchtbare Drohungen läßt Arnold von Lübeck in seiner naiven Weise den Kaiser hinzufügen, beruhigt seine Leser aber durch die Versicherung, daß die Geschäftsträger voll zarter Rücksicht die Drohung verschwiegen hätten.

Wir dürfen diese Verhandlungen etwa in den Sommer 1185 setzen und mit einiger Sicherheit den Erzbischof von Mainz, den wir am 22. Juli an der Seite des Papstes finden, als einen der Gesandten bezeichnen, die aus dem kaiserlichen Hoflager nach Verona gingen. Am 1. August ist er wieder beim Kaiser eingetroffen und am folgenden Tage zeigt sich dieser seinem „geliebten Freunde und Verwandten" dadurch gefällig, daß er auf dessen Bitten ein Kloster beschirmt[1]).

Zu den Gegenständen der Unterhandlung hatte bisher noch immer die Kaiserkrönung Heinrich VI. gehört. Da jedoch dieselbe erst nach einer Vereinbarung über die erwähnten Streitfragen möglich schien, so verlor sich die Aussicht, „diesen Triumph" davon zu tragen, mit der steigenden Spannung immer mehr. Und wohl schien der Papst seine Weigerung mit einem triftigen Grunde zu rechtfertigen, denn er sagte, „es könnten nicht zwei zugleich als Kaiser herrschen und der Sohn nicht mit der kaiserlichen Krone geschmückt werden, bevor nicht der Vater dieselbe niedergelegt hätte"[2]). Wie der einen Kirche nur ein Oberhaupt vorstand, so schien auch die Ein=

---

1) S. Beilage II. Nr. 7. 8.
2) Dicebat enim apostolicus, non posse simul duos imperatores regnare nec filium imperialibus insigniri nisi es ipse prius deposuisse. Arn. Lub. l. c.

heit des Kaiserthums jede Doppelherrschaft auszuschließen. Die Roma altitonans, hieß es, sei nicht gewohnt, gleichzeitig von zwei Kaisern beherrscht zu werden[1]). Freilich schien der Papst das vor wenigen Monaten noch nicht gewußt zu haben; erst der beginnende Streit mit dem Kaiser lehrte es ihn. Diese Lehre aber wurde ihm vermittelt durch einige Kardinäle und Fürsten, welche jene Krönung zu hintertreiben bemüht waren[2]). Zu den Fürsten mag man besonders den Erzbischof von Köln rechnen, auf dessen Stellung wir einen Rückblick werfen, wenn wir denselben in unsere Geschichte einführen. Hier sei nur bemerkt, daß der junge König auch mit dem alternden, hochverdienten Mann in Streit gerathen war, und der Erzbischof erklärt hatte, „Keiner könnte zwei Herren dienen, und so könnten nicht zwei zugleich herrschen" — ein Wort, dessen logische Folgerung jener erwähnte Ausspruch des Papstes ist.

Das ist die letzte Kunde, welche uns die Geschichtsschreibung über den Verlauf des Streites unter Lucius III. meldet. Die Summe zieht Arnold von Lübeck: „So wurden Kaiser und Papst von einander getrennt und konnten keine von allen Angelegenheiten, die sie beschäftigten, zu Ende bringen; es war in dieser Verwirrung nicht möglich, zu einem bestimmten Beschlusse zu gelangen."

———

Von Krema war der Kaiser nach Turin aufgebrochen[3]); er hatte somit die Lombardei, in deren Mittelpunkt er aufgetreten war, nach Osten bis Cividale, nach Süden bis Bologna, nach Westen bis Turin durchzogen und sich überall der Treue versichert: er konnte sich jetzt nach Mittelitalien wenden, um an den Grenzen des Reiches die Schwiegertochter zu empfangen und auf dem Wege dorthin die geeigneten Schritte zur Befestigung seiner Herrschaft in Mittelitalien zu thun. Von welchem Grundsatze er dabei geleitet wurde, war den Städten Tusciens kein Geheimniß mehr; denn schon am 5. März hatte er die Herren der Garfagnana von der Gerichtsbarkeit Lucca's befreit, sie unmittelbar unter das Reich gestellt und auf

---

1) S. die Stelle der Annal. Reinhardsbr. Seite 83 Note 3.
2) — fertur papa respondisse ex consilio quorundam principum et cardinalium: non esse conveniens duos imperatores preesse Romano imperio. Annal. Colon. max. l. c.
3) Regest 38. 39.

jede Weise gegen Lucca geschützt¹). Damit hatte er zur Genüge gezeigt, daß er in Tuscien die Uebermacht der Städte nicht dulden würde. Ein kaiserlicher Beamter verwaltete fortan die Garfagnana²), das Thor Tusciens, dessen hohe Bedeutung würdigend, der Kaiser mit der Hauptstadt des Gebietes, mit Barga, einen Vertrag schloß, der Barga in dasselbe Verhältniß zu ihm bringt, in dem es zur Gräfin Mathilde gestanden hatte³).

Am 10. Juli weilte der Kaiser zu Piacenza⁴); um die Mitte des Monats betrat er Tuscien, begleitet von den Bischöfen von Asti und Novara, die nebst Konrad von Mainz zu den einflußreichsten Personen des Hofes gehörten⁵). Schon bei seinem Eintritte in Tuscien sehen wir ihn in der erwähnten Richtung thätig. Wieder gilt es Lucca: Moriano und andere Oerter im Gebiete von Lucca werden aus aller Abhängigkeit befreit und Lucca selbst seiner Gerichtsbarkeit beraubt⁶). Den gleichen Verlust erlitt Florenz. Als der Kaiser am 31. Juli hier einzog und der Landadel ihm klagte, wie die Stadt ihnen ihre Burgen zerstört, ihre Selbständigkeit genommen hatte, fanden ihre Klagen sofort Erhörung: die Reichsunmittelbarkeit wurde ihnen zurückgegeben, kaiserliche Beamte übten fortan im Gebiete von Florenz die Gerichtsbarkeit⁷). Und wie kam es denn, daß der Kaiser, welcher doch fast ohne Heer gekommen war, nirgends auf Widerstand stieß? — Namentlich war es sein Bund mit Mailand, der ihm in Oberitalien

---

1) Regest 31.
2) S. Beilage IX. Nr. 2.
3) Regest 41.
4) Regest 42. vgl. Seite 70 Note 3.
5) Wie man daraus schließen darf, daß sie stets an der Seite des Kaisers sind.
6) Regest 44. Die viel erörterte Frage, ob Friedrich den tuscischen Städten die Gerichtsbarkeit entzogen habe, ist bezüglich Luccas durch eine Urkunde des Podestà und Rathes von Lucca aus dem Jahre 1204 entschieden. Darin heißt es von Friedrich: — terram et jurisdictionem civitati abstulit. Memorie Lucchese 3 a, 136.
7) Ricordano Malesp. c. 82. Villani 5, 12. Dieses häufig angezweifelte Zeugniß späterer Autoren kann ich nun durch eine ungedruckte Urkunde, die ich der gütigen Mittheilung Wüstenfelds verdanke, bestätigen: Heinrich VI. begnadigt Florenz, um es für seine dem Reiche geleisteten Dienste zu belohnen, mit der Gerichtsbarkeit über die Stadt und einem kleinen Theile der umliegenden Gegend, salvo jure nobilium et militum. Als Zeichen der Erkenntlichkeit für diese magnifica concessio geben ihm die Florentiner einen schönen großen Sammtmantel. — Ego Johannes etc. recognovi. — d. d. 1187 Juni 24. in Sabina prope castrum Ortriclie. Vgl. Raumer Hohenstaufen 5, 112 Note 1 ed. II.

eine Position gesichert hatte, durch die er den gewaltigsten Druck auf das übrige Italien ausüben konnte.

Neben dem Adel begünstigt der Kaiser vorzüglich die hohe Geistlichkeit. Hier werden die Dienste des Bischofs von Volterra[1]), dort die Tugenden des geliebten Freundes von Luni belobt[2]), und das Lob mit Schutz- und Freiheitsbriefen begleitet. Gerade Volterra und Luni sind die ersten Bisthümer Tusciens, deren Inhaber um diese Zeit als Reichsfürsten erscheinen[3]), und kann der Kaiser vorzüglich ihre Treue rühmen, so erhellt daraus, wie gut er seine Herrschaft zu befestigen verstand.

Zu Florenz finden wir in der Reisebegleitung des Kaisers auch den Erzbischof von Mainz; er kam wie wir hörten vom päpstlichen Hofe zurück, ohne daß es ihm gelungen wäre, dort freundschaftliche Beziehungen zwischen seinem geistlichen und weltlichen Herrn anzubahnen. Freilich, die Aufgaben, die den Kaiser eben beschäftigten, waren gar wenig geeignet, die Besorgniß und Mißstimmung der Kurie zu heben. Er war im Begriffe, die Schwiegertochter und mit ihr das Unterpfand für die Erwerbung Siciliens in Empfang zu nehmen; er sorgte für die Befestigung seiner Herrschaft in Tuscien und Spoleto. Ueber Jahre war somit der Kirchenstaat von kaiserlichen Ländern wie mit einem Gürtel umschlossen.

Schon gehorchte Tuscien; nun wandte sich der Kaiser über Siena[4]) nach Spoleto. Die Hauptstadt, welche wahrscheinlich seit ihrer Betheilung an dem Aufstande gegen Christian von Mainz in der Reichsacht war[5]), flehte seine Gnade an und er verzieh; da auch der Herzog von Spoleto, der schwäbische Edle Konrad von Urselingen, sich für seine Stadt verwendete[6]). Von den äußersten

---

1) Regest 37.
2) Regest 45.
3) Ficker Vom Reichsfürstenstande 1. 318.
4) — 1186. 3 kal. Junii obsedit rex Henricus — civitatem Senarum et in proximo anno antecedenti Fridericus pater ejus eandem intraverat civitatem. Obituar. eccl. Senens. ap. Ozanam Doc. inéd. p. servir à l'hist. litter. de l'Italie 205. Obwohl hiernach der Kaiser als friedlicher Herr Siena besucht zu haben scheint, so möchte er doch schwerlich die Concessionen anerkannt haben, die Christian von Mainz, um das Geld für seine Befreiung zu erhalten, den Sienesen gemacht hatte. Rena - Camici Serie dei duchi e archid. di Toscana 2d, 95. Eben daraus wird die Feindschaft entstanden sein, die Heinrich VI. im folgenden Jahre zur Belagerung Sienas veranlaßte und der Stadt den Verzicht auf jene Concessionen kostete. M. G. L. 2, 182.
5) Bened. Petrob. 2, 321.
6) Regest 53.

Grenzen des Reiches kam der Bischof von Ascoli, um den Schutz des mächtigen Kaisers gegen den Bedrücker seiner Kirche anzurufen[1]). Auch die römischen Großen ermangelten nicht, hier dem Kaiser aufzuwarten. So entfaltete Friedrich, wie kurz zuvor in Oberitalien, nun in Mittelitalien eine Machtfülle, wie man es seit Langem von keinem Kaiser gesehen hatte. Die Besiegung eines vereinzelten Widerstandes sollte den Waffen des jungen Königs vorbehalten bleiben.

Indessen war die Erbin Siciliens am 28. August in der Grenzstadt Rieti von deutschen Gesandten, von zahlreichen Fürsten und Baronen empfangen worden[2]). Wo und wann der Kaiser sie begrüßte, wissen wir nicht. Am 18. Oktober traf sie mit ihrer reichen Aussteuer in Piacenza ein[3]). Der Kaiser folgte ihr; von Foligno aufsteigend gelangte er nach Coecorano; zu Pistoja belehnte er am 27. Oktober den bejahrten Bischof mit dem Weltlichen, erließ ihm aber wegen seines Alters und der bewährten Treue seiner Stadt den nie gern geleisteten Huldigungseid[4]). Am 19. November endlich ist der Hof in Pavia versammelt. Schon scheinen sich eine Anzahl Hochzeitsgäste eingefunden zu haben. Wir sehen außer Erzbischof Konrad den Patriarchen von Aglei, den Erwählten von Lübeck und den Landgrafen von Thüringen[5]). Einladungen sind in das ganze Reich ergangen; zu Weihnachten soll König Heinrich selbst aus Deutschland eintreffen. Mailand hat den Kaiser um die Gnade gebeten, in seinen Mauern die Hochzeit des Sohnes zu feiern, damit es aller Welt offenkundig werde, Mailand erfreue sich wieder der kaiserlichen Gunst. Gern willfahrt der Kaiser, dem es ja auch daran liegen muß, seiner innigen Verbindung mit Mailand einen so vollen Ausdruck zu geben[6]).

---

1) Regest 50.
2) Inschrift bei Ughelli Ital. sacra 1, 1201. Galetti Memor. di tre antiche chiese di Rieti 149.
3) Die Veneris V kal. Novemb. proximo domna Constantia intravit Placentiam. Annal. Placent. Guelfi l. c. Vor V ist wohl X ausgefallen, denn der 28. Oktober war kein Freitag, wohl der 18. So haben auch die Annal. Placent. Gibell. l. c. domna Constantia die Veneris 15 kal. Novemb. proximo intravit Papiam. Hier aber wird statt Papiam: Placentiam zu lesen sein; denn was für ein Interesse sollte es für einen Piacentiner haben, den Einzug des Königs in eine fremde Stadt zu verzeichnen?
4) Sozomen. s. die Regesten.
5) Regest 54. Der Erwählte von Lübeck erschien zuletzt am 7. April 1185 beim Kaiser, — Regest 34 — dann ging er nach Lübeck, über dessen Zustände wenig erbaut, er zum Kaiser zurückkehrt, um bald seine Würde niederzulegen.
6) Otto Sanblas. c. 28.

Da nahte die letzte Stunde Lucius' III. Vierzehn Tage vor seinem Ende sah der altersschwache Mann noch einmal den Erzbischof von Mainz bei sich¹). Ob Konrads Unterhandlungen ihm die letzten Tage seines Lebens durch die Aussicht auf eine baldige Verständigung erheitern konnten? — Es scheint nicht so. Noch auf seinem Sterbebette befahl er demjenigen, welcher sein Nachfolger sein würde, den jungen König nicht zum Kaiser zu krönen²). So starb er am 25. November, von seinem Herrschersitze vertrieben, vom Spotte seiner Gegner verfolgt³), mit dem Kaiser zerfallen. Seine Grabschrift rühmt die hohen Pläne, die ihn erfüllt hatten⁴). Näher Stehende mögen diese gekannt haben; auf uns sind sie nicht gekommen. Wir kennen nur seine Ohnmacht und fühlen dieselbe um so mehr, je größer die Macht seines kaiserlichen Gegners ist.

1) S. Beilage III. Nr. 7.
2) Arn. Lub. l. c.
3) Ich erinnere an den oft wiederkehrenden Schmähvers:
   Lucius est piscis et rex tyrannus aquarum,
   A quo discordat Lucius iste parum
Ueber dessen angeblichen Autor s. Francis. Pipin. ap. Muratori 9, 597.
4) — dum praeclara multa molitur. Biancolini Notizie delle chiese di Verona 1, 138. Ughelli Ital. sac. 5, 805.

Drittes Kapitel.

Als der Kaiser im Jahre 1162 Mailand zerstörte, traf sein Zorn auch eine Familie, welche in späterer Ueberlieferung Crivelli heißt¹). Einige ihrer Mitglieder wurden am Körper verstümmelt, andere ihrer Güter beraubt. Zu dieser Familie gehörte Hubert, der im Jahre 1183 in das Kardinalcollegium aufgenommen²) und zwei Jahre später auf den erzbischöflichen Stuhl von Mailand erhoben wurde³). Seit jenem Tage, da der Kaiser das Glück seiner Familie vernichtet hatte, haßte ihn Hubert mit aller Gluth eines Italieners⁴).

Auf diesen Mann fiel die einstimmige⁵) Wahl der Kardinäle. Sie wünschten also keine Aenderung in der päpstlichen Politik. Kannten sie Urban III., wie Hubert als Papst sich nannte, so mußten sie

---

1) S. Note 4.

2) Hubertus presb. card. sti Laurentii in Damaso erscheint zum ersten Male als Zeuge in päpstlicher Urkunde vom 12. Januar 1183.

3) Sein Vorgänger Algisius starb nicht, wie angegeben wird, am 23. August 1183; er zeugt noch in der Urkunde Friedrichs vom 22. September 1184. Regest 8. Urban war nach einer Berechnung aus den Daten des Catalog. archiep. Mediolan. M. G. 8, 105 erst am 9. Juni 1185 Erzbischof geworden. Danach heißt er denn auch erst am 11. November 1185: Mediolanensis archiepiscopus et presb. card. So auch Robert. Altissid. 252: ex cardinali in Mediolanensem praesulem nuper assumptus.

4) Contigit olim cum imperator Fridericus Mediolanum — ad deditionem coëgisset, cognatos et parentes domini Urbanae papae inter ceteros captivos teneri, quorum quosdam proscriptione damnavit, quosdam mutilatione membrorum deformari praecepit. Ob cujus itaque facti vindictam dicebant quidam praedictum apostolicum antequam ad sedem apostolatus conscendisset, gravissimum rancorem servasse in corde suo contra imperatorem, quod postea in propatulo claruit secundum eorum assertionem, quibus causa nota erat. Gesta Trevir. c. 98. — Cont. Aquic. 423. nennt den Haß zwischen Urban und dem Kaiser: inveteratum. Ex progenie illorum de Crivellis wird Urban, zuerst, so viel ich sehe, von Franciscus Pipinus in seinem Chron. ap. Muratori 9, 602 und in seiner Uebersetzung des Guilelm. Tyrus ibid. 6, 799 genannt.

5) Ep. Urbani ap. Bened. Petrob. 2, 439.

erwarten, daß er weit entschiedener gegen den Kaiser auftreten, daß er vielleicht seine Stellung zur Befriedigung lang genährten Hasses benutzen würde. Und dazu fehlte ihm die Befähigung nicht. Mit seiner Bildung und seltener Redegewandtheit verband er die Energie und Ausdauer, an welcher man den Mailänder erkannte[1]), und selbst in den Künsten einer verwerflichen Diplomatie war er Meister.

Da ist es begreiflich, daß die Wahl Huberts zu der Fabel Veranlassung gab, der Kaiser habe dieselbe mit Gewalt hintertreiben wollen[2]). Er hat im Gegentheil, wie Urban selbst anerkannte[3]), seine Wahl mit Wohlwollen aufgenommen. Es galt, sich in die vollendete That zu fügen, und trotz der geringen Aussicht auf Erfolg den Versuch zu machen, ob eine Verständigung möglich sei: In dieser Absicht wurden die Verhandlungen, wie es scheint, bald wieder aufgenommen[4]).

In erster Reihe forderte auch Urban die Herausgabe des mathildinischen Landes. Dann aber fügte er andere Forderungen hinzu, von denen unter seinem Vorgänger noch keine Rede war.

Wie in allen Reichen, so war es auch im deutschen Reiche ein königliches Recht, die Hinterlassenschaft der Bischöfe, Aebte und Pröpste, die vom Könige die Investitur empfingen, für den Fiskus einzuziehen. Aber die früheren Könige scheinen dieses Recht, welches man als Spolie bezeichnet, nur selten geübt zu haben; erst Friedrich ließ keine Gelegenheit vorübergehen, sich durch das Vermögen verstorbener Prälaten zu bereichern. Das Geld in ihren Kassen, das Mobiliar in ihrem Hause, das Vieh und Getreide auf ihren Höfen: Alles beanspruchte der Fiskus, Alles fand der neu eintretende Bischof leer und ausgeplündert.

---

1) — Urbano tertio Mediolanensi facundissimo ac animositate et constantia Mediolanum sapiente etc. Gervas. Tilbur. 943 — vir multae literaturae. Robert. Altissid. l. c.

2) Chron. Ursperg.

3) Ep. Urbani: Recolimus siquidem nec sine multimoda commendatione referimus, quod in promotione nostra, pacem ecclesiae tua excellentia persecuta, debita reverentia et devotione suscepit, quod circa nos manus domini voluit — operari. Der Brief ist gedruckt bei Ludewig Rel. mscr. 2, 409 und danach bei Mansi Coll. conc. 22, 504 und Watterich Vitae pont. 2, 678. Besser aber und unverstümmelt giebt ihn Denis Cod. mscr. 1b, 1208. Hätte Watterich diesen Text, den er in den Noten zwar anführt, zur Vergleichung herangezogen, so würde er wohl einen lesbareren Text construirt haben.

4) Gleich im Anschlusse an die Wahl sagt Arn. Lub. 3, 12: Cumque inter ipsum et dominum imperatorem colloquia celebraretur und die Note 3 angeführte Stelle ist wohl dahin zu deuten, daß der Kaiser eine Gesandtschaft zur Beglückwünschung seiner Thronbesteigung an Urban richtete.

Dieses Recht nun hatte der Kaiser nach dem Tode Arnolds von Trier in weitestem Umfange geübt. „Von allen Reichthümern, die Arnold in Städten und Burgen hinterlassen hatte, kam nur Weniges oder Nichts in den Besitz derer, denen sie seine letzte Verfügung zugedacht hatte. Denn Werner von Boland und andere Gesandte des Kaisers drangen überall ein und nahmen die großen Schätze für den Kaiser in Beschlag." Der Erzbischof von Köln konnte die Auszahlung eines Legats, welches der Trierer einem kölner Stifte vermacht hatte, nur durch seine persönlichen Bitten erlangen. An diesen Vorgang knüpfte Urban die Forderung, der Kaiser solle auf das Spolienrecht verzichten; und gewiß hätte man zu jeder anderen Zeit seine Forderung billigen müssen, nur schien der Augenblick, in dem die Lage der Dinge ohnehin verwickelt genug und eine Lösung noch nicht abzusehen war, für neue Forderungen schlecht gewählt.

Ein ähnliches Recht übten die Könige in der Regalie; beanspruchten sie auf Grund der Spolie die Hinterlassenschaft des Bischofs, so auf Grund der Regalie die Nützung der Temporalien, welche durch den Tod des Bischofs erledigt sind: alle laufenden Einkünfte fließen in die Kasse des Kaisers anfangs bis zur Wiederbesetzung des erledigten Stuhles, dann ein ganzes Jahr hindurch. Vor der Regierung Friedrichs läßt sich dieses Recht nicht nachweisen und sagt er auch selbst, daß er es nach alter Gewohnheit der Kaiser und Könige übe, so möchte doch erst die ganz veränderte Auffassung der Regalien, wie sie sich unter Friedrich Bahn gebrochen hatte, die energische Uebung des Rechtes begünstigt und ihm zugleich einen genügenden Rechtstitel verliehen haben. Denn jetzt wurden die Regalien, wie schon erwähnt, durchaus als Lehen betrachtet[1]) und nach den Grundsätzen des Lehenrechtes behandelt: sie fielen also nach dem Tode eines Bischofs als erledigte Lehen dem Reiche heim. Was somit im Einklange mit dem Lehenrechte stand, stand aber im Widerspruche mit den Satzungen der Kirche, welche verlangte, daß alle Kirchengüter durch einen Stiftsverweser für den folgenden Bischof verwaltet und aufgehoben würden. Alsdann besaß der neueintretende Bischof die erforderlichen Gelder zur Bestreitung seiner ersten Ausgaben, während es ihm jetzt oft am Nöthigsten gebrach. Nimmt man hinzu, daß der Kaiser auf Grund der Spolie alle Mobilien,

---

1) S. Seite 7.

Getreide und Vieh in Beschlag genommen hatte, so ist es begreiflich, daß die Bischöfe, wie Arnold von Lübeck klagt, in der ersten Zeit ihrer Regierung fast nothgedrungen zu Räubern wurden[1]).

Auch auf dieses Recht sollte der Kaiser verzichten. Urban selbst bestritt ihm dasselbe durch die That: er blieb als Papst Erzbischof von Mailand und ließ die Regalien durch einen Oekonomen verwalten[2]); der Kaiser war rücksichtsvoll genug, den Papst-Erzbischof nicht gewaltsam daran zu hindern.

Eine dritte Forderung oder Klage fügte Urban hinzu: „Der Kaiser hätte Nonnenklöster aufgehoben, indem er die Pfründen als übermäßig in Beschlag genommen und die Nonnen entfernt habe, ohne jedoch zur Ehre Gottes und zum Gewinn der Kirche andere mit besserer Ordensregel eingeführt zu haben"[3]).

„Zwar unwillig," sagt Arnold von Lübeck, „doch ruhig hörte der Kaiser diese Klagen, denn es lag ihm Alles daran, seinen Sohn zum Kaiser gekrönt zu sehen. Aber Urban zeigte sich diesem Wunsche des Kaisers durchaus nicht geneigt, sondern antwortete nach der Weisung seines Vorgängers, er könne den Sohn nicht krönen, bevor nicht der Vater die Krone niedergelegt hätte."

Schon war König Heinrich in Begleitung des Grafen von Flandern in Italien eingetroffen. Das Weihnachtsfest wurde zu Pavia

---

1) S. die Belege für alles Vorhergehende in Beilage IV: Regalie und Spolie.

2) Wichmann von Magdeburg beschuldigt später den Papst: usum regalium imperio antistitem ecclesie iam pluribus annis denegastis. Ludewig Rel. mscr. 2, 447. Dieser leicht zu verstehende Satz, den ein Komma hinter imperio noch verständlicher machen würde, blieb Watterich unverständlich. Vitae pont. Rom. 2, 677 glaubte er daher verbessern zu müssen: usum regalium imperii antistiti ecclesie iam pluribus annis denegastis. Aus solcher Verballhornisirung folgerte er dann: Fridericus — contra Urbanum, ut eum reditibus illis privaret, quendam conatus esse videtur tanquam archiepiscopum Mediolanensem investire.

Daß Urban wirklich als Papst Erzbischof von Mailand blieb, ergiebt sich einmal daraus, daß sich unter seiner Regierung kein Anderer als Erzbischof von Mailand nachweisen läßt, dann aus einer Urkunde vom Jahre 1187, welche ausgestellt wird: Sub magistro Faxato misso et procuratore domini Urbani pape et archiepiscopi de Mediolano. Giulini Mem. spett. a l'istoria di Milano 6, 28. Ferner heißt es im Catalog. aep. Mediolan. l. c.: Dom. Ubertus qui et papa Urbanus.

3) Arn. Lub. 3, 13. Weiteres ist mir darüber nicht bekannt geworden. Ueber die Verdorbenheit der Nonnen s. Gerhoh. Reichersp. De aedif. dei ap. Pez Thesaur. 2b, 355. Die Nonnen von Dietkirchen empfingen galante Besuche der bonner Stiftsherren. Caesar. Heisterb. Dialog. 8, 52. Die Aebtissin von St. Ursel zu Köln zeigte sich in Gesellschaft von Lotterpfaffen auf der Straße. ibid. 6, 5.

gefeiert¹), wo der kaiserliche Hof seit November weilte. Im Januar sollte die Hochzeit stattfinden. Zu Anfang dieses Monats hatten sich die Beziehungen zur Kurie noch nicht geändert. Da mußte Konrad von Mainz noch einmal die Rolle des Vermittlers übernehmen. Am 11. Januar finden wir ihn zu Verona²), welches auch Urban gleich seinem Vorgänger nicht verlassen hatte. Mit dem Bischofe von Verona mag Konrad dann vom päpstlichen Hofe zurückgekehrt sein; als der Kaiser diesem am 23. Januar zu Mailand die Regalien verleiht³), da ist auch Konrad zugegen. Ist seine Mission gescheitert, hat sie Erfolg gehabt?

Ein späterer Geschichtschreiber will wissen, der Papst habe sich durch die Kardinäle Soffred vom Titel der heil. Maria in via lata und durch den Theobald von Ostia und Velletri bei der Hochzeit vertreten lassen⁴). Aber beide Kardinäle erscheinen am Hochzeitstage urkundlich in der Umgebung des Papstes⁵).

Die Großen Deutschlands, Burgunds, Italiens und Siciliens waren der Einladung des Kaisers gefolgt. Das mainzer Fest mag kaum eine zahlreichere Menge versammelt, kaum größeren Reichthum entfaltet haben. — Als nach Jahren der schwarzwälder Mönch dieser Feier gedachte und den Kaiser als deren Mittelpunkt in's Auge faßte, da verglich er ihn dem weithin herrschenden Theoderich, dem die Völker unterthan oder befreundet sind, und pries die glückliche Lage des Reiches⁶). — Um ganz Italien des Festes theilhaftig zu machen, wurde eine allgemeine Begnadigung erlassen. So herrschte überall Jubel, und wie unerklärlich auch Manchem der schnelle Wechsel von so glühender Feindschaft zu so aufrichtiger Freundschaft erscheinen mochte, Alle empfanden die Befriedigung, daß es so besser sei.

Nur der Papst und seine Kardinäle grollten, nur zu Verona fand der Jubel des Festes keinen Wiederhall. Urbans Unmuth zu erhöhen trug ein Akt in der Reihe der Festlichkeiten nicht wenig bei.

---

1) Cont. Aquic. 445. Radulf. de Diceto 629. Dagegen lassen die Annal. Colon. max. 792 den Kaiser das Weihnachtsfest zu Mailand feiern. Man hat dieser Nachricht beistimmen zu müssen geglaubt; um wie viel die erstere wahrscheinlicher sei, zeigen die Regesten. Wäre der Kaiser wirklich zu Mailand gewesen, so würden es die mailänder Aufzeichnungen M. G. 18, 385—402 gewiß bemerkt haben.
2) S. Beilage II. Nr. 9.
3) Regest 57.
4) Annal. Placent. Gibell. l. c. In der welfischen Recension, die besser ist, fehlt diese Angabe. Irrig wird Pavia als Festort angegeben.
5) Trombelli Mem. di Reno 378.
6) Otto Sanblas. c. 28.

Friedrich empfing die Krone vom Erzbischofe von Vienne, seine Schwiegertochter von einem deutschen Bischofe; es war eine bloße Ceremonie zur Verherrlichung des Festes. Bedeutungsvoll aber war die Krönung, welche der Patriarch von Aglei an dem jungen Könige vollzog. Er krönte ihn zum Könige von Italien[1]). Gleichzeitig ernannte ihn der Kaiser zum Cäsar, zum zukünftigen römischen Kaiser[2]). Der letztere Akt war gleichsam ein Aequivalent für die Kaiserkrönung, um welche Friedrich den Papst vergebens gebeten hatte. Nicht wie Karl der Große hatte er seinem Sohne aus eigener Machtvollkommenheit die Kaiserkrone aufs Haupt setzen mögen, aber er erklärte nun vor aller Welt, daß der deutsche König geborener römischer Kaiser sei, daß die Ertheilung der Kaiserkrone nicht im Belieben des Papstes stehe. Zum Zeichen dessen nannte er, im engsten Anschlusse an altrömische Traditionen, seinen Sohn „Cäsar". Einen Mann von Urbans Gesinnung, der gewiß in der Kaiserkrönung sein eigenstes, beliebig zu vergebendes Geschenk erblickte, mußte diese Theorie nicht wenig empören. Aber auch über die Krönung Heinrichs mochte er zürnen, denn noch immer war er Erzbischof von Mailand und als solcher hatte er den deutschen König zum Könige Italiens zu krönen. Nun hatte der Patriarch von Aglei, der als erster Kirchenfürst[3]) des Reiches wohl am Meisten dazu geeignet schien, die Funktion des Erzbischofs von Mailand zu üben, das Recht des Papst-Erzbischofs sich angemaßt. Urban soll daher, wie man wenigstens im Kloster Anchin erzählte, zur Entsetzung des Patriarchen und aller anwesenden Bischöfe geschritten sein[4]).

---

1) Toeche Kaiser Heinrich VI. Beilage I. wird den Beweis führen.

2) Viennensis archiepiscopus Fridericum imperatorem Romanum coronavit, eodem in die Aquilejensis patriarcha coronavit Henricum regem Teutonicum et ab ea die vocatus est caesar; quidam episcopus Teutonicus coronavit Constantiam. Radulf. de Diceto 629 — ibidem (sc. Mediolani) fecit Henricum filium suum caesarem. — Hoc audito Henricus caesar etc. Annal. Romani 408. — Imp. inter ceteros primogenitum fecerat caesarem. Siccardi chron. 607. Dem entsprechend nennt sich Heinrich jetzt rex et semper augustus. In seinen beiden früheren Urkunden — Trouillart Mon. de Bâle 1, 399. Lacomblet Niederrh. U.-B. 1, 347. — heißt er einfach rex.

3) Ficker Vom Reichsfürstenstande 1, 171.

4) Multimodae fuerunt causae dissentionis: praecipua, quod patriarcha Aquilejensis et quidam episcopi interfuerant absque consensu papae coronationi Henrici regis die quodam sollempni in Italia. Quos omnes papa a divino suspendit officio. Cont. Aquic. l. c.

Den Ausschlag in den Kämpfen zwischen Kaiserthum und Papstthum gab fast immer der deutsche Episkopat. War er von Rom getrennt, so fehlte das einzige Bindeglied zwischen Rom und Deutschland und Rom vermochte durch Deutschland Nichts gegen den Kaiser; war das Umgekehrte der Fall, so stand dem Papste mit einer gewaltig wirkenden geistlichen Macht auch die höchste weltliche zur Verfügung.

Zunächst galt es Urban, einen deutschen Erzbischof von seiner aufrichtigen Friedensliebe zu überzeugen. Unter dem 24. Februar richtete er an Wichmann von Magdeburg ein sehr verbindliches Schreiben, in welchem er ihn seiner wärmsten Freundschaft versichert. Dem entsprechend erwartet aber auch er ein reicheres Maß der Liebe von Wichmann und im Vertrauen darauf theilt er ihm den Grund seiner unendlichen Trauer mit. Wichmanns Weisheit und Beistand soll ihm größeren Trost spenden. Oft habe er den Kaiser ermahnt, der römischen Kirche ihre Besitzungen zurückzugeben, aber er habe nicht mit der schuldigen Achtung geantwortet und scheine überhaupt keinen festen Frieden zwischen Kirche und Reich zu wollen. Deshalb bittet und ermahnt er den Erzbischof, sobald der Kaiser nach Deutschland zurückgekehrt sei, zu ihm zu gehen und in ihn zu dringen, daß er der Kirche Gottes, wie es ihm zieme, ein gnädigeres Auge zuwende und den Grund der Zwietracht hinwegnehme. Wenn der Kaiser seinem Rathe nicht folge, so trage dieser die Schuld des Zerwürfnisses, denn es läge in seiner Hand, dasselbe zu heben [1]).

Recht unzart hat später der Erzbischof auf diesen Brief voll Friedensliebe geantwortet. „Unter der Maske der Freundschaft,"

---

1) Ludewig Rel. mscr. 2, 435. Jaffé Reg. pont. 9947 setzt den Brief zu 1187. Aber schon im November oder December 1186 hat Wichmann auf denselben geantwortet. Auch wird man sich den Kaiser wohl in Italien denken müssen, wenn Urban schreibt: cum ad partes illas accesserit, in quibus ejus alloquio tua fraternitas potiatur, suadere sibi et consulere non omittas. Urban vermuthete also, daß der Kaiser nach Deutschland zurückkehren würde. Und diese Vermuthung mochte nicht unbegründet sein: da der Kaiser schon seinen Sohn mit der Verwaltung Italiens betraut hatte, — Henrici, Friderici augusti filius, regno Italie a patre praefectus, Constantiam ducit in coniugem. Robert. Altissidor. 252 — so wäre er wohl nach Deutschland zurückgekehrt, wenn ihn nicht ein Versprechen, welches er bald dem Papste gab, dazu bestimmt hätte, seinen Sohn zur Vertheidigung des Kirchenstaates zu entsenden und selbst den Krieg gegen Kremona zu übernehmen. — Fechner Leben Wichmanns von Magdeburg 497 setzt den Brief in den Sommer 1187, dagegen 559 richtig zum 24. Februar 1186.

schrieb der magdeburger Friedensmann, wie man Wichmann mit Recht genannt hat¹), „verberge Urban die ärgste Feindschaft."

Rückhaltloser und entschiedener, als dem Manne gegenüber, der im ersten Regierungsjahre Friedrichs den magdeburger Erzstuhl bestiegen und seitdem in guten und bösen Tagen treu zu seinem Kaiser gehalten hatte, mochte Urban an anderer Stelle sich äußern. Doch in welcher Weise es auch geschah — Urbans Gesandte und Briefe thaten das Ihrige, die deutschen Bischöfe vom Kaiser abwendig zu machen, gegen ihn aufzuwiegeln²); denn um jeden Preis sollte er herabgedrückt und gedemüthigt werden³).

Die Bischöfe zu gewinnen, schienen vorzüglich die Pläne geeignet, mit denen Urban auftrat. Schon erwähnten wir des Regalien= und Spolienrechtes, dessen Beseitigung keine geringe Erleichterung für die Reichskirchen gewesen wäre. Urban bezweckte weitere Reformen.

Wir stehen in jener Zeit, in welcher die Kirchen gerade von denen den härtesten Druck erlitten, die zu ihren Beschützern bestellt waren. Sollten die Vögte auf den Besitzungen des Stiftes Recht und Gerechtigkeit schaffen, — sie waren die schlimmsten Feinde desselben geworden. Die Urkunden des 12. Jahrhunderts sind voll der Klagen über die Bedrückungen der Vögte. Vergebens hatten die Päpste dagegen geeifert⁴); „die lächerliche Anmaßung und Thorheit", von der zu Anfang des Jahrhunderts ein Erzbischof von Mainz sprach⁵), „daß ein Vogt sich die Kirchen unterwerfen will",

---

1) Reuter Gesch. Alex. III. 3, 362.

2) — malam voluntatem episcoporum Teutonice terre pene omnium — Urbanus papa litteris suis et nunciis — concitaverat. Annal. Magdeb. 195. — episcopos aliosque principes — ad coniurationem contra imperium incitavit. — gravem contra imperium movit seditionem. Annal. Marbac. 162. Vielleicht empfing der elsässische Verfasser, dessen Werk die Annal. Marbac. ausschrieben, seine Nachrichten von dem lange Zeit am Kaiserhofe weilenden Propste Friedrich von Straßburg. Vgl. Regest 31. 37. 45. 47. 48. 49. 70. 73.

3) — omnibus viribus laborabat, quomodo imperatoris dignitatem et excellentiam humiliaret. Gesta Trevir. c. 95. — (Urbanus) cum esset natione Mediolanensis, in odium imperatoris volebat turbare ecclesiam, quae iam paulisper quietem acceperat. Chron. Ursperg. 311.

4) Z. B. Eugen III. Mansi Coll. conc. 21, 713. Dann besonders Lucius III.: Praeterea quoniam advocati ecclesiarum in tantum noscuntur insolentiam proripuisse etc. verbietet Lucius den Vögten, Nichts praeter antiquos et moderatos redditus a locorum episcopis institutis exigere. S. die Seite 48 Note 3 angeführte Bulle. Vgl. auch dessen Urkunde für Hersfeld Stumpf Acta Mogunt. 100.

5) Ledebur Allg. Archiv 13, 147.

schien zu Ende des Jahrhunderts eine traurige Wahrheit geworden zu sein. Im Jahre 1185 klagte der Bischof von Münster, daß die ganze Kirche unter dem Drucke der Vögte seufzte und beinahe erläge¹).

Daher zeigt sich überall das Streben, sich dieses Druckes zu entledigen; der Bischof sucht sein Hochstift zu befreien²), die anderen Stifter sich unter den Schutz des Bischofs zu stellen³). Aber die Erreichung des Zieles war mühevoll und meistens mit großen Kosten verbunden. Nun wollte Urban das Uebel durch einen Machtspruch beseitigen. „Es sei Unrecht," behauptete er, „daß Jemand über die Landgüter und Mannen der Kirche eine Vogtei ausübe. Wie die Kirchen durch den freien Willen und die freie Schenkung der Kaiser und Fürsten gegründet seien, ebenso dürfe das Eigenthum derselben nur von Prälaten verwaltet werden."

In ähnlicher Weise forderte Urban die Zurückgabe aller Zehnten in Laienhänden, weil der Herr den Zehnten offenbar nur für diejenigen bestimmt habe, welche dem Altare dienten⁴). Auch gegen diese Zehnten in Laienhänden hatte man schon früher geeifert⁵), und da es ihrer nicht wenige gab, mußte die Zurückgabe derselben den Kirchen großen Nutzen bringen.

Wir wollen nicht behaupten, daß Urban diese Reformen nur deshalb gefordert habe, um durch sie die deutsche Geistlichkeit für sich zu gewinnen; aber verlockend waren dieselben, und wenn der Kaiser sich später bemüht⁶), vor dem Reiche ihre Unausführbarkeit darzuthun, so müssen wir wohl annehmen, daß dieselben bedeutungsvoll in seinen Streit mit dem Papste eingriffen.

Noch immer hoffte jener auf eine friedliche Lösung und seine nächsten Bemühungen bewiesen eben nicht, daß er den Frieden nicht wollte, wie Urban dem Erzbischofe von Magdeburg gegenüber geklagt

---

1) Cod. dipl. Westf. 2, 178.
2) So gelang es zu Ausgang des 12. Jahrhunderts: Münster 1173. Cod. dipl. Westf. 2, 118. — Paderborn 1189. Cod. dipl. Westf. 2, 203. — Trier 1197. Beyer Mittelrh. U.-B. 2, 207.
3) Beispiele für Köln in den 70er und 80er Jahren des 12. Jahrhunderts bieten die Urkunden bei Lacomblet Niederrh. U.-B. 1, 307. 11. 22. 23. 40. 50. 52. 56. 70. 71. Beyer Mittelrh. U.-B. 2, 58. 106.
4) Wir kennen diese Pläne nur aus der Rede des Kaisers. Arn. Lub. 3, 19.
5) Gelegentlich auch Lucius III. Möser Osnabrück. Gesch. 4, 103. Ughelli Ital. sacra 5, 800.
6) Haec pro parte mea dixerim; pro parte autem vestra, quid sit faciendum, diligenter pensandum est. Arn. Lub. 3, 19.

hatte. Es mochte um die Mitte des Februar sein, als der mainzer Erzbischof sich zur Rückreise in die Heimat anschickte. Zu Pavia, wohin der kaiserliche Hof von Mailand zurückgekehrt war¹), nahm er vom Kaiser Abschied. Aber noch ein Mal, nun zum sechsten, kehrte er nach Verona zurück, unzweifelhaft im Auftrage des Kaisers. Vom 27. Februar bis zum 1. März läßt Konrad sich zu Verona nachweisen²). Um dieselbe Zeit oder doch bald darauf dachte aber auch der Kaiser schon an eine zweite Gesandtschaft.

Zu König Heinrichs Hochzeit war auch der Bischof von Münster nach Italien gekommen. Hermann von Katzenellenbogen³) gehörte zu den gewiegten Diplomaten, an denen seine Zeit reich war. Wir sehen ihn auf verschiedenen Gesandtschaftsreisen, er unterhandelt am Hofe von Konstantinopel, vermittelt zwischen deutschen Fürsten und bewährt überall seine Klugheit und Gewandtheit⁴). Dieser sollte nun im Interesse des Kaisers seine diplomatischen Fähigkeiten auch am päpstlichen Hofe verwerthen. Mit dem Bischofe von Asti, dem geschickten Unterhändler des Friedens von Konstanz, und einem Bevollmächtigten S.⁵), trat er die Gesandtschaft an⁶) und bewirkte, was anderthalb Jahre hindurch vergebens versucht war. Urban schwur im Namen des Herrn, den Folmar niemals zum Erzbischofe zu weihen⁷). Auch die Besitzfrage schien endlich ihrer glücklichen Lösung nahe⁸). Dagegen versprach der Kaiser, seinen Sohn sofort

---

1) Regest 58—60.

2) S. Beilage II. Nr. 9. Am 22. April weihte er das Kloster Eberach. Notae Eberacens. M. G. 16, 14.

3) Ueber ihn handelt Hechelmann Quaestiones aliquot de historia Monasteriensi tempore Hermanni II. Pars I.: De vita Hermanni II. Monasterii 1860. — Aber die Anwesenheit Hermanns in Italien, seine Unterhandlungen, seine spätere Stellung im Streite: Alles ist dem Autor entgangen.

4) — vir prudens et magni consilii. Cont. Zwetl. 544.

5) Wer dieser S. ist, weiß ich nicht. Man möchte auf Siegfried von Hersfeld rathen, der später allerdings als Gesandter an den päpstlichen Hof ging, den wir auch früher wohl in Italien finden, aber eben nicht jetzt.

6) S. über die Zeit Beilage II. Nr. 10.

7) — ut attestatione venerabilium virorum Monasteriensis et Astensis episcoporum et fidelis viri S. mandatarii, quos eiusdem verbi sponsores ad eum remisistis, manifestum est, dominum Fulmarum nunquam vos consecraturum in verbo domini firmiter promiseritis. Ep. Wichmanni l. c. — Urbanus in verbo domini iuraverat et per venerabilem Monasteriensem episcopum Hermannum imperatori mandaverat, quod Folmaro nunquam manus consecrationis imponeret, sicut idem episcopus postea coram principibus confessus est. Gesta Trevir. c. 95.

8) Dum — quaestiones, quae inter sedem apostolicam et imperium de

zur Befreiung des Kirchenstaates auszuschicken; er glaubte jetzt, er habe Nichts mehr vom apostolischen Stuhle zu befürchten, er vertraute „auf die Liebe des Papstes gegen seine Person und das Reich". So beeilte er sich denn seinem Versprechen nachzukommen; „zum Zeichen des schon vollzogenen Friedens", wie er selbst sagt[1]), schickte er den jungen König eiligst zur Vertheidigung des Kirchenstaates den größten Gefahren entgegen. Am 30. April scheint Heinrich schon auf dem Wege dorthin zu sein[2]). Ein starkes kaiserliches Heer[3]) war früher aus Deutschland eingetroffen.

Es war dem Papste gelungen, den Kaiser in Sorglosigkeit einzuwiegen[4]); desto sicherer konnte er nun, durch die Maske der Freundschaft geschützt, gegen den Kaiser intriguiren. Er hoffte ihm zunächst in der Lombardei eine Niederlage zu bereiten.

Der Krieg mit Kremona stand bevor; trotz seiner Aechtung verharrte es in seinem Widerstande gegen den Kaiser. Sein natürlicher Bundesgenosse war, wie wir schon bemerkten, der Papst selbst. An ihn also richtete es zu wiederholten Malen eine Gesandtschaft. Urban hieß sie willkommen, er pflog vertrauten Verkehr mit den Feinden des Reiches. An alle Städte und Bischöfe Italiens erging sein Verbot, dem Kaiser keine Hülfe gegen Kremona zu leisten[5]). Ja, er soll sogar alle Lombarden zur Empörung gegen denselben aufgefordert haben[6]).

Aber Urban hatte sich verrechnet; seine Bemühungen kamen um zehn Jahre zu spät; dank der Politik des Kaisers hatte dessen Herrschaft feste Wurzeln im Boden der Lombardei geschlagen und die

---

terra marchionissae Mathildis a tempore Alexandri et Lucii papae ventilatae erat, iam per compositionem terminandae erant, etc. Gesta Trevir. l. c.

1) Ep. Wichmanni l. c.

2) An diesem Tage urkundet Heinrich zu Borgo San Donino. Memorie Lucchese 1, 200.

3) Aus den Zeugenreihen der Urkunden Heinrichs kennen wir die einzelnen Heerführer: schwäbische und fränkische Herren, staufische und kaiserliche Ministerialen.

4) — imperatore nihil mali suspicanti — Gesta Trevir. l. c.

5) (Cremonenses) quos cum tanquam bannitos et publicos tunc hostes imperii vestram decuerat reverentiam evitare, familiariter collegeritis dehortando universas civitates Ytalie ab ferendo auxilio et expeditione promovenda. Episcopis quoque tam literis quam nunciis sub pena officii et beneficii pariterque anathematis interminatione inhibendo districtius, ne vel adiutorium facerent, vel aliquid secum comparare presumerent. Ep. Wichmanni l. c.

6) — omnes Longobardos ad coniurationem contra imperium incitavit. Annal. Marbac. l. c.

Stimme eines Urban konnte den erstorbenen Haß in der Brust der Lombarden nicht wiedererwecken.

Von Pavia hatte sich der Kaiser über Casale, wohin er den gewaltthätigen Grafen von Genf vor seinen Richterstuhl beschieden hatte, noch einmal nach Turin begeben, war über Novara nach Pavia zurückgekehrt[1]), um nun gegen Kremona auszurücken. Dieselben Städte, die ihm beim Wiederaufbau Kremas behülflich waren, folgten ihm auch jetzt und trotz des päpstlichen Verbotes hatten die Bischöfe die verlangte Unterstützung gewährt. Natürlich wurde dafür auch die Strafe, welche Urban ihnen angedroht hatte, über sie verhängt[2]). — Anfangs Juni belagerte der Kaiser die kremonensische Burg Manfredi[3]). Es währte nicht lange, bis den Kremonensern der Muth sank; ihr Bischof Sieghard mußte für sie um Frieden bitten[4]). Am 8. kamen die Konsuln und andere Bevollmächtigte Kremonas in das Lager des Kaisers; und hier wurde der Frieden geschlossen, dem auch König Heinrich beitreten sollte[5]). Die belagerte Burg wurde geschleift, alle mathildinischen Landestheile[6]), die Kremona innehatte, dem Kaiser abgetreten[7]); damit schien der Friede nicht zu theuer erkauft.

Während dieses Zuges gegen Kremona glaubte Urban, seinen Haß gegen den Kaiser noch in anderer Weise, als er es schon versucht hatte, befriedigen zu dürfen. Er mochte auf Grund seiner Bemühungen einen anderen Ausgang des kremonensischen Krieges erwarten; er mochte namentlich von Köln, wo der Samen der Zwietracht, den er zwischen dem Kaiser und den Fürsten säete, den fruchtbarsten Boden gefunden hatte, Zeichen der Zustimmung erhalten haben[8]). Also meinte er den Schritt wagen zu dürfen.

---

1) Regest 62—68.

2) — eos, qui sibi commissas ecclesias tam indebite conditioni subiicere presumpserunt, auctore domino pastorali officio compescimus. Ep. Urbani l. c.

3) Annal. Placent. l. c. Annal. Marbac. l. c. etc. — castrum Manfredi = castrum Leonis. Memoriae Mediolan. M. G. 18, 400. Es soll erbaut sein von Manfred Fanti, der 1181 Podestà von Kremona war. Annal. Cremon. 802.

4) — auctore domino per meum ministerium facta est inter imperatorem et cives meos reconciliatio. Siccardi chron. 603.

5) Regest 70.

6) Von denen Luzzara und Guastalla der Abt von San Sisto zu Piacenza beansprucht hatte. Regest 42.

7) Regest 69.

8) Nach der Wundergeschichte bei Caesar. Heisterb. Dialog. 1, 40 wäre das gerade im April geschehen.

Uneingedenk seines kurz vorher geleisteten Versprechens vollzog er, „was er längst im Herzen beabsichtigt hatte" — die Verwerfung Rudolfs, die Anerkennung Folmars. Am 20. Mai ließ er die Vertheidigung beider Parteien, die seit den Tagen Lucius' III. am päpstlichen Hofe einer endgültigen Entscheidung gewärtigten, der Kurie vorlegen und schritt dann mit der größten Eile zur Entscheidung[1]). Wohl meinten die gemäßigteren Kardinäle, es sei vernünftig und billig, beide Wahlen zu vernichten und eine Neuwahl auszuschreiben oder doch einen günstigeren Zeitpunkt abzuwarten. Aber unbesonnener Weise bekümmerte sich Urban um diesen Rath nicht. Er verwarf Rudolfs Wahl, nicht weil er die größere Gültigkeit derselben beanstandete, sondern weil Rudolf die Belehnung vor der Weihe empfangen hatte[2]). Am 1. Juni soll Folmar seine erzbischöfliche Weihe empfangen haben[3]).

Rudolf selbst mochte es sein, der den Kaiser von dem Vorgehen Urbans benachrichtigte; am 8. Juni finden wir ihn am kaiserlichen Hofe. Die anwesenden Trierer konnten den Eindruck beobachten, den die Nachricht auf den Kaiser machte. „Standhaft, wie er in allen Lagen seines Lebens war, unterdrückte er die Regung seines Gemüthes und verbarg seinen Unwillen in gewohnter Weise unter einem Lächeln"[4]). Aber das dem Reiche und ihm angethane Unrecht sollte nicht unbestraft bleiben. Er befahl seinem Sohne, der damals Siena belagerte[5]) oder nach dessen Besiegung[6]) vor Orvietos Mauern lag[7]), dem Papste die verdiente Züchtigung zu

---

1) — sabbato ante ascensionem hora nona — Gesta Trevir. l. c.

2) — quia de manu imperatoris investituram receperat (sc. ante sacros ordines) Gesta Trevir. l. c.

3) — sabbato pentecostes in presbiterum cardinalem et crastino in archiepiscopum contra votum imperatoris consecravit. Cont. Aquic. l. c. Kardinal ist Folmar niemals gewesen, wohl wurde er später Legat. Was den Tag der Weihe betrifft, so könnte er zu der Angabe der Gesta Trevir. stimmen, wonach die Weihe subsequenter auf die Entscheidung folgte.

4) So der Zeitgenosse und wohl Augenzeuge; dagegen der später schreibende Arn. Luh. 3, 12: hoc audiens iratus est nimis.

5) S. Seite 76 Note 4.

6) S. den Vertrag M. G. L. 2, 182.

7) Perard Recueil de plus. pièces curieuses servant a l'hist. de Bourgogne 123 theilt eine Urkunde angeblich Konrab' III. mit d. d. in campo Urbaneri 1146 indict. IV. tertio non. Julii. Selbstverständlich kann die Urkunde nicht Konrad III. angehören. 260 findet sich denn auch dieselbe Urkunde als Heinrich' VI. d. d. in campo urbe veteri 1186 indict. IV. tertio non. Junii. Durch welches Versehen die Urkunde Konrab III. zugelegt wurde, weiß ich nicht; da Heinrich noch am 30. Mai vor Siena lag, so wird aber aus der

ertheilen¹). Im Juli brach Heinrich in die Campagna ein, verwüstete und unterwarf die ganze Gegend²); Städte und Barone der Campagna und des römischen Gebietes mußten ihm als ihrem Herrn huldigen³); es hieß, er wolle dem Papste Alles nehmen⁴). In einem Monat war das Werk der Rache vollendet; Anfangs August hatte Heinrich den Kirchenstaat verlassen⁵).

Der Kaiser selbst hatte sofort dem Papste die Reihe seiner Treulosigkeiten vorgeworfen. Sein eigener Brief liegt nicht vor, wir kennen nur die Erwiederung des Papstes vom 18. Juni⁶). "Von den ersten Tagen seines Pontifikats sei es sein sehnlichster Wunsch, sein eifrigstes Bestreben gewesen, ewigen Frieden zwischen Kirche und Reich zu stiften; und mit gutem Gewissen könne er es sagen, von diesem Vorsatze habe er nimmer abgelassen. Den kaiserlichen Brief habe er mit gebührendem Wohlwollen empfangen; er wolle nun seine einzelnen Punkte beantworten. Er müsse es ja anerkennen, daß der Kaiser seine Wahl mit vielem Wohlwollen aufgenommen habe; dann auch habe es ihm hohe Befriedigung gewährt, als der Kaiser ihm durch Briefe und Gesandten versprochen habe, seinen Sohn zur Befreiung des Kirchenstaats auszuschicken. Aber

ersteren Urkunde der Monat der letzteren zu verbessern sein. Zuerst finden wir Heinrich am 24. Juni in obsidione urbis veteris. Mittarelli Annal. Camald. 9, 35.

1) — manduvit filio, qui tunc temporis in Tusciam victrices aquilas converteret, ut injuriam imperio illatam vindicare non ommitteret. Gesta Trevir l. c.

2) — rex Henricus nil moratus exercitum couvertit in Campaniam et in omnem circa regionem totamque terram vel in deditionem accepit vel omnino devastavit. Gesta Trevir. l. c. — magno exercitu habito versus Romam in Campaniam pro discordia, quam habebat cum domno Urbano, ivit et multa loca cepit et destruxit. Annal. Placent. l. c. Cf. Annal. Ceccanens. 288. Annal. Aquens. 687. — Später hat noch Innocenz III. geklagt: in ecclesiae persecutione suae dominationis execravit primitias cum beati Petri patrimonium violenter ingressus illud multipliciter devastavit. Reg. imp. 29. ed. Baluze 1, 699. Unzweifelhaft wurde Heinrich von den Römern unterstützt. Diese hatten noch im vorigen Jahre ebenfalls einen Streifzug in die Campagna gemacht. — Annal. Ceccanens. l. c. — jetzt erscheinen viele ihrer Edlen an Heinrichs Hofe.

3) Arrigo VI. imp. in uno suo diploma, de cui copie antiche ho vedute nel archivio secreto di Orvieto, dice che „quecunque civitates castella, munitiones, ville et barones, per Romaniam vel Campaniam constituti, majestati nostre juraverunt post mortem papo Lucii et primo nunc serenissimo patri, nunc nobis astricti tenebuntur, omnes praedictos Celestino pape restituimus, absolventes eos a iuramento, quod nobis fecerunt." Garampi Memorie della beata Chiara di Rimini 549.

4) — proposuit et omnia aufferre Gervas. Dorob. 1479.

5) Er urkundet am 7. August in campo Eugubii. Bartoli Storia di Perugia 1, 253.

6) Vgl. über dieselbe Seite 80 Note 3.

anders sei es gekommen; Heinrich beabsichtige nicht zu befreien, sondern zu erdrücken; habe er doch von Viterbo, Starnia und Perugia, päpstlichen Städten, Fourage und andere Leistungen verlangt und im Weigerungsfalle nach Gutdünken gedroht. Dagegen verdiene es wieder Anerkennung, daß der Kaiser, seinen Pflichten getreu, die Ketzer gebannt habe. Ueber seine Anschuldigung aber betreffs der kremonenser Angelegenheit müsse er sich um so mehr wundern, als er ihm ja gerade hier zu Danke verpflichtet sei. Wenn er das Gegentheil glaube, müßten wohl falsche Angebereien die Schuld tragen. Denn wiewohl die Kremonenser oft zu ihm geschickt und demüthig gebeten hätten, sie unter seinen apostolischen Schutz zu nehmen; wiewohl er mit gutem Gewissen diese Bitte hätte erfüllen dürfen, weil es ja seines Berufes sei, allen demüthig zu ihm Flehenden seinen Schutz zu gewähren, so habe er es doch nicht gethan, damit die Kremonenser nicht zu größerem Widerstande ermuthigt würden. Daß er die Feindschaft zwischen ihm und Kremona nicht habe schüren wollen, möge er daraus erkennen, daß er es gewesen sei, der dem Bischofe von Kremona, als dieser Friedensunterhandlungen angeknüpft hätte, auf das Nachdrücklichste befohlen habe, Alles zur Vermittlung des Friedens aufzubieten. Hätte er mit Kremona gemeinschaftliche Sache gemacht, dann würde der Krieg wohl einen anderen Ausgang genommen haben. Auch erinnere er sich nicht, den lombardischen Städten und Bischöfen jemals die Hülfeleistung gegen Kremona untersagt zu haben. Die Bischöfe habe er ihres Amtes entsetzt, weil sie sich neuen Leistungen unterzogen hätten, die ihren Kirchen zum großen Schaden gereichten, gegen welche sie auch durch kaiserliche Freibriefe geschützt seien. Im Uebrigen habe er Einigen nur befohlen, der Kirchen im kremonensischen Gebiete zu schonen, und so gebiete es ja wieder seine Pflicht. Gäbe es Briefe anderen Inhaltes, — man solle sie ihm vorlegen; zeige es sich dann, daß dieselben von ihm ausgegangen wären, so wolle er die Wahrheit nicht läugnen; doch würden so manche kaiserliche und päpstliche Briefe gefälscht."

Damit glaubte nun Urban seine Unschuld bewiesen zu haben. — Allerdings wissen wir und erwähnten schon, daß der Bischof Sieghard von Kremona den Frieden vermittelte; er selbst erzählt es in seiner Chronik von Kremona [1]); des Papstes gedenkt er mit

---

1) S. die Stelle Seite 90 Note 4.

keinem Worte. Und sollte wohl ein Papst, welcher einem feierlich geleisteten Versprechen zuwider, in offenbarer Feindschaft gegen den Kaiser, die Weihe Folmars vollzieht, fast in derselben Stunde, wie man wohl sagen darf, für den Frieden zwischen dem Kaiser und einer rebellischen Stadt besorgt sein? Sollte ein Papst, der nach glaubwürdiger Ueberlieferung nur den Kaiser zu demüthigen wünschte, die Reichsfeindin zurückweisen, da er doch nach eigener Aussage die volle Berechtigung zu haben glaubte, dieselbe in seinen Schutz zu nehmen? Später haben die meisten Bischöfe Deutschlands einen Protest gegen Urban erlassen und unter ihnen befanden sich klarblickende und gut katholische Männer. Vor Allen aber war es jener gepriesene Liebling des Papstes, Wichmann von Magdeburg, der ihm die Reihe seiner Treulosigkeiten vorwarf. Wie die deutschen Bischöfe werden auch wir über Urban urtheilen dürfen. — Er hatte geltend gemacht, die Dinge würden einen andern Verlauf genommen haben, wofern er nur gewollt hätte. Wenn er solche Macht besaß, weshalb wollte er denn nicht, als der Kaiser ihn nun bald in Verona einschließen ließ und jede freie Bewegung nahm. Die Entsetzung der Bischöfe hatte er recht gut gedeutet, er verstand es eben, die Dinge zu drehen und zu wenden. Den deutschen Bischöfen schien es freilich nicht, daß der Kaiser unziemliche Leistungen von den lombardischen Bischöfen verlangt hätte. Nur Eins wußte Urban doch nicht zu beschönigen: die Weihe Folmars. Deshalb hielt er es für besser, ganz darüber zu schweigen. Er meint nur, daß der Kaiser in dem Erwähnten wie auch in allem Anderen keinen Grund zur Klage finden könne, es sei denn, daß er eine Gelegenheit suche, mit dem Freunde zu brechen. Wie Vieles habe er dagegen von dem Kaiser und seinen Dienern ungestraft erdulden müssen. Um Anderes zu übergehen, in den Kirchensprengeln von Turin und Ivrea sollten jüngst kaiserliche Ministerialen die Geistlichen mit unziemlichen Abgaben belastet und vor das weltliche Gericht gefordert haben. König Heinrich und der Legat Berthold verwüsteten die Kirchen Tusciens und verlangten auch von ihnen beliebige Abgaben. Weit schlimmer noch habe der Herzog von Spoleto in seinem Gebiete gehaust und ebenso treibe es der eine kaiserliche Beamte hier, der andere dort. Das Ungeheure solle der Kaiser bessern und seine Worte zur That machen. Er solle seinem Sohne verbieten, die Besitzungen und Rechte des apostolischen Stuhles, von dem er doch so manchen Nutzen haben könne, nicht zu verletzen, sich vielmehr zu männlicher Vertheidigung zu rüsten. Dann könne der Kaiser seiner Liebe versichert sein, dann würde er gewiß für dessen Nutzen sorgen, wie es nur die Ehre Gottes und der Kirche erlaube. Das hätten ihm ja seine Boten zu wiederholten Malen sagen können; diese würden ihm auch jetzt, als gebildete und ehrbare Männer, Ausführlicheres darüber berichten[1]). Würden aber die an der Kirche begangenen Uebelthaten nicht wieder gut gemacht, so müsse er sich ernstlich zur Wehr setzen."

Die Klagen des Papstes werden nicht ohne Grund sein. Wir kennen das Gewaltverfahren König Heinrichs schon aus Deutschland, in der Lombardei hatte er es einem Bischofe gegenüber in einer Weise bewährt, die an Kaiser Decius erinnerte[2]). Heinrichs Grundsatz war es, „mit eiserner Ruthe" zu strafen[3]). Die Grausamkeiten, welche Berthold von Künigsberg zu einer anderen Zeit in Italien verübte, schienen von einer Unmenschlichkeit der Deutschen zu zeugen[4]), und der Herzog von Spoleto that es darin gleich. Aber es verdient doch Berücksichtigung, daß Kaiser und König gar manches Kloster, gar manche Kirche unter ihren Schutz nehmen[5]), daß der Graf von Genf wegen der Frevel, die er an den Kirchen von Genf und Lausanne verübt hat, gerade jetzt geächtet wird[6]), daß König Heinrich bald darauf gegen den Grafen von Savoyen, den Bedränger der turiner Kirche[7]), zu Felde zieht[8]). Dann auch mögen die Geistlichen ihre harte Behandlung oft selbst verschuldet haben; wenn sie

---

1) Vgl. Beilage II. Nr. 11.

2) Arn. Lub. 3, 17. Vgl. jedoch Lappenberg in der Vorrede zu Laurents Uebersetzung 6 und über die Bedeutung der Erzählung Arnolds Ficker Vom Reichsfürstenstand 1, 312.

3) — ultrici gladio et virga ferrea. Memorie Lucchese 1, 200. Die Nothwendigkeit der Strenge erkennt Gottfried von Viterbo, der am 24. Juni am Hoflager König Heinrichs ist, — Mittarelli Annal. Camald. 9, 35 — wenn er den König eben jetzt ermahnt: Rex age, quid subito tua debeat ultio nosci. Pantheon. ap. Muratori 7, 468.

4) Chron. mon. sti. Bartholom. de Carpineto ap. Ughelli Ital. sacra 10, 386.

5) Ich zähle 14 Schirmbriefe König Heinrichs aus den Jahren 1186—87.

6) Regest 63. 64. 76. 78.

7) Vgl. die Klagen, welche der Bischof von Turin vor dem Kanzler Gottfried erhebt. Mon. patr. Taurin. chart. 1, 930. 38.

8) Annal. Placent. l. c.

mit Feinden des Reiches in Verbindung standen, glaubte König Heinrich, und gewiß nicht mit Unrecht, ihrer Immunität nicht achten zu brauchen.

Der Kampf war entbrannt. „Seit der Weihe Folmars," bemerkt Arnold von Lübeck, „herrschte offenbare Feindschaft zwischen Kaiser und Papst und die Kirche Gottes kam in nicht geringe Verwirrung"[1]).

Um dem Papste alle Verbindung mit Deutschland abzuschneiden, sperrte der Kaiser die Alpenpässe, ließ den Papst selbst in Verona einschließen und jeden an ihn gerichteten Boten gefangen nehmen[2]). So meinte er den Umtrieben Urbans ein Ziel gesetzt zu haben. Gleichwohl gelang es dem nunmehrigen Erzbischofe von Trier in der Tracht eines Bauern aus Verona zu entkommen und Deutschland zu erreichen. Zunächst hoffte er bei seinem Suffragane Peter von Toul ein Unterkommen zu finden. Aber dieser verschloß ihm die Thore seiner Stadt. Um so freudiger empfing ihn der Bischof von Metz, der ihm mit seinen jubelnden Geistlichen entgegenzog und in seinen Palast einführte. Dann war es der Graf von Bar, der ihm seine Besitzung auf dem Petersberge zur Verfügung stellte. Dort nahm Folmar seinen erzbischöflichen Sitz und begann die rächende Funktion des Oberhirten: trierische Prälaten wurden von Amt und Würde ent-

---

1) Arnold fügt noch hinzu: dum inter se discordarent cardines orbis, facta est confusio elementorum, praelatorum videlicet, hinc inde placere volentium.

2) Volmaro — appellante et ad sedem apostolicam provocante, imperator ausu temerario deo odibile ideoque contemptibile promulgavit edictum, ut si quis litteras portans Romam pergere vellet, a suis raperetur, caperetur etc. Vita Hildegund. l. c. Daß die Sperrung zwei Jahre zu früh angesetzt ist, geht aus den Verhältnissen selbst hervor. Erst in Folge der Weihe Folmars nulli — securus transitus dabatur eundi et redeundi ad apostolicam sedem. Gesta Trevir. l. c. — (Urbanus) confirmavit — canonice electum et consecravit. Quo audita imp. non modice motus est, — in ipsum quoque dominum papam edictum statuit, totius imperii aliarumque regionum appellationes inhibuit et quos apprehendere poterat ad papam euntes vel ab eo redeuntes incarceravit, aliosque lingua capulata, naso et aliis membris mutilatos demisit multos in carcere mori coegit, maxime apud civitatem Yvoricum et castrum Toringum. Gervas. Dorob. 1507 — Erat maxima discordia inter imperatorem Fredericum et papam Urbanum, ita ut nullo modo domino pape et cardinalibus et qui cum ipso erant extra civitatem exiendi erat licentia. Annal. Romani 480. — Inter ipsum et Urbanum papam per eosdem dies gravis simultas incanduit, adeo ut papae — quoquam procedendi facultates includeret et ipsum adeuntium praepediret itinera multasque iniurias irrogaret. Robert. Altissidor. 252. — reversus de Lombardia et considerans obstinatum erga se animum domini papae clausit omnes vias alpium. Arn. Lub. 3, 18.

setzt, Geistliche und Laien gebannt[1]). Sobald er die trierische Grenze überschritten habe, schrieb nachmals Gregor VIII., habe er sein Willkür- und Gewaltverfahren eröffnet und Vielen ein Aergerniß gegeben, aber Wenige für sich gewonnen[2]).

Friedrichs Anwesenheit in Deutschland schien erforderlich zu sein. Dank den Bemühungen Urbans gährte es schon hier und dort. In Eile betrieb der Kaiser den Rückzug[3]). Sein Sohn blieb mit unumschränkter Vollmacht in Italien zurück; ergebene Diener seines Hauses umgaben ihn. Durch neue Verleihungen versicherte sich der Kaiser noch einmal der Treue Mailands[4]). Am 27. Juni befand er sich schon am Comersee[5]). Mit Befriedigung konnte er auf Italien zurückblicken: er hatte so viele Zeichen der Ergebenheit empfangen, daß er des vereinzelten Widerstandes vergessen konnte. Und auch dieser war ja besiegt. Der Kaiser hatte sich mit Kremona versöhnt, der König dem hart bestraften Lucca seine Gunst wieder zugewandt[6]) und mit dem feindlichen Siena einen Vertrag geschlossen[7]). „Ein glorreicher Sieger," meint selbst der Bischof von Kremona[8]), „verließ der Kaiser Italien, das mit ihm und unter sich versöhnt war."

Aber die Hoffnungen, welche den Kaiser doch vorzüglich nach Italien geführt hatten, waren fehl geschlagen. Das Band des Friedens, durch welches zu Venedig Kirche und Reich verbunden waren, war nicht fester geknüpft, sondern zerrissen; nicht konnte der Kaiser den Sohn als Kaiser in die Heimat zurückführen; statt seines Schützlings hieß sein Gegner Erzbischof von Trier. Jedoch das war es ja nicht allein, was ihn schmerzen mußte. Wenn er

---

1) Gesta Trevir. c. 95.
2) Ludewig Rel. mscr. 2, 428.
3) — cum festinatione reversus est. Gesta Trevir. c. 97.
4) Regest 71.
5) Regest 73.
6) Memorie Lucchese 1, 100.
7) M. G. L. 2, 182. In primis resignabunt serenissimo regi comitatum Senensem et omnia bona et possessiones et iura, quae fuerunt comitissae Matildis. Vgl. Seite 76 Note 4. — Auch hatte Heinrich am 6. Juli die Gesandten Kremonas empfangen. M. G. L. 2, 183.
8) — victoriosus Italiam sibi et inter se paccatam relinquens. Siccardi chron. l. c. — in ejus gratia et pace omni Ytalia dimissa ad partes Thetonicas remeavit. Annal. Marbac.

sonst nach erbitterten Kämpfen Italien verließ, mochte er sich der Ruhe freuen, die er in seinem geliebten¹) Deutschland zu finden hoffte, beruhigt ließ er jetzt Italien zurück — vielleicht um ernsten Kämpfen auf deutschem Boden entgegen zu gehen.

---

1) — ad terras sui imperii, quas diligebat accessit. 1178. Cronaca Altinate. Archivio storico Ital. 8, 176.

Viertes Kapitel.

Ueber die Verbindung Urbans mit deutschen Bischöfen ist uns im Einzelnen nur wenig bekannt. Hier wird von der Verschwörung einiger Bischöfe gesprochen[1]), dort nur von einem bösen, noch verheimlichten bösen Willen, der aber in sichtlicher Uebertreibung fast allen Bischöfen zugeschrieben wird[2]). Die genauste Nachricht giebt wohl Arnold von Lübeck; er beschränkt die Zahl der päpstlichen Parteigänger auf fünfzehn Bischöfe. „Vorzüglich unterstützte den Papst Erzbischof Philipp von Köln; diesem pflichteten auch die Erzbischöfe von Mainz und Trier bei, mit denen wieder zwölf Bischöfe übereinstimmten, unter ihnen besonders Bertram von Metz"[3]).

Vor Allen muß die Parteinahme des Erzbischofs von Mainz, von der auch andere Berichte melden[4]), auffallend, fast unbegreiflich erscheinen. Zwar hatte man schon zu Verona gesagt, Konrad habe die vom Kaiser gewünschten Reordinationen der Schismatiker hintertrieben[5]); aber wenn das Gerücht begründet war, so ist doch das Vertrauen, welches der Kaiser in den Erzbischof setzte, dadurch nicht erschüttert worden. Er blieb der beständige Reisebegleiter des Kaisers, ging sechsmal in dessen Auftrage an den päpstlichen Hof. In der Besitzfrage stand er ganz auf seiner Seite und in der trierer Angelegenheit ist er ihm gewiß nicht entgegen gewesen. Freilich hatte er die letzten Tage seines Aufenthaltes in Italien am päpstlichen

---

1) Quidam episcopi contra imperatorem conjurant. Annal. Pegav. 265. — Moguntinus et alii episcopi — erant — conjurationis, ut dicebatur, conscii. Annal. Marbac. 163.

2) Malam voluntatem episcoporum Teutonice terre pene omnium contra se, set occultam comperit. Annal. Magdeb. 195.

3) Arn. Lub. 3, 17.

4) S. Seite 100 Note 1.

5) Vgl. Seite 51.

Hofe zugebracht, aber doch wohl nur in der Absicht, einen letzten Versuch der Vermittlung zu machen. Sollte es da dem beredten Papste gelungen sein, den Erzbischof für sich zu gewinnen?

Viel scheint über Konrad gefabelt zu sein: noch im Herbste 1187 wäre er nach einem zeitgenössischen Berichte mit dem Kaiser verfeindet gewesen und hätte sich auch da noch nicht mit ihm versöhnen wollen[1]). Und doch war der Kaiser aus Italien zurückgekehrt, kaum bis zum mittleren Deutschland vorgeschritten, als Konrad wieder zu ihm eilte und nun die Fürsten zu jenem Proteste gegen Urban aufforderte, von welchem wir hören werden. Treu wie vordem hat er fortan[2]) zum Kaiser gehalten, und schwerlich möchte dazwischen eine Zeit der Untreue gelegen haben.

Man kannte seinen häufigeren Aufenthalt am päpstlichen Hofe, namentlich den letzteren längeren; man sah ihn ferner im Sommer 1186 mit dem Erzbischofe von Köln, dem engsten Bundesgenossen Urbans, gegen die Friesen in's Feld rücken[3]); man hatte vielleicht erfahren, daß der alte Gegner des Kaisers, Heinrich der Löwe, am mainzer Hofe gewesen war[4]); vielleicht hatte Konrad in einem Punkte, in seiner Forderung um Abstellung der Regalie und Spolie — er selbst hatte deren Druck zweimal erfahren[5]), — dem Papste beigestimmt. Somit konnte man leicht dazu gelangen, Konrad zu den Gegnern des Kaisers zu zählen, und wenn man erwägt, daß ein Mann von Charakter, wie Konrad[6]), der von Anfang an

---

1) Annal. Magdeb. 195: imp. convocatis eis Wormatie muchinationem contra imperium eis obiecit. Sed illi negantes cum iuramento se praeter Mogontinum a suspicione absolverunt. — Annal. Marbac. 163 lassen ihn dagegen erst zu Worms — August 1187 — mit dem Kaiser sich versöhnen. Vgl. jedoch Beilage V. Nr. 5.

2) Regest 84. 85. 87. 89. 90. 93. 96. 97. 100.

3) Auctor incert. de reb. Ultraject. ed. Matthaeus 8. Unzweifelhaft handelt hier der Erzbischof als Reichsverweser, nach dem Satze: Moguntinus archiepiscopus ex antiquo suae ecclesiae et dignitatis privilegio sub absentia principis custos regni et procurator esse dinoscitur. Mansi Coll. conc. 21, 741.

4) Stumpf Acta Mogunt. 102. Heinrichs Besuch am mainzer Hofe wird sich dann erklären aus der Seite 59 Note 4 angeführten Stelle des chron. Sampetr.

5) Einmal klagt er selbst darüber. S. Beilage IV.

6) Da Gislebert von Hennegau, wie wir schon anführten, — Seite 27 Note 2 — den Erzbischof homo melancolicus nennt und zwar bei Gelegenheit einer Verschwörung gegen Heinrich VI., an welcher Konrad Theil nimmt; so könnte man so leicht glauben, Konrad sei ein Ränkeschmied gewesen. Allein die damalige Verschwörung war eine durchaus berechtigte, weil Heinrich VI. der Ermordung des Bischofs von Lübeck nahe stand. Ueber den Mann, der von der Rechtmäßigkeit der Sache Alexander' III. überzeugt, sich sofort offen für denselben bekennt, — Ep. Otton. card. ap. Bouquet 16, 238 et al. — obwohl er

genau mit der Sachlage bekannt ist, nicht den Wechsel von Treue zur Untreue, von Untreue zur Treue durchmachen kann, so scheint die gegebene Erklärung, wie man zum Glauben an seine Untreue gelangen konnte, weit glaubwürdiger, als seine Untreue selbst.

Nicht wenig mag es uns auch wundern, Bertram von Metz unter den Gegnern des Kaisers zu finden. Denn einst hatte die Kurie ihm, dem Erwählten von Bremen, die Bestätigung versagt; da hatte ihn der Kaiser freundlich aufgenommen und durch das Bisthum Metz, welches er ihm zu verschaffen wußte, für den Verlust des bremer Erzstuhles zu entschädigen gesucht¹). Wenn Bertram trotzdem jetzt dem Kaiser entgegentrat, so mag man zu der Annahme geneigt sein, daß sein „Eifer nach der Gerechtigkeit", den Arnold von Lübeck rühmt²), ihm seine Stellung auf Seiten des Papstes angewiesen habe. Aber diesen Ehrentitel legt Arnold auch dem Papste bei³); und mit diesem theilt Bertram auch den Vorwurf, dem Kaiser ein eidlich geleistetes Versprechen nicht gehalten zu haben⁴). Daher hat ihn sicher nicht der gerühmte Gerechtigkeitssinn, der ihn ein andermal sogar nicht hinderte, Heinrich VI. seine Dienste gegen das unterdrückte Papstthum zu leihen⁵), zur Opposition gegen den Kaiser ge-

---

dem Kaiser seinen Erzstuhl verdankt, der nun aus freien Stücken — Annal. Reichersb. M. G. 17, 472. Appendix ad Ragewin. ap. Urstisius 1, 558 et al. — Heimat und Bischofssitz verläßt, den alsdann der Kaiser selbst gegen den Vorwurf eines Verräthers schützt, — Ep. amici ejusd. ap. Hardouin 6b, 1615 — den er in den Tagen von Venedig wieder seinen lieben Verwandten nennt, — Ep. Frider. M. G. 17, 505 — der als Wittelsbacher der Anwalt Heinrich des Löwen ist, — Chron. Sampetr. 230 — den nach Ausweis seiner häufigen Pilgerfahrten — Annal. Erphesf. M. G. 16, 23 et al. Guden. Cod. dipl. 1, 290. Vita sti. Erminoldi M. G. 12, 493 — innige Frömmigkeit durchdrang: über einen solchen Mann wird man nur das günstigste Urtheil fällen dürfen. Er war deo dilectus et hominibus. Annal. Reinhardsb. 38 — justicie tenax. Chron. Sampetr. 222 — vir honestus et magnanimus. Alberic. 353.

Wir besitzen übrigens eine anonyme Biographie Konrads: „Der Kardinal und Erzbischof Konrad von Scheyern-Wittelsbach" — München 1860. — Dieselbe bietet weder das vollständige Material, noch ist in ihr das gebotene kritisch verarbeitet. Da figuriren Trithemius, Meichelbeck, Joannis als lautere Quellen; die so wichtige Zeugenschaft Konrads in kaiserlichen und päpstlichen Urkunden ist gar nicht berücksichtigt; kaum findet sich das eine oder andere der obigen Citate. Vgl. die Rezension in v. Sybel Hist. Ztschr. 5, 247.

1) Arn. Lub. 2, 9. 10. 3, 17. Annal. Stadens. 348.
2) Arn. Lub. 2, 9. Ueberschwenglich ist das Lob der Gesta ep. Metens. M. G. 10, 546. Aber der metzer Autor schildert jeden metzer Bischof mindestens als halben Heiligen und da er sein Werk unter Bertram schrieb, so mußte dieser wohl ein ganzer Heiliger werden.
3) 3, 17 und ebenso 7, 2 dem Bischofe Konrad von Würzburg.
4) Gesta Trevir. c. 9.
5) Toeche Kaiser Heinrich VI. wird den Beweis bringen.

trieben. Er mochte nur nicht in Rudolf seinen Metropolitan sehen, der metzer Erzdiakon, der Folmar war¹), schien ihm für diese Würde geeigneter.

Die elf anderen Bischöfe lassen sich nicht namhaft machen. Dürfen wir aus dem Umstande, daß die Namen einzelner Bischöfe lange Zeit in den Zeugenreihen kaiserlicher Urkunden fehlen²), einen

---

1) S. Seite 35 Note 2.

2) Cui (sc. Urbano) praecipue favebat Philippus archiepiscopus Coloniensis. — Ad haec acclamabant Conradus Moguntinensis, Volcmarus archiepiscopus Trevirensis, quibus consentiebant episcopi duodecim, inter quos praecipuus erat Bertoldus Metensis. Arn. Lub. 3, 17.

Vom ersten Auftreten des Kaisers in Deutschland bis zum wormser Hofe vom August 1187, den wir im Allgemeinen als Endpunkt der Opposition betrachten dürfen, lassen sich folgende reichsunmittelbare Bischöfe urkundlich beim Kaiser nachweisen:

Mainz.	Regest 85. 2c.	Salzburg.	Regest 85. 2c.	Magdeburg.	Regest 85. 2c.
Speier.	„ 83.	Passau.	„ 87. 89.	Naumburg.	„ 79.
Straßburg.	„ 79.	Regensburg.	„ 87. 89.	Bremen.	Regest 85.
Eichstädt.	„ 87.	Freising.	„ 87. 89.	Lübeck.	„ 85.
Würzburg.	„ 85. 87.	Brixen.	„ 89.	Bamberg.	Regest 87.
Hildesheim.	„ 85.				
Verden.	„ 85.				

Außerdem wissen wir, daß die Bischöfe von Toul und Verdun auf Seiten des Kaisers standen; er selbst hielt sich während dieser Zeit in Augsburg auf, war also wohl mit dessen Bischofe nicht verfeindet; die in obiger Uebersicht fehlenden Suffragane von Magdeburg schrieben mit ihrem Erzbischofe gegen Urban; — somit könnten außer den fehlenden Bremer Suffraganen und den beiden böhmischen Bischöfen, die aber für die Reichsgeschichte kaum in Betracht kommen, vorzüglich folgende Bischöfe dem Kaiser entgegen gewesen sein:

Unter Mainz.	Unter Köln.	Unter Trier.	Unter Rheims.
1. Worms.	6. Lüttich.	11. Metz.	12. Kammerich.
2. Konstanz.	7. Utrecht.		
3. Chur.	8. Münster.		
4. Halberstadt.	9. Osnabrück.		
5. Paderborn.	10. Minden.		

— consentiebant episcopi duodecim! Doch ein Resultat, das gewiß kein unmögliches, aber gewiß kein erwiesenes ist, mag ich für die Darstellung nicht verwerthen. Auch dürfte ja die einmalige Zeugenschaft eines Bischofs nicht dessen unbedingte Parteinahme für den Kaiser beweisen und könnten unter den Ersteren Bischöfen gerade so gut Gegner des Kaisers sein, als unter den Letzteren Freunde desselben.

Die Parteinahme des Bischofs von Worms haben wir im Texte begründet, die der Bischöfe von Chur und Konstanz wüßte ich nicht zu erklären; Paderborn lag im kölnischen Herzogthume; Halberstadt stand auch sonst wohl in enger Verbindung mit Köln; — vgl. das Bildniß bei Prutz Heinrich d. Löwe 485 — der Bischof von Kammerich könnte, wie die kölner Suffragane, von seinem Metropoliten die politische Losung erhalten haben, und von diesem heißt es ja: (Folmarum) eo tempore manutenebat et solatium ei per se et suos in multis exhibebat. Gesta Trevir. c. 97. — Doch kann man noch über die Stellung des Bischofs von Münster zweifeln, von dem wir wissen, daß er einmal vor den versammelten Fürsten gegen Urban zeugte. Gesta Trevir. c. 95 — der

Schluß ziehen, so gingen vor Allen die kölner Suffragane, wie es ja auch in der Natur der Sache liegt, mit ihrem Metropoliten Hand in Hand. Zu Urbans Verbündeten wird ferner Konrad von Worms gehören, der schon in Italien, wie wir vermutheten[1]), auf dessen Seite stand, der auch jetzt vom Kaiser sich fern hielt. Mehr als die kölner Suffragane mag er aus kirchlichen Motiven, wohl nicht dem Kaiser entgegengetreten sein, doch eine gewisse Zurückhaltung beobachtet haben. Auch unter den Andern mag ja ein Ultramontane gewesen sein, der in Allem das Recht auf Seiten des Papstes glaubte und deshalb des Kaisers Gegner war. Vom hervorragendsten Bundesgenossen des Papstes konnte das freilich nicht gelten: den Erzbischof von Köln trieben andere Motive, als kirchliche, zur Opposition gegen den Kaiser[2]).

Schon auf dem mainzer Pfingstfeste hatte sich der Erzbischof vom Kaiser beleidigt geglaubt. Entrüstet wollte er mit seinem Anhange den Hof verlassen; aber noch einmal wurde die Eintracht wieder hergestellt[3]). Der Erzbischof machte bald darauf eine Reise nach London und vermittelte im Auftrage des Kaisers eine Verlobung zwischen dessen Tochter und dem englischen Prinzen Richard[4]). Aber eben diese Reise sollte ihm den Argwohn des jungen Königs zuziehen. Denn in London hatte der Erzbischof sich mit Heinrich dem Löwen versöhnt; nur die dringenden Bitten des englischen Königs konnten ihn dazu bestimmen, ja es wurde sogar von anderer Seite behauptet, des Königs Mühen seien nutzlos gewesen[5]). Jedoch anders dachte Heinrich VI. über diese Versöhnung; er glaubte den

---

dann zwar auf einem großen, in Feindschaft gegen den Kaiser gehaltenen Hofe des Erzbischofs von Köln, aber gleich darauf wieder beim Kaiser erscheint.

1) S. Seite 52.
2) Ueber seine Stellung im Streite zwischen Kaiser und Papst handelte zuerst O. Abel Ueber die politische Bedeutung Kölns am Ende des 12. Jahrhunderts in Allg. Monatsschr. 1852. 443 f. Abels ausgezeichneter Aufsatz ist aber in den uns betreffenden Partien von Irrthümern nicht frei, — vgl. Beilage V. — und wie Stumpf Zur Kritik deutscher Städteprivilegien in Sitzgsb. d. k. k. Akad. 32, 631 schon bemerkte, ist das urkundliche Material nicht genug berücksichtigt.
Dann schrieb Keussen De Philippo Heinsbergensi archiepiscopo Coloniensi. Crefeld 1856. Diese unkritische Dissertation hat ihre gebührende Würdigung erfahren von Peter Analecta ad historiam Philippi de Heinsberg. Berlin. 1861. Doch finden sich auch hier die Mängel, welche wir an Abels Arbeit bemerkten und ist der Gegenstand keineswegs erschöpft worden.

3) Arn. Lub. 3, 9.
4) Bened. Petrob. 2, 413.
5) Gervas. Dorob. 1468.

Erzbischof in reichsfeindlicher Verbindung mit Heinrich dem Löwen. Es brauchte nur eine äußere Veranlassung hinzuzutreten, um den Streit zum Ausbruch zu bringen. Bald bot sich diese dar. Der Erzbischof hatte Duisburger Kaufleute[1]), die ihn beleidigt hatten, auf ihrem Wege durch kölner Gebiet ergreifen und in Gewahrsam bringen lassen. Nach ihrer Befreiung begaben sich dieselben zu König Heinrich, denn von ihm durften ja die Bürger der königlichen Stadt Schutz und Recht erwarten. Sofort befahl Heinrich dem Erzbischofe, die den Duisburgern genommenen Waaren wieder auszuliefern. Aber trotz einer zweiten und dritten Vorladung erschien Philipp nicht, er erklärte vielmehr: „Niemand könne zwei Herren dienen und darum dürften nicht zwei zugleich herrschen." In dieser Erklärung las Heinrich eine Verwerfung seiner Person als König; erzürnt lud er den Erzbischof zum Verhöre und als dieser nicht kam, setzte er ihm einen zweiten, einen dritten Tag. Auf Rath seiner Freunde erschien Philipp jetzt, aber in zahlreicher Begleitung. Zuerst galt es Heinrich, sich dieser zu versichern. In der Nacht wurde Einer nach dem Andern vor ihn geführt und so leisteten Alle den Treueid. Der Erzbischof war überlistet, er mußte thun was die Noth erheischte. Also reinigte er sich durch einen Eid, daß er jenes Wort nicht in dem Sinne gesprochen habe, als verwerfe er Heinrich, daß er ferner keine Verbindung mit Heinrich dem Löwen eingegangen sei. Ueberdies zahlte er 300 Mark. „Seit dieser Zeit aber entfernte er sich vom Kaiser und dessen Sohn und bedauerte es, ihm jemals so treu gedient zu haben." Schon jetzt soll er Köln mit neuen Wällen und Thürmen umgeben und der Kaiser deshalb geargwöhnt haben, „er sinne auf Neuerungen"[2]).

Der alternde Mann, von einem Jünglinge überlistet und ihm willenlos hingegeben, konnte diese Vorgänge nicht vergessen, und die Demüthigung, welche er von Heinrich erfahren hatte, mußte ihn um so mehr kränken, je größer seine Verdienste waren.

Die hohe staatsmännische Begabung Philipps hatte schon der Kaiser erkannt, als er vor nun fast zwanzig Jahren, da der Träger

---

1) Arn. Lub. 3, 12: negotiatores de Ausburg. — quae civitas eadem imperio contingebat. Es muß natürlich Duisburg heißen, wie auch Laurent übersetzt. — (Duisburgenses) cum ad nos tantummodo et ad solum pertineant imperium. Lacomblet Niederrh. U.-B. 1, 295.

2) Arn. Lub. 3, 12. Aber wie kömmt es, daß wir in den kölner Jahrbüchern nicht die geringste Andeutung dieser Vorgänge finden?

seiner Politik, Erzbischof Reinald, aus dem Leben gegangen war, drei kölner Lehnsträgern schrieb, daß nur ein Mann im Reiche würdig sei, Reinalds Stelle einzunehmen, nämlich sein Kanzler Philipp¹). Daß dieser in der That solch' hohem Berufe gewachsen war, hat sein Leben in glänzendster Weise bewiesen. Voll Ergebenheit für den Kaiser, voll Begeisterung für die Größe des Reiches schrieb er einst: „Dem Beispiele unserer ehrwürdigen Ahnen müssen wir nacheifern, weder Kosten noch Mühen dürfen wir scheuen, bis die kaiserliche Majestät, im Vollbesitze ihrer Kraft, der Empörung das Haupt zertritt"²). Wir wollen ihn nicht auf die Schlachtfelder begleiten, auf denen er diesen Grundsatz bethätigte, aber bei einer nur flüchtigen Erinnerung seiner Thaten wird man dem Lobe beipflichten müssen, welches Arnold von Lübeck ihm in den Mund legt: „Seht in Eurem Dienste bin ich alt geworden und für den Kampf, den ich mit Gefahr meines Lebens bestanden habe, zeugen meine ergrauenden Haare. In der Lombardei habt Ihr meine Ergebenheit gesehen, vor Alexandria die Treue meiner Gesinnung erprobt und was ich in Sachsen nicht einmal sondern oft gethan, das wißt Ihr"³). So war er ein Mann von seltener Tapferkeit und sein Name hatte den besten Klang im ganzen Reiche⁴). Begreiflich, daß der Kaiser keinen Fürsten mehr liebte, als ihn⁵). Als er ihm den Lohn seiner Dienste, das Herzogthum Heinrich des Löwen ertheilte, da verkündigte er vor allen Fürsten, es geschehe in Anbetracht der Dienste, die ihm sein geliebter Fürst zur Erhaltung und Erhöhung der Ehre seiner kaiserlichen Krone geleistet habe, weder Verluste noch Gefahren scheuend⁶).

---

1) — non invenimus ei (sc. Reinoldo) in toto imperio nostro similem nisi solum Philippum cancellarium, quem in administracione imperii et rei publico fidem cooperatorem cognovimus. Ungedruckter Brief, vgl. Seite 38 Note 3.

2) — nec rerum expensis nec corporum terreamur dispendiis, donec imperialis strenuitas in sua proprietate vigoris existens elatum caput sibi rebellium penitus declinet et sibi subiiciat. Lacomblet Niederrh. U.-B. 1, 328. — dominum imperatorem nos multo ac fideli devotionis affectu diligimus et ei promptissimum servitium exhibere intendimus. Prutz Heinrich der Löwe 486.

3) Arn. Lub. 3, 9.

4) Vir mire strenuitatis et fame. Illic tempore Friderici incliti imperatoris egregie laudis et glorie pre omnibus Romani principibus eminebat. Anon. Catal. aep. Colon. ap. Hahn 1, 394.

5) Imperatori precipue carus erat, quam pro crebris expeditionibus proficiscens pene plus omnium principibus operatus est. Anon. Catal. l. c.

6) M. G. L. 2, 163.

Ein solcher Mann mochte gern den jungen König leiten; da er aber von ihm feindlicher Verbindung beschuldigt war, wo er sich rein wußte, da er von ihm zur Verantwortung gezogen war, wo er nur eine Beleidigung gerächt hatte, mußte an Stelle seiner früheren Ergebenheit zunächst Kälte, bald Feindschaft treten. Und gewiß dachte Philipp an jene Kränkung zurück, die ihm zu Mainz vom Kaiser widerfahren war; wenn damals auch der Kaiser die Hand gegen das Kreuz ausgestreckt hatte, um sich von jeder bösen Absicht zu reinigen, — unter den jetzigen Verhältnissen mußte Philipp neuen Argwohn fassen und im Kaiser und im Könige seine Feinde erblicken, die es auf seine Demüthigung abgesehen hätten. So ist der Erbe der welfischen Macht aus persönlichen Motiven der Erbe der welfischen Politik geworden, die fortan wieder und wieder in Köln ihren Sitz nimmt.

Zwar schien der Zwist noch einmal eine gütliche Ausgleichung zu finden. Der Erzbischof begleitete den jungen König auf einem Zuge gegen Frankreich[1]); jedoch eine aufrichtige Versöhnung kam nicht zu Stande. Eben diesen Zug beendete der Erzbischof in einer Weise, welche zwar nicht gerade feindlich gegen den Kaiser sein mochte, jedenfalls aber rücksichtslos gegen den jungen König war. Dennoch hoffte man auf dem mailänder Hochzeitsfeste die alte Freundschaft wieder zu befestigen. Philipp wurde gebeten, doch allen Zwist zu vergessen und nach Mailand zu kommen. Schon soll er sich mit großem Gefolge auf den Weg begeben haben, als ihn Boten des Erzbischofs von Mainz dringend von der Reise abgerathen hätten, von der er nicht wieder heimkehren würde. Erschrocken sei er zurückgekehrt und habe sein Ausbleiben mit angeblicher Krankheit entschuldigt. Um so verdächtiger sei er dadurch dem Könige und seinen Dienern geworden[2]). Doch eine derartige Gewaltthätigkeit, zu welcher auch noch gar kein Grund vorhanden war, lag dem Kaiser durchaus fern und es ist nicht abzusehen, weshalb der Erzbischof von Mainz durch falsche Angebereien die Kluft zwischen dem Kaiser oder Könige und dem Erzbischofe erweitern wollte. Es ist ein Gerücht, wie damals mehrere umgingen. So erzählte

---

1) Gisleb. 152. — Philipp ist am Hofe Heinrichs im September und am 25. Oktober. Lacomblet Niederrh. U.-B. 1, 348. 49.
2) Wir kommen im sechsten Kapitel darauf zurück.
3) Arn. Lub. 3, 15.

man sich auch, daß der Kaiser den Erzbischof heimlich beneidet und Schlimmes von ihm befürchtend, ihn ohne Grund bei erster Gelegenheit befeindet habe¹). Und doch sehen wir den Kaiser stets bemüht, mit dem Erzbischofe sich zu versöhnen; und doch ist es der Erzbischof, der stets die gebotene Hand zurückweist. Ein anderes Gerücht wollte später wissen, daß der Kaiser zum Verderben Kölns heranzöge; und doch konnte ein Kölner selbst das Gerücht entkräften²). Solche Gerüchte, vielleicht von böswollenden Menschen verbreitet, werden dann gewiß zur Erhöhung der Feindschaft beigetragen haben.

Unter diesen Verhältnissen war dem Erzbischofe Nichts willkommener, als die Bundesgenossenschaft des Papstes. „Da verschiedene Streitursachen vorlagen," erzählen die Geschichten von Trier, „ergriff der Erzbischof den rühmlichen Vorwand, den ihm die Sache des Papstes bot, um sich dem Kaiser zu widersetzen"³). Wie richtig dieses Urtheil sei, hat der Ausgang des Streites gelehrt: als der Kaiser schon mit Rom versöhnt war, als von dorther schon der Ruf zum Kreuzzuge erschollen war, verharrte Philipp noch immer in seinem Widerstande gegen den Kaiser.

Von einer streng kirchlichen Richtung, von einer ängstlichen Frömmigkeit, die ihm nothwendig seinen Platz auf Seiten des Papstes angewiesen hätte, verlautet sonst auch Nichts. Er war vielmehr „ganz den Geschäften der Welt ergeben und mehr auf den zeitlichen als ewigen Ruhm bedacht"⁴). Wo er sein Schlachtroß tummelte, da hatte der Krieger den Priester völlig abgestreift⁵); wo es galt, seine Kassen zu füllen, da wurde er zum Diebe an der Habseligkeit armer Geistlichen⁶), zum Bedränger der Kirchen⁷). Wenn er aber

---

1) — imp. Fridericus, sicut plures opinati sunt, gloria archiepiscopi occulte invidens et potentiam pertimescens, nacta occasione, graviter sine causa cepit inimicare. Caesar. Heisterb. Catal. aep. Colon. ap. Böhmer Font. 2, 278. Dagegen: nisi divina misericordia animum pontificis ad humiliandum et obedientiam inclinasset etc. Anon. Catal. l. c.

2) Annal. Colon. max. 772.

3) — cum diversae inter eos discurrerent quaestiones, hac honesta assumpta, ipsi in faciem restitit. Gesta Trevir. c. 98.

4) Erat — vir omnino negotiis secularibus ac bellicis implicatus, magis et glorie, que ad seculum, quam et ad deum est, intentus. Anon. Catal. l. c.

5) — totus de pontifice translatus in militem. Radulf. de Diceto. 613.

6) Caesar. Heisterb. Dialog. 4, 63.

7) — ecclesiis dei in suis causis nullum in eo erat patrocinium, proin nonnulle earum tam privilegiis, quam bonis suis in perpetuum sunt destitute. Anon. Catal. l. c. — tota congregatio nostra appellat, ne adhuc extenta in

glaubte oder vorgab, der Kaiser habe in der trierer Angelegenheit die Wahlfreiheit verletzt, — man brauchte ihn nur an die jüngsten Vorgänge im Urselstifte zu erinnern. Philipps Nichte war eben nicht in kanonischer Form zur Aebtissin gewählt, sondern durch einen Machtspruch Philipps zu dieser Würde gelangt[1]).

Besonders glaubte Philipp den neuen Forderungen, welche Urban in den Streit eingeführt hatte, beipflichten zu müssen. „Gar sehr bedauerte der Erzbischof," bemerkt Arnold von Lübeck, „daß der Fiskus sich die ganze Hinterlassenschaft der Bischöfe aneigne." Seine eigene Kirche war freilich durch kaiserliche Vergünstigung gegen das Spolienrecht geschützt, aber er hatte doch die Unbequemlichkeit desselben erfahren müssen, als es jüngst seines persönlichen Verwendens beim Kaiser bedurfte, damit ihm ein Legat Arnolds von Trier für ein kölner Stift ausgezahlt würde[2]). Dann aber bot ihm die Forderung des Papstes nur den Uebergang zu einer weiteren Forderung. Ihm schien es nämlich, daß der Kaiser den Bischöfen überhaupt zu viele Leistungen auferlege, „zwar nicht widerrechtlich, aber doch unziemlich". Darüber äußerte man auch sonst wohl einiges Mißfallen, aber die Forderungen des Kaisers überstiegen nicht die Leistungsfähigkeit der Bischöfe, sie waren nach Maßgabe ihrer Regalien gestellt[3]). Doch den Kölner mußten sie drücken, denn durch zahlreiche Erwerbungen[4]), in denen er fast mit dem Kaiser zu wetteifern schien, hatte er sein Stift mit Schulden überbürdet[5]), und seine glänzende Hofhaltung[6]), seine übergroße Freigebigkeit[7]) waren nicht geeignet, dem Uebelstande abzuhelfen.

---

flagello nostro perseveret manus vestra. Ep. Petri Cellens. ap. Migne Patrol. 202, 563.

1) Vita b. Hildegund. 784. Der Autor sagt: Me contigit huic causae saepius interfuisse — ideoque de falsitate scribendi nemo me potest arguere.

2) S. Beilage IV.

3) S. die Belege Seite 10 Note 1.

4) Sie haben damals großes Aufsehen erregt, denn es sprechen darüber: Annal. Colon. max. 795. Caesar. Heisterb. Catal. l. c. Dialog. 4, 98. Anon. Catal. l. c. Annal. Reinhardshr. 60. Alberic. 346. Henric. ab Hervord. ed. Potthast 168. Vgl das Güterverzeichniß bei Lebebur Gesch. v. Blotho 109.

5) Caesar. Heisterb. Dialog. l. c. Philipp selbst spricht über seine Verschuldung in einer Urkunde bei Binterim und Mooren Erzdiözese Köln 3, 154.

6) Z. B. immer tritt Philipp in einer ungemein zahlreichen Begleitung auf. Arn. Lub. 3, 12. 15. Gisleb. 125.

7) Caesarius von Heisterbach schmeichelt wohl dem Stifter seines Klosters ein wenig: Erat vir prudens et discretus, corpore pulcherrimus, magnanimus, affabilis et supra modum liberalis. Ich führe noch an: er

Viertes Kapitel.

Hatte Philipp gesagt: „Niemand könne zwei Herren dienen und deshalb könnten nicht zwei herrschen", so mußte er selbstverständlich auch gegen die Kaiserkrönung Heinrichs sein. Der Ausspruch des Papstes: „Der Sohn könne nicht Kaiser sein, bevor nicht der Vater die Krone niedergelegt hätte", stand mit dem Ausspruche Philipps, wie wir bemerkt haben [1]), in engster Verbindung. Wenn daher Lucius III. auf Rath einiger Fürsten die Kaiserkrönung Heinrichs verweigerte, so war gewiß Philipp unter ihnen; und eine Ueberlieferung von sonst zweifelhaftem Werthe, der wir aber an dieser Stelle glauben mögen, weiß denn auch von Ränken, die Philipp geschmiedet hätte, um die Ehrenerhöhung König Heinrichs zu hintertreiben [2]).

Die Verhandlungen zwischen Köln und Verona sind uns im Einzelnen nicht bekannt. Nur eine Wundergeschichte, die aber auf historischem Boden erwachsen ist, erzählt von einem Boten, welcher Briefe der kölner Kirche, da sie die Wahl Folmars begünstigte, nach Verona getragen habe [3]). Im Uebrigen kennen wir nur das Resultat der Verhandlungen: die Erhebung des Erzbischofs zum päpstlichen Legaten, die noch während der Anwesenheit des Kaisers in Italien oder doch kurz nach seiner Rückkehr erfolgte [4]). Als Stell-

---

war statura magnus, eleganti forma speciosus. Relat. de pace Veneta 462. Dagegen nennt ihn Aegid. Aureavall. ap. Chapeaville 2, 130: parvo quidem corpore, sed magno ingenio.

1) S. Seite 74.
2) Der Stilist, über den Beilage VI. handelt, läßt Friedrich an seinen Sohn schreiben: iniuriae, quas ad tui honoris suscitat impedimentum, etc.
3) Et quia nulli erat tutum apices ad apostolicum, qui tunc temporis apud Veronam morabatur, deferre propter insidias imperatoris, ecclesia Coloniensis cum uni partium faveret et ob hoc literas ad iam dictum papam (sc. Lucium) destinaret etc. Caesar. Heisterb. Dialog. 1, 40. Danach wären die Alpenpässe schon unter Lucius versperrt; andererseits wäre der Bote nach einer sich aus der Geschichte selbst ergebenden Berechnung am 20. April 1186 auf dem Wege nach Verona gewesen. Die Sendung könnte also erst unter Urban stattgefunden haben. — Abweichend von der Erzählung des Caesarius heißt es in der Vita b. Hildegund. l. c., daß die vorhin erwähnte Wahl einer Aebtissin von St. Ursel den Bruder der kanonisch Gewählten zum Papste führte. Möglich; doch beweist die Angabe des Caesarius jedenfalls, daß Verhandlungen zwischen Köln und Verona stattfanden.
4) Apostolicus — ipsi legationem Romanae ecclesiae sive etiam primatum de suis suffraganeis dederat, ut quia imperator — vias alpium conclusisset, ipse vice apostolici singulorum causas discuteret, ne propterea magis ab ecclesia dei iustitia deficeret. Arn. Lub. 3, 18. Domnus papa Coloniensi archiepiscopo Philippo ius in appellatione et vicem suam tam in episcopatu Coloniensi, quam super omnes suffraganeos sedis Coloniensis indulget et scripto confirmat. Annal. Colon. max. 792. cf. Transl. sti. Annon. l. c. —

vertreter des Papstes genoß Philipp nun erhöhtes Ansehen, übte erhöhte Gewalt namentlich über seine Suffragane; und wenn diese sich vom kaiserlichen Hofe fern gehalten haben, so mag das Gebot des päpstlichen Stellvertreters nicht wenig dazu beigetragen haben.

Zum Widerstande war Philipp gerüstet. Wie er seine Stadt befestigt haben soll, so war er auch eifrig bemüht, sich derer zu versichern, auf die er seine Hoffnung mehr als auf Wälle und Thürme begründen mußte. Die vorgeschützte Krankheit, die sein Ausbleiben auf dem mailänder Hochzeitstage entschuldigen sollte, hatte ihn nicht abgehalten, schon einen Monat später eine Rundreise durch Westfalen zu machen und auf großen Höfen seine Getreuen um sich zu sammeln. So finden wir ihn am 5. März zu Pyrmont[1]), am 10. und 13. zu Soest, wo er eben die Versöhnung mit einem mächtigen Parteigänger Heinrich des Löwen vollzog[2]). Dieselbe Thätigkeit entwickelte er in anderen Theilen seiner Herrschaft; noch im Laufe des Jahres hielt er einen Hof zu Rateche an der Mosel[3]), eine Synode in Köln selbst[4]).

Nach Arn. Lub. l. c. hätte der Kaiser schon bei seiner Rückkehr aus Italien gewußt, (Philippum) fungi vice ipsius (sc. apostolici) in causis decidendis. Dagegen setzen die Annal. Colon. max. l. c. die Erhebung Philipps zum Legaten in den Sommer 1187; jedoch sind dieselben von chronologischen Fehlern nicht frei: sie setzen den Tod der Kaiserin in's Jahr 1185, den Tod Lucius' III. in's Jahr 1186, eine Synode des Erzbischofs von Trier, die am 15. Februar 1187 stattfand, in den Sommer 1187 u. s. w. Daß ihre Angabe auch hier unrichtig ist, geht aus Folgendem hervor: Aegid. Müller Anno d. Heil. 174 theilt mit „ex mscr. 1186 Synode zu Köln. Erzbischof Philipp schreibt die Feier des 4. Dezember zu Ehren Annos für die ganze Erzdiözese vor." Nach der Transl. sti. Annon. l. c. ließ Philipp aber auf derselben Synode, auf welcher er ut confessorem sanctissimum (sc. Annonem) celebrem esse mandavit, auch seine Erhebung zum Legaten verlesen.

Ueber die Bulle, durch welche Letzteres geschehen sein soll, s. Beilage VIII.: die Briefe bei Hartzheim Conc. Germ. 3, 433—40.

1) Grupen Orig. Pyrmont. 22. Mit dem Jahre 1185 also nach unserer Zeitrechnung 1186. Danach ist Erhard Reg. hist. Westf. 2158 zu verbessern.

2) Wigand Archiv f. westf. Gesch. 6, 181. — Lamey Gesch. v. Ravensberg 14. Die Zeitrechnung wie oben.

3) Beyer Mittelrh. U.-B. 2, 123.

4) S. die oben angeführte Urkunde bei Aegid. Müller Anno d. Heil. 174.

Fünftes Kapitel.

Im August 1186 stand der Kaiser auf deutschem Boden; am 26. und 27. ordnete er zu Mühlhausen burgundische Angelegenheiten. Der Erzbischof von Vienne, die Bischöfe von Straßburg, Basel, Lausanne und Genf, der Erwählte von Naumburg sind zu seiner Begrüßung herbeigeeilt. Von den weltlichen Fürsten sehen wir nur den Markgrafen von Mähren am Kaiserhofe[1]).

Um die trierer Angelegenheit zur Entscheidung zu bringen, berief der Kaiser einen Hof nach Kaiserslautern, zu dem auch Rudolf und die trierer Prälaten beschieden wurden[2]). Also zog er hinauf; in Colmar und Speier scheint er geweilt zu haben[3]); erst im October möchte er nach Kaiserslautern gelangt sein[4]). Zunächst beklagte er sich vor den versammelten Fürsten, deren Namen wir leider nicht kennen[5]), über das Unrecht, welches ihm der Papst zugefügt habe, und über Folmars unbesonnenes Treiben[6]). Dann schritt er mit seinen Fürsten zum Rathe, auf Grund dessen er den Rudolf aufforderte, entweder mit Entschiedenheit als Erzbischof aufzutreten oder einem Anderen Platz zu machen. Denn aus Italien zurückgekehrt, hatte Rudolf nicht zur Erhöhung der Wirren beitragen mögen; sanft und friedfertig, wie er war, hatte er sich in seine Häuslichkeit zurückgezogen. Der entsprechende Befehl erging an die trierer Prälaten. Sie beriethen mit einander und beschlossen, lieber Nichts vorzunehmen, als durch eine Neuwahl den Zorn des

---

1) Regeſt 74—79.
2) Gesta Trevir. c. 97.
3) Regeſt 79. 80.
4) S. Beilage V.: die Reihenfolge der Hoftage.
5) Vgl. jedoch die Zeugen in Regeſt 81. 82.
6) — iniuriam sibi ab apostolico irrogatam et temeritatem Folmari cora omnibus exposuit. Gesta Trevir. l. c.

Papstes auf sich herabzuziehen. So blieb denn Rudolf Triers Erwählter, obwohl ja seine eigentliche Wahl, der zwar die meisten Prälaten beistimmten, damals zu Konstanz nur von wenigen vollzogen war¹).

Nach Lautern war auch Bertram von Metz gekommen, und begreiflicher Weise konnte der Kaiser seinen Unwillen über den festlichen Empfang, den er Folmar bereitet hatte, nicht verhehlen. Aber Bertram reinigte sich durch den Schwur, daß er damals die Unzufriedenheit des Kaisers über Folmar noch nicht in der Weise erkannt habe, als später²). Wie Bertram nach diesem Schwure gehandelt hat, wird uns die Folge lehren.

Hatte dieser Hof wohl zunächst nur eine provinzielle Bedeutung gehabt, so dachte der Kaiser jetzt daran, seinen Streit mit dem Papste dem ganzen Reiche und namentlich den Bischöfen vorzulegen. Deshalb wurde ein größerer Hof nach Gelnhausen ausgeschrieben. Bevor dieser jedoch stattfinden sollte, hielt es der Kaiser gerathen, sich von der Gesinnung dessen zu überzeugen, der als mächtigster Fürst des Reiches, als Legat des heil. Stuhles voraussichtlich einen maßgebenden Einfluß auf die Fürsten des gelnhausener Hofes ausüben würde: er beschied den Erzbischof von Köln zu einer Zusammenkunft³).

Ort und Tag derselben sind uns nicht bekannt; wir mögen den September oder Oktober als Zeit, eine Stadt oder Burg in den Rhein= oder Mosellanden als Ort bezeichnen⁴). Kaum besser sind wir über die Unterhandlungen unterrichtet. Ihr Resultat wurde zwar bald bekannt, aber zu den Verhandlungen selbst möchte kein Dritter hinzugezogen sein. Wenn dennoch ein Geschichtsschreiber, nach mehr denn zwanzig Jahren, den Kaiser und den Erzbischof redend einführt, so haben wir es wahrscheinlich mit einem Produkte seiner Phantasie zu thun; aber in Ermangelung genauerer Nachrichten mögen seine Worte, die einzelne Punkte erörtern, welche

---

1) Deshalb sagen die Gesta Trevir. l. c. — (Trevirenses) cum in loco electi sine electione reverenter tenuerunt.

2) Gesta Trevir. l. c.

3) — convocans Philippum Coloniensem coepit secum conferre de importunitate domini papae, intelligens etiam ipsum fungi vice ipsius in causis decidendis: propterea magis eius animum explorare cupiebat. Arn. Lub. 3, 18.

4) S. Beilage V. Nr. 2.

jedenfalls zum Gegenstande der Unterredung wurden, immerhin Be=
rücksichtigung verdienen¹).

Nachdem der Kaiser die vom Papste erfahrenen Kränkungen
geschildert, soll er den Erzbischof gefragt haben, wessen er sich zu
ihm zu versehen habe. „Herr," läßt der Autor den Erzbischof
erwidern, „es ist nicht nöthig, daß Ihr meinetwegen in Zweifel
seid; denn wisset, daß ich stets für die Gerechtigkeit strebe. Ihr
habt oft meines Herzens Gesinnung für Euch erkannt, daher wißt
Ihr auch bestimmt, daß Ihr Euch immer mit Sicherheit auf mich
verlassen könnt. Um aber die Wünsche aller Bischöfe auszusprechen,
so sage ich Euch: Wenn Ihr ein wenig gelinder mit uns verfahren
und durch Eure kaiserliche Vergünstigung die uns auferlegte Last ein
wenig erleichtern wolltet, so würden wir Euch wohl um so eifriger
ergeben, als auch um so befähigter sein, für Euch zu handeln. Wir
sind nämlich der Meinung, daß wir jetzt mit gewissen Auflagen zwar
nicht widerrechtlich, aber unziemlich belastet sind. Daher glaubt auch
der Papst mit Recht über Euch klagen zu dürfen, weil nach dem
Tode der Bischöfe das Eigenthum der Kirchen eingezogen und alle
bewegliche Habe und Einkünfte des laufenden Jahres genommen
werden, so daß der neueintretende Bischof Alles ausgeleert und
ausgeplündert findet. Wenn Ihr also in Berücksichtigung der Bil=
ligkeit und unserer Dienste uns fortan damit verschonen wolltet, so
würden wir zwischen Euch und dem Papste in aller Demuth zu
vermitteln suchen; wo nicht, so werden wir niemals vom Wege der
Wahrheit weichen."

Friedrichs Antwort läßt die Klage des Erzbischofs unberück=
sichtigt und handelt über seine Stellung zu den Wahlen²). „Wir
haben in Wahrheit erkannt, daß unsere Vorfahren, die alten Kaiser,
nach freier Wahl und beliebigen Männern die Investitur ertheilen
durften. Weil dieses Recht jedoch nach dem eigenen Willen unserer
Vorfahren abgeschafft ist, mag es so bleiben; den so kleinen Rest
größerer verlorener Rechte, den wir noch vorgefunden haben, lassen
wir auf keinen Fall fahren. Euch genüge Euer Recht, welches Ihr
erlangt habt, und wonach Ihr Eure sogenannten kanonischen Wah=

---

1) Arn. Lub. l. c.
2) Wenn man diese so gar nicht zu einander passenden Reden liest, so
könnte man glauben, Arnold habe uns Bruchstücke von Briefen vorgelegt, um
so am Schnellsten die Objekte der Verhandlung zur Anschauung zu bringen.

len vollzieht; wisset aber: So lange die Bischofsstühle nach dem Willen der Kaiser besetzt wurden, fanden sich mehr gerechte Bischöfe, als jetzt, da sie durch die Wahl nicht nach Gottes Wohlgefallen, sondern nach Gunst und Gaben erwählt werden."

Das Alles klingt recht glaubwürdig und wird gewiß zur Sprache gekommen sein; nur wird sich die Unterredung nicht auf diese Punkte beschränkt haben und schwerlich wird man sich den Erzbischof so egoistisch denken dürfen, daß er Treue und Ergebenheit gegen den Kaiser allein von einer „nicht ungerechten aber ungeziemenden Last" abhängig gemacht hätte. Sein Gemüth war einmal gegen den Kaiser und seinen Sohn erbittert; die persönlichen Beziehungen werden eine Verständigung unmöglich gemacht haben. Warf der Kaiser dem Erzbischofe seine Widersetzlichkeit gegen König Heinrich vor, so betonte der Erzbischof die Gründe, durch welche er sich allerdings entschuldigen, nicht aber rechtfertigen konnte[1]); argwöhnte der Kaiser, Philipp habe vorzüglich die Kaiserkrönung seines Sohnes hintertrieben[2]), so argwöhnte Philipp, der Kaiser habe es auf seine Erniedrigung abgesehen[3]). Und wo der Argwohn einmal tief gewurzelt war, konnte ihn die bloße Versicherung des Gegentheils nicht entkräften. Gewiß war es der sehnlichste Wunsch des Kaisers, sich mit dem Gegner zu verständigen; aber Philipp war nicht an Nachgiebigkeit gewöhnt. Sein Stolz wird dann auch den Stolz des Kaisers herausgefordert und eine Verständigung unmöglich gemacht haben.

Der Bruch war vollendet. Wie die Verhältnisse lagen, mußte es dem Kaiser erwünscht sein, den Erzbischof auf dem gelnhausener Hofe nicht zu sehen. Er äußerte diesen Wunsch, und der Erzbischof versprach zu gehorchen[4]).

———

Zahlreich hatten sich die Fürsten in Gelnhausen eingefunden. Am 28. November sehen wir hier die Erzbischöfe von Mainz, Magdeburg, Salzburg und Bremen. Zu ihnen kommt der Bischof

---

1) S. Seite 104—106.
2) S. Seite 109.
3) S. Seite 106.
4) Ueber eine angebliche Reise des Erzbischofs zum jungen Könige nach Italien s. Beilage VII.: Der Recognoscent braucht nicht am gegebenen Orte und Tage der recognoscirten Urkunde zugegen zu sein.

Fünftes Kapitel.

von Würzburg, der noch vor wenigen Monaten die Würde eines kaiserlichen Kanzlers bekleidet hatte und gewiß nicht ohne die Empfehlung des Kaisers auf den bedeutendsten Bischofsstuhl des Reiches gelangt war [1]), kommen die Bischöfe von Hildesheim, Verden, Lübeck [2]) und die magdeburger Suffragane [3]). Aber außer ihnen war noch mancher Kirchenfürst, den wir nicht namhaft machen können, dem Rufe des Kaisers gefolgt [4]). Nur die kölner Suffragane möchten, dem Befehle ihres Metropoliten und päpstlichen Stellvertreters gehorsam, sich dem Hofe entzogen haben. Unter den Laienfürsten sehen wir den Herzog von Sachsen und Landgrafen von Thüringen, und bestand auch die Versammlung vorwiegend aus geistlichen, so waren doch noch viele andere weltliche Fürsten herbeigeeilt [5]).

„Wir bitten Euch," läßt Arnold von Lübeck, der manche genaue Nachrichten von anwesenden Landsleuten erhalten hat, den Kaiser die Versammlung anreden, „Ihr höchsten Geistlichen, Bischöfe und Fürsten, in deren Herzen die Gerechtigkeit wohnt, meine Worte zu beherzigen. Es ist Euch wohl hinlänglich bekannt, mit welchen Widerwärtigkeiten ich vom Papste belästigt werde; wodurch ich aber seine Gunst verwirkt habe, weiß ich nicht. Das Eine nur weiß ich bestimmt, daß ich ihn nie erzürnen wollte, daß ich nie wider seinen

---

1) Reinardus episcopus obiit, cui Godefridus cancellarius imperatoris successit. Annal. Colon. max. 792. — Godefridus cancellarius — postea episcopatum Erbipolensem habuit. Gisleb. 127. cf. Chron. Sampetr. 230. — Am 18. Juni 1185 war Gottfried zum Bischofe von Regensburg gewählt, erst am 19. Februar 1186 resignirte er. Annal. Ratispon. 589.

2) Regest 84.

3) Sie sind nicht urkundlich nachzuweisen, schreiben aber später über ihre Anwesenheit an den Papst.

4) Arn. Lub. 3, 18 nennt den Hof episcoporum conventus.

5) Der Hof wird gehalten imperii principibus tam clericis quam laicis, magnatibus quoque et universis nobilibus (praesentibus).

Wir besitzen nur zwei Berichte über diesen Hof. Arn. Lub. 3, 19 schöpfte unzweifelhaft aus Berichten anwesender Landsleute, vielleicht seines Bischofs selbst. Aus eigener Anschauung schildern Wichmann von Magdeburg und seine Suffragane die Verhandlungen in ihrem Briefe an den Papst ap. Ludewig Rel. mscr. 2, 445. Mansi Coll. conc. 22, 507. Watterich Vitae pont. 2, 675. Einen Brief desselben Wortlautes besitzen wir im Radulf. de Diceto 632; aber dieser hielt den Brief für den Protest, den sämmtliche deutsche Bischöfe vom gelnhausener Hofe aus an den Papst erließen: er konnte leicht zu diesem Irrthume gelangen, denn sein Brief entbehrt der Einleitung und des Schlusses, welche über die Person der Absender keinen Zweifel lassen. Uebrigens ist sein Text der bessere, und wenn Watterich ihn zur Vergleichung herangezogen hätte, so würde er auch hier einen richtigeren Text construirt haben.

8*

Willen handelte. Auch habe ich nie Ungebührliches und Ungerechtes von ihm verlangt. Auf seine Vorwürfe und Anklagen habe ich durchweg ohne Zorn und Widerrede geantwortet[1]); in folgsamster Weise habe ich über Alles Rechenschaft abgelegt. Weil ich somit in jeder Beziehung meiner Unschuld mir bewußt bin, so lasse ich mich nicht beunruhigen. Wenn es dem Papste gefällt, mich wie seinen geliebten und unterwürfigen Sohn zu behandeln, so werde auch ich in ihm meinen geliebten und ehrwürdigen Vater verehren; wenn er aber gewisse Maßregeln ergriffen hat, die ungerechter, ja sinnloser Weise auf meine Erniedrigung abzielen, so wird mich hoffentlich Gottes Gnade begünstigen und Euer Rath und Eure That unterstützen, ihm unerschrocken auf Alles zu antworten."

Im Einzelnen führte er die Feindseligkeiten des Papstes aus. Während er schon zum Zeichen des wiederhergestellten Friedens seinen Sohn schleunigst den größten Gefahren entgegengeschickt habe, damit derselbe für die Freiheit der römischen Kirche streite, habe der Papst nicht aufgehört, ihn zu befeinden und Uebeles zuzufügen. Das hätte sich recht deutlich im Kriege gegen Kremona gezeigt. Und die Klagen, welche der Kaiser in dieser Hinsicht vorbrachte, fanden um so eher Glauben, als einige Bischöfe die Briefe gelesen und gesehen hatten und deren Echtheit nicht bezweifelten. Das Staunen war um so größer, je weniger man eine derartige Feindschaft unter der Maske der Freundschaft erwartet hatte[2]).

Doch das war es nicht, worüber er sich am Meisten beschwerte. Den Sieg über die Kremonenser hätte ihm der Papst ja doch nicht streitig machen können; aber in unedelster Weise hatte er ein Recht seiner Krone geschmälert. „Nach der eigenen Entscheidung des Papstes," sagte der Kaiser, „hätte die trierer Angelegenheit unerledigt bleiben sollen. Wenn Urban nun derselben zuwider handle, so sei es ein Raub am Reiche, eine Schmälerung seiner Rechte, denn zumal sei es unerhört und gegen alle Gewohnheit, daß ein deutscher Bischof früher vom Papste die Weihe, als vom Kaiser die Beleh-

---

1) — in quibus — ipse me arguere habuit, non irascendo, vel contradictione, sed oboediendo et rationem reddendo decenter ad omnia respondi. Arn. Lub. l. c. Augenscheinlich antwortet der Kaiser auf eine Klage, welche der Papst in seinem Briefe an Wichmann von Magdeburg gegen ihn erhoben hatte: non ea qua debuit serenitate respondit.

2) Quas profecto litteras quidam ex nobis viderunt et perlegerunt, super facto tanto vehementius ammirati, quanto minus timendum fuerat, sub specie dilectionis inimicitias palliari. Ep. Wichm. l. c.

nung empfangen hätte. So habe der Brauch, auf gutem Grunde beruhend, bis auf diese Zeit in Rechtskraft gegolten, und nimmer hätte er geglaubt, daß je ein Papst diese Gerechtsame des Reiches mißachten könne, ändern wolle. Um so weniger hätte er es von diesem Papste erwartet, der ja im Namen des Herrn versprochen hätte, den Folmar niemals zu weihen. Dafür zeugten die Aussagen der Bischöfe von Münster und Asti und seines Bevollmächtigten S., die er selbst als Ueberbringer des Gelübdes an ihn zurückgeschickt hätte."

Keiner bezweifelte die Schuld des Papstes. Jeder fühlte sich in tiefster Brust über das dem Kaiser und Reiche zugefügte Unrecht verletzt. Der Grundsatz des Kaisers, die Belehnung müsse der Weihe vorausgehen, schien ganz der ihrige zu sein; ließen sie es doch eben geschehen, daß der Kaiser diesen Grundsatz an dem Erwählten von Lübeck bethätigte[1]).

Auch von der Erledigung des mailänder Erzstuhles sprach der Kaiser: „Je hervorragender und bedeutender die Stellung eines Erzbischofs von Mailand sei, um so mehr bedürfe das Reich eines tauglichen Erzbischofes. Urban aber habe dem Erzbisthume den Hirten, dem Reiche die Nutzung der Regalien vorenthalten"[2]). Und wieder fanden die Fürsten des Kaisers Klage berechtigt.

Wenn der Erzbischof von Köln sich darüber beklagt hatte, daß der Kaiser zwar keine ungerechten, aber unziemliche Lasten von den Kirchen des Reiches verlange, so meinte der Kaiser jetzt, daß Kirchen und Klöster des Reiches, die kaum das tägliche Brod hätten, über alle Kräfte zu Geldabgaben, zur Bewirthung der päpstlichen Dienerschaft, zur Fütterung ihrer Pferde gezwungen würden. Diese Klage ist nicht vereinzelt. Schlicht und bescheiden mußten die Kardinäle daheim leben, aber mit welchen Ansprüchen durchzogen sie als päpstliche Legaten die deutschen Lande[3])! Für ihre Erpressungen — und

---

1) „Um Nichts mit Unbesonnenheit zu beginnen," hatte er nicht früher als Bischof auftreten wollen, bis er vom Kaiser die Belehnung empfangen hatte. Arn. Lub. 3, 14. Unzweifelhaft geschah es in derselben Absicht, daß der Erwählte von Regensburg dem Kaiser bis an die Grenzen Italiens entgegenreiste. Regest 72.

2) S. Seite 82 Note 2. — iam pluribus annis, schreibt Wichmann; aber Urban war erst, wie Jeder wußte, seit einem Jahre Papst und Erzbischof zugleich. Es wird anzunehmen sein, daß Urban auch als Erzbischof die Belehnung nicht nachgesucht habe.

3) Gerhoh. Reichersp. De investig. 142.

gerade auf diese scheint ja der Kaiser hinzudeuten, — ist Nichts bezeichnender, als das Lob, welches man dem letzten Bischofe von Trier spendete, weil er den Legaten über die Grenzen seines Sprengels hinaus entgegenreiste, weniger um ihnen die Mühen einer weiteren Reise zu ersparen, als vielmehr seine Kirchen vor ihren Bedrückungen zu verschonen[1]). Das Uebel möchte sich in letzter Zeit nicht gerade gebessert haben, da es ja den Ausfall so mancher römischen Einkünfte zu decken galt.

Da Urban in seinem Briefe an den Erzbischof von Magdeburg vorzüglich darüber geklagt hatte, daß der Kaiser ihm die Besitzungen der römischen Kirche vorenthalte, so mußte auch die Besitzfrage zur Verhandlung kommen. Aber wie der Hauptgrund des Streites überhaupt nur durch matte Streiflichter der Ueberlieferung erhellt wird, so auch hier. Wir wissen nur, daß der Kaiser auch jetzt sich bereit erklärte, den Streit durch freundschaftliche Ausgleichung oder das Urtheil von Vertrauensmännern schlichten zu lassen. Daß der Kaiser den Forderungen der Kirche nicht unbedingt genügen und ein Land nicht aufgeben durfte, welches für die Wahrung der Reichsinteressen unumgänglich nöthig war, erkannten die deutschen Fürsten ebensowohl, als der Kaiser selbst. Konrad von Mainz aber konnte versichern, daß es die billigsten Ausgleichungsvorschläge gewesen wären, die der Kaiser gemacht hätte. Deshalb waren auch die Fürsten überzeugt, daß der Kaiser stets bereit gewesen sei, billigen Forderungen der Kirche zu genügen[2]).

Ueberzeugend bewies der Kaiser, daß er die Ungerechtigkeiten des Papstes, die zu seiner Demüthigung, zur Ehrenkränkung des Reiches geschehen seien, nicht dulden könne und dürfe[3]). Die Fürsten zweifelten nicht an seiner Unschuld; man hieß seine Ansprüche gerecht[4]); man fand es im Widerspruche mit aller Treue und Rechtschaffenheit, „was so augenscheinlich zum Schaden des Reiches geschehen sei, mit Stillschweigen zu übergehen"[5]).

---

1) Gesta Trevir. c. 92.
2) S. Seite 125 Note 1.
3) Haec siquidem et plura his dominus imp. in facie sollempnis curie nobis ceterisque principibus proposuit, ostendens evidenter, quod tales iniurias ad gravamen persone sue et immunitionem imperii nec possit nec debeat sustinere. Ep. Wichm. l. c.
4) — quae juste ab eo (sc. papa) exiguntur. Arn. Lub. l. c.
5) — quae ad gravamen imperii facta dinoscuntur, quoniam a nobis ea

Doch der Kaiser bezweckte nicht allein eine Rechtfertigung seiner Person; es galt ihm auch, die Bischöfe von der Undurchführbarkeit jener Pläne zu überzeugen, durch welche Urban so recht ihrem Vortheile zu dienen hoffte. Er bewies die historische Begründung dessen, was der Papst mit kühnem Griff beseitigen wollte. „Der Papst," soll er gesagt haben, „nennt es ein Unrecht, daß ein Weltlicher Zehnten beziehe, da der Herr dieselben offenbar nur für die bestimmt habe, die dem Altare dienen. Weil es so in der heiligen Schrift begründet ist, will er unter Berufung auf dieselbe alle Laienzehnten beseitigen. Nun wissen wir allerdings, daß nur den Priestern und Leviten von Gott Zehnten und Opfer zugetheilt sind. Als aber mit dem Beginne des Christenthums die Kirchen von Feinden heimgesucht wurden, da wurden eben diese Zehnten mächtigen und vornehmen Männern als beständiges Lehen verliehen, damit sie Vertheidiger der Kirchen würden, welche allein sich und die Ihrigen nicht zu schützen vermochten"[1]). In ähnlicher Weise zeigte der Kaiser, wie die vogteiliche Einrichtung, deren Abschaffung für die Prälaten allerdings günstig zu sein schien, von Geschlecht zu Geschlecht fortgepflanzt, durch eine rechtmäßige Ueberlieferung fest begründet, sich so leicht nicht abschaffen ließ.

Auch hier pflichteten die Bischöfe dem Kaiser bei; wohl erkennend, daß ein Versuch, die Forderung des Papstes durchzuführen, die heftigste Gährung in allen Schichten der Laienwelt hervorrufen müsse. Keiner befand sich unter ihnen, der diesen Kampf aufnehmen mochte. Somit konnten sie nicht einmal den Forderungen, die der Papst zu ihren Gunsten erhoben hatte, ihre Zustimmung geben. Ob das auch vom Spolienrechte gilt, wissen wir nicht; — genug, der Papst hatte in dieser Versammlung keine Anwälte, nur Gegner, der Kaiser keine Gegner, nur warme Freunde, die mit ihm für die Hoheit und Würde des Reiches einstehen zu müssen glaubten.

---

sustineri aut sub silentio preteriri fidei nostre sinceritati nullatenus conveniret. Ep. Wichm. l. c.

1) Mit dieser Ausführung vergleiche man folgende Urkunde: König Arnulf von Kärnthen schenkt einer Kirche quasdam decimas de hiis, quas mihi et praedecessoribus meis in comitatu seu marchionatu Flandriae de terris cultis et incultis sanctissimi patres papae Romani pro adjutorio expensarum nostrarum et nostrorum militum, pro expugnatione et resistencia contra Vandalos, qui Flandriam et alias terras vicinas cum ecclesiis in ipsis constructis crudeliter et damnabiliter devastabant et incendio tradebant, in feodum perpetuum concesserunt. Miraeus Op. dipl. 1, 43. Wahrscheinlich ist die Urkunde gefälscht, aber sie giebt die Auffassung des 12. und 13. Jahrhunderts wieder.

Als er deshalb die Fürsten aufforderte, die Summe aus all' diesen Erwägungen zu ziehen; als er sie frug, wessen er sich von ihnen zu versehen habe, ob er auf ihre Treue hoffen dürfe oder ihre Untreue befürchten müsse; als er sie dann bat, Gott zu geben was Gottes sei und dem Kaiser was des Kaisers sei, dem Papste zwar als dem Stellvertreter Christi den schuldigen Gehorsam zu zollen, aber auch die Gerechtigkeit zu beobachten, — da mögen mannichfache Versicherungen der Treue und Ergebenheit in den Mauern des Saales ihren Widerhall gefunden haben, da mochten wohl Alle zu einem feierlichen Proteste gegen den Papst sich verpflichtet fühlen.

Konrad von Mainz erhob sich zur Erwiderung. Als erstem Fürsten dieser Versammlung gebührte ihm das Recht des Vorsprechers. Mehr noch war er dazu befähigt; waren doch durch seine Hände seit nunmehr vier Jahren alle Fäden der kaiserlich-päpstlichen Politik gegangen. Wenn Jemand ein Urtheil in diesem Streite fällen konnte, so war es Konrad. Maßvoller, als es der Stimmung Mancher entsprechen mochte, sollen seine Worte gewesen sein. Er erkennt das Dilemma, in welches ein Streit zwischen Kaiser und Papst die deutschen Kirchenfürsten bringen muß. Einerseits sind sie dem Papste, ihrem geistlichen Oberhaupte, in Allem zu gehorchen verpflichtet, andererseits müssen sie dem Kaiser, dem sie ihr weltliches Besitzthum verdanken, dem sie Treue und Mannschaft geleistet haben, in der Wahrung seiner Rechte unterstützen. Und diese sind angegriffen, die Fürsten sind also verpflichtet, sich gegen den Papst zu erklären. Dies soll in einem Sendschreiben geschehen, in dem er ermahnt wird, mit dem Kaiser in Frieden zu leben und seinen billigen Forderungen gerecht zu werden.

Der Vorschlag Konrads fand den Beifall aller Fürsten; der Kaiser befürwortete denselben, und so wurde denn ein Schreiben, ein Protest an den Papst gerichtet, dem jeder Bischof sein Siegel anhängte[1]).

Und wodurch war es dem Kaiser gelungen, die Bischöfe mit solcher Einmüthigkeit für sich zu gewinnen?

Keine Armee hat hinter ihm gestanden, den Bischöfen seinen Willen vorzuschreiben[2]). Eine Bitte des Kaisers hat Erhörung,

---

1) Vgl. über angebliche Rundschreiben Konrads Beilage VIII. Nr. 3.
2) Doch sagen die Annal. Pegav. l. c. Imp. paulatim episcopos a conjuratione potenter et callide distraxit. Wie schon das paulatim andeutet, kann

kein Befehl desselben Gehorsam gefunden, und ein freier Geist lebt in dieser Versammlung. Einst war es anders gewesen. Auf dem würzburger Hofe des Jahres 1165, der sich dem gelnhausener an Bedeutung vergleichen läßt, triumphirte der Grundsatz: „Was dem Kaiser gefällt, hat Gesetzeskraft"¹). Durch Flucht hatte sich Konrad von Mainz dem verlangten Schwure entzogen²); unter heftigen Thränen und nicht ohne Vorbehalt leistete Wichmann von Magdeburg denselben³). Heute erhebt Konrad für den Kaiser seine Stimme, glüht der hochbetagte Wichmann für die Hoheit und Würde des Kaisers.

Wenn es späteren Kaisern galt, die Fürsten für sich zu gewinnen, dann stellten sie jene Urkunden aus, in denen sie ein Recht nach dem anderen, einen Besitz nach dem anderen hingaben. — Auch Friedrich hat zu Gelnhausen zwei Urkunden ausgestellt; in der einen bestätigt er der Stadt Bremen ihre uralten Rechte⁴); in der anderen befreit er auf Bitten des Erzbischofs von Mainz das Kloster Gottesthal im Rheingau von allen kaiserlichen Zöllen am Rhein und Main⁵). Das war der kleine Lohn für einen Erzbischof, welcher eines großen Lohnes würdig, aber auch bedürftig war. Denn Konrads Vorgänger war wohl ein guter Krieger und zuletzt ein ehrlicher Katholik, aber immer ein schlechter Oekonom gewesen. Verschuldet und verpfändet trat Konrad seine Erbschaft an⁶). Und der Kaiser war nicht der Letzte, der mainzer Stiftsgüter als Pfand besaß. Schwerlich waren sie damals schon eingelöst; hier hätte sich dem reichen Kaiser eine würdige Gelegenheit geboten, dem verschuldeten Erzbischofe sich dankbar zu erweisen. Aber Konrad, der noch dazu anderthalb Jahre mit dem Kaiser in Italien lebte und aus eigenen Mitteln⁷) seine

---

dieses wenigstens nicht von den Fürsten des gelnhausener Tages gelten. Die Schilderung Arnolds von Lübeck und mehr noch Wichmanns von Magdeburg machen wahrlich nicht den Eindruck, als ob die Fürsten aus irgend einem anderen Motive, als dem der Ueberzeugung handelten.

1) Ficker Reinald von Dassel 86.
2) Annal. Reichersh. 472. Appendix ad Ragewin. ap. Urstisius 1, 558.
3) Fechner Leben Wichmanns 449.
4) Regest 84.
5) Regest 85.
6) S. die Urkunde bei Stumpf Acta Mogunt. 115: Postquam a glorioso et diuturno exilio nostro desolate ecclesie nostre restituti fuimus, qualiter eam tam destructam, oppressam, humiliatam invenimus breviter audire potestis.
7) Insuper innumerabiles expensas coacti sumus facere tum in curiis celebrandis domni imperatoris, tum in Lombardia, ubi longam moram in

häufigen Gesandtschaftsreisen bestreiten mußte — er hat bis auf den letzten Heller seine Schuld dem kargen Kaiser abtragen müssen. Wenn so der verdienstvollste Mann der Versammlung behandelt wurde, sollten die anderen durch Wohlthaten bestochen sein?

Doch List, Lug und Trug könnten die Resultate des gelnhausener Hofes erzielt haben. — Die Art unserer Ueberlieferung spricht nicht dafür; treten die Klagen des Papstes nicht genug hervor, wird die Occupation des Kirchenstaates verschwiegen, so folgt daraus noch nicht, daß man überhaupt nicht davon gewußt. Die Gesandten des Papstes, die vordem zu den Fürsten gelangen konnten, werden gewiß keine Klage ihres Herrn unterdrückt haben; und wußten die Trierer[2]), und war es auch sonst in Deutschland[3]) nicht unbekannt, daß der Kaiser seinen Sohn als Rächer des erlittenen Unrechtes ausgesandt hatte, so möchten es auch die deutschen Bischöfe gewußt haben. Wo nicht, dann erfuhren es ihre Gesandten zu Verona und eine spätere, aber unausbleibliche Enthüllung — das mußte schon jetzt der Kaiser erkennen, — hätte einen recht nachtheiligen Argwohn gegen ihn erregen können. So mochte ihnen Heinrichs Streifzug als ein wohlverdienter Racheakt erscheinen. Und hätte Friedrich auch Einzelnes beschönigt, wie es menschlicher Schwäche eigen ist, — die Gesammtauffassung der deutschen Fürsten, die sich mit solcher Entschiedenheit aussprach, beruhte auf Thatsachen, war nicht das Werk kaiserlicher Ueberredungskunst.

Daher geschah es in der Ueberzeugung des Rechten, in der Begeisterung für die Würde und Hoheit des Kaiserthums, in der Treue und Ergebenheit gegen den Kaiser, daß die Bischöfe sich gegen den Papst erklärten.

Indem wir den gelnhauser Hof verlassen, wenden wir ein schönes Blatt deutscher Geschichte. Wir sehen einen Kaiser, der nun in jenen Jahren steht, die das Leben abwärts führen; aber obwohl Haare und Bart ergraut sind, — die feurigen Augen glänzen noch in Jugendfrische und diese immer noch kräftige Gestalt verräth männ-

---

obsequio domni pape et dominorum nostrorum imperatoris et regis scilicet et domne regine — fecimus. Stumpf l. c.

1) So war dem Kaiser verpfändet Bischofesheim pro 300 marcis. Konrad sagt darüber: « domno imperatore Bischofesheim pro 300 marcis redemimus. Stumpf l. c.

2) Gesta Trevir. c. 96.

3) Annal. Aquens. l. c.

lichen Stolz und Entschlossenheit. Damit verbindet sich jetzt Milde und Mäßigung; er erinnert an den Sokrates, aus dessen Mienen das Gleichmaß der Seele spricht[1]). Zwar hat er viel gefehlt, der größte Kampf seines Lebens ist ohne alle Berechtigung gewesen. Aber dennoch sind seine Erfolge großartig, bewunderungswürdig. So tritt er vor die Fürsten; im Bewußtsein eigener Unschuld beschuldigt er den Papst schmählicher Unbilden, die er dem Reiche und ihm zugefügt hat. Er bittet namentlich die Bischöfe um eine Entscheidung, läßt ihnen die Wahl, sich für ihn oder den Papst zu erklären. Kein Bedenken! Der Kaiser und das Reich sind beleidigt. Da gilt es Allen, für Kaiser und Reich in die Schranken zu treten. Voran geht der Erzbischof von Mainz, der Kardinal des heil. Stuhles, der frühere Alexandriner, ihm folgen Wichmann von Magdeburg, der eifriger als Jemand am Frieden von Venedig gearbeitet hat, Adalbert von Salzburg, auch früherer Alexandriner, und die andern Alle!

Wohl sind es nur Fragmente, die vom gelnhausener Tage melden, aber wie die Reste jener Mauern, in denen sich dieses bedeutungsvolle Stück deutscher Geschichte vollzog, noch heute von ihrer einstigen Stärke und Majestät zeugen, so läßt auch unsere dürftige Ueberlieferung eine große Zeit erkennen, in der ein Kaiser voll Kraft und doch voll Milde waltete, in der es noch Fürsten gab, die keinen Eigennutz kannten, die für Kaiser und Reich sich begeistern konnten und deutsche Treue zu üben wußten.

In aller Welt hat der Protest der deutschen Bischöfe Aufsehn erregt; in England sprach man davon[2]); in der mainzer Stifts-

---

1) Vir quidem inclytus, cujus statura mediocriter eminens, crines rutiles, barba rubens, utrinque interfusa canities, supercilia prominent, ignescunt oculi, gena brevior, in amplum extenditur pectus et humeri diffunduntur: sed et caetera corporis descriptio in virum consurgit. In illo utique, quod de Socrate legitur, insigne quiddam et stupendum enituit: nam constantiam animi exprimebat vultus, semper idem et immobilis permanens, nec dolore obscurior, nec ira contractus, nec laetitia dissolutus. In tantum vero nativum Alemanniae venerabatur eloquium, ut quanquam alterius linguae non inscius esset, aliarum tamen gentium missis non nisi per interpretem loqueretur. Itinerar. reg. Richardi l. c. Vgl. Seite 14 Note 3.

2) S. Seite 115 Note 5.

schule wählte man ihn zum Vorwurfe stilistischer Uebungen[1]). Nirgends aber staunte man mehr als am päpstlichen Hofe zu Verona[2]). Der Papst glaubte durch seine Forderungen um Abschaffung der Regalie und Spolie, der Vogteien und Laienzehnten die Sache der Bischöfe ergriffen zu haben, und dennoch hatten sie sich gegen ihn erklärt. Aber nicht genug damit; es stand ihm noch eine andere bittere Enttäuschung bevor, auf die er freilich nun schon vorbereitet war.

Noch schuldete ihm der Erzbischof von Magdeburg eine Antwort auf jenen Brief, in dem er aufgefordert war, doch baldmöglichst zum Kaiser zu gehen, um ihn zum Frieden zu ermahnen[3]). Zum Kaiser war der Erzbischof nun gekommen, aber er hatte sich nur von dessen aufrichtiger Friedensliebe überzeugen können. Also wollte er dem Papste antworten und zwar in Gemeinschaft mit seinen Suffraganen. Hatten die deutschen Bischöfe in allgemeinerer Weise sich für den Kaiser erklärt und den Papst zum Frieden gemahnt, so wollte jetzt Wichmann die einzelnen Klagepunkte des Kaisers vorlegen; war es doch auch eine bestimmte Klage gewesen, die Urban in seinem Schreiben an ihn gegen den Kaiser erhoben hatte.

Er und seine Suffragane versichern den Papst ihrer aufrichtigen Ergebenheit, aber sie sind auch dem Kaiser und Reiche verpflichtet. Deshalb bedauern sie, daß die beiden Schwerter, die Frieden und Recht in Kirche und Reich schützen sollen, gegen einander gezogen sind. Dann erzählen sie, wie der Kaiser jüngst vor dem ganzen Hofe sich über ihn beklagt habe, erörtern in nicht zu schonenden Ausdrücken die einzelnen Klagepunkte des Kaisers, der sie völlig überzeugt hat, daß er die Unbilden des Papstes nicht dulden könne und dürfe. Deshalb fordern sie, welche dem Kaiser und seinem Sohne eidlich verpflichtet sind, das Recht und die Ehre des Kaisers und des Reiches zu wahren und zu schützen, welche aber auch der Kirche Gehorsam schulden und dem Papste aufrichtig ergeben sind, diesen in aller Bescheidenheit auf, vernünftigem Rathe gemäß wieder gut zu machen, was er zum Schaden des Reiches angerichtet habe.

---

1) S. Beilage VIII. Nr. 3.

2) (Papa) cum legisset epistolam obstupuit de immutatione episcoporum, quia ipse causam pro eis videbatur sumsisse, ipsi vero de causa cecidisse. Arn. Lub. l. c.

3) Vgl. Seite 85.

Es zu ertragen oder mit Stillschweigen zu übergehen, würde mit ihrer reinen Treue nicht im Einklange stehen. In Wahrheit hätten sie vom Kaiser erkannt und bezeugten es in seinem Namen, daß er stets bereit gewesen sei, Gerechtigkeit von der Kirche zu nehmen und Gerechtigkeit auch ihr zu geben und über die Forderungen der Kirche sich in friedlicher Weise zu vergleichen oder der Entscheidung von Vertrauensmännern sich unbedingt zu unterwerfen[1]).

Die letztere Erklärung bezieht sich unzweifelhaft auf die Besitzfrage, denn der Papst hatte sich in seinem Briefe an Wichmann ja gerade darüber beklagt, daß der Kaiser sich weigere, ihm den Besitz der römischen Kirche auszuliefern, und so mußte Wichmann besonders auf diese Klage antworten. Deshalb schickte er denn auch drei durch Bildung und Klugheit ausgezeichnete Männer mit neuen, wohl vom Kaiser ausgegangenen Vorschlägen an den Papst, der sie gütig aufnehmen und ihren Worten Glauben schenken möge[2]).

In so entschiedener, wenn auch gemessener Weise antwortete der deutsche Erzbischof, dessen sanftes Gemüth, dessen Bescheidenheit man rühmte[3]), dem der Papst selbst versichert hatte, daß er sein wärmster Freund sei. Nahm Urban hinzu, daß der Protest von einem Erzbischofe ausging, der während des Schisma in unerschütterlicher

---

[1] Veraciter, si quid a domino imperatore intelleximus et pro ipso testamur, qui paratus est et semper fuit ad faciendam iustitiam et recipiendam et super his, que adversus imperium ecclesia proposuit, judicio amicabili componi aut arbitratui bonorum virorum assensum indubitanter prebere.

[2] Propter quod honorabiles viros, literatura preditos, prudentia et discretione conspicuos, Woltwinum prepositum Magdeburgensem, Andream scholasticum Spirensem et magistrum Ludolfum Magdeburgensem sanctitati vestre duximus transmittendos. Meine Vermuthung, die Vorschläge seien vom Kaiser ausgegangen, gründet sich darauf, daß der Scholaster Andreas von Speier an der Gesandtschaft betheiligt ist; denn wie sollte der magdeburger Erzbischof dazu gekommen sein, einen Speirer Domgeistlichen zu entsenden, wenn ihm dieser, dessen Fähigkeiten der Kaiser schon oft erprobt hatte, nicht vom Kaiser selbst zugeschickt wäre? Ich kann in Betreff der diplomatischen Thätigkeit Arnolds freilich nur anführen: Magister Andreas Spirensis per pecunias, quas in curia Frederici imperatoris nec non in Graecia congregaverat, etc. Caesar. Heisterb. Dialog. 4, 66.

[3] Macdeburgensis vir bonus, mitis et modestus. Relatio de pace Veneta l. c. — Ich trage hier die Stellen nach, in denen der Friede von Benedig besonders als ein Werk Wichmanns bezeichnet wird: Wicmannus presul pacis nunc auctor habetur. Godefrid. Viterb. Carmen. 60. — Hoc decus concordie :: Sanxit flos Saxonie :: Noster felix pontifex :: Wichmannus omnis pacis artifex. Carmina burana. Bibl. d. stuttg. Vereins 16, 34. — Praecipuus cooperator Wichmannus. Chron. mont. sereni ap. Mencken 2, 195. — Pax ecclesiae redditur per quendam episcopum Wicmannum. Annal. Marbac. 162. — mediante — maxime Wicmanno. Otto Sanblas. c. 18.

Treue zum wahren Papste gehalten hatte, daß ein anderer Erzbischof der auch Alexandriner gewesen war, den Protest unterzeichnet hatte: so mußte er sich gestehen, das Papstthum habe eine moralische Niederlage erlitten, wie kaum eine schmählichere in seiner Geschichte verzeichnet war.

Doch dadurch konnte Urban nicht auf andere Bahnen gelenkt werden; der entschiedene Mailänder war zum weiteren Kampfe entschlossen. Freilich nicht im Vertrauen auf sich allein. Wenn ihm auch die Unterstützung der meisten deutschen Bischöfe fehlte, so stand doch auf seiner Seite ein Mann, der zwar nie Proben besonderer Katholicität abgelegt hatte, aber der mächtigste unter allen Reichsfürsten war. Und da dieser die Bischöfe dem Kaiser zuströmen sah, hatte er schon anderweitig dafür gesorgt, daß er nicht allein dem Kaiser und Reiche gegenüberstände.

Sechstes Kapitel.

Die Beziehungen des Kaisers zu Frankreich waren niemals freundschaftlicher Art gewesen. Seit dem Anfange dieses Jahrzehnts drohte fast immer der Ausbruch eines Krieges. Der Kaiser wollte nicht dulden, daß der junge König von Frankreich seine Absicht, die Macht der übermächtigen Vasallen zu brechen, an Flandern zur Ausführung bringe, denn der Graf von Flandern war ebensowohl deutscher als französischer Fürst, und gerade nach dem Besitze Flanderns schien König Philipp das größte Verlangen zu tragen[1]). Der Graf selbst hatte nie ermangelt, den Kaiser auf die Gefahr aufmerksam zu machen, die seinem Fürsten drohe; oft genug hatte er ihn in eigener Person oder durch Gesandte aufgefordert, gegen Frankreich aufzubrechen und sein Reich bis zum britischen Meere zu erweitern[2]). Oft genug hatte denn auch der Kaiser an Frankreich die Drohung ergehen lassen, er würde es mit Krieg überziehen, wenn es nicht vom Kriege mit Flandern abstände. Selbst eine Begegnung zwischen dem Kaiser und Könige, wenn sie wirklich stattgefunden hat[3]), konnte die Feindschaft nicht mildern. Auf dem mainzer Pfingstfeste versprach der Kaiser dem Grafen von Flandern, ein Heer gegen Frankreich zu rüsten[4]). Was damals unterblieb, geschah im Herbste 1185, als der Kaiser in Italien war.

---

1) — cujus terram plurimum gestiebat. Radulf. Coggeshal. ap. Martène Coll. amp. 5, 819.

2) Fredericum etiam imperatorem Rom. nunc per nuntios, nunc in propria persona sollicitavit attentius, ut adversus regem Francorum insurgeret et imperii limites dilataret usque ad mare Britanicum. Radulf. de Diceto 612. Der Graf erscheint am Hofe Friedrichs oder Heinrichs: 1182 März 20. — Mai 21. — Juni 22. — 1183 Juni 20. — 1185 September. — Oktober 25.

3) Der König kündigt die Zusammenkunft als bevorstehend an in seinem Briefe an den Papst. Bouquet 19, 285.

4) Gisleb. 126.

Schon hielt König Heinrich, von dem man wenigstens später sagte, daß die Unterjochung Frankreichs sein sehnlichster Wunsch sei[1]), in Lüttich einen Kriegsrath[2]) und ließ sich vom Grafen von Flandern auch für das französische Flandern huldigen[3]). Frankreich erzitterte. Aber während nun weitere Rüstungen betrieben wurden, reisten der Erzbischof von Köln und der Graf von Flandern selbst nach Aumale, wohin auch die Könige von Frankreich und England gekommen waren, und schlossen dort am 11. November einen Frieden[4]). Es geschah „ohne Vorwissen und ohne Hinzuziehung König Heinrichs"[5]) und erst später trat der Kaiser dem Frieden bei[6]). Mochte dieser auch, wie es scheint, gerade jetzt einem Kriege mit Frankreich abgeneigt sein[7]), keinesfalls handelte der Erzbischof im Auftrage des Kaisers, jedenfalls mit Rücksichtslosigkeit gegen König Heinrich. Nimmt man hinzu, daß schon ein ernsterer Streit mit dem Letzteren vorausgegangen war, so wird uns dieser Friedensschluß wohl zu einem Argwohn gegen Philipp berechtigen. Wir wollen nicht behaupten, daß schon damals ein Bündniß gegen den Kaiser geschlossen sei; aber der erste Schritt dazu war geschehen, — im Laufe eines Jahres auch der letzte.

Wir lesen beim Oesterreicher Ansbert, der den Kreuzzug Friedrich' I. beschrieben hat, daß im Jahre 1191, da König Philipp von

---

1) Roger. Hoveden. 431. cf. Reg. imp. 64. ed. Baluze 1, 717.
2) Gisleb. 154. Vgl. die Urkunde bei Lacomblet Niederrh. U.-B. 1, 347.
3) Der Graf huldigt dem Könige contra naturalem dominum. Gervas. Dorob. 1477. — fecit ei hominium de Flandrensi comitatu. Unde magna tribulatio exorta est in regno Francorum. Robert. de Monte 534.
4) Radulf. de Diceto 629.
5) Comes Flandriae cum domino rege Francorum treugas firmavit, inscio et inconsulto ipso rege Rom. Gisleb. 154. Da der Autor von keiner nachfolgenden pax, andere Autoren von keinen vorhergehenden treugae sprechen, so hat Abel a. a. O. 447 diese Angaben mit Recht identificirt. cf. Ducange 6, 656.
6) — sed minime accepit complementum (sc. pax), quousque suum imp. Rom. adhiberet assensum. Radulf. de Diceto 629.
7) Gervas. Dorob. l. c. erzählt zwar, Friedrich habe seinem Sohne verboten, ne ei (sc. comiti Flandrensi) contra justum et aequum aliquatenus praeberet auxilium, aber man wird doch nicht annehmen dürfen, daß Heinrich ohne die Zustimmung seines Vaters gerüstet habe; dafür spricht die Stelle in der vorhergehenden Note eben nicht. Dem Engländer, der sich über jeden Fortschritt Frankreichs freut, — vgl. Pauli Engl. Gesch. 3, 862 — liegt eben Alles daran, die Sache des Grafen von Flandern recht gehässig zu machen, und deshalb muß sogar der Kaiser dieselbe ungerecht nennen. Gleichwohl mag der Kaiser, in Italien weilend, keine große Vorliebe für einen Krieg mit Frankreich gehabt haben.

Frankreich aus dem heil. Lande zurückkehrend nach Mailand gekommen und dort mit Heinrich VI. zusammengetroffen sei, Zwietracht zwischen ihnen geherrscht habe, weil König Philipp den Erzbischof von Köln in dessen Kampfe gegen Heinrichs Vater unterstützt habe¹). Wenn Ansbert hier nur von einer Zwietracht redet, so Innocenz III. von einer tödtlichen Feindschaft, ohne freilich mit Ansbert den Grund derselben zu bezeichnen. „Du solltest doch daran denken," schrieb er im Jahre 1201 an König Philipp, „welche Nachstellungen er Dir bereitete, als Du Deinen Heimweg aus Palästina durch die Lombardei nahmst. Nur die Hand Gottes hat Dich damals von Demjenigen befreit, der Dir nach dem Leben trachtete."²) Solch' glühenden Haß soll Heinrich noch nach Jahren gehegt haben, er soll ihn gehegt haben, obwohl Philipp von Frankreich Alles vermieden hatte³), was Heinrich VI. verdächtig erscheinen konnte. Daraus mag man auf die Bedeutsamkeit und Größe dessen schließen, was diesen Haß hervorrief.

Man denkt an den Wahlspruch Philipps von Köln: „Nicht ruhen, nicht rasten, bis der Empörung das Haupt zertreten ist, und die kaiserliche Majestät in der Fülle ihrer Kraft dasteht!"⁴) Wie war er diesem Grundsatze untreu geworden! Berthold von Zähringen hatte vor Jahren den König von Frankreich zur Bekämpfung des Kaisers nur eingeladen⁵); in schmeichlerischen Worten hatte auch Heinrich der Löwe Frankreichs Hülfe angerufen⁶); thatsächlich ist nun ein deutscher Fürst mit Frankreich zu gemeinsamem Handeln gegen den Kaiser verbündet.

Aber wir gerathen in Verlegenheit, wenn wir die Art bezeichnen sollen, in der sich die Unterstützung Philipps von Frankreich

---

1) Rex Frantie —, cum — Mediolanum civitatem Liguric veniret, imperatorem Heinricum de Apulia redeuntem in via invenit nec subito convenerunt, sed aliqua dissensionis nebula inter eos latebat, eo quod prius in discordia, quam cum Coloniensi Philippo pater ejus habuit, sibi ipse auxilium praestabat. Ansbert. 78.

2) Serenitati tuae de ultramarinis partibus redeunti paravit insidias. Cum ergo dominus te de manu quaerentis animam tuam liberavit etc. Reg. imp. 64. ed. Baluze 1, 717.

3) So hatte er die Anträge Tankreds zurückgewiesen propter amicitiam, quam erga Henricum imperatorem habuit. Rigord. ap. Bouquet 17, 31.

4) Vgl. Seite 105.

5) Ep. ad Ludovic. VII. ap. Freher 1, 310.

6) S. die Notiz aus dem ungedruckten Cod. epist. reg. Christ. bei Raumer Hohenstaufen 2, 272 Note 2.

äußerte. Da ein offener Kampf zwischen dem Kaiser und dem Erzbischofe während der Dauer dieser Bundesgenossenschaft nicht ausgebrochen ist, so ist auch an eine kriegerische Unterstützung nicht zu denken. Wir wissen nur, daß König Philipp den Folmar von Trier begünstigte und ihm in Frankreich eine Zuflucht gestattete.

Folmar hatte sein Gewaltverfahren fortgesetzt. Allen kanonischen Satzungen spottend, entsetzte er ohne vorhergegangene Vorladung und Untersuchung trierische Prälaten, bannte Geistliche und Laien. Aber noch fühlte er sich zu schwach. Als päpstlicher Legat besaß er höhere Autorität und Machtvollkommenheit. Also sandte er Boten an den Papst, um durch sie die Würde eines päpstlichen Legaten zu erwirken. Urban willfahrte seinen Bitten[1]), und nun erließ Folmar eine Aufforderung an die Geistlichkeit aller Kirchen, um die Mitte des Februar[2]) in Monzon zu einer Synode zusammenzutreten. Hier auf französischem Boden, in der Stadt des Erzbischofs von Rheims, der Folmars thätiger Gönner war[3]), konnte man vor dem Kaiser sicher sein.

Nur Wenige hatten dem Befehle Folmars getrotzt: die trierer Prälaten, die Bischöfe von Toul und Verdun, der Abt von St. Viton zu Verdun. Voran ging der Bischof von Metz, um der Welt zu zeigen, wie heilig er den Eid achte. Besonders zahlreich war der französische Klerus erschienen. Sogar französische Bischöfe sah man in Folmars Umgebung, und diese waren es, welche ihn zu noch größerem Eifer gegen seine Widersacher anspornten. Peter von Toul wurde entsetzt und gebannt; gleiche Strafe voraussehend, hatte Heinrich von Verdun aus freien Stücken seiner Würde entsagt[4]). Der Abt von St. Vito zu Verdun mußte dagegen, mit dem Banne belastet, seine Abtei verlassen[5]). Zu Trier war der Bann schon

---

1) Gesta Trevir. c. 97 — apostolicae sedis legatus nennt sich Folmar in dem einzigen von ihm erhaltenen Schriftstücke. Gallia christ. 13, 575.
2) Februar 15. Gesta Trevir. l. c. — Februar 16. Annal. Mosomag. M. G. 3, 162. — Noch zum 20. Februar ist der Abt von St. Viton vorgeladen. Gallia christ. l. c. — Nach Annal. Colon. max. l. c. hätte der Kaiser den Besuch untersagt.
3) (Folmarum) manutenebat et solatium ei per se et suos semper exhibebat. Gesta Trevir. l. c. Er verhinderte später die Verweisung Folmar's aus Frankreich. c. 98.
4) Hauptquelle sind die Gesta Trevir. c. 97. Dazu kommen Annal. Mosomag. l. c. Annal. Colon. max. l. c. Gesta ep. Virdun. 520.
5) Gallia christ. l. c. Annal. sti. Vitonis M. G. 10, 527.

eine feile Waare¹); freilich wüthete hier nicht weniger das weltliche Schwert gegen die Anhänger Folmars.

Die Vorgänge zu Mouzon mußten vorzüglich den Unwillen des Kaisers gegen Bertram von Metz erregen. Herr Werner von Boland wurde deshalb ausgeschickt, den Meineid Bertrams zu rächen. Von seinem Bischofssitze vertrieben, wandte Bertram sich dorthin, wo seiner voraussichtlich der freudigste Empfang wartete — nach Köln. Erzbischof Philipp übertrug ihm eine Pfründe an der Kirche des heil. Gereon, deren Kanonikus er früher gewesen war²).

Einen Monat später hielt auch Erzbischof Philipp eine große Versammlung in seiner Metropole. Am Palmsonntage den 22. März sah er seine Suffragane und Lehnsmänner, Fürsten und Barone, die ganze Kraft seiner Herzogthümer um sich versammelt. Namentlich werden genannt: Graf Philipp von Flandern, Landgraf Ludwig von Thüringen, die Bischöfe von Metz und Münster. Die Zahl der anwesenden Ritter schätzte man auf 4000³). Ein Leben und Treiben mochte am kölner Hofe herrschen, wie damals, da der Erzbischof zur Vernichtung Heinrich des Löwen sich anschickte. Hier standen, vielmehr stürzten einher, — schildert Guibert von Gembloux die bewegte Scene⁴), — Herzoge, Grafen, die Großen des Landes mit

---

1) Qui ante spiritalis gladii terrore inimicos suos et invasores ecclesiae ferire solebant, nunc in derisum et opprobrium facti sunt.
2) Gesta Trevir. l. c. Gesta ep. Metens. 546. Annal. Colon. max. l. c. Irrig sagt Arn. Lub. l. c.: ad stos. apostolos.
3) Philippus in festo palmarum solempnem curiam Colonie tenuit. Cui Philippus comes Flandrie, Lodewicus lantgravius Thuringie, episcopi Monasteriensis et Eystetensis et omnes nobiles terre ac circiter quatuor (milia) militum intererant. Henric. de Hervordia ed. Potthast. 168. Statt Eystetensis ließ Abel a. a. O. 448 mit Recht: Metensis.
Wir haben eine Urkunde Philipps, ausgestellt in synodo Coloniensi in praesentia priorum et totius cleri et nobilium et ministerialium. 1187 anno episcopatus nostri 20, anno regni Friderici imperatoris 36. Hugo Annal. Praem. 2, 523. Hartzheim Conc. Germ. 3, 439. Man hat die Urkunde in den Herbst 1187 gesetzt, weil annus episcopatus nostri 20 nur auf den Herbst passe. Allein wie schon Weidenbach Calend. medii aevi 232. Note 5 bemerkt, zeigt sich in Philipps Urkunden ein derartiges Schwanken in der Rechnung nach Bischofsjahren, daß dieselben für die Zeitbestimmung wenig werth sind. Die Urkunde könnte daher recht wohl auf der Palmsonntagssynode, aber ebenso gut im Herbst 1187 ausgestellt sein. So möchte es gerathen sein, dieselbe für die Darstellung nicht zu verwerthen. Ihre Zeugen sind: die Bischöfe von Lüttich, Münster, Utrecht, Minden, Osnabrück, die Grafen von Jülich, Berg und Ar, der Herzog Heinrich (von Limburg?).
4) Auszug eines ungedruckten Briefes bei Blum Zufällige Gedanken über das mit der Kölner Kirche verbunden gewesene Erz- und Herzogthum Lotringen 45.

unzähligen Rittern und Reisigen; eine Rathssitzung folgte der anderen, tausenderlei Geschäfte waren zu besorgen. Damals aber hatte es nur gegolten, im Bunde mit dem Reiche einen Herzog zu bekämpfen, heute versicherte sich der Erzbischof seiner Getreuen zum Kampfe gegen den Kaiser. Um wie viel größere Anstrengungen, um wie viel emsigere Geschäftigkeit daher heute!

Der Erzbischof feierte eben den Triumph einer Politik, die er seit seinem Regierungsantritte mit Beharrlichkeit verfolgt hatte. Er hatte erkannt, daß er erst dann mit rechtem Nachdrucke als Herrscher auftreten könne, wenn er überall auch Lehnsherr wäre. Deshalb achtete er es gering, sein Stift mit Schulden zu überbürden, wenn er nur alle Burgen im Umfange seines Herzogthums ankaufen und ihren früheren Eigenthümern als Lehen zurückgeben könnte[1]). So zog er nicht allein die Großen seines Landes, sondern auch die benachbarten Fürsten in den kölner Lehnsverband. Bezeichnend für die Macht und Bedeutung, welche Köln dadurch gewann, ist die Vorstellung eines Engländers, wonach die Hut der kölner Thore zehn Fürsten anvertraut sei[2]). Namentlich waren es die Niederrheiner, die als kölner Lehnsträger in politischen Fragen stets ihre Losung von Köln empfingen. Sie sind es denn auch jetzt, welche mit dem Erzbischofe im Bunde stehen. Den Herzog von Limburg kennen wir schon als Anhänger Folmar's[3]), er möchte daher nicht am kölner Hofe gefehlt haben[4]). Mit dem Herzoge von Brabant, mit den Grafen von Flandern und Namur ist der Erzbischof eben zu einer Intrigue gegen den Grafen von Hennegau verbunden[5]). Den Grafen von Flandern, Philipps Verwandten[6]), sehen wir jetzt in seiner Umgebung. Damit das streitlustige Friesland den Erzbischof nicht unter-

---

1) S. S. 108 Note. 4.

2) Decem principes constituti sunt custodes portarum civitatis Coloniae, quorum nomina haec sunt: etc. Roger. Hoveden. 339.

3) S. Seite 37 Note 3.

4) Umsoweniger als Erzbischof Philipp von ihm erworben hatte omne allodium, quod dux habuit, preter Arlo et preter Lymborg et preter Nylo. — Lebebur Gesch. v. Blotho 109 — und der Herzog die früheren Allode nur von Köln zu Lehen trug. Vgl. Seite 131 Note 3.

5) Comes Namurcensis Henricus instinctu Coloniensis archiep. et comitis Flandrine et ducis Lovaniensis, qui in exhaereditationem comitis Hanoniensis moliebantur, etc. Gisleb. 154.

6) Der Erzbischof urkundet ob petitionem dilecti cognati nostri Philippi illustris comitis. Ennen und Eckertz Quellen z. Gesch. d. Stadt Köln 1, 578.

Sechstes Kapitel.

stützen könne, sollte der Kaiser, wie das wohl unbegründete Gerücht ging, einen Krieg angestiftet haben, in dem der Bischof von Utrecht, die Grafen von Holland, Geldern, Cleve, Bentheim, aber auch der Herzog von Brabant verwickelt waren[1]).

Wie fest das Band zwischen dem Erzbischofe und seinen abhängigen Fürsten war, das hatte sich schon früher einmal gezeigt: als der Erzbischof vom Kaiser beleidigt, den mainzer Hof verlassen wollte, da erklärte zunächst der Pfalzgraf bei Rhein, dann der Herzog von Brabant und ein Großer nach dem andern, er müsse dem Kölner als seinem Lehnsherrn folgen[2]).

Damals hatte freilich der Landgraf von Thüringen, den wir jetzt zu Köln finden, den Grafen von Nassau wegen seines unselbständigen Handelns verspottet; dann aber war er selbst dem Kölner nachgegangen und nicht früher von ihm gewichen, als bis er seine Gunst wiedererlangt hatte. Dieser Vorgang wird sich nach dem gelnhauser Hofe, welchen der Landgraf besucht hatte[3]), in ähnlicher Weise wiederholt haben. Enger noch mochte die Verbindung geworden sein, seitdem der Erzbischof bedeutende Ankäufe vom Landgrafen gemacht hatte[4]). Da hatte dieser allen Grund seinem Schuldner, der bekanntlich der schlechteste Zahler war, sich willfährig zu zeigen[5]).

Wen nicht die Lehnspflicht nach Köln führte, der folgte dem Befehle des Metropoliten und päpstlichen Legaten; und mit der politischen Versammlung verband Philipp wohl eine kirchliche Feier. Als er nach hergebrachter Weise, jetzt umgeben von Bischöfen, Aebten und Prälaten, bei der Kirche der heil. Maria ad indulgentias der gläubigen Menge den Ablaß ertheilte[6]), da mochte er

---

1) Tunc etiam inter Baldewinum Trajectensem episcopum et Ottonem comitem de Gelre bellum grave committitur pro terra Velewe, — quod voluntate imperatoris agitari ferebatur, quominus auxilii partes ille ferrent Coloniensibus et ne naves in superiora ire potuissent. Annal. Colon. max. l. c. Das Genauere giebt der Auctor. incert. de rebus Ultraject. l. c.
2) Arn. Lub. 3, 12.
3) Regest 85.
4) Im Jahre 1188 sagt Philipp: Hanc summam pecunie et maiorem dedimus lantgravio propter castra et predia, que ab ipso emimus. Lacomblet Niederrh. U.-B. 1, 358. Ausführlicher spricht über diese Ankäufe Erzbischof Arnold im Jahre 1197, als er den Rest der Schuld zahlte. Lacomblet 1, 385.
5) Usinger Deutsch-dänische Gesch. 59 nennt den Landgrafen einen „der rührigsten Parteimänner seiner Zeit." Ich sehe mich vergebens nach dem Beweise dafür um. Ludwig ist ein frommer Mann, guter Haudegen und sehr schwacher Charakter.
6) — iuxta ecclesiam beatae dei genetricis Mariae — episcopia in die

Vielen ganz als der begeisterte Verfechter des Papstes erscheinen, da mochten Viele den Verdacht, die Sache des Papstes diene ihm nur zur Folie, von sich weisen. Des herrlichen Erzbischofs freute sich namentlich das heilige Köln, Roms getreue Tochter[1]), wie sie auf ihren Siegeln nicht mit Unrecht sich nennt. Sie war entschlossen, mit dem Erzbischofe im Kampfe gegen Kaiser und Reich auszuharren und die nöthigen Opfer nicht zu scheuen.

In Folge dieser Versammlung ergriff der Kaiser die dargebotene Gelegenheit, mit einer auswärtigen Macht ein Bündniß gegen den Erzbischof von Köln zu schließen. „Uneingedenk der glorreichen Dienste des Erzbischofs, verbündete er sich mit dem Könige von Frankreich."[2]) Also derselbe König, der noch kurz zuvor mit dem Erzbischofe gegen den Kaiser verbündet war, der verbündet sich nun mit dem Kaiser gegen den Erzbischof. Dieser schnelle Wechsel mag auffallen; aber noch mehr müßte es auffallen, daß der mächtige Kaiser, auf dessen Seite zudem die meisten Fürsten stehen, sich mit einer auswärtigen Macht verbündet, — wenn nicht auch der Erzbischof seine politischen Verbindungen erweitert und der Kampf größere Ausdehnung anzunehmen gedroht hätte.

In einer bedeutsamen Stelle sagt Arnold von Lübeck: „Alles Widerwärtige, so den Kaiser nach der Rückkehr Heinrich des Löwen traf, sei es vom Papste, vom Erzbischofe von Köln oder von Knud, dem Könige von Dänemark, der eine Tochter des Herzogs zur Gemahlin hatte: Alles schrieb er auf Rechnung des Herzogs, weil er argwöhnte, es sei durch oder für denselben geschehen[3])."

Zwar fehlt jedes sichere Zeugniß, daß Herzog Heinrich an der Opposition sich betheiligt habe; wenn er aber später den offenen Kampf nicht scheute, so möchte er jetzt den Feinden des Kaisers wenigstens nicht fern gestanden haben. Und heißt es auch, aus

---

palmarum consuetudinis est, populo facere indulgentiam. Caesar. Heisterb. Dialog. 6, 5.

1) Vgl. den Brief bei Ennen und Eckertz Quellen z. Gesch. d. Stadt Köln I, 532.

2) Unde imp. oblitus servitiorum gloriosissimorum contra ipsum Philippum cum rege Francorum est confoederatus. Henric. de Hervordia l. c.

3) Arn. Lub. 3, 13.

England zurückgekehrt, habe er sich mit seinen Hausgütern begnügt[1]), so lesen wir doch von einer großen Zwietracht, welche Heinrich damals mit dem Herzoge von Sachsen um den Besitz des Herzogthums hatte[2]). Ferner, als der Kaiser beim Antritte seines Kreuzzuges von Heinrich verlangte, er solle abermals Deutschland verlassen, wollte man bestimmt wissen, der Kaiser habe gar sehr für seinen Sohn gefürchtet[3]). Nun, wenn Heinrich es über sich vermocht hätte, die günstige Gelegenheit, mit dem Papste und dem mächtigsten Fürsten Deutschlands sich zu verbünden, unbenutzt zu lassen, so hätte er dadurch ja seine aufrichtige Friedensliebe aller Welt geoffenbart, und die Furcht des Kaisers, die sich nachmals nur zu richtig erwies, hätte jeden Grundes entbehrt.

Papst und Welfe sind natürliche Bundesgenossen gegen den Staufer. Als dritte Macht tritt Köln hinzu. Durch Rom und Köln, mit welchem die Niederrheiner verbunden sind, ist nachmals der Welfe Otto zum Throne gelangt. Weshalb sollte diese Verbindung, die später so bestimmt hervortritt, nicht schon im jetzigen Kampfe geschlossen sein, da sich dieselben Interessen begegneten? Freilich war Köln erst durch den Sturz Heinrichs so mächtig geworden, aber Heinrich und die späteren Welfen hatten nur die Wahl, dem Kaiser getreu, Herren von Braunschweig und Lüneburg zu bleiben, — denn wenn Friedrich dem Herzoge auch Hoffnungen gemacht hatte, er selbst hätte sie auf legalem Wege schwerlich befriedigen können, — oder im Bunde mit Köln zu höherer Macht und Stellung zu gelangen. Das scheint schon der staatskluge Heinrich von England erkannt zu haben, als er auf jede Weise bemüht war, seinen Schwiegersohn mit dem Erzbischofe zu versöhnen. Unter solchen Verhältnissen konnte es denn auch dem Kölner nicht schwer fallen, seine frühere Feindschaft gegen den Welfen ganz zu vergessen. Zwar hatte er sich zu London nur ungern mit ihm versöhnt, aber die Lage der

---

1) — de Anglia rediit proprio tantum contentus patrimonio. Annal. Colon. max. l. c. — reversus est — contentus patrimonio suo. Arn. Lub. l. c. — rediit in Saxoniam suo tantum contentus patrimonio. Radulf. de Diceto 629. Doch bezieht sich das contentus zunächst nur auf das rediit.

2) Arn. Lub. 3, 28.

3) — illud posteris nostris sciendum transmittimus, quod ante perfectionem suam suspectum habens Henricum ducem Saxonie, coram principibus eum sacramentum exulandi sex annos prestare coegit, quia filio suo regi in monarchia relicto imperii vehementer extimuit. Annal. Reinhardsbr. 46.

Dinge war seitdem eine andere geworden. Wie naheliegend und natürlich überhaupt eine Verbindung des Erzbischofs mit Heinrich dem Löwen erschien, zeigt bestimmt genug der zwiefache Argwohn, des Kaisers und seines Sohnes.

Vom Dänenkönige Knud glaubte man vielfach, „er suche eine Gelegenheit, wegen seines Schwiegervaters, des Herzogs Heinrich, gegen den Kaiser sich aufzulehnen." [1]) Doppelt hatte er diesen beleidigt: einmal hatte er die verlangte Lehnshuldigung verweigert, dann die Slaven, welche dem Reiche unterthänig waren, seiner Botmäßigkeit unterworfen [2]). Darüber hatte der Kaiser schon längst geklagt; jetzt war der Sommer herangerückt, in dem der Vertrag von Lübeck ablief, und Knud verweigerte seiner Schwester, der schon am kaiserlichen Hofe weilenden Braut des Herzogs von Schwaben, die bedungene Morgengabe. Unverrichteter Sache mußten die Gesandten des Kaisers, die mit der Forderung beauftragt waren, nach Deutschland zurückkehren. In offener Feindschaft erklärte Knud bald darauf, ihm gehöre das Land der Wagrier, Holsaten, Sturmaren und Polaben bis an die Elbe, das er demnach mit Raub und Plünderung heimsuchen ließ [3]).

Zu diesen „Widerwärtigkeiten, die Knud dem Kaiser bereitete", hat vielleicht die Rücksicht auf seinen Schwiegervater mitgewirkt. Stets hat man eine Verbindung beider geargwöhnt: als Heinrich im Jahre 1189 wider sein eidliches Versprechen nach Deutschland zurückkehrte, da hieß es, es sei auf Veranlassung des Königs von England und Knuds von Dänemark geschehen [4]), und wieder glaubte man im Jahre 1194, Knud wolle seinem Schwiegervater zu Hülfe eilen [5]).

Der Stiefvater des Dänenkönigs war seit dem Beginn des Jahres 1186 der Landgraf von Thüringen [6]). Und dieser stand, wie wir wissen, in engen Beziehungen zum Erzbischofe von Köln. Mit dem Landgrafen und dem Könige von Dänemark war ferner

---

1) Arn. Lub. 3, 12. Vgl. Usinger Deutsch-dänische Gesch. 59. 60.
2) Arn. Lub. 3, 7.
3) Arn. Lub. 3, 21.
4) Annal. Colon. max. 796.
5) Arn. Lub. 4, 17.
6) Arn. Lub. 3, 15. Vgl. Usinger a. a. O. Die Hochzeit war circa dies illos = Hochzeitsfeier König Heinrichs, auf welcher der Landgraf noch anwesend war.

ein Mann befreundet, der wieder ein Freund des Erzbischofs war: Graf Adolf von Holstein. Als der Thüringer die Mutter des Dänenkönigs an der Eider erwartete, „da gab ihr Graf Adolf ein ehrenvolles Geleite durch sein Land und bewirthete sie gar reichlich, sowohl dem Könige zu Ehren, als aus Freundschaft für den Landgrafen"[1]). Seine Freundschaft mit dem Erzbischofe von Köln beruhte auf Familienverbindung. Vor wenigen Jahren hatte Adolf eine Nichte desselben heimgeführt. Der Erzbischof selbst hatte die Heirat vermittelt und durch ihn, heißt es, gewann Adolf jetzt einen bedeutenden Einfluß[2]).

Doch auf die genannten Mächte des Continents beschränkte sich die Verbindung nicht, sie reichte hinüber nach England.

So wenig in unseren Zeiten die Politik von Familienverbindungen beeinflußt wird, so sehr geschah es während des ganzen Mittelalters. Der natürliche Bundesgenosse Heinrich des Löwen war daher sein Schwiegervater von England. Wir erwähnten schon, wie dieser im Jahre 1180 mit Frankreich und Flandern dem bedrohten Löwen zu Hülfe eilen wollte, aber nicht konnte[3]). Er fand nun eine große politische Verbindung gegen den Kaiser vor, sollte er gezögert haben ihr beizutreten, da er durch sie die Erhöhung seines Schwiegersohnes hoffen durfte? Mit Köln war England überdies durch gemeinsame Handelsinteressen verbunden; gemeinsame Gefahren, mit denen Frankreich drohte, bedingten das Zusammengehen Englands mit den niederrheinischen Fürsten, den Freunden Kölns, namentlich mit Flandern und Brabant. Denn einem Manne, wie König Philipp, der da meinte, „seine Person genüge zur Herrschaft der Welt"[4]), war sein Frankreich viel zu klein. England und die Niederrheiner waren dazu ausersehen, sein Königreich ein wenig abzurunden. Und eben stand ein Krieg zwischen England und Frankreich bevor. Da ist wohl Nichts bedeutsamer, als daß der Graf von Flandern am 17. Februar zur Begrüßung des englischen Königs, der mit Heeresmacht aus England herüberkam, nach dem Landungsplatze Witsant geeilt war[5]) und bald darauf, am 22. März,

---

1) Arn. Lub. 3, 16.
2) Arn. Lub. 3, 1. Um diese Zeit erscheint der Graf am Hoflager des Erzbischofs: am 5. März und im August 1186.
3) S. Seite 59. 60.
4) Hist. regum Francor. ap. Bouquet 17, 426.
5) Bened. Petrob. 2, 465.

am Hofe des Erzbischofs von Köln erscheint. Dem entsprechen denn auch die Beziehungen des Königs von England zum Kaiser selbst. Jene Freundschaft beider Herrscher, wie sie im Jahre 1184 in den Verhandlungen über die Rückkehr Heinrich des Löwen sich gezeigt hatte¹), war längst erkaltet, Feindschaft war an ihre Stelle getreten²), und man konnte bald glauben, der Kaiser wolle gegen England zu Felde ziehen.

Von dieser weitverzweigten Verbindung redet auch ein Zeitgenosse, der freilich nicht die Absicht hatte, wahre Geschichte zu schreiben, dem die Zeitereignisse vielmehr nur zum Spiele seiner Phantasie dienen, dessen Worten wir aber hier, auf Grund der angeführten Thatsachen, unsern vollen Glauben schenken dürfen. Er läßt den Kaiser an seinen Sohn schreiben: „Früherer Feindseligkeiten des Erzbischofs von Köln zu geschweigen, solltest Du seine neuesten im Auge behalten, die er im Bunde mit den Königen von England und Dänemark, mit Heinrich von Braunschweig und dem Grafen von Flandern dem ganzen Reiche und vornehmlich Dir zum Schaden anstiftet."³)

Daraus also erklärt sich das Bündniß zwischen dem Kaiser und dem Könige von Frankreich. Da der ganze Nordwesten Europas eine feindliche Stellung gegen den Kaiser einnahm, da England und Flandern die Feinde des Königs von Frankreich waren, so war ein Bündniß zwischen dem Kaiser und dem Könige von Frankreich fast eine Nothwendigkeit. Von dem Letzteren war die Anregung ausgegangen, dann aber war es der Kaiser, der mit aller Energie das Zustandekommen desselben betrieb; „denn er glaubte," wie es hieß, „daß ihm die Freundschaft des Königs von Frankreich in vieler Beziehung nützlich sein könne." Gesandten gingen von hüben und drüben, und es währte nicht lange, bis das Bündniß durch Goldbullen besiegelt

---

1) S. Seite 59. 60.

2) — qui (sc. rex Angliae) tunc temporis gravem animum gerebat contra imperatorem. Gesta Trevir. c. 98.

3) Vgl. Beilage VI.: Ueber einen ungedruckten leipziger Codex.

4) Per idem tempus rex Franciae Philippus illustris et magnificus juvenis per internuntios agebat, ut confoederarentur ad invicem contra omnes inimicos suos. Quod imperator benigne acceptans, coepit esse auctor hujus confoederationis, ratus, sibi in multum prodesse favorem regis Franciae posse. Confirmatum est ergo foedus amicitiae inter duos principes terrae, et bullis eorum aureis in scripto roboratum. Gesta Trevir. l. c. — Imp. cum rege Francorum missis utrinque nunciis in multa amicitia foederati sunt. Annal. Magdeb. l. c. Vgl. Seite 134 Note 2.

Sechstes Kapitel.

wurde. Leider kennen wir den Inhalt desselben im Einzelnen nicht, wir wissen nur, daß es den Kaiser und den König zu Schutz und Trutz gegen alle ihre Feinde verpflichtete, daß der König namentlich die Ausweisung Folmars von Trier aus seinem Reiche versprach[1]).

So hatte sich ein System politischer Verbindungen gebildet, das nun für lange Zeit die Geschicke Mitteleuropas bestimmte, — zum Nachtheile Deutschlands, denn der Sieg, welchen Frankreich im Jahre 1214 bei Bouvines errang, welcher den apulischen Knaben, das Werkzeug Frankreichs, auf den deutschen Thron erhob und den deutschen Namen zum Spotte der Franzosen machte[2]), — Frankreich verdankt ihn jenem Systeme.

Es geschah wohl im Vertrauen auf die feindliche Stellung, die der ganze Nordwesten Europas gegen den Kaiser einnahm, daß Urban nicht allein in seiner Feindschaft verharrte, sondern weiter ging. Wahrscheinlich hatte er die Beschlüsse des gelnhausener Hofes noch nicht empfangen, als er den Kaiser zur Verantwortung vor seinen Richterstuhl lud[3]), weil er sich geistlicher Dinge angemaßt habe, wie es hier heißt[4]); weil er das Land der Gräfin Mathilde nicht ausliefern wolle, das Spolien- und Regalienrecht übe und Nonnenklöster aufgehoben habe, wie es dort heißt[5]). Der Kaiser richtete sofort eine Gesandtschaft an den Papst[6]); aber wie Urban durch die Mahnung der Bischöfe, die er mittlerweile erhalten hatte, nicht auf andere Bahnen gelenkt wurde, so blieb auch die Gesandtschaft des Kaisers ohne Erfolg. Urban sprach das Schuldig über ihn aus, er drohte ihm mit dem Banne[7]); nach einem vereinzelten

---

1) Gesta Trevir. l. c.
2) Ex quo tempore nomen Theutonicorum satis constat apud Gallicos viluisse. Chron. mont. sereni 243.
3) Nach der chronologischen Anordnung bei Arn. Lub. 3, 19 und Annal. Pegav. l. c. folgte die Citation dem gelnhausener Hofe (November 28), und so wird es wohl richtig sein, denn wenn der Kaiser schon früher vorgeladen wäre, so würde auf dem gelnhausener Hofe gewiß darüber geklagt sein. Aber die Citation muß bald nach dem Hofe erfolgt sein, denn ihretwegen schickt der Kaiser noch im selben Jahre Gesandte an den Papst.
4) — quod spiritualia suo iuri vindicasset. Annal. Pegav. l. c.
5) Arn. Lub. l. c.
6) S. Beilage II. Nr. 13.
7) Nuncii imperatoris ab apostolico sine pace redierunt sententia contra

aber gleichzeitigen Berichte soll er sogar daran gedacht haben, den
Kaiser und seinen Sohn zu entsetzen, einen Anderen auf den deutschen Thron zu berufen¹). Was Alexander III. während eines berechtigten Kampfes nimmer gewagt hatte, dessen hätte sich also nun
in seinem Hasse und seiner Herrschsucht ein Papst erdreistet, der
den ungerechtesten Kampf gegen den Kaiser führte.

Die Lage des Kaisers wurde dadurch nicht geändert. Urbans
Drohungen konnten die treuen Fürsten in ihrer Treue nicht erschüttern.
Nicht einmal vermochten sie den Trotz des Kaisers herauszufordern.
Noch immer beseelte ihn dieselbe Friedensliebe.

Gleich nach dem gelnhausener Hofe hatte er sich nach Baiern
gewandt. Schon das Weihnachtsfest beging er wohl zu Nürnberg;
hier erließ er in den letzten Tagen des Jahres sein berühmtes Gesetz
zur Wahrung des Landfriedens²); dann begab er sich nach Regensburg, wohin die Fürsten des Reiches zu einer abermaligen Berathung
beschieden waren. Mit 17 Bischöfen eröffnete er am 15. Februar
den Hof³), welcher bis Ostern währen sollte. Konrad von Mainz,
Wichmann von Magdeburg, Adalbert von Salzburg konnten nicht
fehlen. Dem Rufe des Kaisers waren ferner gefolgt: die Bischöfe
von Bamberg, Würzburg, Regensburg, Eichstädt, Freising, Passau,
Trient, Prag; die Herzöge von Schwaben, Böhmen, Oesterreich,
Baiern; die Markgrafen von Meißen, Lausitz, Mähren und An-
dechs⁴). Leider scheinen die Lübecker nicht anwesend gewesen zu sein
und so blieben dem Arnold von Lübeck, dem wir einen so ausführlichen Bericht über die Vorgänge des gelnhausener Hofes verdanken,
die zu Regensburg gepflogenen Verhandlungen unbekannt. Und

---

eum duta pro usurpatione spiritualium. Annal. Pogav. l. c. — inter apostolicum et imperatorem de pace agebatur, sed nichil profuit, quia de excommunicatione imperatoris et regis agebat (papa). Annal. Marbac. l. c. — imperatorem — excommunicare decrevit. Arn. Lub. l. c. — Ueber die angebliche
Bannbulle s. Beilage VIII. Nr. 1.

1) Ex magnis causis oritur simultas inter Urbanum et Fredericum, ita
quod papa imperatoris depositionem cogitat et ad hoc studiose laborat. Nicol.
Ambianens. ap. Bouquet 18, 901.

2) Regest 86.

3) — cum 17 episcopis et cum omnibus principibus Bawarorum permaxi-
mam curiam celebravit et inibi totam quadragesimam et pasca peregit. Annal.
Ratispon. 563. — Fridericus dux (Bohemiae) cum omnibus primatibus terrae
suae, similiter et dom. episcopus Henricus cum abbatibus et universo clero
vocati sunt ad curiam caesaris et magna synodus habita est. Cont. Cosmae
M. G. 9, 166.

4) Regest 87.

damit auch uns, denn der Einzige, welcher genauere Nachrichten über diesen Hoftag giebt, der Abt von Mühlhausen[1]), hat als Böhme nur ein Interesse für die Verhandlungen und Beschlüsse, welche die Reichsunmittelbarkeit des Bisthums Prag betreffen. Wir wissen nur, daß der Kaiser beschloß, noch einmal eine Gesandtschaft an Urban zu richten. Wem er dieselbe übertragen würde, konnte nicht zweifelhaft sein. Konrad von Mainz durfte nicht mit einer abermaligen Reise belästigt werden; Wichmann von Magdeburg war hochbetagt; in alle Verhältnisse eingeweiht, mit Klugheit und Beredtsamkeit begabt[2]) war vor Allen Gottfried von Würzburg, der noch als Reichskanzler den Verhandlungen zu Verona beigewohnt hatte. Letzteres galt auch von dem Bischofe von Bamberg[3]) und dem Abte von Hersfeld[4]). So verließen denn diese Drei im März oder April das kaiserliche Hoflager[5]), um noch einmal zu versuchen, ob eine Verständigung mit dem Papste möglich sei.

Der Kaiser begab sich nach Augsburg, wo er der Einweihung von St. Udalrich und Afra beiwohnte und selbst an der Uebertragung der Gebeine des heil. Udalrich Theil nahm[6]). Hier finden wir auch den Bischof von Münster, der am 22. März zu Köln erschienen war. Er mochte sich deswegen jetzt vor dem Kaiser rechtfertigen wollen. Auch der Bischof von Toul, den Folmar von Trier seines Amtes entsetzt und gebannt hatte, war zugegen. Auf seine Veranlassung mag der Kaiser sich nach Toul selbst begeben haben. Zunächst gelangte er nach Donauwörth[7]) und Giengen, wo ihn dieselben Erzbischöfe und fast alle Bischöfe umgeben, die wir zu Regensburg fanden[8]). Das Pfingstfest feierte er dann in Toul[9]). Hier sehen wir ihn bemüht, sich im Westen des Reiches eine zuverlässige Stütze gegen Köln und seinen niederrheinischen Anhang zu sichern.

---

1) Gerlac. abb. Milovicens. M. G. 17, 693. 703.
2) Vgl. S. 57. Note 3.
3) Regest 14. 15.
4) Regest 17.
5) S. Beilage II. Nr. 14.
6) Annal. st. Udalrici et Afrae. M. G. 17, 430.
7) Regest 88.
8) Regest 89.
9) Gisleb. 159. Fälschlich sagen dagegen die Annal. Colon. max. l. c. pentecosten Aldeburg celebrat.

Wir gedachten schon einer Verbindung, welche der Erzbischof von Köln mit dem Herzoge von Brabant, den Grafen von Flandern und Namur gegen den Grafen von Hennegau geschlossen hatte. Der Grund dieser Feindschaft war folgender. Graf Balduin von Hennegau war rechtmäßiger Erbe aller Güter, die der Graf von Namur in den Graffschaften Namur, de la Roche, Luxemburg und Durbui besaß. Der Oheim von Namur selbst hatte noch im Jahre 1184 dem Neffen von Hennegau durch Scholle und Zweig seine Besitzungen auf den Todesfall übertragen, und der Kaiser hatte ihm gleichzeitig die Nachfolge verbrieft. Der Hennegauer wäre durch diesen Zuwachs seiner Macht der reichste Fürst des linken Rheinufers geworden. Dadurch wäre aber auch der Einfluß, den Köln in den niedern Landen behauptete, nicht wenig beeinträchtigt und Brabant und Flandern völlig überflügelt worden. So sehr daher diese Machtvergrößerung Hennegaus im Interesse des Reiches lag, so sehr widerstrebte sie den Interessen Kölns, Brabants und Flanderns. Sie zu verhüten hatten Erzbischof, Herzog und Graf den Grafen von Namur bestimmt, seine verstoßene Gemahlin wieder zu sich zu nehmen. Es wurde ihm eine Tochter geboren, die er bald nach ihrer Geburt mit dem Grafen von Champagne verlobte, dem er auch trotz der früheren Verträge die Nachfolge zusicherte. Darob hatte sich nun der Graf von Hennegau an den Kaiser gewandt, und dieser erwiderte ihm, er würde die Lehen des Grafen von Namur nur ihm leihen und nicht dulden, daß ein Franzose, wie der Graf von Champagne, die Eigengüter erhielte[1]).

So hatte sich der Kaiser in den niedern Landen einen Fürsten verpflichtet, der in seiner Freundschaft um so zuverlässiger sein mußte, als seine eigenen Interessen auf dem Spiele standen. Und auch die Macht des Hennegauers war nicht zu unterschätzen, hatte er doch vor Kurzem sein Land und seine Burgen gegen die verbündete Macht des Erzbischofs von Köln, des Herzogs von Brabant und Grafen von Flandern männlich und rühmlich zu vertheidigen gewußt[2]).

---

1) Die Belege giebt Ficker Vom Reichsfürstenstand 1, 108. 109. Der Gewährsmann Gislebert war selbst als Unterhändler nach Toul gekommen.
2) Gisleb. 140. 141. 285.

Sechstes Kapitel.

Im Juni standen die französischen und englischen Heere schlagbereit sich gegenüber; im Juni war auch der Kaiser zu einem Kriegszuge gerüstet. Beide Ereignisse werden von einem Zeitgenossen in Zusammenhang gebracht. Der Sohn des Königs von England, heißt es, sei in Frankreich eingebrochen, Philipp von Frankreich habe dann die Hülfe des Kaisers angerufen und die Furcht vor diesem habe den Engländer sofort zum Frieden bestimmt[1]). Ob dem so ist, muß dahin gestellt bleiben. Der Kaiser hätte sich, wenn er dem Könige von Frankreich zu Hülfe eilen wollte, freilich nur als vertragsmäßigen Bundesgenossen zu Schutz und Trutz bewährt, und Philipp von Frankreich soll in der That seine Hülfe erwartet haben[2]). Sicher aber ist, daß man zu Köln und am Rheine glaubte, der Krieg gegen Frankreich diene dem Kaiser nur zum Vorwande, um desto sicherer Köln überfallen zu können. Daher herrschte überall die größte Furcht[3]); nur die Kölner theilten den Muth ihres Erzbischofs; die Bürger der ersten[4]) Stadt Deutschlands rüsteten sich wieder zum Kampfe gegen einen Kaiser. Schon zu Anfang des Jahrhunderts hatten sie der ganzen Macht Heinrich' V. widerstanden[5]); Lothar III. hatten sie einst aus ihrer Stadt vertrieben[6]), und auch Kaiser Friedrich hatte ihren Trotz erfahren. Aber vor ihm hatten sie sich beugen und ihm große Strafsummen zahlen müssen[7]). Jetzt schienen sie die damals erhaltene Lehre vergessen zu haben; soll schon früher der Erzbischof die kölner Festungsbauten verstärkt haben: nun scheuten auch die Kölner weder Kosten noch Mühen, neue Stadtthore zu erbauen, die Gräben auszubessern[8]). Andere

---

1) Richardus filius Henrici regis Anglie — terram regis Francorum Philippi cum copiis suis invadit. Unde idem rex Francorum opem Friderici Romanorum augusti adsciscit, pro cuius metu Anglicus treugis datis ab incepto desistit. Annal. Colon. max. l. c.

2) — in quo (sc. imperatori) praedictus rex Francorum magnam fiduciam ei auxiliandi contra regem Angliae habebat. Bened. Petrob. 2, 446.

3) In Coloniensi episcopatu pavor ingens exoritur. Nam de imperatore rumor celebravit, quod exercitum per terram Coloniensium in auxilium Franci regis ducere re autem vera Coloniam in obsidione vallare intenderet. Annal. Colon. max. l. c.

4) Vgl. Ficker Engelbert d. Heil. 238. Ennen Gesch. d. Stadt Köln 1, 482.

5) Annal. Colon. max. 749.

6) Jaffé Gesch. d. Reichs unter Lothar III. 150.

7) Annal. Colon. max. 783.

8) Colonienses fossatum civitatis restaurant et in aedificiis novarum portarum insudant. Annal. Colon. max. 792. — Colonienses maximis studiis et sumptibus civitatem suam munientes eam cum muro cinxerunt firmissimo,

Städte befestigte der Erzbischof, der auch die Besatzung seiner Burgen vermehrte und für ausreichende Lebensmittel sorgte¹). Gleichwohl hatte der Kaiser, wie ein Kölner selbst versichert, nichts Feindliches gegen Köln im Sinne und so war er sehr ungehalten, als er von den Rüstungen der Kölner hörte²). Bald wurde ihm Grund zu größerem Unwillen geboten. Als er gegen die Mosel vorrückte, trat ihm der Erzbischof entgegen und vereitelte seine Pläne, welche sie auch sein mochten, durch Zerstörung einer breiten Schiffbrücke³), die der Kaiser über die Mosel hatte schlagen lassen.

Daß der Erzbischof nun zur Verantwortung gezogen wurde, war zu erwarten. Am 15. August sollte er zu Worms vor Kaiser und Reich sich rechtfertigen⁴); mit ihm alle Fürsten und Edlen, die auf seiner Seite standen. Doch der Erzbischof kam nicht, ließ sein Ausbleiben nicht einmal anzeigen⁵). Dagegen erschienen einzelne seiner Freunde und Lehnsmänner: in erster Reihe der Landgraf von Thüringen, ein trauriges Bild der Charakterschwäche, dann die Grafen von Sain, von Arnsberg und Jülich⁶). Da der Hof zu Worms gehalten wurde, so möchte sich der Bischof von Worms,

---

Otto Sanblas. c. 31. — (archiepiscopus) civitatem Coloniam novo vallo ampilari et portis fortissimis muniri fecit ad resistendum se praeparans. Caesar. Heisterb. Catalog. 278. — Mauern erhielt Köln jedoch erst 1200. Annal. sti. Gereonis M. G. 16, 733. Um 1198 hatte es noch keine Mauern. Gesta Trevir. c. 101.

1) Archiepiscopus castella custodiis et victualibus, oppida fossis et muris munit. Annal. Colon. max. l. c.

2) Attamen constat, quod imperator contra Colonienses tunc temporis nichil pravum moliebatur. Et ideo dum ad eum delatio cucurrisset de tumultatione et apparatu eorum graviter tulit. Annal. Colon. max. l. c.

3) — pontem — trans Mosellam latissimum de navibus et trabibus transituris fieri iusserat. Annal. Colon. max. l. c. — imp. contra Philippum hunc pontem per Mosellam fieri iussit, quem adiutorio dei Philippus ipse vi rupit et omnes machinationes eius elisit. Henric. ab Hervordia. l. c. — Philippus — exercitum imperatoris inhibuit, transire Rhenum et partes suas. Annal. Pegav. 266, fälschlich nach der Sonnenfinsterniß vom September. — Fechner Leben Wichmann's von Magdeburg 420 sagt, Philipp sei dem Kaiser mit 120,000 Mann entgegengetreten. Den Beweis dafür habe ich vergebens gesucht.

4) S. Beilage V. Nr. 5.

5) — nec venit, nec negavit. Annal. Magdeb. l. c.

6) Regest 93. Die Grafen von Sain und Jülich waren noch am 31. Juli beim Erzbischofe in Köln. Lacomblet Niederrh. U.-B. 1, 353. Stumpf Zur Kritik deutscher Städteprivilegien a. a. O. 631, vermuthet „in ihnen die Gesandten des Erzbischofs und die Vermittler eines letzten Vorschlages." Die in voriger Note angeführte Stelle spricht eben nicht dafür. Es scheint viel wahrscheinlicher, daß die bedeutenderen Parteigänger des Erzbischofs eben so zur Verantwortung vorgeladen wurden, wie der Erzbischof selbst.

der nach unserer Vermuthung zu den Gegnern des Kaisers zählte, demselben schon früher wieder zugewandt haben; thatsächlich finden wir ihn wenigstens jetzt an der Seite des Kaisers. Ferner sind der Bischof von Utrecht und der Graf von Bentheim gekommen, sei es um sich von einer Verbindung mit dem Erzbischofe zu reinigen, sei es um gegen ihre Feinde Klage zu erheben[1]). Außer ihnen sehen wir den Erzbischof von Mainz, die Bischöfe von Lüttich und Meißen, die Herzöge von Schwaben und Oesterreich, den Pfalzgraf bei Rhein, der auch ein Lehnsmann des Kölners ist, den Markgrafen von Meißen. Endlich wird auch Rudolf der Erwählte von Trier genannt[2]).

Der Kaiser warf den Fürsten, die seinen Verdacht erregt hatten, ihre reichsfeindlichen Pläne vor; sie aber leugneten und rechtfertigten sich durch einen Eid[3]). Dann klagte er über Philipp von Köln, wie er überall das Gerücht ausgestreut habe, er wolle nicht Frankreich zu Hülfe kommen, sondern Köln befehden, wie er ihm den Durch= zug durch ein Land seines Reiches verweigert habe. Auch über die Kölner klagte er, und um sie für ihren Frevel zu bestrafen, befahl er den Rhein, die Lebensader ihres Handels, mit dem Jakobstage für sie zu sperren[4]).

Von Worms scheint sich der Kaiser nach Lautern begeben zu haben, und hier war es, wo ihn die Gesandten trafen[5]), die lange Zeit am päpstlichen Hofe unterhandelt hatten. Das Resultat ihrer Sendung war ein günstiges. Urban hatte sich wider Erwarten nach= giebig gezeigt. Wenn auch kein Friede, von dem gesprochen wird, zu Stande gekommen ist, so haben wir doch den vollgültigen Beweis, daß wenigstens über die trierer Angelegenheit ein mündliches Ab= kommen getroffen wurde. Urban, der stolze, hartnäckige Mailänder, voll Haß gegen den Kaiser, hatte sich zu dem Versprechen bequemt, Folmar seiner erzbischöflichen Würde zu entsetzen. Dagegen wollte auch der Kaiser Rudolf aufgeben. Für das Reich war dieser

---

1) S. Seite 133 Note 1.
2) Regest 93 und die darauf folgende Notiz.
3) — machinationem contra imperium eis imponit. Set illi negantes cum iuramento preter Mogontinum (! vgl. Seite 100 Note 1) a suspicione absolverunt. Annal. Magdeb. l. c. — Moguntinus (!) et alii episcopi preter Phylippum Coloniensem archiepiscopum qui erant supradicte coniurationis ut dicebatur conscii se expurgabant.
4) Annal. Colon. max. l. c.
5) S. Beilage II. Nr. 13.

Vertrag ebenso ehrenvoll, als schmachvoll für die Kirche; denn der Kaiser hatte ja schon zweimal den Trierern die Neuwahl anheimgegeben und weniger auf die Anerkennung Rudolfs, als auf die Verwerfung Folmars bestanden, der Papst aber versprach, einen Erzbischof zu entsetzen, den er im Widerspruche mit dem Kaiser erhoben, den er geweiht, den er zu seinem Legaten ernannt hatte!

Nicht gewöhnliche Verhältnisse müssen auf Urban eingewirkt haben, als er sich zu diesem demüthigenden Versprechen verstand; doch sind sie uns verborgen geblieben, nur Vermuthungen können wir aussprechen. — Schon früher erwähnten wir, daß die Erhebung Folmars von Seiten Urbans das Mißfallen einiger Kardinäle erregte[1]); jetzt heißt es, daß der Kanzler Albert ein warmer Freund des Kaisers gewesen sei[2]). Und diesen Albert werden wir bald auf dem Stuhle Petri sehen! Ein Rückschluß daraus auf die Gesinnung der meisten Kardinäle möchte wohl erlaubt sein. Selbst jene also, durch deren einstimmige Wahl Urban erhoben war, konnten sich mit seinem maßlosen Vorgehen nicht einverstanden erklären. Freilich der Führer dieser gemäßigten Partei, der Kanzler Albert, war am Allerwenigsten geneigt, in eine Demüthigung der römischen Kirche einzuwilligen. Andere haben die Nothwendigkeit derselben erkannt, und in einer schwachen Stunde, da Urban selbst seine Sache verloren gab, hätte er möglicher Weise ihrem Rathe nachgeben können. — Auch könnte ja das entschiedene Auftreten der deutschen Bischöfe, ihre Treue gegen den Kaiser, die sie zu Regensburg auf's Neue bewährt hatten, den Papst endlich zu anderer Ansicht gebracht haben. Und möglich wäre es, daß ihm auch die italienischen Bischöfe ein Gelnhausen bereitet hätten. Denn am 17. April hielt König Heinrich zu Borgo San Donino einen Hof, auf welchem der Erzbischof von Ravenna, die Bischöfe von Mantua, Asti, Novara, Turin, Reggio, Kremona, Vercelli erschienen waren[3]). Ueberhaupt scheint der junge König bei den italienischen Bischöfen dieselbe Ergebenheit zu finden, wie sein Vater bei den deutschen[4]). —

---

1) S. Seite 91.

2) Sciebant enim cardinales, quod idem Albertus multam imperatoris gratiam haberet, eo quod ipsius semper fovens partem, eidem omnia Romanae curiae revelaret secreta. Gervas. Dorob. 1510. Die letztere Angabe wird wohl nur der Klatsch des Engländers sein.

3) Ungedruckte Urkunde für das Kloster Polirone, mitgetheilt von Jaffé.

4) Als Zeugen in Heinrichs Urkunden erscheinen: der Erzbischof von Ravenna viermal, die Bischöfe von Asti, Imola, Mantua, Reggio und Turin

Sechstes Kapitel.

Ein förmlicher Friede wurde jedoch, wie schon bemerkt, noch nicht geschlossen; es scheinen trotz der langen Verhandlungen nur die Friedensbedingungen entworfen zu sein; nicht einmal die Vorladung, die an den Kaiser ergangen war, wurde zurückgenommen. Daher bedurfte es einer abermaligen Gesandtschaft, um einen definitiven Frieden zu vermitteln. Gottfried von Würzburg, Otto von Bamberg und Siegfried von Hersfeld, die den Frieden eingeleitet hatten, sollten ihn auch vollenden. Am 23. September finden wir die Ersteren noch am kaiserlichen Hofe zu Ueberlingen[1]); erst im Oktober möchten sie und ihr College nach Italien aufgebrochen sein[2]) „zur Bestätigung des Friedens", wie ausdrücklich versichert wird. Aber schon war die Nachricht in Deutschland eingetroffen, Urban wolle seine Feindschaft gegen den Kaiser erneuern, ihn mit dem Banne belegen. Die kaiserlichen Gesandten waren beauftragt, den Papst selbst darüber zu befragen[3]). Und dies Gerücht scheint nur zu wahr gewesen zu sein. Zwar sind wir auf die Autorität eines Chronisten angewiesen, aber andere Momente dienen zur Bestätigung seiner Angabe. Arnold von Lübeck erzählt, Urban sei im Begriffe gewesen, den Kaiser zu bannen, als ihm die Bürger von Verona entgegengetreten wären und ihn ersucht hätten, in ihrer Stadt seine Absicht nicht zur Ausführung zu bringen. Urban habe in Folge dessen Verona verlassen. Ein näher stehender Autor berichtet er sei heimlich aus Verona geflohen[4]). Zunächst beabsichtigte er, sich nach Venedig[5]), also auf neutralen Boden zu begeben, dann aber zog er es vor, seinen Aufenthalt in einer Stadt zu nehmen, die dem Kaiser verfeindet war und der Reichsacht unterlag[6]). Am 3. Oktober finden wir Urban zu Fer-

---

je zweimal, die Bischöfe von Ancona, Arrezzo, Bobbio, Bologna, Cesena, Kremona, Novara, Rimini, Vercelli je einmal.

1) Hier erscheint auch der kölner Dompropst Adolf. — Regest 96. — Ob er als Abgesandter des Erzbischofs, des Kapitels, der Stadt oder in anderer Absicht kam, muß dahin gestellt bleiben.

2) Siehe Beilage II. Nr. 14.

3) Denn Gregor VIII., welcher die Gesandten nach dem schnell erfolgten Tode Urban' III. empfing, ließ dem Kaiser durch dieselben erwiedern: quod de nostra debeat excommunicatione sentire etc.

4) — quoniam ipse clam aufugerat ex Veronense civitate Ferrariam. Annal. Romani 479. Am 22. September urkundet Urban zum letzten Male in Verona. Jaffé Reg. pont. 9975.

5) Cont. Aquic. l. c.

6) Am 13. September 1187 giebt Heinrich VI. der Kirche sti. Marini et Leonis den von ihm innegehabten Uferzoll zurück und vernichtet den Spruch,

rara¹). Die kaiserlichen Gesandten hat er nicht mehr empfangen. „Als er schon nahe daran war, den Kaiser zu bannen", erzählt Arnold von Lübeck, „wurde er durch den Tod daran gehindert, und so entging der Kaiser dem Banne." Nur der Tod, meint ein Anderer²), habe die böse Absicht Urbans vereitelt.

Wenn schon mancher Punkt uns dunkel blieb, so fehlt uns für die letzten Vorgänge jedes Verständniß. Schon sind die Friedensbedingungen entworfen, als Urban sie zerreißt und seine Feindschaft mit erneuter Heftigkeit eröffnet. In ähnlicher Weise hatte er freilich schon einmal sein eidliches Versprechen gebrochen. Ob diesmal Gründe vorgelegen haben, die sein Verfahren entschuldigen? Wir wissen es nicht. Jedenfalls aber begrub man zu Ferrara einen Papst, welcher den Bruch des Friedens zwischen Kirche und Reich zu verantworten hatte, dessen leidenschaftliches Vorgehen auf die Dauer dem Ansehen des Papstthums sicher geschadet hätte, dessen Tod die Christenheit daher nicht zu beweinen brauchte³).

---

welchen der Bischof von Mantua im Auftrage Urban' III. zu Gunsten Ferraras und gegen die genannte Kirche gefällt hat, cum pape Urbani non interfuerit de his utpote de rebus imperii aliquo modo disponere et cum etiam Ferrarienses — tunc proscripti fuerint et imperiali ac regali banno inodati. Zaccaria Anecd. medii aevi 239. Erst im Jahre 1191 befreit Heinrich VI. Ferrara vom Banne. B. R. I. 2753.

1) Jaffé Reg. pont. 9976.

2) Deus autem malignum ipsius consilium dissipavit, nam eodem anno mortuus est. Annal. Marbac. l. c. — Urban starb am 19. Oktober. — Daß er nicht aus Gram über die Einnahme Jerusalems gestorben sei, wie vielfach angegeben wird, zeigt Watterich Vitae pont. 1, 682 Note 4.

3) Nach allem Gesagten ist es als eine durchaus unwahre Beschönigung zu betrachten, wenn die Annal. Pegav. l. c. berichten: Urbanus papa, qui imperatori Friderico diu per iusticiam resistere videbatur, obiit.

Siebentes Kapitel.

Wenn die Kardinäle durch die einstimmige Wahl Urbans angedeutet hatten, daß sie die Politik Lucius' III. fortgesetzt, vielleicht mit noch größerer Energie fortgesetzt wünschten, so erkannten sie doch jetzt, daß Urban viel zu weit gegangen und eine schleunige Umkehr nöthig sei. Und Letzteres um so mehr, als gerade in jüngster Zeit die immer wachsende Noth der orientalischen Christen und der nun unvermeidliche Fall Jerusalems bekannt geworden war. Wohl wußten die Kardinäle, wer es verschulde, daß der Kaiser jenes Versprechen, welches er dem Patriarchen und den Meistern der Ritterorden zu Verona gegeben hatte, nicht zur Ausführung bringen konnte. Es galt nun, einen Papst zu wählen, der dem Kaiser die Unternehmung eines Kreuzzuges nicht mehr unmöglich mache. Unter diesem Eindrucke wählten sie denn ebenso einstimmig[1]), als sie früher den anerkannten Feind des Kaisers gewählt hatten, nun einen Mann, den jeder als warmen Freund des Kaisers kannte[2]), — den Kanzler Albert, der als Papst Gregor VIII. sich nannte.

Das war ein Papst, der so recht seinen Beruf begriffen hatte. Nicht nach Besitz trachten, nicht Waffen führen dürfe der Papst; aber von der Höhe, auf die ihn Gott gestellt, müsse er die Uebel der Kirche heilen, sie von Lastern befreien, den Glauben in seiner Reinheit und Unverfälschtheit zu erhalten suchen[3]). Ein solcher Mann

---

1) — propositis diversis ecclesiasticis negotiis et praecipue calamitate orientalis ecclesiae, quae diebus illis audita fuerat, ad electionem pontificis visum et procedendum — placuit omnibus, mediocritati nostrae onus ecclesiasticae provisionis imponere. Ep. Gregorii ap. Pez Thesaur. 1c, 893. Watterich Vitae pont. 2, 685. Vgl. dagegen Alberic. 749, der doch fabeln möchte.

2) S. Seite 127 Note 6, Seite 146 Note 2.

3) Pontificali-dignitate suscepta, vir dei pensare coepit attentius, qualiter labenti rerum statui subveniret. Videbat nempe sui temporis ecclesiam per vitia diffluam et in maligna prolapsam ambitione et avaritia luxuriaque

stellte an sich selbst die strengsten Forderungen: wohl rühmte man seine Bildung und Beredtsamkeit, aber über alles Lob erhaben schien doch den Zeitgenossen seine tiefe Frömmigkeit, seine ascetische Enthaltsamkeit¹). Und wie verstund er es dabei, die Würde seiner Stellung zu behaupten! Gleich dem Papste, der vor ihm seinen Namen trug, hätte auch Gregor VIII. vor keiner weltlichen Macht sich gebeugt.

Vor Allem lag ihm das Leid der orientalischen Kirche am Herzen; denn das Befürchtete war geschehen: in den ersten Tagen seines Pontifikates empfing Gregor die Trauerbotschaft, daß Jerusalem und das Grab des Erlösers in die Hände der Ungläubigen gefallen sei. Sofort erhob Gregor seine Stimme, die Christenheit zu einem Kreuzzuge zu begeistern. Sein erster Brief an die deutschen Prälaten war ein Mahnruf zur Befreiung des heiligen Landes. Sie sollten seinen geliebten Sohn, den römischen Kaiser, alle Fürsten und Großen Deutschlands zu dem heiligen Werke anfeuern²). Doch die Worte genügten ihm nicht, er wollte einen anderen Bernhard von Clairvaux zu Fürsten und Völkern senden. Ein Mann ihm verwandten Geistes³), der Kardinal von Albano, erhielt diese Mission. Ueber Frankreich sollte sein Weg zum Kaiser gehen.

Freudig hatte der Kaiser die Wahl Gregors begrüßt, denn er

---

necnon haeresibus. Hoc meditabatur die ac nocte, haec ejus cura, hoc studium, ut sui negligens viveret omnibus, ut per eum cooperante domino facies ecclesiae marcida refloreret. Robert. Altissidor. 257. — statim ad restaurandam Romanam ecclesiam et ab obprobriis liberandum animum intendit. In primis itaque omnia, quae Romani imperii iure essent, — regi Henrico concedere spopondit, non esse tutum pape et cardinalibus arma capere, bellum committere, set tantum in elemosinis et in ecclesia laudes domino nostro Jesu Christi die noctuque reddendas. Annal. Romani 460. cf. Gesta Trevir. c. 98.

1) Vir literatura facundiaque clarus, sed puritate vitae et animi integritate praeclarior. Robert. Altissidor. l. c. — Vir sanctus et religiosus. Gesta Trevir. c. 98. — Filius pacis et vere Israhelita, in quo dolus non erat; vita ejus mundus in hoc non fuit dignus. Annal. Magdeb. 195. — Vir religiosus, cujus mundus in maligno positus non fuit praesentia dignus. Siccardi chron. 605. — Vir sanctissimus. Gisleb. 163. — Vir summe religionis et magne castitatis. Annal. Romani l. c. — Homo bonus et religiosus. Annal. Marbac. 160. — Vir vita venerabilis et religione plenus. Oliver. Scholast. ap. Eccard 1, 1389. — Mit Unrecht hat ihn Gregorovius Gesch. d. Stadt Rom im MA. 4, 573 einen traurigen Greis genannt. Man könnte ihn vielmehr einen gottbegeisterten Fanatiker für die Erfüllung seines wahren Berufes nennen.

2) Pez Thesaur. 1c, 393. Watterich Vitae pont. 2, 685.

3) — Vir religione et scientia perspicuus. Cont. Zwetl. alt. 543. — Vir iustus et sanctus, manus suas ab omni munere excutiens et tam verbo quam exemplo multos aedificans. Caesar. Heisterb. Dialog. 4, 79 et al.

kannte seine Besonnenheit, seine Gerechtigkeitsliebe, sein Wohlwollen gegen ihn und wußte, welchen Nutzen sich die ganze Christenheit von ihm versprechen dürfe¹). Deshalb befahl er allen Beamten Italiens, dem Papste jede Ehrerbietung zu beweisen, und wohin er käme, ihn auf seine Kosten zu bewirthen. Der junge König aber, dem Gregor sofort den Fall Jerusalems angezeigt²) und welcher selbst wohl in Folge dessen ein ehrfurchtsvolles Schreiben an ihn gerichtet hatte³), befahl dem befreundeten römischen Consul Leo de Monumento und seinem Grafen Anselm von Tuscien, dem Papste und der ganzen Kurie ein sicheres Geleite zu geben, wohin er geführt sein wolle⁴). Freilich soll auch Gregor dem Könige versprochen haben, auf Alles zu verzichten, was dem Reiche von Rechtswegen zukomme⁵); vielleicht dachte er an einen Verzicht des mathildinischen Landes.

Dennoch würde man vergebens erwartet haben, daß Gregor nun das Werk seines Vorgängers sofort vernichtet, daß er die Vorladung des Kaisers widerrufen und in die Absetzung Folmars von Trier gewilligt hätte. Gregor erkannte zu gut, daß er durch eine sofortige Verneinung Dessen, was gerade vorher ein Papst mit solcher Hast betrieben hatte, dem Ansehn der Kirche nicht wenig schaden würde. Wir dürfen auf sein besonnenes Vorgehen ein Wort anwenden, welches später Wilhelm der Bretagner von Innocenz III. gebrauchte: „Stets hat die Kurie ihre Würde gewahrt und in Neuerungen und Veränderungen, auch wenn sie dieselben wünschte, nicht ohne Zögern und nur nach reiflicher Ueberlegung eingewilligt"⁶). Erst wenn eine Wendung gefunden war, wenn die Gegensätze sich verwischt hatten, konnte man nachgeben, zurücknehmen.

Nach diesem Grundsatze wird man die Antwort beurtheilen müssen, welche Gregor dem Kaiser ertheilte, nachdem er dessen, noch an seinen Vorgänger gerichtete Gesandten empfangen hatte. Am

---

1) Audita ejus promotione laetatus est admodum Fredericus augustus eo quod virum discretum et iustitiae celatorem cognosceret sibique benevolum et omnibus si viveret profuturum; praecepit quoque principibus et praefectis omnem ei reverentiam impendere et transeunti de fisco suo proprio victualia ministrare. Robert. Altissidor. l. c.
2) Annal. Marbac. l. c.
3) Gregor erwiedert ihm consolatio ex litteris regiis nobis accessit etc.
4) Annal. Romani 480. Es ist ganz dieselbe Stelle, welche Gregorovius Gesch. d. Stadt Rom im MA. 4, 573 aus einem Cod. Vat. fol. 2006 anführt.
5) S. die Stelle der Annal. Romani Seite 149 Note 3.
6) Guil. Brito ap. Bouquet 17, 85.

28. November schrieb er ihm aus Parma, wohin er sich von Ferrara begeben hatte: "er habe seine Gesandten empfangen und ihre Aufträge entgegengenommen. Große Freude habe ihm die Versicherung seiner Friedensliebe bereitet; von seiner Seite bedürfe es in dieser Hinsicht keiner Versicherung, da er stets den Frieden gewünscht habe und ihn jetzt um so mehr wünsche, als sowohl die Bedrängniß des heiligen Stuhles, als auch der gemeinsame Nutzen der Christenheit den Frieden verlange. Dennoch halte er es nicht für räthlich, bevor der Kaiser auf die Vorladung der Kirche sich gestellt habe, einen Vertrag zu schließen, durch den er unziemlicher Weise und gegen seine priesterliche Würde um die Gunst des Kaisers sich zu bewerben schiene. Er hoffe mit Gottes Hülfe stets den Weg des Friedens zu gehen und weder dem Kaiser noch anderen Fürsten eine gerechte Veranlassung zu geringerer Ergebenheit gegen die Kirche zu bieten. Denn er erkenne seine Ohnmacht und wisse, daß er nur mit Hülfe der Großen sein schwieriges Amt nützlich verwalten und den Uebeln seiner Zeit entgegentreten könne. Gott möge es walten, daß die Thaten des Kaisers den Worten seines Briefes und seiner Gesandten entsprächen. Was er von seiner Excommunication zu halten habe, möge ihn die That lehren, denn mit Gottes Hülfe werde er seine Handlungen so einrichten, daß es nicht ihm zur Last falle, wenn der Zwiespalt zwischen Kirche und Reich fortbestände"[1]).

Daß ein Papst, der solche Worte schrieb, nicht daran dachte, die Politik seines Vorgängers zu verfolgen, konnte nicht zweifelhaft sein; aber der Kaiser war von einem Papste vorgeladen, ein Papst konnte diese Vorladung nicht ohne Weiteres zurücknehmen, und unvereinbar schien es mit seiner Würde, einen Erzbischof aufzugeben, den sein Vorgänger im Widerspruche mit dem Kaiser und unter so vielem Geräusche erhoben hatte.

Am selbigen Tage schrieb Gregor an König Heinrich, "den erwählten Kaiser der Römer"[2]). Unter den gegebenen Verhältnissen konnte diese Anrede nicht bedeutungslos sein; sie hat eine bestimmte Beziehung auf den Plan Friedrichs, seinen Sohn zum Kaiser krönen

---

1) Ludwig Rel. mscr. 2, 425. Mansi Coll. conc. 22, 533. Watterich Vitae pont. 2, 688. Die Aufschrift illustri regi Romanorum imperatori ist wohl verderbt.

2) Ludwig Rel. mscr. 2, 427. Mansi Coll. conc. 22, 534. Watterich Vitae pont. 2, 689.

Siebentes Kapitel.

zu lassen, und anerkennt offenbar Heinrichs Cäsarenthum, dessen berechtigten Anspruch auf die Kaiserwürde. Auch ihm dankt Gregor für die bewiesene Ergebenheit, die ihm ein Trost in seiner großen Bedrängniß, eine Bürgschaft für den guten Erfolg seiner Unternehmungen ist. In dieser Gesinnung möge er verharren; was die Kirche beträfe, so würde sie unter seiner Leitung nimmer die königliche Ehre verletzen, und die Christenheit solle unter dem Zwiespalte derjenigen, die zur Herrschaft der Welt berufen seien, des erhofften Nutzens nicht verlustig gehen. Viele Worte habe er nicht, mit Gott werde die That für ihn reden.

Mochte Gregor auch die Absetzung Folmars nicht verfügen, so erkannte er doch, daß er eine andere Stellung zu den trierer Ereignissen einnehmen müsse, namentlich im Hinblicke auf den Kreuzzug. „Um den Kaiser dafür zu gewinnen, begann er in der trierer Angelegenheit maßvoller zu verfahren, denn er wußte, daß der Kaiser ihretwegen sehr erbittert gegen die Kurie war"[1]. Daß er keineswegs gesonnen war, Folmars Gewaltverfahren zu billigen, hatte Gregor schon in den ersten Tagen seines Pontifikats bewiesen.

Bischof Peter von Toul hatte nämlich gegen den Bann, welchen Folmar über ihn verhängt hatte, Berufung an den heil. Stuhl eingelegt und war selbst nach Italien aufgebrochen. Als er sich Ferrara näherte, war eben Urban III. gestorben; Bischof Peter beeilte sich nun, dem Leichenbegängnisse desselben beizuwohnen. Dann ließ ihn der neue Papst, von Peters Ankunft benachrichtigt, zu seiner Weihe einladen. Zwar wandten einige Kardinäle ein, daß ein excommunicirter Bischof der Papstweihe nicht beiwohnen dürfe. Aber der Bischof wies den Einwand zurück, weil er nicht überführt, weil er Berufung eingelegt habe, und somit seine Excommunication eine nichtige sei. Seinen Gründen stimmten Alle bei, und Gregor reichte ihm den Kuß des Friedens[2]. Ueber einen Monat hat Bischof Peter nun am päpstlichen Hofe geweilt; als er sich in den letzten Tagen des November zur Rückkehr anschickte, wurde ihm die hohe Genugthuung, mit der Uebermittlung eines Schreibens betraut zu werden, in welchem Gregor dem Folmar auf das Strengste untersagte, ohne Vorwissen des apostolischen Stuhles über Jemanden den Bann zu verhängen, und sein unerhörtes Gewaltverfahren einer rücksichtslosen Kritik

---

1) Gesta Trevir. c. 99.
2) Gesta Trevir. c. 98.

unterzog. „Folmar möge sich also hüten; es sei ihm ja bekannt, was er von jeher von ihm gehalten habe."¹) „Gerade jetzt," meinte Gregor, „sei von kirchlicher Seite um so größere Behutsamkeit geboten, als das Unglück der orientalischen Christen die Hülfe der Mächtigen verlange. Durch die Demuth der Kirche hoffe er ihre Vertheidiger, den Kaiser und seinen Sohn, zu dem guten Werke zu bestimmen; er gedenke in Frieden mit ihnen zu leben, und wenn sie wider Verhoffen der Kirche die schuldige Achtung nicht erwiesen, nicht menschliche, sondern göttliche Hülfe gegen sie zu suchen."

Um eben diese Zeit sollte zu Straßburg die erste Berathung wegen des Kreuzzuges stattfinden. Der Kardinal von Albano selbst wollte hier das Kreuz predigen, wurde aber durch andere Geschäfte daran verhindert. Statt seiner kamen zwei Gesandte desselben²). Sie und besonders der Bischof von Straßburg erhoben ihre begeisternden Stimmen, entwarfen rührende Schilderungen von der Noth der orientalischen Christen; viele Tausende empfingen das Kreuz, der Kaiser selbst soll Thränen des Mitleids vergossen haben. Aber den Wunsch, Allen mit seinem Beispiele vorauszugehen, mußte er sich versagen. „Am selbigen Tage," erzählt ein nahestehender Chronist, „würde er das Kreuz empfangen haben, wenn es ihm seine Feindschaft mit Philipp von Köln nicht verboten hätte."³)

Nationale Feinde, die Könige von Frankreich und England, konnte der Ruf zum Kreuzzuge versöhnen; der deutsche Erzbischof, welcher vorgegeben hatte, die Sache des Papstthums zu vertheidigen, verharrte gleichwohl in seiner Feindschaft. Freilich konnte er nun den „rühmlichen Vorwand" nicht mehr geltend machen; er befand sich jetzt im Widerspruche mit dem Papste und zeigte recht deutlich, daß ihm die Sache des Papstes eben nur zum Vorwande gedient hatte. Sich zu rechtfertigen, war er nach Straßburg beschieden⁴),

---

1) Ludewig Rel. mscr. 2, 428. Mansi Coll. conc. 22, 511. Hartzheim Conc. Germ. 3, 438. Watterich Vitae pont. 2, 690.

2) S. Beilage II. Nr. 15.

3) — nec ipse imp. a lacrimis se abstinere potuit. Qui etiam eadem hora crucem accepisset, si non propter werram, que inter ipsum et episcopum Coloniensem fuit, dimisisset. Annal. Marbac. 163.

4) S. Beilage V. Nr. 6.

aber wie zu Worms verschmähte er es auch jetzt, sich der Ladung zu stellen. Wenn nicht alles trügte, stand ein ernster Krieg, „die traurige Verwüstung deutschen Landes" bevor ¹).

Da hatte es denn erhöhte Bedeutung, daß gerade jetzt eine Zusammenkunft des Kaisers mit dem Könige von Frankreich stattfinden sollte. Auf der Grenze beider Reiche wollte man Freundschaftsbezeugungen austauschen und die Innigkeit des gemeinsamen Bündnisses aller Welt offenbaren²). Mit dem Kaiser war Erzbischof Konrad von Mainz, der Bischof von Lüttich, der Pfalzgraf bei Rhein, der Graf von Hennegau, der Kanzler Johann und Andere hierhergekommen³). Auch den Bischof von Metz finden wir in seiner Begleitung; mit Werner von Boland, der ihn aus seinem Bisthume vertrieben hatte, sitzt er im Reichsrathe⁴). Er mochte es doch für besser halten, sich um die Wiedereinsetzung in sein Bisthum zu bewerben, als sich mit der Pfründe am kölner Gereonsstifte zu begnügen. — Den König von Frankreich umgaben der Erzbischof von Rheims, die Grafen von Champagne, Bourgogne und Blois; der erste Rathgeber und Unterhändler zwischen den beiden Herrschern war der Graf von Hennegau⁵), also der Mann, welchem Erzbischof Philipp im Bunde mit dem Herzoge von Brabant und dem Grafen von Flandern sein rechtmäßiges Erbe entreißen wollte⁶). Eben diese Erbschaftsangelegenheit wurde verhandelt, und da auch ein französischer Fürst seine Ansprüche geltend machte, so nahm Philipp von

---

1) Hierher werden folgende Stellen zu ziehen sein: Novissimis temporibus inter eum et imperatorem inimitiae exortae sunt, ubi mira eius constantia claruit. Erat enim tanta inter duos victoriosissimos dissensio, quod nisi divina misericordia animum pontificis ad humiliandum et obediendum imperatori inclinasset, maximum bellum et desolatio Teutonici soli orta fuisset. Anon. Catal. aep. Colon. l. c. — factum est, ut gravissimi motus inter imperatorem et ipsum Coloniensem principem emergerent, qui totum imperium commovere possent etc. Gesta Trevir. c. 98.

2) In adventu — domini colloquium Frederici Romanorum imperatoris et regis Francorum Philippi inter Juvir et Mosun. Gisleb. 164. — imperator et rex in extremis finibus regnorum suorum, inter Yvodium et Mosonum, sibi occurrerunt ad confirmandum foedus amicitiae suae. Gesta Trevir. c. 98. — Mense decembri solemne colloquium. Annal. Mosomag. 162. Vgl. Seite 159 Note 7.

3) Die Genannten lassen sich freilich nur nachweisen in recessu — a colloquio, cum in villa — Vertun — dominus imp. pernoctaret. Gisleb. l. c.

4) Auch zu Vertun. Die Richtigkeit der Angabe ist gar nicht zu bezweifeln, da unser Gewährsmann Gisleb. selbst zugegen war.

5) — summus fuit consiliarius. Gisleb. l. c.

6) S. Seite 142.

Frankreich an den Verhandlungen Theil. Er entschied sich zu Gunsten des Hennegauers, ganz nach dem Wunsche des Kaisers, welcher erklärt hatte, er würde nimmer dulden, daß ein französischer Fürst deutsche Landestheile erhalte [1]). Dieselbe Willfährigkeit zeigt König Philipp dem Kaiser in einer anderen Angelegenheit, die freilich gemäß ihres früheren Bundes schon längst erledigt sein sollte. Denn obwohl Philipp versprochen hatte, den Folmar seines Landes zu verweisen, so war er doch durch Folmars Gönner, den Erzbischof von Rheims, dazu bewogen worden, dieses Versprechen nicht zu erfüllen. Aus Mouzon war Folmar zwar verwiesen worden, aber Rheims und andere französische Städte nahmen ihn gastlich auf. Nun verlangte der Kaiser die unbedingte Ausweisung Folmars, welche auch der König und seine Fürsten zusagten. „Von den Franzosen getäuscht", ging Folmar zum Feinde des Kaisers, dem Könige von England, der ihn ehrenvoll aufnahm und ihm eine Pfründe zu Tours schenkte [2]).

Dieser Zusammenkunft soll auch der Kardinal von Albano beigewohnt haben [3]); der Kaiser hat stets gewünscht, in Gemeinschaft mit dem Könige von Frankreich den Kreuzzug zu unternehmen [4]), und so mögen schon damals zwischen den beiden Herrschern, unter der Vermittelung des Kardinals, dahin gehende Verhandlungen gepflogen sein. Mit dem Kardinale aber verabredete der Kaiser, daß am 27. März des folgenden Jahres ein großer Hof zu Mainz stattfinden und alle Großen der Nation dahin entboten werden sollten. In einem begeisterten Schreiben lud dann der Kardinal zu diesem Hofe ein [5]), den er selbst und bald auch der Volksmund „Hof Christi" nannte.

Von Mouzon begab sich der Kaiser zur Weihnachtsfeier nach

---

1) Gisleb. l. c.

2) Videns — se Folmarus illusum a Francis ad regem Angliae, qui tunc temporis gravem animum gerebat contra imperatorem, se convertit. Qui honorifice eum suscipiens in territorio Turonensi apud stum Cosmam locavit. Gesta Trevir. l. c. — Alberic. 374 macht einen geographischen Schnitzer: Folmarus fugiens a facie imperatoris Touronem venit, ubi sub rege Francorum latuit. Zu Alberichs Zeit gehörte Tours allerdings zu Frankreich.

3) S. Beilage II. Nr. 15.

4) Annal. Marbac. 164. Später verspricht sich der Kaiser großen Erfolg vom Kreuzzug maxime in societate carissimi amici nostri regis Franciae et ea durante gratia, quas nos invicem intelligimus esse associatos. Radulf. de Diceto 637.

5) Ludewig Rel. mscr. 2, 449 et al.

Trier. Hier war es, wo er vor den versammelten Fürsten in bitteren Klagen über den Erzbischof von Köln sich erging. In hohem Alter werde er noch vom kölner Pfaffen gezwungen, wider seinen Willen ein Heer zu rüsten und ein deutsches Land mit Krieg zu überziehen[1]). Aber noch hatte der Erzbischof nicht die dritte, die letzte Vorladung versäumt. Sie wurde auf den 2. Februar 1188 nach Nürnberg anberaumt.

Schon vordem hatte der Kaiser seine vom päpstlichen Hofe zurückkehrenden Gesandten empfangen. Nicht lange darauf traf aber auch die Nachricht vom Tode Gregor' VIII. ein. Geführt von Leo de Monumento und dem Grafen von Tuscien, den Beauftragten des Kaisers, hatte er nach Rom zurückkehren wollen. Er war zunächst nach Pisa gekommen, um einen Frieden zwischen Pisa und Genua zu vermitteln, damit diese mächtigen Seestädte nicht länger verhindert würden, ihre Flotten zur Befreiung des heil. Grabes auszuschicken[2]). Unter solchen Bemühungen ereilte ihn der Tod. Nur zwei Monate hatte er auf dem Stuhle Petri gesessen, „er war zu gut für diese böse Welt", haben die Zeitgenossen gesagt[3]). Sein Nachfolger, Clemens III., war ein Mann, der vielleicht weniger ideal über seine Stellung dachte, als Gregor; dem Drange der Verhältnisse nachgebend mochte er dem Kaiser willfahren, wo Gregor vielleicht noch widersprochen hätte. Er ignorirte die Vorladung des Kaisers und war entschlossen, die trierer Angelegenheit nach seinem Wunsche zu erledigen.

Der ganze Streit schien den günstigsten Ausgang für den Kaiser zu nehmen. Am 2. Februar erschien Erzbischof Philipp zu Nürnberg. Eine Einigung kam zwar nicht zu Stande; der Erzbischof wollte sich auch jetzt nicht beugen, aber er ließ es sich doch gefallen, daß die Verhandlungen am 27. März zu Mainz wieder aufgenommen würden. Wenn damals der junge König, der neulich aus Italien zurückgekehrt war, seinen Willen durchgesetzt hätte, so wäre freilich sofort der Krieg gegen den Erzbischof eröffnet worden. Während dieser nämlich beim Kaiser im fernen Baiern weilte, hatte

---

1) Imp. natale domini agit Treveris, ubi publice toti curiae et senatui conquestus est, quod in provecta aetate cogeretur a Coloniensi clerico, exercitum adunare, terram imperii sui vastare contra voluntatem suam. Annal. Colon. max. 793.
2) Annal. Romani l. c.
3) Siccardi chron. l. c. Annal. Magdeb. l. c.

Heinrich die kölnischen und lotharingischen Großen zu einem Hofe nach Koblenz beschieden. Dort wird man ihm verkündet haben, daß der Erzbischof sich auch jetzt noch nicht unterworfen habe; nun forderte er die Versammelten auf, mit ihm gegen den Erzbischof zu stehen; aber Alle widersprachen ihm, und erzürnt verließ er den Hof[1]).

Endlich beugte sich der Erzbischof; auf dem „Hofe Christi" waren Alle bemüht, den Erzbischof zur Nachgiebigkeit zu bewegen. Auch der Kardinal von Albano legte sich in's Mittel, und die gemeinsamen Bemühungen krönte der gewünschte Erfolg[2]). Der Erzbischof ergab sich und seine Stadt der Gnade oder Ungnade des Kaisers[3]). Dieser verzieh ihm, doch mußte sich der Erzbischof durch einen dreifachen Eid reinigen[4]). Mit ihm kehrten auch die Kölner zum Gehorsam zurück. Zum Zeichen ihrer Unterwürfigkeit zahlten sie eine bestimmte Summe und zerstörten einen Theil ihrer Festungswerke, welche sie jedoch ungesäumt wiederherstellen durften[5]).

Die Feindschaft war somit zwar geschlichtet; aber die freundschaftlichen Beziehungen zwischen dem Kaiser und Erzbischofe sind

---

1) Imp. purificationem stae. Mariae apud Nuribergh agit, archiepiscopo post plurimos dies ex sententia prefixos, quos ille supersedit, tandem peremptorium diem sententialiter posuerat. Quo cum idem presul occurrisset, inde usque Laetare Jherusalem ad curiam Moguntiae causa inducta est. Circa idem tempus filius imperatoris, Confluentiae magnum conventum habuit, citatis ad se comitibus et nobilibus Lotharingiae et maxime de episcopatu Coloniensi. Cumque perquireret, qui cum eo stare vellent contra presulem et terram Coloniensem, et ci cuncti contradicerent, iratus recessit. Annal. Colon. max. l. c. Unzweifelhaft steht die nicht zu Stande gekommene Versöhnung zu Nürnberg und das Vorgehen Heinrichs zu Koblenz in einem inneren Zusammenhange, und dieser kann dann kein anderer sein, als der im Texte angegebene.

2) Gesta Trevir. c. 98. Annal. Aquens. 687. Caesar. Heisterb. Catal. l. c. Alberic. 375.

3) — in gratiam imperatoris omni conditione remota se et civitatem suam coram omni imperio dedit. Annal. Magdeb. 195.

4) — archiepiscopus et Colonienses reconciliantur imperatori, eodem tamen presule triplex sacramentum prestante pro obiectis, duo pro duabus curiis non quaesitis, unum pro Iudaeis, quos in contumeliam imperatoris diffamatus erat pecunia multasse. Annal. Colon. max. l. c. Was den letzteren Punkt betrifft, so wird er hier zum ersten Male erwähnt. Schwerlich wird er ein Grund der Feindschaft gewesen sein; im Texte glaubten wir ihn ganz übergehen zu dürfen. Die Rüstungen erforderten Geld; da wird denn der Erzbischof in die Truhen der „Reichskammerknechte" gegriffen haben. Ausdrücklich aber hatte der Kaiser, der in humanster Weise mit den Juden verfuhr, — vgl. den Tadel, den er sich deßhalb vom allerchristlichsten Könige zuzog. Bouquet 12, 286 — die kölner Juden in Schutz genommen. Ennen Gesch. der Stadt Köln 1, 468 nach einem vom Erzbischofe Wilhelm von Gennep ausgestellten Transsumpt im kölner Stadtarchiv.

5) Annal. Colon. max. l. c.

nicht wiederhergestellt worden. Der Kaiser hat dem Erzbischofe das frühere Vertrauen nie wieder geschenkt, der Erzbischof hat dem Kaiser die alte Anhänglichkeit nie wieder bewiesen. Nicht ein einziges Mal finden wir ihn fortan am Hofe des Kaisers, und den dieser sonst mit Lobeserhebungen überhäuft hat[1]), den nennt er jetzt, gewiß mit bewußter Kälte, den Erzbischof von Köln[2]). Anders haben sich die Beziehungen des Erzbischofs zum jungen Könige gestaltet; Heinrich erkannte jetzt, wie nützlich ihm die Dienste des „tapferen und sieggewöhnten" Mannes werden könnten. Als er deshalb seine drückende Schuldenlast erleichterte[3]), als er ihm Münze und Zölle schenkte[4]), da war der Erzbischof wieder ganz der ergebene, opferfreudige Freund des staufischen Hauses.

Kalt wie das Verhältniß des Kaisers zum Erzbischof blieb auch sein Verhältniß zu einzelnen Anhängern desselben und zu den Kölnern. Diese, der Landgraf von Thüringen[5]) und andere Fürsten, die ein ehrlicher Oesterreicher zu nennen sich schämt[6]), nahmen ihren eigenen Weg zum heil. Lande und veranlaßten dadurch den Kaiser, sich wieder und wieder an den König von Frankreich zu wenden, um ihn zu einem gemeinschaftlichen Zuge zu bestimmen[7]).

---

1) S. Seite 105.
2) Lacomblet Niederrh. U.-B. 1, 362. — Ich erlaube mir die Frage, ob es in diesen Zusammenhang recht passe, daß der Erzbischof von Köln im Jahre 1189 dem Gerhard von Eppendorf die kölner Stadtvogtei erblich übertragen habe monitis et precibus devotis serenissimi Rom. imperatoris Friderici? Keinenfalls kann ich Stumpf — Zur Kritik deutscher Städteprivilegien a. a. O. 630 — darin beipflichten, daß die erbliche Uebertragung der Vogtei „erst nach jenen schweren Tagen der Befürchtung Kölns gleichsam als Belohnung für die gewiß aufopfernde Thätigkeit des Stadtvogtes recht verständlich wird." Gewiß ließ es sich der Kaiser keine Bitten und Ermahnungen kosten, daß ein Mann für eine aufopfernde Thätigkeit, die doch gegen ihn gerichtet war, eine so wichtige Belohnung erhielt. Wenn es wahr ist, daß Gerhard von Eppendorf von jeher mit dem Kaiser befreundet war — Ennen Der kölner Schiedsspruch vom Jahre 1169. 8. — so möchte ich weit eher anzunehmen sein, daß Gerhard auch während dieses Streites zum Kaiser hingeneigt habe. Dann wird man die monita zu deuten wissen; sie könnten einem Befehle gleichgelautet haben. Natürlich wird der Erzbischof diesen Anschein vermieden haben wollen, daher „monitis et precibus devotis". So würde auch die Urkunde in den Zusammenhang passen.
3) Annal. Colon. max. 798.
4) Lacomblet Niederrh. U.-B. 1, 365.
5) — comes Luodewicus de Tuoringia et Colonienses et maxima cum illis multitudo propter quandam simultatem — non cum eo (sc. imperatore), sed navigio per mare ire disposuerant. Annal. Marbac. 164.
6) Ansbert 17.
7) — propter hoc inquam sollicitus, cum rege Francie, tum per legatos, tum in propria persona, ad ipsum die constituta veniens omnimodis ut secum

Jedenfalls aber hatte die Versöhnung, wenn sie auch nur eine scheinbare war, es dem Kaiser möglich gemacht, den längst gehegten Wunsch sich nicht länger zu versagen, das Kreuz zu empfangen. Wohl umstanden ihn blühende, kriegstüchtige Söhne, und Manche meinten, er solle ihnen die mühevolle Führung des Kreuzheeres überlassen. Aber für eine so hohe Aufgabe hielt er sie nicht gewachsen¹). Es mochte ein rührender, unvergeßlicher Augenblick sein, als der greise Kaiser und sein jugendlicher Sohn, der Herzog von Schwaben, vor dem Bischofe von Würzburg niederkniete, um aus seiner Hand das Kreuz zu empfangen. Da überwand die fromme Begeisterung jedes Bedenken; Tausende und aber Tausende drängten sich zum Empfange des Kreuzes: wo der Kaiser der Erste gewesen war, wollte Keiner der Letzte sein.

Wir können nun in wenigen Zügen unsere Darstellung zu Ende führen.

Papst Clemens wünschte den Frieden, er wollte dem Kaiser und seinem Sohne namentlich in der trierer Angelegenheit „genugthun"²). Deshalb schickte er im Juni 1188 zwei Kardinäle, den Petrus vom Titel des heil. Petrus ad vincula und den Jordanus vom Titel der heil. Pudentiana, um die näheren Vereinbarungen zu treffen. Wahrscheinlich hoffte er den Folmar zu einem gütlichen Verzichte zu bewegen und in dieser Absicht mußten die Kardinäle ihn zum 12. Februar vor den päpstlichen Stuhl bescheiden, nachdem ihm vorher die nöthige Sicherheit für seine Reise vom Kaiser und vom Könige erwirkt war³).

Die weiteren Verhandlungen erforderten eine Gesandtschaft von Seiten des Kaisers. Im September oder Oktober wird es gewesen sein, daß der Propst Friedrich von Straßburg, der Kurie vielleicht

---

iret laboravit. Annal. Marbac. l. c. Die Zusammenkunft wird keine andere sein, als die schon angeführte, wenngleich damals das Projekt des Kreuzzuges noch nicht bestimmt ausgesprochen war. So auch der Herausgeber in Note 94.

1) Itinerar. reg. Richardi l. c.

2) (Clemens) cum de negotio Treverensi, quod celebre erat in curia et in universo mundo, a praedecessoribus suis nihil determinatum invenisset, volens satisfacere principibus, imperatori videlicet et regi, consilio fratrum decrevit eidem negotio finem imponere. Gesta Trevir. c. 99.

3) S. Beilage II. Nr. 16.

schon aus früheren Verhandlungen bekannt¹), und der Utrechter Magister Heinrich, der am kaiserlichen Hofe die Würde eines Protonotars bekleidete, nach Italien aufbrachen. Jetzt, da der Friede schon gesichert schien, konnte der Kaiser auch den Plan der Kaiserkrönung Heinrichs wieder aufnehmen. Im Begriffe stehend, Europa zu verlassen, mußte ihm ja Alles daran liegen, seinen Sohn als Kaiser zurückzulassen oder wenigstens die Sicherheit zu haben, daß derselbe jederzeit die Kaiserkrone empfangen könne. Und Clemens ging auf die desfallsigen Bitten des Kaisers, die ihm seine Gesandten vortrugen, bereitwilligst ein. König Heinrich und seine erlauchte Gemahlin, ließ er ihm erwidern, möchten nur gleich zum Empfange der Kaiserkrone nach Rom kommen²).

Folmar hatte sich der Ladung nicht gestellt; um so leichter wurde es dem Papste, dessen Absetzung zu verfügen. Da vordem kein Friede mit dem Kaiser möglich war, so ließ er nun seinen noch in Deutschland weilenden Kardinälen melden, daß sie einen definitiven Frieden mit dem Kaiser abschließen könnten. Der römische Consul Leo de Monumento, der in Gemeinschaft mit Anselm von Tuscien den Papst in die ewige Stadt zurückgeführt hatte³), wurde mit diesem Aufträge betraut. Es wurde ihm auch ein päpstliches Schreiben mitgegeben, aus welchem er und die Kardinäle feierlicher, als vordem die kaiserlichen Gesandten, dem Kaiser die Bereitwilligkeit des Papstes zur sofortigen Kaiserkrönung Heinrichs verkündigen konnten⁴).

Dann wurde der Friede geschlossen; wahrscheinlich geschah es zu Hagenau⁵), als der Kaiser schon zum Aufbruche in das heil. Land gerüstet war⁶). Die Vereinbarungen, welche die Bischöfe von Bamberg und Würzburg und der Abt von Hersfeld, als Gesandte des Kaisers, mit Urban III. getroffen hatten, dienten dem Frieden zur Grundlage; und da der Kaiser nicht mit Kardinälen Frieden schließen mochte, so waren es auch die damaligen Gesandten, die nun mit

---

1) S. Seite 28 Note 2.
2) S. Beilage II. Nr. 16.
3) Annal. Romani l. c.
4) S. Beilage II. Nr. 17.
5) Der Kaiser weilt zu Hagenau am 10. und 14. April. Notices et extraits 21, 324. Würdtwein N. S. 12, 118.
6) — 17 Kal. Mai. nostrates illud felicissimum iter arripuerunt, et imperator de Hagenowe se movit. Annal. Marbac. l. c. cf. Gisleb. 197.

den Kardinälen die Friedensurkunde ausstellten und derselben ihr Siegel anhängten¹).

Diese ist uns leider nicht erhalten; ob sie eine Bestimmung über den Punkt enthielt, von dem der Streit ausgegangen war, wissen wir nicht. Ein breiter Strom, hoben die Verhandlungen über die streitigen Besitzverhältnisse an; immer karger ist die Ueberlieferung in Betreff derselben geworden; zu Ausgang des Streites schweigt sie ganz davon. Thatsächlich ist das mathildinische Land nach wie vor ein Streitobjekt zwischen Kirche und Reich geblieben. Nur eine Bestimmung des Friedens kennen wir: die Absetzung Folmars von Seiten des Papstes, das Aufgeben Rudolfs von Seiten des Kaisers und die daraus folgende Neuwahl²).

Befriedigt konnte der Kaiser auf den Streit zurückblicken. Das Ansehn des Reichs hatte nur gewonnen, und wenn das Ansehn des Papstthums in den Augen der Menschen nicht gesunken war, so lag es nur daran, daß die Gedanken Aller auf einen anderen Punkt gerichtet waren, daß die ganze Christenheit ihr Thun und Trachten dem Kreuzzuge zugewandt hatte.

Von Hagenau aus schrieb der Kaiser abermals an den Papst; er meldete ihm den Empfang der Gesandten, die ihm so freudige Kunde gebracht. „Auch er hätte beschlossen, daß der Sohn ohne Zögern nach Rom aufbrechen solle, aber gewisse Verhältnisse hätten dies bisher unmöglich gemacht; nun sende er ihm seinen Protonotar und seine Getreuen, Leo de Monumento und Gerlach von Isenburg, behufs näherer Festsetzungen³). Er möge nur in seinem Vorsatze beharren; sein Sohn würde ihm und den Kardinälen gewiß alle Liebe erweisen und ganz nach altem Herkommen die Kaiserkrone empfangen."

Dann brach der Kaiser auf; wohlgeordnet und in Frieden ließ er das Reich zurück⁴). Heinrich der Löwe hatte Deutschland verlassen müssen; Erzbischof Philipp von Köln war wenigstens mit dem jungen Könige wieder befreundet; der Streit mit der Kurie harrte

---

1) S. Beilage II. Nr. 18.
2) Brief des Papstes an die Trierer. Günther Cod. dipl. Rheno-Mosell. 1, 480. Beyer Mittelrh. U.-B. 2, 130. cf. Gesta Trevir. c. 100. Annal. Colon. max. 796.
3) S. Beilage II. Nr. 19.
4) — pacatissimum et ordinatum. Siccardi chron. 607.

seiner letzten Ausgleichung; der König von Frankreich war der Freund und Bundesgenosse des Kaisers, und auch der König von England hatte nun durch eine Gesandtschaft freundschaftlichere Beziehungen angebahnt[1]).

In ähnlicher Weise, wie der Vater an den Papst geschrieben hatte, that es wenige Tage darauf, als die Gesandten zu ihm nach Vaihingen in Schwaben gekommen waren, auch König Heinrich. Er bat den Papst, ihm noch einmal zu versichern, daß es sein fester Entschluß sei, ihm die Kaiserkrone zu ertheilen, und versprach selbst, die Kirche zu lieben und zu beschützen und bei der Kaiserkrönung den üblichen Eid zu leisten[2]). „Ihm seinen Willen kund zu thun, möge er schnell die Gesandten zurückschicken." Gleichzeitig geschah es wohl, daß er den Papst bat, die Vereinbarung in Betreff der trierer Angelegenheit zur Ausführung zu bringen[3]).

Beide Wünsche hat Clemens erfüllt. Am 10. August hielt der junge König seinen ersten Hof zu Würzburg und ließ die Edlen und namentlich seine Ministerialen schwören, daß sie ihn über Jahresfrist zur Erlangung der Kaiserkrone nach Rom begleiten würden[4]). Bald darauf traf der Kardinal Soffred vom Titel der heil. Maria in via lata in Deutschland ein, die Absetzung Folmars zu verkünden[5]). Mit dem Kardinale ging König Heinrich nach Trier, und auf seine Empfehlung wurde mit Stimmeneinheit sein Kanzler Johann gewählt. König Heinrich belehnte ihn, darauf bestätigte ihn der Kardinal und erst später folgte die Weihe[6]). Das alte Reichsrecht, welches die vorhergehende Belehnung verlangte, hatte somit gesiegt. Dank diesem Siege konnte nach mehr denn einem Menschenalter der sächsische Rechtskundige in sein Rechtsbuch auch den Satz aufnehmen, daß jeder Bischof, jeder Abt und jede Aeb-

---

1) Radulf. de Diceto 636.
2) Notices et extraits 21, 325.
3) S. Beilage II. Nr. 19.
4) Annal. Colon. max. 307. Annal. Pegav. 267.
5) S. Beilage II. Nr. 20. Wyttenbach und Müller 288 verderben: Gofridum tit. stae. Mariae inviolatae.
6) Treverenses suggestione et precibus regis, qui tunc temporis in civitate praesens erat, dominum Johannem, imperialis aulae cancellarium, unanimiter elegerunt; electum regi investiendum praesentaverunt. Peractis autem omnibus sollennitatibus electionis, auctoritate apostolica a cardinale confirmatus est. Gesta Trevir. c. 100. cf. Annal. Colon. max. 796.

tiffin, die den Heerschild hätten, die Belehnung vor der Weihe empfangen müßten¹).

Auch der Kaiser wird noch die Nachricht von der völligen Beilegung des Streites und der bevorstehenden Kaiserkrönung seines Sohnes erhalten haben. Noch einmal hat er sich an den Papst gewandt; der Herzog von Oesterreich mußte demselben ein Schreiben übermitteln²), das zunächst eine Angelegenheit des Kreuzzuges, vielleicht aber auch die Kaiserkrönung Heinrichs betraf. Der Kaiser selbst hat diese nicht mehr erlebt; zu früh hat der Ruhmgekrönte sein ruhmloses Ende in den Wellen des Saleph gefunden. Ein Weheklagen ging durch das Heer, welches „sein Haupt" verloren hatte, und als die Kunde nach Deutschland drang, betrauerte und beweinte man auch hier den Tod des Kaisers in Hütte und Palast³). Wo man aber in späterer Zeit von längst vergangener Herrlichkeit des Reiches sprach, da dachte man an den alten Rothbart zurück und hoffte auf einen Kaiser, welcher Deutschland wieder auf den Gipfel der Macht und des Ansehens erhöbe, auf welchen es Kaiser Friedrich erhoben hatte. Im Gewande der Sage und Dichtung erschien sein Bild dem deutschen Volke — als eine Erinnerung vergangener, als eine Hoffnung zukünftiger Größe.

---

1) Svenne man küset bischope oder ebbede oder ebbedischen, die den herschilt hebben, dat len solen vore untvan unde die bisorge na. Sachsensp. 3, 59.

2) S. Beilage II. Nr. 21.

3) Gisleb. 198 meint sogar: cujus mortem fere totus mundus christianae fidei obnoxius planxit, cum ipse prae caeteris regibus ac principibus humanior et potentior et vividor et animosior videretur.

Beilagen.

Beilage I.

Der angebliche 15jährige Nießbrauch des mathildinischen Landes.

Raumer Gesch. b. Hohenstaufen 2, 263 ed. II. scheint die Angabe, dem Kaiser sei im Frieden von Venedig der 15jährige Nießbrauch des mathildinischen Landes zugestanden, in die Geschichte eingeführt zu haben. Von einem Schiedsgerichte, das nach dem Ablaufe der 15 Jahre über die Zugehörigkeit des Landes entscheiden solle, ist bei ihm noch keine Rede. In unbestimmter Weise erzählt er nur, daß die hierbei gebliebenen Zweifel in gütlichem Wege beseitigt werden sollten. Sugenheim Entstehung des Kirchenstaates 100 kann dagegen a´s feststehendes Factum mittheilen, daß der Papst im Frieden von Venedig sich dazu verstanden habe, dem Kaiser den Besitz des mathildinischen Landes auf 15 Jahre zu bewilligen und nach deren Ablauf die beiderseitigen Anrechte dem Ausspruche eines Schiedsgerichts zu unterwerfen. Ihm tritt Reuter Gesch. Alex. III. 3, 742 mit Recht entgegen: „Was er historisch angiebt, ist nirgends überliefert, sondern eine Hypothese, die sich nicht einmal als solche ankündigt. Indessen fragt es sich," fährt Reuter fort, „ob sie nicht etwa doch gestützt und gerechtfertigt werden könne." Und nun gelangt er durch eine lange Erörterung zu demselben Resultate, das er 327 so ausspricht: „Der Papst ließ es sich gefallen, daß die Hinterlassenschaft noch 15 Jahre im Besitze des Kaisers verbleiben solle. Nach Verlauf derselben — so scheint man schließlich den Streitpunkt ausgeglichen zu haben, — sollten alsdann zu erwählende Schiedsrichter die Angelegenheit überhaupt entscheiden."

Zur Würdigung dieses Resultates muß man Reuters Schlußbemerkung in der betreffenden Beweisführung beachten: „Die Macht der Evidenz wohnt der versuchten Beweisführung nicht bei. Sie soll nur eine Hypothese stützen" — ein Geständniß, welches merkwürdig contrastirt zu dem bestimmt ausgesprochenen Satze: „Der Papst ließ es sich gefallen" u. s. w. Thatsächlich läßt sich dieser Satz durch Quellenbelege nicht erhärten; mit ihm fällt dann selbstverständlich der zweite, dem man auch vielleicht vorwerfen könnte, er kündige sich nicht genugsam als bloße Hypothese an.

1. Die Hypothese knüpft sich an den Bericht des Romoald. Salern. 448, wonach der Kaiser vor dem Frieden von Venedig, als der Papst noch zu Anagni weilte, von diesem verlangt habe, daß er ihm den 15jährigen Nieß-

brauch zugestehen solle. Alsdann habe er in eine Untersuchung über die Zugehörigkeit des mathildinischen Landes einwilligen wollen. Papst Alexander sei bereit gewesen, der Forderung des Kaisers zu genügen, wenn dieser gleich nach Ablauf der 15 Jahre der Kirche den Besitz des Landes abträte. Da jedoch der Kaiser auch während der Untersuchung, bis zu einer endgültigen Entscheidung im Besitze bleiben wollte, hic modus petitionis implende — plurimum illi displicuit et sic concordia remansit.

Nur ein grobes Versehen konnte diesen Bericht auf die Tage von Venedig übertragen, und reine Willkühr phantasirte dann weiter, zu Venedig sei ein Abkommen getroffen, welches dem zu Anagni beabsichtigten entspräche.

2. Vita Alex. III. 473 heißt es, der Kaiser habe bei seinem Abschiede von Venedig dem Papste den Vorschlag gemacht: Vos eligite de principibus nostris tres et nos de cardinalibus totidem eligemus, damit diese eine Untersuchung über die Zugehörigkeit des mathildinischen Landes anstellen und dann einen Schiedsspruch fällen sollten. Nach vielem Zögern giebt der Papst seine Zustimmung, statimque Christianum archiepiscopum et C. Wormatiensem electum atque W. protonotarum, qui praesentes aderant, ad id faciendum elegit. Imperator quoque H. Ostiensem et W. Portuensem episcopos et S. diaconum card. consequenter elegit.

Wie mir scheint, verwirft Reuter diese Angabe aus keinem andern Grunde, als weil sie seiner Hypothese entgegensteht. Auch ich will den päpstlichen Geschichtschreiber nicht von kleinen Verkehrungen und Entstellungen freisprechen, denke aber, daß keine Hypothese, sondern gewichtige Gründe entgegenstehen müssen, wenn man seine Angabe in Bausch und Bogen verwerfen will. Mit der Hypothese des 15jährigen Nießbrauchs ist es namentlich unvereinbar, daß die Schiedsrichter, welche erst nach Ablauf der 15 Jahre in Thätigkeit treten sollen, schon 1177 ernannt sein. Das erkennt auch Reuter, aber er meint: „Wenn der Verfasser der Biographie seinem Referate durch Nennung sogar der Namen der schon damals erwählten Schiedsrichter das Gepräge des exakt Historischen zu geben sucht, so darf das an dem Rechte der Kritik nicht zweifelhaft machen." Einer Kritik, welche nur mit Hypothesen arbeitet, wird man das Recht, einen nicht als Lügner verschrienen Autor frecher Lüge zu zeihen, schwerlich zugestehen; wenn sie aber das Recht hat, so ist sie auch zu dem Beweise verpflichtet, daß die angebliche Erfindung durch ein bedeutendes Parteiinteresse veranlaßt wurde. Wie aber kann die bloße Angabe, es sei eine Untersuchungskommission ernannt, einem Parteiinteresse dienen? Hätte der Autor hinzugefügt, die Entscheidung habe das Streitobjekt dem Papste zuerkannt, so könnte man vielleicht einen Grund zu so frecher Lüge vermuthen; doch das ist ja nicht der Fall[1]).

---

[1]) Reuter 745 Note 1 sucht die Angabe der Vita Alex. durch die Frage zu widerlegen, wie es sich denn erkläre, daß weder in den letzten Regierungsjahren Alexander' III., noch unter den folgenden Päpsten von dem wirklich gefällten Richterspruch die Rede sei. Läßt sich diese Frage nicht beantworten, so ist damit nur die Unzulänglichkeit unserer Ueberlieferung, nicht der 15jährige Nießbrauch erwiesen. Mit demselben Rechte könnte man, um die Angabe des 15jährigen Nießbrauchs zu entkräften, die Frage aufwerfen: Wie kommt es,

3. Im Jahre 1186, also 6 Jahre vor Ablauf der angeblichen Frist, schreibt Urban III. an Wichmann von Magdeburg: commonita inquam frequenter a nobis imperialis culminis altitudo, ut ecclesie Romane restituat possessiones ejus, quas detinet occupatas etc. Ludewig Rel. mscr. 2, 435. „Obwohl nicht ausdrücklich von den mathilbinischen Gütern die Rede ist," bemerkt Reuter 748 dazu, „so unterliegt es doch keinem Zweifel, daß sie gemeint sind." Wenigstens sind sie in der Forderung inbegriffen, weil der Papst gleichzeitig arguebat — imperatorem de patrimonio dominae Mechtildis, — quod ab ipso injuste occupatum dicebat. Reuter anerkennt dann selbst, daß mit dieser Forderung des Papstes der vertragsmäßige 15jährige Nießbrauch ausgeschlossen wäre, wenn er nicht ausrufen könnte: „— wer die Diplomatie der römischen Kurie kennt, der weiß auch in wie unzähligen Fällen von ihr Thatsachen ignorirt, umgedeutet, verdreht worden sind. Die Erkenntniß der Alteration des Thatbestandes darf an und für sich nicht zur Leugnung des Thatbestandes verführen." Ganz recht[1]; aber es hätte nun auch Beachtung verdient, was Wichmann dem Papste erwidert: Er zählt ihm die ganze Reihe von Anschuldigungen vor, die ihm der Kaiser in öffentlicher Versammlung gemacht hätte. Aber wie mannigfach auch diese Klagen über die Treulosigkeit des Papstes sind, nirgends klagt er darüber, daß der Papst gegen einen Vertrag die mathilbischen Güter zurückgefordert hätte. Hätte Friedrich dem Papste in dieser Hinsicht eine „Alteration des Thatbestandes" vorwerfen können, so hätte er es gewiß gethan. Diese Treulosigkeit hätte den ersten Platz in der Reihe der Anschuldigungen einnehmen müssen und wäre von Wichmann gewiß nicht übergangen[2].

4. Auch in dem Reuter noch nicht bekannten Briefe Friedrichs vom Jahre 1184, in welchem er sich bedingungsweise erbietet, die beanspruchten Besitzungen herauszugeben, ist vom mathilbinischen Lande zwar keine Rede; aber es kann auch hier keinem Zweifel unterliegen, daß jenes unter den beanspruchten Besitzungen vorzüglich verstanden sei. Also schon 1184 hätte der Kaiser zu einem der Kirche günstigen Vergleiche sich herbeigelassen, während doch nach Reuter erst 1192 auf eine Untersuchung über das Eigenthumsrecht einzugehen brauchte.

5. Dasselbe gilt von einer Stelle der Gesta Trevir. c. 95: 1186. Dum quaestiones quae inter sedem apostolicam et imperium de terra marchionissae Mathildae a tempore Alexandri et Lucii ventilatae sunt, jam per compositionem

---

daß nach Ablauf der 15 Jahre nirgends von dem nun einzusetzenden Schiedsgerichte die Rede ist?

1) Nämlich der Satz, nicht aber die Folgerung, die Reuter aus demselben zieht. Das für eine Reihe von Fällen Geltende wird für den einzelnen Fall eben Nichts beweisen. Erst dann hatte der Satz Reuter's seine Berechtigung, wenn die „Alteration" über allen Zweifel erhoben war. Die Alteration aber ist ja nur eine Hypothese, die durch die Hypothese des 15jährigen Nießbrauches bedingt wird. Wie man da von einer „Erkenntniß" reden kann, begreife ich freilich nicht.

2) Vgl. überdies Seite 125. Die dort versuchte und wohl einzig richtige Deutung der Ausgleichungsvorschläge, mit denen Wichmann dem Papste antwortet, zeigt auf das Bestimmteste, daß von einer Alteration keine Rede sein kann.

terminandae erant etc. Wenn der Kaiser bis 1192 im rechtmäßigem Besitze des Landes war, wenn dann erst das Schiedsgericht eintreten sollte, so begreift man in der That nicht, wie der Kaiser sich schon zu Zeiten Alexander' III. und Lucius' III. auf eine Rechtsuntersuchung einlassen, wie man schon 1186 zu einem Vergleiche sich anschicken konnte.

6. Reuter 742 sagt: „Zu Verona beanspruchte Lucius III. von Neuem die Herausgabe der Erbschaft. Arn. Lub. 3, 11 — tractabant inter se dominus papa et imperator de patrimonio dominae Mechthildis, — quod imperator in possessione habebat, dicens ab eadem imperio collatum. Et e converso dominus papa sedi apostolicae ab ea datum affirmabat. Cumque in argumentum probandi testamenti ex utraque parte privilegia porrigerentur, nullo fine causa terminata est. „Aus der Stelle Arnolds", bemerkt Reuter dazu, „ergiebt sich unmittelbar weiter nichts, als daß Alexander und Friedrich ihre Rechte auf Grund des Testamentes geltend gemacht." Aber wozu denn die Verhandlungen, die Beweisführungen, wenn diese nach einer früheren Uebereinkunft erst im Jahre 1192 begonnen werden sollten? Sich jetzt schon darauf einlassen, sich darüber erhitzen, wäre von Seiten Friedrichs geradezu eine Thorheit gewesen. Und welchen Verlauf nahm denn dieses Geltendmachen ihrer Rechte? Apostolicus imperatorem de tribus superioribus capitulis instanter arguebat, id est de patrimonio dominae Mechtildis, de episcoporum exuviis de abbatissarum stipendiis, ita ut manifeste eum citaret et excommunicationis maledictum ei intentaret. Arn. Lub. 3, 17.

Also vertragsmäßig sollen die Güter bis 1192 dem Kaiser zustehen und 1187 will der Papst ihn schon bannen, weil er sie besitzt! An eine derartige „Alteration des Thatbestandes" wird doch Niemand glauben.

Nach dem Erörterten haben wir keinen Grund, die Angabe den Vita Alex. zu beanstanden, und reden mit Recht von einem „angeblichen" 15jährigem Nießbrauche des mathildinischen Landes. Gewiß ist es also kein „vertragswidriges Gebahren des römischen Stuhles", wie Sugenheim a. a. O. behauptet, daß der Papst 1185 seine Ansprüche geltend macht. Wenn Sugenheim aber in diesem „vertragswidrigem Gebahren" den willkommenen Vorwand erblickt, den Heinrich VI. ergriffen hätte, hinsichtlich der beregten Güter „ebenfalls um die zu Venedig vereinbarten Stipulationen sich nicht zu kümmern, nachdem die bestimmten 15 Jahre verstrichen waren", so erlaubt er seiner Phantasie doch wohl ein allzu freies Spiel.

Beilage II.

Diplomatischer Verkehr zwischen dem Kaiser und der Kurie in den Jahren 1180 bis 1190.

1.

1180	April	13.	Gelnhausen	— legati domni pape affuerunt duo cardinales. Annal. Pegav. 263. Chron. mont. sereni 197.
—	Juni	29.	Regensburg	(curiae) interfuerunt tres cardinales legati domni apostolici. Magni presb. chron. 506.

Vermuthlich waren es dieselben Legaten, die zu Gelnhausen und Regensburg waren; wenn dort nur zwei, hier drei genannt werden, so möchte die letzte Angabe auf einem Irrthum beruhen, welcher durch die Anwesenheit eines subdiaconus ecclesiae Romanae hervorgerufen sein könnte.

Die Namen der Kardinäle ergeben sich aus Folgendem: 1180 P(etrus) Tusculanus episcopus[1]) et P(etrus) de Bon(o) tit. stc. Susanne presb. card. apostolice sedis legati verkündigen dem Erzbischofe von Salzburg die Bestätigung eines Spruches, — v. Ankershofen Regesten von Kärnthen im Archiv f. Kunde oest. Gesch. quell. 11, 320 — welchen Bischof Albert von Freising gefällt hat: coram nuntiis cardinalium apostolicae sedis legatorum Centhio Rom. ecclesiae subdiacono et magistro Hugone Jenuense. Meichelbeck Hist. Frising. 1a, 374. Hansiz Germ. sac. 2, 301.

2.

Der Kaiser sendet den Erzbischof Konrad von Salzburg und Andere, Unbekannte[2]), an den Papst, um ihm den Zehnten, den Kardinälen den Neunten aller italienischen Reichseinkünfte anzubieten, wogegen er auf die streitigen Besitzungen verzichten soll. Notices et extraits 21, 321.

---

1) Von seiner Anwesenheit in Deutschland berichtet auch die Transl. sti. Annon. 515.
2) Vgl. jedoch Seite 30 Note 3.

1182	März	3.	Gelnhausen¹)	Erzbischof Konrad von Salzburg erscheint als Zeuge einer kaiserlichen Urkunde. Ungedruckt, mitgetheilt von Ficker und Wüstenfeld. Ein kurzes Citat der Urkunde bei Ughelli Ital. sac. 5, 800.
	Mai	1.	Velletri	Konrad Sabinensis magister und Erzbischof von Salzburg: Zeuge einer päpstlichen Urkunde. Hugo Annal. Praem. 1, 387. Derselbe²) erscheint nun am päpstlichen Hofe bis:
	Juni³)	5.	—	Ludewig Rel. mscr. 12, 368.
	September	26.	Regensburg	Konrad Erzbischof von Salzburg: Zeuge einer kaiserlichen Urkunde. Ried Cod. dipl. Ratispon. 1, 256. Mon. Boica 29a, 446.
	—	29.	—	Ebenso. Ried 1, 259. Mon. Boica 29a, 449.

3.

Der Papst sendet den Kardinal Johann von Anagni und den Bischof Peter von Luni an den Kaiser, um die Auslieferung der Besitzungen des heil. Stuhles nach Maßgabe des Friedens von Venedig zu verlangen und den Kaiser selbst zu einer Zusammenkunft einzuladen. Notices et extraits l. c.

1182	November	17.	Velletri	Johannes Anagninus tit. sti. Marci presb. card. bezeugt zum letzten Male in diesem Jahre eine päpstliche Urkunde. Mitgetheilt von Jaffé.
1183	Juni	30.	Konstanz	Derselbe: Zeuge einer Urkunde, durch welche der Kaiser dilectum ac fidelem nostrum familiaremque amicum scilicet Petrum Lunensem episcopum ob intuitum sincerae dilectionis et constantiae fidei illibatae, quam erga personam et coronam imperialis excellentiae semper gerit, mit der Grafschaft Luni belehnt. Ughelli Ital. sac. 1, 848.

---

1) Vgl. die Urkunde des Kaisers d. d. Gelnhausen Februar 27. Lebebur Allg. Archiv 16, 273.

2) Am 9. Mai bestätigt der Papst petente Conrado archiepiscopo die Privilegien des Erzbisthums Salzburg.

3) Der Abdruck dieser Urkunde bei Gercken Cod. dipl. Brandenb. 7, 18 hat das Datum non. Julii; daher rührt wohl der Irrthum Jaffé's, welcher Reg. pont. Rom. S. 834 die Zeugenschaft Konrads in päpstlichen Urkunden bis zum 7. Juli angiebt.

1183	Juni	..	Konstanz	— quidam in scismate ordinati et in concilio ab Alexandro papa depositi, subdiaconi scilicet et inferioris ordinis reordinatur, duobus apostolice sedis legatis speciali hoc dispensatione concedentibus, impetrante Friderico imperatore, qui praesens fuit, tunc temporis apud Constantiam curiam celebrans et colloquium habens cum Longobardis. Annal. Marbac. 161.
......		..	Köln[1])	Johannes Anagninus presb. card. tit. sti. Marci et Petrus Lunensis episcopus, legatione apostolicae sedis perfuncti Coloniam pervenerunt in Sachen der Heiligsprechung Anno' II. Transl. sti. Annon. 516. cf. Annal. Colon. max. 791.
	November	1.	Belletri	Johannes Anagninus etc. bezeugt zum ersten Male in diesem Jahre eine päpstliche Urkunde. Mon. Boica 15, 101.

4.

Der Kaiser schickt den Magister Metellus[2]) an den Papst, um ihm den Empfang seiner Gesandtschaft und das Resultat der konstanzer Verhandlungen anzuzeigen. Er würde am 29. Juni (1184) zum Gardasee hinabkommen, um dann mit ihm, der sich nach Mantua, Verona oder Brescia begeben möchte, über den Ort der Zusammenkunft sich zu vereinbaren. Notices et extraits l. c.

5.

Der Subdiacon Siegharb kommt als päpstlicher Gesandte zum Kaiser, um diesem anzuzeigen, daß der Papst sich für Verona entschieden habe. Papa Lucius Veronam venit, qui me anno praecedente (1183) subdiaconum ordinaverat et pro hoc adventu ad imperatorem direxerat. Siccardi chron. 603.

6.

— crebri nuntii inter ipsum (sc. imperatorem) et domnum papam antequam ad colloquium venirent. Annal. Colon. max. 791, die aber diese Gesandtschaften nach Weihnachten 1184 setzen, als schon die zweite Zusammenkunft stattgefunden hatte.

---

1) Ob die Gesandten hier vor oder nach dem konstanzer Hofe weilten, muß dahingestellt bleiben; jedenfalls aber sind sie noch länger in Deutschland geblieben, denn erst am 1. November finden wir den Kardinal wieder am päpstlichen Hofe. — Aegid. Müller Anno d. Heil. 187 setzt die Heiligsprechung Annos auf den 29. April, doch suche ich vergebens den Beweis dafür.
2) Vgl. Seite 30 Note 3.

7.

Daß Erzbischof Konrad von Mainz (1182 von Salzburg) in den Jahren 1184 und 1185 viermal als Gesandter des Kaisers an den Hof Lucius' III. ging, ergiebt sich aus seiner Zeugenschaft als Erzbischof von Mainz in kaiserlichen, als Kardinal von Sabina in päpstlichen Urkunden.

1184	November	16.	Vicenza	Zeuge in kaiserlicher Urkunde. Regest 20. 21.
—	—	21.	Verona	Zeuge in päpstlicher Urkunde. Würdtwein Dioces. Mogunt. 1, 494.
—	—	24.	Treviso	Zeuge in kaiserlicher Urkunde. Regest 22.
1184	December	3.	Cividale	Zeuge in kaiserlicher Urkunde. Regest 23.
—	—	21.	Verona	Zeuge in päpstlicher Urkunde. Guden Cod. dipl. 1, 286.
—	—	23.	—	Zeuge in päpstlicher Urkunde. Muratori Ant. Ital. 5, 625.
1185	Januar	1.	Leona	Zeuge in kaiserlicher Urkunde. Regest 24.
1185	Mai	17.	Krema	Zeuge in kaiserlicher Urkunde. Regest 37.
—	Juli	22.	Verona	Zeuge in päpstlicher Urkunde. Pez Thesaur. 3b, 671.
—	August	1.	Florenz	Zeuge in kaiserlicher Urkunde. Regest 46.
1185	August	8.	Montalcino	Zeuge in kaiserlicher Urkunde. Regest 48.
	November	11.	Verona	Zeuge in päpstlicher Urkunde. Miraeus Op. dipl. 3, 713.
—	—	28.	Pavia	Zeuge in kaiserlicher Urkunde. Regest 54.

8.

Von Seiten Lucius' III. gingen in dieser Zeit folgende Gesandtschaften an den Kaiser:

1184/5. Kardinäle melden dem Kaiser, der Papst könne keine Entscheidung über den trierer Wahlstreit fällen, bevor nicht beide Parteien zur Untersuchung sich gestellt hätten. Gesta Trevir. c. 93. cf. Arn. Lub. 3, 11.

1185. Lucius läßt den Kaiser auffordern, den Trierern zurückzugeben, was König Heinrich ihnen entrissen habe. Arn. Lub. l. c. Gesta Trevir. l. c.

9.

Auch an Urban III. wurde Erzbischof Konrad als kaiserlicher Gesandte geschickt.

1185	November	28.	Pavia	Zeuge in kaiserlicher Urkunde. Regest 54.
1186	Januar	11.	Verona	Zeuge in päpstlicher Urkunde. Gallia christ. 11, 330.
—	—	24.	Mailand	Zeuge in kaiserlicher Urkunde. Regest 57.

Beilage II.

1186	Februar	11.	Pavia	Zeuge in kaiserlicher Urkunde. Regest 60. 61.
—	—	27.	Verona	Zeuge in päpstlicher Urkunde. Moriondi Mon Aqueus. 1, 84.
—	März	4.	—	Zeuge in päpstlicher Urkunde. Marier et Quercetanus Bibl. Cluniacens. 1447.
—	—	13.	—	Zeuge in päpstlicher Urkunde. Mittarelli Annal. Camald. 4, 135.

Daß Konrad bei diesen Hin- und Herreisen nicht die Absicht hatte, hier und dort freundschaftliche Besuche zu machen, liegt wohl auf der Hand. Er kam und ging in politischer Sendung, wie er selbst in einer Urkunde zu Ende der 80er Jahre andeutet: — in Lombardia longam moram fecimus in obsequio domni pape et domnorum nostrorum imperatoris et regis scilicet. Stumpf Acta Mogunt. 115. 116.

10.

Der Kaiser schickt die Bischöfe Herrmann von Münster und Wilhelm von Asti nebst dem Mandatar S. an den Papst, welcher ihnen das Versprechen giebt, den Folmar niemals zu weihen. Ep. Wichmanni ap. Ludewig Rel. mscr. 2, 447. Gesta Trevir. c. 95.

Die Zeit der Gesandtschaft wird dadurch bestimmt, daß der Bischof von Münster vor 1186 nicht in Italien war. Weitere chronologische Anhaltspunkte giebt die Zeugenschaft beider Bischöfe.

Hermann von Münster				Wilhelm von Asti		
Februar	11.	Pavia	Regest 60. 61.	Februar	6. Pavia	Regest 58.
März	1.	Casale	Regest 63.	—	— —	—
—	2.	—	Regest 64.	—	— —	—
—	5.	Novara	Regest 67.	März	5. Novara	Regest 67.

Nach dieser Zusammenstellung, die sich nicht weiter führen läßt, weil aus der Zeit vom 5. März bis 30. April keine Urkunden vorliegen, nach dem 30. April[1] aber der Bischof von Münster nicht mehr in Italien nachzuweisen ist, könnte die Gesandtschaft vor Februar 6., nach Februar 11. oder nach März 5. abgegangen sein. Für das Letztere wird man sich entscheiden dürfen, da sowohl im Januar, wie auch im Februar Erzbischof Konrad als kaiserlicher Gesandte am päpstlichen Hofe ist, und daneben wohl keine zweite Gesandtschaft abgeordnet wurde.

---

[1] Urkunde König Heinrich's. Memor. Lucch. 1, 200. Nach den Mon. Eberbac. M. G. 16, 14 wäre Bischof Hermann freilich schon am 22. April in Eberbach gewesen.

11.

Urban III. führte die Verhandlungen durch seinen Subdiakon Alexander und den Magister ....[1]) aus Mailand. Sie überbrachten dem Kaiser ein päpstliches Schreiben vom 24. Juni, in dem es über sie heißt: „ — sicut tibi per nuncios meminimus intimasse et dilecti filii Alexander subdiaconus et magister .... Mediolanenses canonici iteratis potuerunt rationibus intimare, qui sicut viri literati providi et honesti et quos sincera caritate diligimus nostram tibi plenius aperirent voluntatem. Denis Cod. mscr. 1b, 1214.

12.

Annal. Pegav. 205 schließen das Jahr 1186: imperator ab apostolico canonice citatus, quod spiritalia suo jure vindicasset, pro compositione legatos destinavit, und eröffnen das Jahr 1187: nuncii imperatoris sine pace redierunt, sententia contra eum data pro usurpatione spiritualium. Wenn die pegauer Annalen an dieser Stelle streng chronologisch wären, so gehörte also die Abreise der Gesandten in's Jahr 1186, die Rückkehr derselben in's Jahr 1187. Ohne jede chronologische Unrichtigkeit ist nun der Abschnitt von 1185 bis 1189 der genannten Annalen zwar nicht[2]), aber schwerlich möchte doch ein Annalist zwei so zusammengehörende Ereignisse, wie das Kommen und Gehen einer Gesandtschaft, getrennt und verschiedenen Jahren zugetheilt haben, wenn er nicht genau von der Zeit des Gehens und Kommens der Gesandtschaft unterrichtet gewesen wäre.

13.

Von einer anderen Gesandtschaft mit günstigem Resultate reden die Annal. Magdeb. 195: 1187 imperator pro pace formanda inter Urbanum et imperium legatos Wirceburgensem et Babenbergensem et abbatem Horsveldensem Veronam misit, qui bene prosperati, pace in forma acta, legationem retulerunt in Lutra. Wäre wirklich ein Friede geschlossen, so hätte die Vorladung des Kaisers, von der wir wissen, daß sie nach wie vor besteht, — s. Nr. 14 — zurückgenommen werden müssen, so wäre eine folgende Gesandtschaft pro pace firmanda ganz überflüssig gewesen, so hätte Urban selbst und sein Nachfolger Gregor VIII. an den Frieden sich binden müssen. Unbedingt wird man daher die Angabe der magdeburger Annalen nicht unterschreiben dürfen[3]), es verhält sich damit, wie mit einer folgenden derselben Annalen: sie ist nur theil-

---

1) Am 24. Januar 1186 erscheint ein Magister Lothar beim Kaiser. Regest 57.

2) Sie setzen den Tod der Kaiserin zu 1186 — vgl. Seite 65 Note 3 — den Zug des Kaisers gegen Philipp von Köln nach der Sonnenfinsterniß vom 3. September 1186 — vgl. Seite 144 Note 3 — den Tod Gregor' VIII. zu 1188.

3) Obwohl auch ein Engländer erzählt: Interea pax et concordia inter dominum papam et imperatorem Frethericum, ut videbatur, ad honorem dei et ecclesiae Rom. formata est. Unde dominus papa Veronensibus valedicens, Ferrariensem adiit civitatem. Gervas. Doroh. 1507. Aber der letzte Satz beweist schon zur Genüge, daß der Autor nur sehr ungenaue Kenntniß vom eigentlichen Sachverhalte hat. Vgl. Seite 147 Note 4.

Beilage II.

weise richtig. Im Jahre 1189 schreibt Clemens III. an die Trierer: tam ab ipsius (sc. Folmari) quam R(udolfi) prepositi obedientia — perpetuo penitus sitis absoluti, sicut dum Veronae essemus, vivente adhuc bene memoria Urbano predecessore nostro inter ipsum et imporiales nuntios condictum fuerat et statutum. Günther Cod. dipl. Rheno-Mosell. 1, 459. Beyer Mittelrh. U.-B. 2, 130.

Es fragt sich, wann diese Gesandtschaft abgeordnet wurde. Da die erste zu Ende 1186 aufbrach, so ist sie wohl in den ersten Monaten des folgenden Jahres zurückgekehrt. Vor März, möchte man daher von vorneherein annehmen, sei die zweite nicht aufgebrochen. Nun durchmustern wir die Reihe der Bischöfe, die am 5. März 1187 auf dem Hofe zu Regensburg waren und die noch am 19. April beim Kaiser sind.

März 5. Regensburg. Regest. 87.	April 19. Giengen. Regest. 89.
Wichmann von Magdeburg.	1. Konrad von Mainz.
Konrad von Mainz.	2. Wichmann von Magdeburg.
Adalbert von Salzburg.	3. Adalbert von Salzburg.
Otto von Bamberg.	—
Gottfried von Würzburg.	—
Konrad von Regensburg.	7. Konrad von Regensburg.
Otto von Eichstädt.	5. Otto von Eichstädt.
Theobald von Passau.	8. Theobald von Passau.
Albert von Trient.	—
Heinrich von Prag.	—
	6. Heinrich von Brixen.

Es fehlen zu Giengen also nur vier der zu Regensburg Anwesenden. Daß der Böhme Heinrich von Prag und der Italiener Albert von Trient nach Erledigung ihrer Geschäfte in die Heimath zurückkehrten, ist begreiflich. Auffallen aber muß es, daß gerade die beiden Bischöfe fehlen, von denen wir wissen, daß sie als kaiserliche Gesandte an den päpstlichen Hof gingen. Man darf daraus wohl folgern, daß zu Regensburg der Beschluß gefaßt wurde, eine Gesandtschaft an den Papst zu schicken, und daß diese von hier aus, wo der Hof bis Ende März zusammenblieb, nach Italien aufbrach.

Zu Kaiserslautern empfing der Kaiser die zurückkehrenden Gesandten. Dort konnte er weilen: vor seinem Hinaufzuge gen Worms und nach seinem Hinabzuge von Worms, also vor und nach dem 15. August — s. die Regesten. — Da aber in kaiserlicher, zu Worms ausgestellter Urkunde Rudolf noch Erwählter von Trier heißt, — Regest 93 — und diese Benennung dem eben zwischen dem Papste und den kaiserlichen Gesandten geschlossenen Vertrage widersprechen würde, so ist wohl anzunehmen, daß der Kaiser nach dem wormser Aufenthalte zu Kaiserslautern weilte und dort die Gesandten empfing. Dann wären diese mit ihm zum Süden hinabgezogen, wo wir zwei derselben am 23. September an seinem Hofe zu Ueberlingen nachweisen können. Regest 95. 96.

Die Zeit von Anfang April bis Ende August wäre nun für eine Gesandtschaft nach Verona eine lange, aber die Annahme, daß die Gesandten während der Verhandlungen neuer Instructionen von Seiten des Kaisers bedurften, ist vielleicht nicht zu gewagt. Ich stelle demnach auf:

1187	März	5.	Regensburg	Otto von Bamberg und Gottfried von Würzburg: Zeugen in kaiserlicher Urkunde.
	vor April	19.	—	Dieselben und Abt Siegfried von Hersfeld gehen an den päpstlichen Hof.
	……	..	Verona	Dieselben verhandeln mit dem Papste.
	nach August	21.	Kaiserslautern	Dieselben kehren zum Kaiser zurück.
	September	23.	Ueberlingen	Otto von Bamberg und Gottfried von Würzburg: Zeugen in kaiserlicher Urkunde.

14.

Imp. pro pace firmanda nuncios, quos pridem, (sc. Wirceburgensem et Bambergensem episcopos et Hersveldensem abbatem)[1] Urbano papae misit. Urbanus papa apud Ferrariam migravit, cui Gregorius substituitur. — Qui et ipse legatione imperatoris optime suscepta pacem accepit et firmavit. Annal. Magdeb. l. c. Auf das Bestimmteste können wir die Angabe, Gregor habe den Frieden angenommen, als falsch erweisen. Denn in seinem eigenen Briefe vom 29. November versichert Gregor den Kaiser zwar seiner Friedensliebe, fährt dann aber fort: non est nobis visum idoneum, ut antequam ad ecclesiam de vocatione nostra imperiales apices pervenirent, aliquem deberemus habere tractatum, per quem indecenter et contra honestatem sacerdotalis officii favorem imperialem appetere videamur. Ludewig Rel. mscr. 2, 425.

Die Gesandten haben den kaiserlichen Hof also früher verlassen, als hier die Nachricht vom Tode Urbans († 19. Oktober) eingetroffen war. Am 2. Februar ist Otto von Bamberg wieder beim Kaiser. Regest 100.

15.

Assumpto — viro venerabili Henrico, Albanensi episcopo, misit (sc. Gregorius VIII.) eum ad imperatorem et ad ceteros regis terrae et ad omnes judices terrae, ut miseriam orientalis ecclesiae coram eis deplangeret et hortaretur eos crucem sumere etc. Gesta Trevir. c. 99.

---

[1] Gregor nennt in dem uns vorliegenden Texte seines Briefes an den Kaiser zwar den Bischof von Würzburg nicht; er sagt nur: O(tto) Brandenburgensis episcopus et S(igfridus) abbas Hersveldensis, qui ad antecessorem nostrum Urbanum fuerant destinati, honoraverunt nos praesentia corporali. Doch ist der Text sehr schlecht, und kann Ludewig ebensowohl Wirceburgensis übersehen haben, als er Brandenburgensis statt Babenbergensis schrieb. Freilich sagt Anshert 12 im Anschluß an den straßburger Hof vom Anfang Dezember, eodem tempore habe der Bischof von Würzburg in Deutschland sich um das Zustandekommen des Kreuzzuges verdienstlich gemacht. Damals waren allerdings die Gesandten noch nicht zurückgekehrt, doch möchte der Autor hier in der Chronologie weniger genau sein.

Beilage II.

1187	November	2.	Ferrara	Heinrich von Albano erscheint zum letzten Male als Zeuge in Urkunde Gregor' VIII. S. die Uebersicht bei Jaffé Reg. pont. 866.
	Dezember	(1)	Straßburg	Ad quam (curiam) cum predictus legatus venire vellet nec posset, premisit duos nuucios, die nun das Kreuz predigen. Annal. Marbac. 163. cf. Anon. Exped. Asiatica Frid. imp. ap. Canisius-Basnage 8b, 502.
	—	..	bei Ivois	Venit-legatus cum archiepiscopo de Tyro, id est de Sur, ad colloquium regis (sc. Franciae) et imperatoris. Alberic. 375. — (Legatus) primo adivit imperatorem, a quo ut decuit satis accurate receptus est et benigne. Qui cum de bono imperatoris animo circa peregrinandi negotium familiari inquisitione et alloquio cognovisset, gavisus est in domino et abiens per Alemaniam profectus est ad — Francorum regem Philippum et Henricum regem Angliae. Anon. Exped. Asiatica 503.
	......	..	......	....
1188	Februar	2.	Lüttich	Hält eine Synode. Lamberti parvi annal. 649. cf. Gisleb. 167.
	......	..	Köln	Predigt das Kreuz. Caesar. Heisterb. Dialog. 4, 79.
	März	23.	Mainz	Vgl. Seite 156. 158.

16. 17. 18.

Im Juni 1188 entließ Papst Clemens III. eine Gesandtschaft an den Kaiser. Am 21. Juni finden wir den Träger derselben: Petrus tit. sti. Petri ad vincula et Jordanus tit. stae. Pudentianae zum letzten Male vor ihrer Abreise am päpstlichen Hofe. Uebereinstimmend damit heißt es vom Kardinal Jordanus: Dom. Jordanus abbas fossae novae — presb. card. tit. stae. Pudentianae mense iunii missus est in legatione Alemanniae. Annal. Ceccanens. 288.

Unzweifelhaft gingen die Gesandten zunächst zum Kaiser, um mit ihm über den Frieden zu unterhandeln. Auch waren sie es wohl, welche damals von ihm für Erzbischof Folmar, den sie auf den 12. Februar 1189 nach Rom vorladen sollten, allseitige Sicherheit erlangten. Clemens III. schreibt später darüber (Fulmarum) ad nos, impetrata sibi a carissimis in Christo filius nostris, F. imperatore et H. filio ejus rege — omnimoda securitate, apostolici auctoritate precepti curavimus evocare. Dilecti etiam filii nostri P. tit. sti. Petri ad vincula et J. ste. Pudentiane presbiteri cardinales apostolice

12*

sedis legati hoc ipsum ei — injungere curaverunt. Günther Cod. dipl. Rheno-Mosell. 1, 459. Beyer Mittelrhein. U.-B. 2, 130.

Mittlerweile hatte auch der Kaiser eine Gesandtschaft an den Papst gerichtet, wohl in Erwiederung der päpstlichen. Neben der Vermittlung des Friedens war die Betreibung der Kaiserkrönung Heinrichs ihre Aufgabe. Sie bestand aus dem Propste Friedrich von Straßburg und dem Protonotar Heinrich, Scholaster von Utrecht.

Da der Protonotar noch am 15. September 1188 Rudolf hieß, so ist dadurch nach einer Seite die Zeit der Gesandtschaft begrenzt. Andererseits schreibt der Kaiser am 10. April 1189 an den Papst: Ex litteris, per fideles nuntios F. prepositum Argentinensem et magistrum Henricum scolasticum Ultrajectensem imperialis aule protonotarium a sanctitate vestra nobis transmissis et ex verbis, que ab ore vestro audierunt, intelleximus paratam et promptam animo vestro consistere voluntatem, predilecto filio nostro — sueque nobilissime consorte — nullo mediante dubio vel impedimento coronam imponendi. Notices et extraits 21, 324.

Nach der Zurückkunft dieser Gesandten und ebenfalls noch vor dem 10. April kehrten auch die Kardinäle zum Kaiser zurück, denn in dem angeführten Briefe schreibt dieser: Postmodum (nach Zurückkunft seiner eigenen Gesandten) venerabiles nuntii sanctitatis vestre P. et J. ste. Romane ecclesie cardinales ac fidelis noster Leo de Monumento in praesentia nostra constituti litteris apostolicis et viva voce majestati nostre idem constantius et firmius inculcarunt.

Wenn die Kardinäle, welche dem Kaiser diese Anzeige offenbar nicht lange vor dem 10. April machten, schon im Juni den päpstlichen Hof verlassen hatten und unzweifelhaft längst beim Kaiser gewesen waren, so folgt daraus, daß ihnen der Auftrag, dessen sie sich jetzt entledigen, erst später übermittelt war. Durch wen dies geschehen sei, kann nicht zweifelhaft sein: durch den römischen Consul Leo de Monumento, der selbst an der Ausführung des Auftrages Theil nahm. Daß er mit den Kardinälen Italien verlassen und nun schon ³⁄₄ Jahre in Deutschland geweilt habe, ist undenkbar. Für ihn gab es in dieser Zeit keine Beschäftigung, während die Kardinäle in allen Theilen Deutschlands dieselbe fanden. Ferner, wie sollte derjenige, den wir in Italien so oft an der Seite des Kaisers oder des Königs finden[1]), nicht ein einziges Mal in den zahlreichen Kaiserurkunden von 1188—1189 als Zeuge erscheinen[2]), wenn er ebenso lange in Deutschland geweilt hätte, wie die Kardinäle. Was ist aber natürlicher, als daß derjenige, der dem Kaiser befreundet, der von ihm beauftragt war, Gregor VIII. nach Rom zurückzuführen[3]), der diesen Auftrag an Clemens III. erfüllt hatte[4]), von Letzterem an die in Deutschland weilenden Kardinäle gesandt wurde, damit er ihnen einen neuen Auftrag an den Kaiser übermittle,

---

1) S. Seite 70 Note 1.
2) Ich habe alle mir bekannte Urkunden durchgesehen und glaube nicht, daß mir so leicht eine entgangen ist.
3) Annal. Romani l. c.
4) Annal. Romani l. c.

und benselben mit ihnen zur Ausführung bringe? Dann wird er auch den Kardinälen die päpstliche Ermächtigung zu einem definitiven Friedensschlusse mit dem Kaiser gebracht haben; ein definitiver Friede, wie er geschlossen wurde, war aber erst möglich, seitdem Folmar am 12. Februar der päpstlichen Vorladung sich nicht gestellt hatte. In Uebereinstimmung damit sagen die trefflich unterrichteten Gesta Trevir. c. 99: Emissis duobus cardinalibus, Jordano videlicet et Petro, quaestiones quae inter praedecessores suos et imperatorem ventilatae erant, in formam difinitivam redactas, per eos imperatori et regi transmisit. Imp. autem, cum iam in procinctu itineris sui esset, acceptavit formam compositionis illius et eam in charta conscribi fecit bullisque aureis confirmari mandavit. „In procinctu itineris" befand sich der Kaiser zu Hagenau[1]), von wo das Kreuzheer sich in Bewegung setzte, von wo auch der Kaiser, wie schon erwähnt, wenige Tage vorher den obigen Brief an den Papst schrieb. Nach Hagenau gehört also wohl der definitive Frieden. In welcher Weise dieser geschlossen wurde, ersehen wir daraus, daß Clemens III. später die Absetzung Folmars verfügt: prout in litteris compositionis apparet dictorum cardinalium legatorum nostrorum et venerabilium fratrum nostrorum Bambergensis et G. Herbipolensis episcoporum et dilecti filii S. Hersfeldensis abbatis, sigillorum testimonio consignatis[2]). Günther Cod. dipl. Rheno-Mosell. 1, 460. Beyer Mittelrhein. U.-B. 2, 130. — Es ergiebt sich also:

1188	Juni	21.	Lateran	Petrus tit. sti. Petri ad vincula, Jordanus tit. stae. Pudentianae: Zeugen in päpstlicher Urkunde. Hormayr Gesch. v. Tirol 1b, 127.
	......	..	......	Dieselben brechen nach Deutschland auf.
	......	..	......	Kommen zum Kaiser und erwirken von ihm Sicherheit für Folmar von Trier, den sie nach Rom bescheiden.
	nach Septbr.	15.	......	Propst Friedrich von Straßburg und der Protonotar Heinrich gehen als kaiserliche Gesandte an den päpstlichen Hof.
1189	......	..	......	Dieselben kehren zum Kaiser zurück und melden ihm, daß der Papst zur Kaiserkrönung Heinrichs bereit sei.
	nach Februar	10.	......	Leo de Monumento bringt den Kardinälen neue Aufträge von Seiten des Papstes.

---

1) S. Seite 161 Note 6.

2) Voraus ist gegangen: sicut dum Veronae essemus vivente adhuc praedecessore nostro Urbanum statutum fuerat et condictum. Daß beide Vorgänge nicht zu identificiren sind, beweist schon der Umstand, daß hier nur von einer Verabredung, dort von einem definitiven Frieden die Rede ist. Dann heißt es ja ausdrücklich in litteris — dictorum cardinalium legatorum nostrorum. Auch wurde Jordanus erst nach dem Tode Urban' III., unter Clemens III. zum Kardinal erhoben. Annal. Ceccanens. l. c.

1189	April	..	Hagenau	Die Karbinäle und Leo de Monumento versichern den Kaiser die Bereitwilligkeit des Papstes, König Heinrich zu krönen, und überbringen ihm den Frieden desselben, den der Kaiser durch die Kardinäle und die Bischöfe von Würzburg und Bamberg und den Abt von Hersfeld urkundlich feststellen läßt.
	Juni	21.	Lateran	Jordanus etc. ist wieder Zeuge in päpstlicher Urkunde. Gattula Hist. abbat. Casin. 1, 403.
	September	12.	—	Petrus etc. ebenso. Hund Metrop. Salisb. 3, 85.

19.

Von Hagenau schickte der Kaiser am 10. April wieder eine Gesandtschaft an den Papst, nämlich seine früheren Gesandten den Propst Friedrich von Straßburg und den Protonotar Heinrich nebst dem Gesandten des Papstes, Leo de Monumento. Ihr Auftrag betraf die Kaiserkrönung Heinrichs. Deshalb gab auch dieser ihnen ein Schreiben mit, welches aber nicht zu Hagenau, wo Heinrich doch mit dem Vater geweilt hatte[1]), sondern zu Vaihingen[2]) in Schwaben am 18. April gegeben ist. Die Gesandten sind also auf ihrer Reise zu Heinrich gekommen, der es nachträglich für gut befunden hat, sich der Erklärung seines Vaters anzuschließen. Diese ist denn auch im Wesentlichen gleichlautend mit der seines Vaters, nur fügt Heinrich die Bitte hinzu, doch die Gesandten recht bald zurückzuschicken.

Wahrscheinlich geschah es aber auch jetzt schon, daß Heinrich den Papst ersuchen ließ, mit der Bekanntmachung des Friedens nicht zu zögern. Sagen die Gesta Trevir. c. 100, Solches sei geschehen post discessum patris sui, so widerstreitet dies unserer Annahme nicht, denn von Hagenau aus rechnete man den Anbruch des Kreuzheeres.

Wann die Gesandten, die wir allerdings nicht sobald wieder am königlichen Hofe finden, vom Papste zurückgekehrt sein, wissen wir nicht; doch möchte es nur in Folge des vom Papste zurückgebrachten Bescheides geschehen sein, daß König Heinrich die Fürsten zum 10. August nach Würzburg beschied und dort pro imperiali benedictione a domno apostolico percipienda exegit a principibus expeditionem parari in Italiam. Annal. Pegav. 267. cf. Annal. Colon. max. 307.

---

1) S. seine Zeugenschaft in der Urkunde bei Würdtwein N. S. 12, 118.
2) Dat. Veingen. Notices et extraits 21, 326. Den Ort glaubt Huillard-Bréholles in Bingen verändern zu müssen. Doch ist dazu gar kein Grund vorhanden. Veingen ist Vaihingen im Enzgau. Der Graf Gottfried von Vaihingen ist am 2. Februar beim Könige zu Andernach - Lacomblet Niederrh. U.-B. 1, 362 — auf dessen Veranlassung mag Heinrich, nach Regensburg reisend, sich jetzt in Vaihingen aufgehalten haben.

20.

Vom 26. Juni 1189 datirt die Bulle, in welcher Clemens III. die Absetzung Folmars ausspricht. Günther Cod. dipl. Rheno-Mosell. 1, 459. Beyer Mittelrh. U.-B. 2, 130. An eben diesem Tage finden wir den Kardinal Soffred vom Titel der heil. Maria in via lata, der mit der Verkündigung des päpstlichen Auftrages betraut war, zum letzten Male vor seiner Abreise am päpstlichen Hofe. Clemens papa legatum apost. sedis dominum Soffredum tit. stae Mariae in via lata cardinalem ad regem transmisit, ut secundum tenorem compositionis factae negotium Treverense determinaret. Gesta Trevir. c. 100.

Mit König Heinrich ging der Kardinal nach Trier, wo nun der Kanzler Johann gewählt wurde. Da Johann als Kanzler zum letzten Male am 18. Mai nachzuweisen ist — Mon. Boica 31a, 437 — und wir am 1. Februar 1190 zum ersten Male den Kanzler Diether finden, — Wenck Hessische Landesgesch. 2, 120, — so sind dadurch die weitesten Grenzpunkte für die Wahl Johanns, die Anwesenheit Heinrichs und des Kardinals in Trier bestimmt. Wie damit schon angedeutet ist, entbehren die Urkunden, welche zwischen dem 28. Mai 1189 und dem 1. Februar 1190 ausgestellt sind, einer Kanzleruntersertigung, und es wird somit wohl anzunehmen sein, daß am 18. August, am 6. und 8. September und am 16. Oktober — B. R. I. 2737. Mon Boica 6, 502. B. R. I. 2738. M. G. L. 2, 186 — die Kanzlerwürde erledigt war. Demnach dürfte man Johanns Wahl vielleicht schon vor den 18. August, jedenfalls aber vor den 6. und 8. September setzen.

21.

Zum letzten Male wandte sich der Kaiser an den Papst aus Gabrianopel, von wo er an den Herzog von Oesterreich schreibt: Ad haec tuam prudentiam rogamus, ut litteras quas pape dirigimus ad ipsum tua industria et labore perveniant, quia per te competentius quam per alium id poterit ordinari. Tageno ap. Freher 1, 410. Das Schreiben an den Papst selbst liegt nicht vor, doch läßt sich aus folgender Ermahnung, die der Kaiser kurz vorher an seinen Sohn gerichtet hatte, der Inhalt wohl errathen: Adhuc domino pape scribere non omittas, quod aliquos religiosos per diversas provincias destinet, qui populum dei contra inimicos crucis exhortentur, precipue autem Grecos. Oft gedruckt, zuletzt im Bullet. de l'acad. de Bruxelles 10a, 377.

Beilage III.

Ueber Kapitel 93 bis 100 der Gesta Trevirorum.

Mit dem Jahre 1152 endet der von Waitz in den M. G. 10, 130—174 herausgegebene Theil der trierer Geschichten. Ein neuer Autor beginnt die Geschichte des Erzbischofs Hillin. Sie ist erst nach der Aussöhnung des Kaisers mit der Kirche, also nach 1177 geschrieben, denn dieser geschieht c. 90 nach Erwähnung. Von seiner Zeit redet der Verfasser in der zweiten Lebensbeschreibung, in der des Erzbischofs Arnold, welcher von 1168 bis 1183 regierte: Cum antiquitus ex religiosa consuetudine ab apostolica sede cardinales ad consolandas ecclesias committerentur, modo autem nostro hae ipsae nimis angariis — gravarentur.[1] etc. c. 92. Die bestimmte Angabe, daß der Autor Ereignisse seiner Zeit schildert, findet sich dann im dritten Abschnitte, der allein für unsere Darstellung in Betracht kommt. In Mitten seiner Erzählung, die so genau, anschaulich und unmittelbar ist, daß sich schon daraus die Gleichzeitigkeit ergibt, ruft der Autor aus: Audiant, qui conflatores scismatum esse non verentur et discant in malis nostris vesaniae suae impetum refrenare c. 96.

Von c. 101 scheint ein Anderer das Werk fortgesetzt zu haben; denn die Regierung Heinrich' VI., die mit diesem Kapitel beginnen sollte, ist ganz übergangen, während die Zeiten Philipps und Ottos sehr ausführlich geschildert werden. Auch beginnt in zwei Codices saec. 13 mit dem Jahre 1190 eine andere Hand.

Daß der Autor ein Trierer war ist wohl selbstverständlich, auch sagt er es ausdrücklich, wenn er von den trierer Wirren als von malis nostris spricht[2]. — Seine Vertrautheit mit der Bibel kennzeichnet ihn als Geistlichen[3]. Daß

---

1) Vgl. Seite 117. 118.

2) Wyttenbach und Müller — Vorrede zu ihrer Ausgabe 20 — nennen ihn Lambertus de Legia, können dafür aber nur den ungenügenden Grund vorbringen, daß derselbe um diese Zeit in Trier lebte und sich schriftstellerisch beschäftigte.

3) Wie sehr dem Autor die Bibel in Fleisch und Blut übergegangen war, zeigt folgende Stelle in c. 99: Episcopus Albanensis „de nocte consurgens" (Genesis 22, 3) transivit „montana cum festinatione" (Lucas 1, 39) et venit in terram quam monstraverat sibi papa (cf. Genesis 12, 1) et praedicavit in

die trierer Kirche einst eine „Säule der Wahrheit" nun eine „Dienerin des Irrthums" geworden ist, wird nur ein trierer Geistlicher so schmerzlich beklagen, wie es c. 96 geschieht. — Zwar schreibt er nicht eleganter, als seine Zeitgenossen, aber bei befriedigender Latinität ist seine Darstellung natürlich, nicht ohne Leben, an geeigneter Stelle sogar schwungvoll. — Der Stoff ist im Allgemeinen chronologisch geordnet, doch wird wohl das Zusammengehörende zu einer abschließenden Darstellung vereinigt[1]). — Alleinige Aufgabe des Autors ist die Schilderung der trierer Doppelwahl und ihrer Folgen; alles Andere ist ihm non instantis operis[2]) oder dient nur zur Schattirung des Bildes. Doch ist kein Ereigniß übergangen, das in irgend einem Zusammenhange mit dem Gegenstande seiner Darstellung steht, und hier verdanken wir ihm nicht weniger, als in der trierer Angelegenheit selbst, die genausten, auch das Detail[3]) berücksichtigende Mittheilungen. So giebt er interessante Aufschlüsse über die Beziehungen des Kaisers zum Papste; kein anderer Deutsche oder ein Franzose hat die Entstehung und das Zustandekommen des deutsch-französischen Bündnisses genauer beobachtet und trefflicher gewürdigt, als unser Autor; für die Opposition des Erzbischofs von Köln bekundet er eine richtigere Auffassung, als selbst die Kölner, welche Zeitgeschichte schrieben; endlich bietet nur er einen befriedigenden und vollständigen Bericht über die päpstlichen Gesandtschaften, die den Frieden zwischen Kirche und Reich vermittelten[4]). — Somit finden sich genug Andeutungen, daß der Autor in der Zeitgeschichte trefflich bewandert war und daß es ihm an politischem Verständnisse nicht gefehlt habe. — Nimmt man hinzu, daß die trierer Angelegenheit selbst für die Reichsgeschichte von der größten Bedeutung ist, so wird man der Erzählung des Trierers keine zeitgenössische Arbeit würdig zur Seite stellen können.

Da der Autor Zeitgenosse ist und jenem Gebiete angehört, in dem sich viele der geschilderten Ereignisse zutrugen, so wird die Erinnerung des Selbsterlebten und Selbstgesehenen die reichste Quelle für seine Darstellung gewesen sein. Unzweifelhaft gilt das von seiner Schilderung der Wirren in Trier selbst. Doch auch in Italien mag er gewesen sein unter jenen, die am päpstlichen Hofe auf die Entscheidung der Doppelwahl warteten; denn was in

---

ea praedicationem: „Qui non bajulat crucem suam et sequitur Christum, non est eo dignus". (Mathaeus 10, 38.)

1) So wird c. 98 an die erste Verhandlung zwischen dem Kaiser und dem Könige von Frankreich der Abschluß des Bündnisses und die Begegnung der beiden Herscher geknüpft. Alsdann kehrt der Autor zu früheren und Dazwischenliegendem zurück.

2) c. 99. Derselbe Ausdruck findet sich in dem früheren Theile c. 92.

3) Z. B. berichtet er zweimal c. 98. 99, daß Verträge mit Goldbullen besiegelt seien.

4) Abgesehen von dem Briefe Clemens' III. würden wir nur von je einer Gesandtschaft unterrichtet sein durch die Annal. Ceccanens. l. c. und Annal. Colon. l. c. Ferner ist es doch nur der Trierer der c. 95 eine befriedigende Notiz über die mathildinische Güterfrage giebt; nur er und die Annal. Colon. max. berichten über die Beziehungen des Kaisers zu England; von den Deutschen erwähnen nur er und die Annal. Aquens. l. c. des Streifzuges Heinrich' VI. in die Campagna u. s. w.

Italien geschieht, ist ihm ebenso genau bekannt, als die Ereignisse in nächster Nähe[1]). Wenn er die Gemüthsbewegung des Kaisers schildert, als diesem (in Italien) gemeldet wird, daß der Papst seinem Versprechen zuwider den Folmar geweiht habe: „sicut semper constantissimus fuerat in omnibus viis suis[2]), motum animi sui repressit et more solito indignationem mentis risu coloravit[3]), alto cordis secreto injuriam istam reposuit"; so hat man darin gewiß mit Recht die Beobachtung eines Augenzeugen erblickt[4]). Und als Solcher wird der Autor noch manchem der geschilderten Ereignisse beigewohnt haben.

Zur Autopsie kommt die Ueberlieferung. Ein längerer Bescheid des Kaisers wird durch ein fertur eingeleitet c. 94; ein anderes Mal wird erzählt secundum assertionem eorum, quibus causa nota erat c. 95. Weitere Erwähnungen einer Mittheilung finden sich nicht; deutlich läßt sich dagegen die Benutzung von Briefen nachweisen[5]).

Ep. Gregorii VIII. ad Folmarum[6]).	Gesta Trevir. c. 98.
Gregor wirft dem Folmar vor: fraternitas tua, cum in scandalum multos miserit, paucos ad se provocavit in gratiam.	Gregor habe dem Folmar vorgeworfen: multos in confusionem et scandalum, paucos revocavit in gratiam.

---

1) Er kennt die Absicht des Papstes: quod animo diu conceperat c. 95. er kennt den ganzen Hergang der päpstlichen Entscheidung, Tag und Stunde derselben.

2) — quasi innata et leonia constantia. Cont. Aquic. 419 — sicut semper erat constantissimus. Arn. Lub. 3, 12 — semper erat constantissimus. Radulf. de Diceto 600.

3) — sicut semper velle ridere putares. Morena 614. Vgl. die Schilderung eines anderen Augenzeugen Seite 123 Note 1.

4) Raumer Gesch. d. Hohenstaufen 2, 6 Note 1 ed. II.

5) Watterich Vitae pont. 2, 687 Note 1 behauptet folgende Klage Papst Gregor' VIII. in c. 99: „Deducant oculi mei lacrymas per diem et noctem et non taceant, quia contrita est virgo filia populi mei, plaga pessima vehementer" sei dem Schreiben dieses Papstes an die deutschen Prälaten entnommen. Doch kann ich diese Stelle (Jerem. Proph. 14, 17) in dem angezogenen Schreiben nicht finden, wohl aber die verwandte aus Jerem. 9, 1. Gleichwohl mag dieselbe einem Schreiben Gregors entnommen sein, das aber nicht vorliegt.

6) S. die Drucke Seite 154 Note 1. — Man wird fragen, wie der Autor zur Kenntniß dieses Briefes gelangt sei, der doch nur für Erzbischof Folmar, nicht für eine öffentliche Vorlesung bestimmt war. Ich denke durch eine Mittheilung des Bischofs von Toul, der mit der Ueberbringung des Briefes betraut war c. 98. Als dieser nach dem 29. November 1187 den päpstlichen Hof verlassen hatte und nun wieder in Deutschland eingetroffen war, hatte Folmar schon zum Könige von England fliehen müssen. S. Seite 156. Der Bischof wird dem ohnehin schon Unschädlichgemachten nun nicht nachgereist sein, und war er auch bisher genug, den Brief nicht öffentlich mitzutheilen, so mögen doch Einzelne denselben gelesen haben. So unser Autor, der seinen genauen Bericht über die Anwesenheit des Bischofs von Toul am päpstlichen Hofe auch wohl vom Bischofe selbst oder doch aus dessen Umgebung empfing. Dann hat sich bei der Durchlesung des Briefes seinem Gedächtnisse gerade jene Stelle eingeprägt, die sich durch ihren scharfen Gegensatz auszeichnet.

Ep. Clementis III. ad Trevirenses[1]).	Gesta Trevir. c. 100.
Si quos — memoratus Fulmarus deposuit, excommunicavit, officioque suspendit aut beneficio in integrum esse decernimus constitutos.	Si quos — idem Folmarus excommunicaverat, officio et beneficco privaverat, in statum pristinum restituit (sc. Clemens III).
auctoritate, qua fungimur, illa, quam in vos, ecclesiam Treverensem, suffraganeos totumque archiepiscopatum — habuit, potestate privamus, statuentes, ut ab ipsius — obedentia — sitis deinceps penitus absoluti.	— ecclesiam totam cum suffraganeis ecclesiis ab obedientia Folmari auctoritate apostolica absolvit.

Noch erübrigt die Frage, ob die Darstellung des Trierers auch eine unparteiische sei. Ich glaube, die Frage unbedingt bejahen zu müssen. Ueberall erscheint er als ein Mann, der Recht und Unrecht abwägt, in seinem Tadel gerecht ist und stets Maaß zu halten weiß. Wenn er vom Papste Ungünstiges aussagt, so geschieht das nicht auf Grund der Mittheilung eines Einzelnen, sondern eorum quibus causa nota fuerat. c. 95. Wenn er erzählt, wie der Papst den Rath der gemäßigten Karbinäle verwirft, so muß er das zwar unvernünftig nennen, aber er fügt bescheiden hinzu: si dici fas est. c. 95. Unumwunden erklärt er zwar, Urban habe mit allen Kräften an der Erniedrigung des Kaisers gearbeitet; aber er erklärt damit nichts Anderes, als auch andere Zeitgenossen, als der Erzbischof von Magdeburg und seine Suffragane in nicht milderen Ausdrücken. Von der anderen Seite trifft sein Tadel ebensogut das gewaltthätige Verfahren des jungen Königs c. 94, wie es auch nicht verschwiegen wird, daß der Kaiser die ganze Hinterlassenschaft Erzbischof Arnolds an

---

1) S. die Drucke Beilage II. Nr. 20. Auch die weiteren, in der Bulle enthaltenen Verfügungen theilt der Autor mit; aber den Wortlaut derselben trifft er nirgends mehr, er schreibt vielmehr so selbstständig, daß man sich wundert, weshalb er sich nicht an den Wortlaut des Briefes hielt, wenn ihm dieser vorlag. Das scheint allerdings nicht der Fall gewesen zu sein. Er sagt: His omnibus praemissis tandem ecclesiae Treverensi in eodem scripto liberam electionem concessit. Aber diese Bestimmung sucht man in eodem scripto vergebens. Ein solcher Irrthum war unmöglich, wenn ihm das Schreiben vorlag. Er erklärt sich aber auf folgende Weise: Wie wir wissen, wurde jene Bulle öffentlich verlesen c. 100. Die Entsetzung Folmars und Rudolfs, die in derselben ausgesprochen war, bedingte nun natürlich eine Neuwahl. Auch das wird der Verleser der Bulle als eine nothwendige Folgerung der in derselben enthaltenen Bestimmungen dem Volke verkündigt haben. Da ist es denn erklärlich, wenn unser Autor Inhalt der Bulle und Folgerung oder Erläuterung derselben in der Erinnerung nicht mehr zu scheiden wußte.

Noch auf eine andere Uebereinstimmung ist hinzuweisen. Schon Seite 88 Note 7 wurden Worte der Gesta c. 95 und Wichmanns von Magdeburg angeführt, in denen dasselbe gesagt wird und die in dem Ausdrucke in verbo Domini übereinstimmen. Selbstverständlich schreibt der Autor ganz unabhängig von Wichmanns Briefe, er erzählt wohl ebenso aus eigener Anschauung, als Wichmann. Was dieser zu Gelnhausen hörte, hörte der Trierer wohl zu Lautern.

sich gerissen habe c. 92. Wird ferner das Gewaltverfahren Folmars blosgestellt, so beweist der angeführte Brief Gregor' VIII., der sich weit schärferer Ausdrücke bedient, daß er gerecht in seinem Urtheil ist. Nirgends zeigt er eine Hinneigung zu Rudolf, den er stets praepositus, nie Erzbischof nennt, nie nennt er dagegen den Folmar archidiaconus, gleichsam als wolle er der Entscheidung des Papstes nirgends zu nahe treten. Einmal c. 98 nennt er den Folmar sogar geradezu archiepiscopus. Am Glänzendsten zeigt sich seine Unparteilichkeit aber in der Schilderung des Unheils, welches das Schisma über Trier brachte c. 90. Sagt ein Folmarianer: „Dum hinc spiritalis gladius indiscrete saeviret", oder ist es ein Rudolfianer, der da erzählt: „Si qui vero in clero vel populo modestius se gerebant, quasi rei majestatis Folmariani esse dicebantur et opprimebantur a super veniente inquietate insidiatorum"?

So steht der Verfasser über den Partei'n, beurtheilt die gewaltigen Bewegungen sine ira et studio und darf mithin als unser zuverlässigster Führer gelten.

Beilage IV.

Regalien- und Spolienrecht in Deutschland.

Auf Grund des Regalienrechtes bezieht der Kaiser bei der Erledigung einer Reichskirche deren laufende Einkünfte, auf Grund des Spolienrechtes nimmt er die ganze Hinterlassenschaft eines Reichsbischofs, -abtes oder -propstes in Beschlag.

1.

Von jeher war es Grundsatz der Kirche, daß die Güter eines Bisthums, sobald dessen Inhaber gestorben war, von einem Oeconomen für den folgenden Bischof verwaltet werden sollten[1]). Dieser aber war ohne den Schutz des Königs seinem Amte nicht gewachsen; denn gerade die Erledigung des bischöflichen Stuhles gab habgierigen Großen die erwünschte Gelegenheit zu Raub und Plünderung bischöflicher Güter. Daher hatte der König den verwaisten Kirchen gegenüber um so mehr die Pflicht eines Beschützers und Vertheidigers. Am Allerwenigsten aber sollte er die Einkünfte derselben zu eigenem Gebrauche beanspruchen. Ist dies im fränkischen Reiche oft genug geschehen, so scheint sich doch kein Recht dafür ausgebildet zu haben; es wird vielmehr anerkannt, daß eine derartige Vergewaltigung der Satzungen der Kirche zuwiderliefe, daß unter Königsschutz ein Oeconom die Güter der verwaisten Kirche verwalten müsse[2]).

Wie sich dieses Verhältniß unter den deutschen Karolingern und sächsischen Herrschern gestaltet habe, ist mir unbekannt. Von größeren Vergewaltigungen erledigten Kirchengutes meldet — soviel ich sehe — erst die Geschichte des letzten Saliers. Heinrich V. ließ bischöfliche Kirchen von seinen Beamten verwalten und für den Fiskus ausbeuten[3]). Abteien blieben Jahre lang unbesetzt[4]). So sehr nun auch dieses Verfahren als Gewaltverfahren sich ankündigte, so mag dasselbe doch nur die ungebührliche Ausdehnung eines rechtlich beanspruchten

---

1) So verfügt zuerst, soviel ich sehe, das Concil von Chalcedon c. 15: reditus ecclesiae viduatae penes oeconomum ejusdem ecclesiae integri reservantur.
2) Vgl. Thomasini Vet. et nov. discipl. eccl. P. 3. l. 2. c. 54.
3) Ep. Frid. Colon. aepi. ap. Eccard Corp. hist. 2, 278.
4) Z. B. Lorsch sechs Jahre hindurch. Cod. Lauresh. 232.

Nießbrauches sein. Denn der erste Kaiser, den wir im anerkannten Besitze des Regalienrechtes[1]) finden, — Friedrich I. — übt dieses Recht, wie er selbst sagt, ex antiquo jure regum et imperatorum atque ex cotidiana consuetudine[2]). Danach müssen also die Anfänge desselben ziemlich tief hinabreichen. Freilich beziehen sich die angeführten Worte auch auf das verwandte Spolienrecht, welches Otto IV. gleichwohl nennt consuetudinem minus decentem, quam Fridericus imperator induxerat[3]); und so könnte man annehmen, Friedrich habe auch das Regalienrecht fälschlich ein altes Gewohnheitsrecht genannt. Allein werden wir später vom Spolienrechte zeigen, daß Friedrich doch zur Begründung desselben auf eine Reihe von gleichen Vorgängen hinweisen konnte und Otto' IV. Behauptung nur insofern Berechtigung hat, als Friedrich I. der Wiederbeleber des Spolienrechts war, so möchte Aehnliches auch vom Regalienrechte gelten. Ansätze dafür sind gewiß vorhanden gewesen, nur die Durchführung desselben war Friedrichs Werk. Und darin unterstützte ihn die ganz veränderte Auffassung des Kirchengutes, wie sie sich um die Mitte des 12. Jahrhunderts Bahn gebrochen hat.

Bisher waren die Regalien der Reichskirchen als deren Eigenthum betrachtet und behandelt worden. Die Uebertragung der Regalien war demnach keine Uebertragung von Lehen. In der zweiten Hälfte des 12. Jahrhunderts sind dagegen die Reichsbischöfe und -äbte ganz in das Verhältniß weltlicher Lehnsfürsten getreten; die Uebertragung der Regalien ist keine Uebertragung des Kircheneigenthums geblieben, sie ist eine Uebertragung von Reichslehen geworden[4]). Dem entsprechend werden die Regalien nun ganz in der Weise weltlicher Lehen behandelt: sie fallen nach dem Tode ihres Trägers, wie erledigte Lehen, an das Reich zurück. Konnte früher das Regalienrecht nur als Ausfluß der Oberhoheit des Königs über die Kirchen oder als gewohnheitsmäßiger Gewaltakt gelten, jetzt heißt es, wie Friedrich sagt: res episcopales, ad eandem manum redierunt, de cujus munere eas constat descendisse[5]).

---

[1]) Der erste Deutsche, der meines Wissens über das Regalien- und Spolienrecht gehandelt hat, ist der ältere Meibom in seiner Dissert. super quodam antiquo caesarum Germanicorum jure deccedentium majorum praelatorum relictis possessionibus. ap. Meibom Scr. 3, 185. Nach meinem Dafürhalten war diese Abhandlung trotz ihres Alters noch immer die beste, welche wir besaßen, nur scheint man sie nie einer Beachtung gewürdigt zu haben. — Der neueste Autor, der über unseren Gegenstand gehandelt hat, möchte sein: Aemil. Friedberg De fluium inter ecclesias et civitatem regundorum judicio. Diss. inaug. Berol. 1861. Friedberg hat die Handhabung des Regalienrechtes unter Friedrich I. ganz übersehen; von seinem einzigen Beispiele aus der Regierung Friedrich' II. sagt er Seite 233 Note 2: nulla nisi haec regaliae juris in Germania vestigia invenimus. — Von den früheren Autoren erwähne ich: Planck Gesch. d. christl. kirchl. Gesellschaftsverf. 4 b, 95 sagt ohne Beweise: „Unter Friedrich I. fand wenigstens die besondere Eigenheit statt, daß er sich gewöhnlich die Einkünfte eines Jahres von den vakanten Bisthümern zueignete." — Eichhorn D. St. und R. G. 2, 540 unter Berufung auf Arn. Lub. 3, 17: „Friedrich findet sich im anerkannten Besitze dieses Rechtes."

[2]) Lacomblet Niederrh. U.-B. 1, 288.

[3]) Lacomblet 1, 392.

[4]) Ficker Vom Heerschilde 69.

[5]) Ep. Frider. ad Cameracens. ap. Bouquet 16, 696.

Die erste Urkunde, welche des Regalienrechtes erwähnt, datirt aus dem Jahre 1166 — determinamus, sagt der Kaiser, ut quandocunque — Reinoldus Colon. archiepiscopus vel ejus successor ab hac vita decesserit, reditus episcopales et servitia, quae de curtibus proveniunt, sive in censu sive in annona, sive in vino vel in aliis victualibus, in potestatem nostram redigantur et sicut episcopo viventi servire debuerant, sic nostris usibus deserviant (sc. usque substitutionem alterius archiepiscopi).[1]

Im folgenden Jahre schreibt Friedrich an die Geistlichkeit von Kammerich: Jura imperii, qualem nunquam alibi jacturam vel ignominiam recepimus, apud vos nobis negata sunt, scilicet quod res episcopales decedente episcopo ad eandem manum non redierunt, de cujus munere constat eas descendisse. Gleichzeitig hatten die Regensburger den Kaiser ersucht, daß er wegen der Armuth ihres Bisthums auf das Regalienrecht verzichten möge, und der Kaiser antwortet: Petitiones vestras licet a curie nostre consuetudine discordare videantur benigne admisimus et dilecto nostro Chuonrado electo vestro, ut de palatiis et omnibus reditibus et dignitatibus et castris et curtibus episcopatus se intromittat et pro voluntate sua dispenset[2].

Diese Rücksicht nahm der Kaiser nicht nach dem Tode Christians von Mainz im Jahre 1183; dessen Nachfolger klagt nämlich: in primo anno reditus nostri[3] omnia imperator consumserat usque ad novos fructus praeter 45 solidos in Mogontia et septem libras in Turingia[4]. Danach erscheit also das Regalienrecht nicht mehr, wie in dem ersten angeführten Beispiele, auf die Zeit usque ad substitutionem alterius archiepiscopi beschränkt, sondern umfaßt ziemlich ein ganzes Jahr; denn Erzbischof Christian starb im August 1183, von seinem Tode usque ad novos fructus verging wohl ein Jahr.

Dieselbe Erweiterung auf ein Jahr finden wir auch bei der nächsten Erwähnung des Regalienrechtes. Papst Urban III. wollte es abgeschafft wissen. Es heißt bei dieser Gelegenheit (omnia stipendia) confiscata fuerant, und diese Einkünfte werden als stipendia praesentis anni bezeichnet[5], also des laufenden Jahres. Somit wäre die Analogie der Regalien mit den weltlichen Lehen vollendet gewesen; beide können über Jahr und Tag in Händen des Kaisers bleiben, wie es deutlicher noch unter Friedrich II. hervortreten wird.

Seiner Forderung entsprechend, blieb Urban als Papst Besitzer der Regalien des mailänder Erzbisthums. Der Kaiser beschuldigt ihn: antistitem

---

1) Lacomblet 1, 288.
2) Ried Cod. dipl. Ratisb. 1, 242. Einen ähnlichen Verzicht scheint Friedrich für Hildesheim geleistet zu haben; denn in der hildesheimer Chronik M. G. 7, 856 heißt es: Bruno Hild. ab omnibus electus a fidelibus aecclesiae — consulto tamen prius imperatore — sacramentum fidelitatis suscepit cunctisque negotis suis et commodis circa redditus episcopales libera potestate dispositis — dom. imperatorem in Ytaliam secutus, regalium investituram adeptus est.
3) Vgl. Seite 43 Note 7.
4) Stumpf Acta Mogunt. 116.
5) Arn. Lub. 3, 17.

ecclesie, usum regalium imperio iam pluribus annis denegastis[1]). Aber Urbans Forderung drang nicht durch.

Unter Heinrich VI. finde ich keine Erwähnung des Regalienrechtes, um so bedeutsamer tritt es in der Zeit der großen Vergabungen unter Philipp und Otto IV. hervor.

Im Jahre 1204 vergünstigt Philipp dem Erzbischofe von Magdeburg und dessen Suffraganen: Cum ex antiqua et antiquata consuetudine imperii episcoporum omnium, qui de jurisdictione sunt imperii, decedentium in quibuscunque reditibus reliquiae fisco imperiali debent cedere — imperpetuum concedimus iuri imperii in hac parte derogantes, ut omnes proventus episcopales, qui defunctis episcopis imperio cedere deberent, ad usus ipsorum colligantur et collecti conserventur[2]). Dieselbe Vergünstigung erhält Magdeburg' im Jahre 1209 von Otto IV.[3]) Für alle Bischöfe verzichtet dann Friedrich II. auf das Regalienrecht im Mai 1216: Veterem illam consuetudinem detestantes, quam antecessores nostri in cathedrales exercuerant ecclesias et abbatias, quae manu regia porriguntur, quod videlicet decedentibus episcopis et praelatis — consueverant — reditus et proventus per totius primi anni circulum ita prorsus auferre, ut nec solvi possent debita decedentis nec succedenti praelato necessaria ministrari, eadem consuetudine sive iuri — renunciavimus penitus[4]).

Merkwürdiger Weise fehlt dieser Verzicht in jener großen Freiheitsurkunde vom Jahre 1220, obwohl doch deren erster Artikel das verwandte Spolienrecht betrifft. Das führt auf die Vermuthung, die Bischöfe selbst hätten dem Kaiser das Regalienrecht zurückgegeben, aber unter der Bedingung, daß es sich fortan nicht mehr auf den circulus unius anni erstrecke, sondern auf seine ursprüngliche Ausdehnung beschränkt werde. Denn so übt Friedrich das Recht jetzt. In einer Urkunde von 1238 sagt er: — quilibet imperator in indicta curia percipere debet integraliter et vaccantibus ecclesiis omnia usque concordem electionem habere, donec electus ab eo regalia accipiat[5]).

2.

Was die Entstehung des Spolienrechtes betrifft, so vermag ich darüber Nichts beizubringen. Ich kenne überhaupt vor der Regierung Friedrich' I. nur zwei oder drei Fälle[6]), in denen desselben Erwähnung geschieht.

---

1) Radulf. de Diceto 447. Ludewig Rel. mscr. 2, 447. Vgl. Seite 82 Note 2.

2) Gersdorf Cod. dipl. reg. Saxon. 1, 68.

3) Tolner Hist. Palat. 61. Orig. Guelf. 3, 639. Schon angeführt von Meibom.

4) M. G. L. 2, 226. Ausfertigungen für verschiedene Kirchen bei Huillard-Bréholles Hist. dipl. Frid. sec. 1 b, 456—462. Schon angeführt von Meibom.

5) M. G. L. 2, 329. Schon angeführt von Meibom.

6) Auch hierüber handelt Friedberg De finium etc. l. c. eben so ungenügend, als über das Regalienrecht. Er führt vor Friedrich I. nur den Seite 193 Note 2 mitgetheilten Fall an und zwar nur so „exempli causa". Leider paßt dieses Beispiel nicht einmal recht, und man würde es Friedberg gewiß

Beilage IV.

913. Hatto archiepiscopus Mogunt. italica febri cruce non exacta diem obiit. Egit tamen — Salomon episcopus Constantincusis pro anima ejus precibus et opibus, quantumcumque potuit. Scrina ejus palatio addicta sibi non providerunt[1]). — Eigenthümlich ist der zweite Fall, und man kann zweifeln, ob er überhaupt hierher zu ziehen sei, denn er betrifft keine Reichsbischöfe oder -äbte, sondern einen presbiter advena, der in einer fremden Stadt stirbt. Im Jahre 1002 vergünstigt nämlich Heinrich II. den Bischof von Utrecht, ut res presbyterorum advenarum, quas theutisca lingua Overmecke nominamus, post obitum eorum nostre ditioni relictas, seiner Kirche zugehören sollten. — 1072. Preter libros sanctorumque reliquias et vestimenta sacra fere nihil inventum est in thesauris ejus viri (sc. Adalberti archiepiscopi Bremensis), quae tamen omnia rex accipiens una cum praeceptis ecclesiae tulit etiam manum sti. Jacobi.

Wie selten somit auch die Beispiele vor Friedrich I. sind, so mußte er selbst doch auf eine Reihe derselben hinweisen können, als er das Spolienrecht übte ex antiquo jure regum et imperatorum atque ex cotidiana consuetudine[4]). Aber jedenfalls müssen Friedrichs Vorgänger es sehr lässig geübt haben, jedenfalls ist Friedrich als der Wiederbeleber desselben zu bezeichnen, denn auch Otto IV. mußte seine Gründe haben, als er das Spolienrecht nannte consuetudinem minus decentem, quam Fridericus imperator induxerat[5]).

Ob auch hier die veränderte Auffassung der Regalien einwirkte? Man könnte es annehmen: Ebenso wie die Hinterlassenschaft jedes Geistlichen, sofern sie als ein Resultat aus der kirchlichen Pfründe betrachtet werden konnte, der Kirche heimfiel[6]), von welcher der Geistliche seine Pfründe besaß; so auch hätte ja die Hinterlassenschaft eines Bischofs, als Resultat aus den Regalien aufgefaßt, dem Reiche heimfallen können, von dem er seine Regalien zu Lehen trug.

Das erste Beispiel aus der Regierung Friedrichs betrifft die kölner Kirche. In derselben Urkunde, in welcher sich der Kaiser das Regalienrecht an den Besitzungen der kölner Kirche vorbehält, verzichtet er auf das Spolienrecht: — res mobiles, videlicet boves et oves et cetera animalia ad agriculturam pertinentia et similiter annone, que ad semen agrorum est deputata, et illa, que ad procurationem colonorum et servorum in curtibus et territoris necessario est designata, in ipsis territoriis et curtibus ad archiepiscopatum coloniensem pertinentibus libere et secure et absque diminutione ejus successori rema-

---

Dank gewußt haben, wenn er noch das eine oder andere seiner Beispiele mitgetheilt hätte.

1) Ekkehard. cas. sti. Galli. M. G. 2, 89. Schon angeführt von Meibom.
2) Heda De ep. Ultraject. ed. Buschelius 99.
3) Adam. Bremens. M. G. 7, 363. Schon angeführt von Meibom.
4) S. Seite 190 Note 2.
5) S. Seite 190 Note 3.
6) Denn es galt der Satz: quod clericus, qui tempore ordinationis sue nichil habens aliqua de rebus ecclesie conquississet, nullum testamentum posset facere, sed post decessum suum omnia ecclesie deberet relinquere. M. G. L. 2, 142.

nennt¹). Wie hier das Spolienrecht noch auf Getreide, Lebensmittel und Vieh beschränkt ist, so heißt es auch zum folgenden Jahre in der Chronik von Lorsch: Frumentum et vinum, quod eo anno abundantissime provenerat cum his, quae ab anno praeterito more suo copiose conservaverat (sc. Henricus abbas) partim ab ipso destributum, partim temere distractum, partim imperiali munificentia successori suo donatum. Seine Schätze hat der schlaue Abt freilich auf dem Sterbebette vergeben, beatius arbitratus dispergere et dare pauperibus, quam post obitum suum dispergi per non pauperes et dari non pauperibus²).

In den nächsten Jahren finde ich keine Erwähnung des Spolienrechtes. Um so bedeutsamer tritt es in den Jahren 1183—1186 auf. Nach dem im Jahre 1183 erfolgten Tode des Erzbischofs Arnold von Trier parum vel nihil de omnibus divitiis suis, quas in urbe vel in castellis reliquerat, ad effectum suae ordinationis processit; siquidem Wernerus de Bolande cum aliis nuntiis imperatoris omnia ubique invaserunt et copiosas ejus divitias in potestatem imperatoris redegerunt³). Und diesen Vorgang bestätigt eine Urkunde Erzbischof Philipps von Köln, in der es heißt: felicis memorie Arnoldus treviroruni archiepiscopus, cum ducentarum triginta duarum (marcarum) ei debitores essemus, centum ex hiis ecclesie b. Andree, cuius pridem prepositus extiterat, in memoriam sui moriens legavit easque nobis persolvendas per testamentarios commisit. Huic facto dominus imperator Fridericus augustus, qui reliqua bona decedentis archiepiscopi iure fisci sibi vendicaverat, nostro interventu benignum prebuit assensum⁴). Dabei hatte aber der Erzbischof den Druck des Spolienrechtes empfunden und daher rührt vielleicht sein Schmerz, quod post mortem episcoporum omnia mobilia in fiscum redigerentur⁵). An diesen Vorgang wird aber auch Papst Urban seine Forderung um Abstellung des Spolienrechtes geknüpft haben: Affirmabat —, quod episcoporum exuvias injuste acciperet, quae dum ipsis mortuis de ecclesiis rapiantur, ecclesie quasi corrosae et expolitae ab episcopis subintrantibus inveniantur⁶). Begreiflich, daß es da vom Erzbischofe von Köln heißt: cui (sc. papae) praecipue favebat Philippus archiepiscopus Coloniensis. Aber wie Urban das Regalienrecht nicht abzuschaffen vermochte, so auch nicht das Spolienrecht. Zwar verfügt Clemens III. im Juni 1190 unzweifelhaft im Hinblick auf die jüngsten Ereignisse nulli vel imperatori seu advocato, nulli ecclesiastico secularive persone liceat decedentium archiepiscoporum seu presbyterorum vel reliquorum clericorum Treverensis ecclesie bona pervadere seu diripere, sed potius hec ipsa ad opus eligendi antistitis iuxta dispositionem yconomi et clericorum libere conservantur⁷). Zwar hat auch Heinrich VI. im Jahre 1190, auf

---

1) Lacomblet Niederrh. U.-B. 1, 288.
2) Cod. dipl. Lauresham 274. 73. Schon angeführt von Maibom.
3) Gesta Trevir. c. 92.
4) Lacomblet Niederrh. U.-B. 1, 363.
5) Arn. Lub. 3, 17.
6) Arn. Lub. l. c.
7) Beyer Mittelrh. U.-B. 2, 141.

Grund eines Reichsspruches, den Bischöfen die freie Testatsverfügung eingeräumt: liberum erit, verkündigt er den Bremern, cuilibet episcopo morienti disponere de rebus suis et dare cui voluerit¹). Aber dennoch konnte er im Jahre 1195 hoffen, die Bischöfe für die Erblichmachung des Reiches dadurch zu gewinnen, daß er versprach, omnium etiam ecclesiarum prelatorum iuri condescendere, ut post mortem predecessorum successores episcopi in rebus mobilibus, que antea fisco regio adiudicabantur, in potestate succedentis sine contradictione venirent²). Heinrich konnte seinen Plan nicht durchführen, und wir dürften uns also nicht wundern, daß er nach wie vor das Spolienrecht geübt, wenn er nicht in seinem erwähnten Briefe an die Bremer jedem Bischofe freie Testatsverfügung bewilligt hätte. Man könnte da annehmen, das eine Mal sei nur an das Privatvermögen der Bischöfe gedacht, das andere Mal bezögen sich die res mobiles auf Vieh, Getreide, Ackergeräthe u. s. w., die nicht als Privateigenthum des Bischofs gegolten; und eine solche Unterscheidung legt ja der Umstand nahe, daß einmal dem Bischofe das freie Verfügungsrecht, dann aber dem folgenden Bischofe das Erbschaftsrecht zugestanden wird. Thatsächlich aber wird nach wie vor das Privatvermögen des Bischofs und das Mobiliareigenthum der Kirchen beansprucht. Ganz allgemein verbrieft Otto IV. im Jahre 1198 dem Erzbischofe von Köln: consuetudinem minus decentem, quam Fridericus imperator contra iustitiam induxerat, scilicet quod decedentibus principibus ecclesiasticis videlicet personis quemadmodum archiepiscopis, episcopis, abbatibus et abbatissis, prepositis eorum suppelectilem sibi violenter usurpavit, penitus abholemus³). Im Jahre 1204 verspricht dann König Philipp dem Papste, auf das Spolienrecht zu verzichten⁴); aber noch im selben Jahre vergünstigt er einem einzelnen Bischofe: quamvis — omnia ad nos iure imperii pertinere debeant, si eum decedere contigerit, ob eius tamen dilectionem nihil nobis ex omnibus, que reliquerit, volumus vindicare⁵). Wie Philipp versprachen auch Otto IV.⁶) und Friedrich II.⁷) dem Papste die Abstellung des Spolienrechtes; für alle Zeiten schien dann dasselbe beseitigt zu sein, als Friedrich in dem großen Freiheitsbriefe für die deutschen Bischöfe vom Jahre 1220 versprach: nunquam deinceps in morte cujusquam principis ecclesiastici reliquias suas fisco vendicabimus⁸).

---

1) Lünig Reichsarch. 16, 107. Staphorst Hist. eccl. Hamburg. dipl. 1a, 596.
2) Ansbert. 89. cf. Johann. monach. im Chron. mag. Belgic. ap. Pistorius 3, 224.
3) Lacomblet 1, 392. Vgl dazu den Bericht des Erzbischofs von Köln an den Papst. Reg. imp. 9 ed. Baluze 1, 689.
4) M. G. L. 2, 208.
5) Ried Cod. dipl. Ratispon. 1, 288. Mon. Boica 29a, 517.
6) M. G. L. 2, 217.
7) M. G. L. 2, 224.
8) M. G. L. 2, 226.

Auch Fürsten konnten das Regalien- und Spolienrecht üben[1]), doch sofern es sich auf bischöfliche Kirchen bezog, selbstverständlich nur diejenigen, welchen eine bischöfliche Investitur zustand: also im Reiche Heinrich der Löwe und die Grafen von Savoyen. In den Jahren 1158 und 1174 vergünstigt Heinrich der Löwe den bischöflichen Kirchen von Lübeck, Ratzeburg und Schwerin: ut quolibet predictarum ecclesiarum episcopo decedente nullus advocatus vel alia persona bona episcopi presumat invadere vel in suos usus mancipare, ne sacrilegium incurrat, sed secundum canones prima pars pro animi episcopi tribuatur, secunda in usus ecclesie, tercia successuri episcopi reservetur[2]). Es ist wahrscheinlich ebensowohl von der Hinterlassenschaft des Bischofs, als von den Einkünften der Kirche, also vom Spolien- und Regalienrechte, die Rede. Weitere, hierher gehörende Urkunden Heinrichs giebt es nicht. Auch von den Grafen von Savoyen ist mir nur eine Urkunde und zwar bezüglich ihres Rechtes auf die Hinterlassenschaft des Bischofs von Aosta bekannt. Im Jahre 1191 urkundet Graf Thomas: inherens vestigiis avi mei Amedei — remitto illam invasionem et occupationem, que solet fieri contra dominum in decessu augustensis episcopi in domo ipsius, et si quid iuris inventarium habendum habebam, — illud dono ipsi ecclesie concedo[3]).

---

1) Ich verweise dafür nur auf den ausführlichen Bericht der Geneal. comit. Flandriae. M. G. 9, 310.

2) Mecklenb. U.-B. 1, 59. 74.

3) Mon. patr. Taurin. chart. 1, 979. Wurstemberger Peter II., Graf von Savoyen 4, 15.

Beilage V.

Die Reihenfolge der Hoftage.

In welcher Reihenfolge und zu welcher Zeit die Hoftage gehalten wurden, auf welchen Hoftagen Erzbischof Philipp von Köln der Ladung des Kaisers sich stellte oder nicht stellte, — darüber herrscht die größte Verwirrung.

Abel Die politische Bedeutung Kölns u. s. w. 449 und Peter Analecta ad hist. Philippi Heinsberg. 63 stellen folgende Reihe auf: 1187 August 15. zu Worms. — 1187 zu Straßburg. — 1187/8 zu Gelnhausen.

Keussen De Philippo Heinsberg. 33: 1187 zu Straßburg. — 1187 zu Gelnhausen. — 1187 August 15. zu Worms.

Watterich Vitae pont. Rom. 2, 670 Note 3, 691 Note 1: 1187 Februar 15. zu Regensburg. — 1187 April oder Mai zu Gelnhausen. — 1187 August 15. zu Worms. — 1187 Dezember zu Kaiserslautern.

Fechner Leben d. Erzb. Wichmann 498: 1187 September zu Gelnhausen. — 1188 März 29. zu Regensburg[1]).

1. Imp. dispositis rebus suis in Italia et Cremonensibus, quibus tunc bellum intulerat, in gratiam receptis in Galliam et Germaniam cum festinatione reversus est. Convocatis igitur principibus apud Lutram etc. Gesta Trevir. c. 97. Die Berufung der Fürsten ist danach im unmittelbaren Anschlusse an die Rückkehr des Kaisers erfolgt. Im Juni 1186 hatte dieser den Kremonensern verziehen; — Regest 70 — im Juni finden wir ihn auf dem Wege nach Deutschland; — Regest 72. 73 — im August war er in Mühlhausen eingetroffen; — Regest 74 ff. — wahrscheinlich befand er sich am 5. Oktober zu Kolmar, — Regest 80 — sicher aber am 13. November zu Haßloch im vormaligen kurpfälzischen Amte Neustadt. — Regest 83. — Zwischen Kolmar und Haßloch liegt Kaiserslautern, zwischen dem 5. Oktober und 13. November möchte also der Hof zu Kaiserslautern gehalten sein.

2. Um dieselbe Zeit wird auch die Begegnung zwischen dem Kaiser und Erzbischof Philipp stattgefunden haben; denn ebenso wie der Hoftag zu Kaiserslautern der Rückkehr des Kaisers folgte, so beruft dieser reversus de Italia den Erzbischof zu sich. Wenn man die Worte Arn. Lub. 8, 18 urgiren darf, so

---

1) Vgl. jedoch Seite 198 Note 8.

fand die Begegnung wenigstens sechs Wochen vor dem gelnhausener Hof statt, denn exinde curiam generalem edixit in Geilenhusen.

3. Nach Arn. Lub. 3, 14 kommt der Erzbischof von Bremen mit dem Erwählten von Lübeck zum Kaiser nach Gelnhausen circa hyemem revertente imperatore de Italia, also im November oder Dezember 1186. Schon danach möchte man annehmen, daß die Beiden zu dem episcoporum conventus gekommen sein, welchen der Kaiser bald nach seiner Rückkehr aus Italien zu Gelnhausen hielt. Arn. Lub. 3, 18. Die Richtigkeit dieser Berechnung wird über allen Zweifel erhoben durch zwei kaiserliche Urkunden d. d. Gelnhausen, November 28. — Regest 84. 85. — Die zahlreichen geistlichen Zeugen der einen beweisen, daß eben der episcoporum conventus gehalten wurde. Unter diesen Zeugen erscheinen aber auch der Erzbischof von Bremen und der Erwählte von Lübeck.

4. Während der Fasten 1187 war der Hof zu Regensburg.

5. Den wormser Hof setzen Gisleb. 162. Annal. Colon. max. 794 zum 15. August 1187. Ohne nähere Zeitbestimmung geben ihn dagegen zu 1186: Annal. Magdeb. 195. Annal. Marbac. 163. Daß diese Angabe falsch ist, liegt auf der Hand. Vgl. auch Regest 93.

Zu diesem Hofe erging an den Erzbischof eine Vorladung, jedoch nec venit, nec negavit. Annal. Magdeb. l. c.

6. In Folge des Nichterscheinens Erzbischof Philipps imp. graviter motus curiam ei Strazburg super expurgatione instituit. Annal. Magdeb. l. c. ebenfalls zu 1186. Es ist kein anderer Hof gemeint, als der vom Dezember 1187, auf welchem das Kreuz gepredigt wurde, denn von demselben Hofe sagt Ansbert. 12: ad quam civitatem (sc. Argentinensem = Strasszburgensem) Coloniensis archiepiscopus fuerat vocatus. Nach den Annal. Marbac. l. c. fand aber die Kreuzpredigt zu Straßburg statt circa kalend. decemb. 1187.

Daß der Erzbischof sich hier der Vorladung des Kaisers nicht stellte, ergiebt sich auf das Bestimmteste daraus, daß er nach den Annal. Colon. max. l. c. pro duabus curiis non quaesitis im März 1188 bestraft wird. Auf die beiden folgenden Vorladungen nach Nürnberg 1188 Februar 2. und nach Mainz März 5. hat der Erzbischof sich gestellt. Annal. Colon. max. l. c. Der zweite nicht gesuchte Hof kann also nur der straßburger sein. Erst dann hat es ja auch Sinn, daß der Kaiser zu Straßburg das Kreuz nicht nehmen kann propter guerram, quae inter ipsum et Coloniensem episcopum fuit. Annal. Marbac. l. c.

Die theils ganz unkritischen[2]), theils willkürlichen[3]), theils weniger sorg-

---

1) Gegen diese Ausführung sprechen B. R. I. 2696 und 97, wonach der Kaiser noch am 1. Dezember 1186 und am 11. Februar 1187 in Italien war. Der Einwand ist leicht beseitigt. Nach dem Böhmer vorliegendem Abdrucke der ersten Urkunde wäre dieselbe zwar richtig angesetzt, nach berichtigten Abdrücken lautet aber das Datum: 1185 indict. 5 a. reg. 34 imp. 32 Papie 4 kal. decemb. Vgl. Regest 54. Aehnliches gilt auch von der zweiten Urkunde, die Böhmer selbst schon einmal nach berichtigtem Texte zum 11. Februar 1186 angesetzt hat. Vgl. Regest 60.

2) J. V. Walterich a. a. O. 670 Note 3 läßt den Kaiser in drei Tagen von Pavia bis Regensburg gelangen, obgleich man doch schon von Augsburg bis Verona sieben Tagereisen zählte. Caesar. Heisterb. Dialog. 1, 40.

3) So Fechner a. a. O.: „In Deutschland lud der Kaiser 1187 vergeblich

Beilage V.

fältigen¹) Angaben der früheren Bearbeiter widerlegen sich danach von selbst; einer Widerlegung im Einzelnen wird es nicht bedürfen.

Philipp von Cöln auf zwei Reichstage; dieser suchte sich Bundesgenossen, befestigte Cöln und rüstete gewaltig; erst als der Kaiser die Rheinschiffahrt sperrte, stellte sich der trotzige Fürst; aber es kam keine Einigung zu Stande, und der Kaiser verbot ihm sogar den nächsten nach Gelnhausen berufenen Reichstag". Dieser könnte demnach frühestens 1187 gehalten sein. So auch Fechner: „Dort, im September 1187, entwarfen wirklich die deutschen Bischöfe eine Vorstellung an den Papst. — Wichmann war hier in Gelnhausen nicht zugegen; er war zu dem ersten Tage erschienen, zu dem Philipp von Köln vorgeladen wurde, den 29. März in Regensburg. Jetzt schickte er in Uebereinstimmung mit der gelnhauser Vorstellung u. s. w." Wenn die gelnhauser Vorstellung im September 1187 erfolgte, so fand demnach der regensburger Hof vom 29. März im Jahre 1188 statt. Hierher soll also Philipp von Köln zum ersten Male vorgeladen sein, und doch hat Fechner soeben erzählt: „In Deutschland lud der Kaiser 1187 vergeblich Philipp von Cöln auf zwei Reichstage". — Nirgends ist es überliefert, daß Philipp von Köln vor dem gelnhauser Reichstage zwei Vorladungen versäumt habe. Falsch ist es, daß der gelnhauser Reichstag im September 1187 gehalten sei. S. Nr. 3. Falsch ist es, daß Erzbischof Wichmann zu Gelnhausen nicht anwesend gewesen sei. S. seine Zeugenschaft in Regest 86. Falsch ist es, daß Erzbischof Philipp von Köln zum ersten Male nach Regensburg vorgeladen sei; dessen erste Vorladung gehört vielmehr nach Worms. S. Nr. 5. — Und welche Gründe bringt Fechner für seine Behauptungen vor? Keine! Er giebt nicht eine einzige Belegstelle für all' die angeführten, ganz neuen Angaben; er verschmäht den Versuch eines Beweises!

1) Denn Abel und Peter haben sich nicht um das ausreichende Material bemüht.

Beilage VI.

Ueber ungedruckte Briefe eines leipziger Codex[1]).

Abel benutzte in seiner Abhandlung: Ueber die politische Bedeutung Kölns u. s. w. 451—454 mehrere bisher unbekannte Briefe, über welche er keinerlei archivalische Notizen gab. Cohn war es, der in seiner Dissertation: De rebus inter Henricum VI. et Henricum leonem actis 41 Note 26 zuerst die Echtheit dieser Briefe bezweifelte, ohne für seinen Zweifel — da es nicht in der Aufgabe der Arbeit lag, — Gründe vorzubringen. Dies that Peter, der nach dem Aufbewahrungsorte der Briefe vergebens forschte, in seiner Dissertation De Philippo Heinsbergensi 69. Dagegen behauptet Usinger Deutsch-dänische Geschichte 59 Note 4 ihre Echtheit: „Die Echtheit der hier benutzten Briefe, deren Abschriften in den Sammlungen für die Monumenta schlummern, ist von Verschiedenen bezweifelt worden, doch ist dazu, nach einer gütigen Mittheilung des Hrn. Prof. Waitz, der sie wahrscheinlich selbst abgeschrieben, kein Grund vorhanden."

Die Briefe finden sich in einem Codex[2]) der leipziger Universitätsbibliothek, den Waitz im Archiv f. aelt. d. Geschichtskunde 11,351 beschrieben hat. „f. 132 folgt eine dritte Handschrift s. 12, kleiner und zierlicher geschrieben. Summa de privilegiis ordinandis tradita. Tractaturi de privilegiis primo loco debemus dicere quid sit privilegium et unde dicatur, geht gleich in eine Beispielsammlung über, Briefe und Urkundenformeln, meistentheils aus Frankreich, unter anderen auch Urkunde des Grafen von Flandern, in der dem Könige von Frankreich, der seine Nichte geheirathet, terram meam post obitum meam habere concessi. Diese Sammlung geht f. 134 ohne Weiteres in deutsche Briefe

---

1) Die folgende Beilage war schon geschrieben, als Toeche mir eine von ihm angefertigte und für den Druck vorbereitete Abschrift des Codex mittheilte. Obwohl nun Toeche mir die Benutzung desselben auf das Bereitwilligste gestattete, so glaube ich doch meiner Aufgabe zu genügen, wenn ich meine Untersuchung auf die Mittheilungen von Waitz und Abel beschränkte. Toeche selbst hält die von Abel mitgetheilten Briefe allerdings für Erdichtungen, nicht aber alle anderen.

2) Aus demselben sind die Annal. Vetero-Cell. M. G. 16, 41—47 herausgegeben.

Beilage VI.

über, die meist das nördliche Deutschland, Heinrich den Löwen, den Erzbischof Philipp von Köln, Hildesheim, einige auch Bremen betreffen."

Es handelt sich also um eine Briefsammlung zu stilistischen Zwecken, welche erdichtete und wirklich geschriebene Briefe enthalten kann. Nach der angeführten Mittheilung Usingers nimmt Waitz das Letztere an und Waitz selbst hat ja auch einen der Briefe — soviel ich weiß, ist es der einzige, der bis jetzt gedruckt ist — in den Nordalbingischen Studien 1, 83[1]) und danach in der Urkundensammlung d. schlesw.-holst.-lauenb. Gesellsch. 1, 495 veröffentlicht. In diesem bittet Herzog Waldemar von Schleswig Heinrich den Löwen, von allen Unbequemlichkeiten, die er daheim auszustehen habe, bei ihm auszuruhen. Der Brief ist kurz und enthält nichts Thatsächliches, was uns die Mittel zu seiner Kritik gäbe.

Was den Auszug der Urkunde des Grafen von Flandern betrifft, so würden wir hier ein bequemes Mittel zur Prüfung haben, wenn uns die Urkunde anderweitig vorläge. Das ist aber nicht der Fall, und so können wir zur Vergleichung nur den trefflich unterrichteten Giselbert von Hennegau heranziehen. Er erzählt (ed. Du Chasteler 100): Als der König von Frankreich sich mit der Nichte des Grafen von Flandern verlobt habe, compositum — fuit, ut Atrebatum civitas et sanctus Audomarus, Ariaque et Ilesdium videlicet terra extra fossatum ad regem Francorum deveniret, aliae vero comitis Flandriae possessiones ad comitem Hanonine — devenirent. Damit scheint der von Waitz mitgetheilte Satz: terram meam post obitum meum habere concessi (sc. regi Franciae) in dieser Unbedingtheit unvereinbar zu sein[2]); und es ist anzunehmen, daß der Autor nach einer dunkelen und mehr falschen als richtigen Kenntniß diese seine Stilprobe anfertigte.

Dasselbe läßt sich wenigstens von den wichtigeren der von Abel mitgetheilten Auszüge darthun, wenn auch andere recht gut zu den Zeitverhältnissen passen.

1. In dem ersten Briefe schreibt der Kaiser an die Fürsten Sachsens, „daß der Erzbischof, uneingedenk der Wohlthaten, durch die er erhöht sei, nach Kräften seinem Namen und Ansehen zum Schaden thätig sei und die Großen, so viel er könne, durch Geld zur Theilnahme an seinem vermessenen Treiben verlocke. Heinrich von Braunschweig sein Mitverschworener bringe bei seinen Nachbarn dieselben Künste in Anwendung." Daß der Kaiser eine Verbindung zwischen dem Erzbischofe und Herzog Heinrich argwöhnte, sagt auch Arn. Lub. 3, 13: quicquid ei adversitatis illis in temporibus accidisset sive ab apostolico sive ab archiepiscopo Coloniensi Philippo vel a rege Danorum Canuto ducem Henricum, quasi per eum vel propter eum factum fuisset, suspectum habebat. So hätte man einen Beleg, daß der Kaiser glaubte was in dem Briefe ausgesprochen ist. Ob er Richtiges glaubte, kommt für die Beurtheilung des Briefes nicht in Betracht.

---

[1]) „Aus einer Briefhandschrift des 12. Jahrhunderts": In einer Note fügt Waitz hinzu: „In einem anderen Briefe schreibt Friedrich seinem Sohne Heinrich, er solle sich nicht für den Erzbischof Philipp von Köln verwenden". Vgl. unten Nr. 6.

[2]) Wie ich aus der Abschrift Toeche's ersehe, ist im Codex wirklich vom ganzen Lande die Rede.

2. Gleichfalls finde ich in den beiden folgenden Briefen nichts Anstößiges: Erzbischof Philipp bittet die hildesheimer Geistlichkeit um Beistand gegen die Angriffe des Kaisers, der es auf seine und seiner Kirche Erniedriguug abgesehen habe. In Erwiederung darauf bezeugt die hildesheimer Geistlichkeit dem Erzbischofe ihr Beileid, lehnt aber seine Bitte ab, indem sie sich auf ihre Pflichten gegen das Reich beruft.

3. Dasselbe gilt von dem vierten Briefe, in welchem ein kölner Lehnsmann dem Erzbischofe schreibt, er gedenke seine Treue durch Gehorsam gegen den Kaiser nicht zu verletzen, habe er doch in seinem Lehnseide ausdrücklich den Dienst gegen das Reich ausgenommen. Immerhin könnte einer der kölner Lehnsträger, die wir im August 1187 beim Kaiser finden — s. Seite 144 — der Schreiber des Briefes sein.

4. Bis dahin erscheinen also die Briefe durchaus unverdächtig; jetzt aber heißt es: „Um so mehr war nun Erzbischof Philipp bemüht, mit dem Kaiser ein friedliches Abkommen zu treffen. Zunächst wandte er sich darob an Papst Gregor." Nun, wenn er ein friedliches Abkommen wünschte, so hätte er sich ja kurz vor Gregors Regierungsantritt der kaiserlichen Vorladung nach Worms stellen können, jedoch nec venit, nec negavit. Annal. Magdeb. l. c. Und dieselbe Gelegenheit, mit dem Kaiser sich zu versöhnen, wurde ihm unter Gregors Regierung zu Straßburg geboten; gleichwohl ließ er sie unbenutzt. S. Beilage V. Nr. 6. Seinem ausgesprochenen Friedenswunsche könnte also, wenn der Brief ächt ist, nur die Absicht zu Grunde liegen, den Papst über seine wahre Gesinnung zu täuschen.

5. Wenn in einem folgenden Briefe der junge König dem Vater vorstellen muß, daß Philipp gern bereit sei, sich seiner Gnade zu unterwerfen, so stehen dieser Behauptung dieselben Bedenken entgegen, die Philipps Brief an Gregor hervorruft. Auch wünscht derjenige gewiß den Frieden nicht, welcher exercitum imperatoris inhibuit, transire Renum et partes suas, da es doch bekannt war, quod imp. tunc temporis nichil pravum moliebatur et ideo, dum delatio occurrisset de tumultatione et apparatu (Coloniensium), graviter tulit, — Annal. Pegav. 266. Annal. Colon. max. 792. — Über den der Kaiser klagen muß, daß er ihn zwinge, exercitum adunare, terram imperii sui vastare contra voluntatem suam. Annal. Colon. max. 793.

6. Unter solchen Verhältnissen wird man es auch schwerlich glauben, daß der Kaiser, wie es in einem folgenden Briefe geschieht, seinem Sohne den Verkehr mit dem Kölner ernstlich untersagt und jede Friedensvermittlung abgewiesen hätte, wenn auch gerade dieser Brief im Uebrigen Thatsachen mittheilt, die anderweitig genügend bestätigt werden. S. Seite 134—138.

7. Wenn schon mehrere Behauptungen der Briefe mit dem wahren Sachverhalte unvereinbar sind, so noch mehr die Vermittlungsversuche König Heinrichs: „Bedenket doch alles Ernstes, wie viel Schaden, um vertraulich mit Euch zu reden, aus Eurem Zwiste, wie viel Vortheil aus Eurer Eintracht für das Reich erwachsen muß; habt Ihr seine des größten Reichsfürsten Macht öfters im Guten kennen gelernt, so würdet Ihr sie jetzt sonder Zweifel noch nachdrücklicher im Bösen zu erfahren haben, zumal da seine Anhänger aus Haß gegen Euch Alles zu seinem Beistande aufbieten werden. Auch um meiner Ehrenerhöhung, die er gerade am Meisten zu hindern wie zu fördern vermag, sollten

wir es uns einige Sorge sein lassen, Euch und mir solche Freunde zu erwerben, die auch nach Euren Zeiten — in dankbarem Andenken an unsere Wohlthaten mich nicht verlassen." Und doch wissen wir, daß Heinrich den Streit angeregt, daß er früher, als der Vater, eine Verbindung des Erzbischofs mit Heinrich dem Löwen geargwöhnt hatte. Arn. Lub. 3, 12 Als dann der Erzbischof nicht zur Hochzeit nach Mailand kam, magis suspectus habitus est a rege et servis suis. Arn. Lub. 3, 15. Jetzt wäre dieser Argwohn plötzlich verschwunden. „Es sei gar keine Frage, daß die Schuld des Erzbischofs durch schlechte Angebereien gegen alle Wahrheit übertrieben worden sei." Und doch kannte Heinrich die hochverrätherische Verbindung des Erzbischofs mit Frankreich. Wenn er noch nach Jahren den französischen König mit tödtlichem Hasse verfolgt, quod prius in discordia, quam cum Coloniensi Philippo pater ejus habuit, sibi ipse auxilium praestabat, — Seite 129 Note 1 — sollte er dann den Erzbischof in Mitten seiner Feindschaft von allem Verdachte freisprechen? Die Reihe der Widersprüche zu vermehren, berichten die Annal. Colon. max. 794: circa idem tempus (sc. purificationem stae. Marine 1188) filius imperatoris Confluentiam magnum conventum habuit, citatis ad se comitibus et nobilibus Lotharingiae et maxime de episcopatu Coloniensi. Cumque perquirreret, qui cum eo stare vellent et ei cuncti contradicerent, iratus recessit[1]).

Dagegen erfolgte die Versöhnung: mediantibus principibus et multiplicatis intercessoribus. Gesta Trevir. c. 98 — interventu principum. Annal. Aquens. 687 — interventu principum. Caesar. Heisterb. Catalog. l. c. — mediante legato (sc. Albanensi episcopo). Alberic. 375[2]).

Es ist somit nicht zu bezweifeln, daß die letzteren Briefe, die für unsere Darstellung von größerer Wichtigkeit wären — während die ersteren, die wir unter diesen Verhältnissen aber auch nicht verwerthen dürfen, nur eine untergeordnete Bedeutung hätten, — in die Klasse der Stilübungen gehören. Sie entstanden aus einer Auffassung der Sachlage, wie sie theilweise damals herrschte, wie sie theilweise die nächste Zeit nach dem Streite nahe legen konnte. Wie man fälschlich glaubte, der Kaiser beneide den Erzbischof, — sicut plures opinati sunt etc. Caesar. Heisterb. Catalog. l. c. — er ziehe zum Verderben Kölns heran, — rumor celebravit etc. Annal. Colon. max. 792. — so erscheint der Kaiser auch hier als der Unversöhnliche, „der es auf des Erzbischofs und seiner Kirche Erniedrigung abgesehen hatte". Was aber König Heinrich betrifft, so scheint ihn der Stilist so zu zeichnen, wie er ihn in der dem Streite folgenden Zeit gesehen hat, oder gerade sieht. Im Jahre 1189 nennt Heinrich den Erzbischof freilich seinen geliebten Fürsten, — Lacomblet Niederrh. U.-B. 1, 363. — im Jahre 1190 heißt es von ihm: Nitebatur enim omnibus modis eum (sc. archiepiscopum) sibi alicere eo quod vir strennuus et victoriosus esset.

---

1) Auf diese Stelle hat schon Peter Diss. 74 hingewiesen.
2) Vgl. Peter Diss. l. c. Außerdem macht derselbe noch geltend, daß Philipp nach keiner anderen Angabe die Kaiserkrönung Heinrichs zu hintertreiben gesucht hätte, und man überhaupt nicht begriffe, weshalb er oder ein anderer Fürst dies hätte thun sollen. Einmal beweist das Schweigen anderer Quellen Nichts, dann aber wissen wir ja, daß Lucius III. die Kaiserkrönung verweigerte ex consilio quorundam principum et cardinalium. Annal. Colon. max. 791.

Annal. Colon. max. 798. Da hat Heinrich die jüngste Vergangenheit ganz und gar vergessen, er denkt nur „an die treuen Dienste, die sein geliebter Erzbischof so oft seinem Vater und ihm erwiesen habe", und demnach gießt er die Fülle seiner Gnade über ihn aus. Wenn damals Jemand ohne gründliche Kenntniß der vorhergegangenen Ereignisse diese Briefe verfaßte, so mußte er fast nothwendig Heinrich so schildern, wie er hier geschildert ist.

Bei dem Allen besteht jedoch, daß einzelne in diesen Briefen mitgetheilte Thatsachen durchaus richtig sein können. Dahin rechne ich die große Verbindung des Erzbischofs mit Heinrich dem Löwen, Heinrich von England, dem Grafen von Flandern und ferner die Umtriebe des Erzbischofs gegen die Kaiserkrönung Heinrichs. Beides glaube ich anderweitig hinlänglich begründet zu haben.

Beilage VII.

Der Recognoscent ist nicht immer am gegebenen Orte und Tage der recognoscirten Urkunde zugegen.

Die Echtheit der von Abel benutzten Briefe, welche wir in der vorigen Beilage als Stilproben erwiesen, schien dadurch eine Stütze zu gewinnen, daß der Erzbischof von Köln als Erzkanzler Italiens zwei Urkunden Heinrich' VI. dd. 1186 Oktober 6. Bologna[1] und Oktober 25. Cesena[2] recognoscirt.

Friedrich hat sich mit dem Erzbischofe auf der vorausgegangenen (?) Besprechung nicht versöhnen können; da wendet dieser sich nach Italien, und nun wird König Heinrich „durch die Worte heuchlerischer Freundschaft, mit denen ihm der Erzbischof entgegenkommt, ganz und gar berückt." Demnach schreibt er jetzt an den Vater, „Erzbischof Philipp erkläre sich bereit, sich durchaus dem Rechte und der Gnade des Kaisers zu ergeben."

So mag Stumpf, der in seinem Aufsatze Zur Kritik deutscher Städteprivilegien[3] zuerst auf die Recognitionen Philipps aufmerksam gemacht hat, dieselben mit Heinrichs angeblichen Briefen in Verbindung gebracht haben. Allein wir wissen, daß schon ein ernster Streit zwischen Heinrich und Philipp vorausgegangen war, daß Philipp, seitdem er der Einladung zu Heinrichs Hochzeit nicht gefolgt war, magis suspectus habitas est a rege et servis suis[4]. Von Heinrich hatte Philipp also Nichts zu hoffen. Ferner, als jene Urkunden ausgestellt wurden, da war von einer Feindschaft zwischen dem Kaiser und dem Erzbischofe, die eine Unterwerfung zur Folge haben konnte, noch keine Rede; auf der Begegnung Beider hatte nur eine Berührung der Gegensätze stattgefunden, eh' diese auf einander platzten, verging noch beinahe ein Jahr.

---

1) Savioli Annali Bolog. 2b, 144. Mittarelli Annal. Camald. 4, 153.
2) Muratori Ant. Ital. 4, 469. Lami Mon. eccl. Florent. 1, 380.
3) Sitzungsb. d. k. k. Akademie d. Wissensch. hist.-phil. Klasse 1859. 32, 631: „Besonders der italienische, nur durch Urkunden übermittelte Aufenthalt Philipps zeigt uns die Bestrebungen des Erzbischofs sich mit dem Kaiser zu versöhnen, in einem völlig neuen Lichte. Dieser Zeit gehört auch vielleicht schon jener erste von Abel a. a. O. 453 angezogene Brief Heinrich' VI. an seinen Vater, worin er sich für den Erzbischof Philipp so dringend verwendet."
4) Arn. Lub. 3, 15.

Hätte aber die Feindschaft schon damals eine solche Höhe erreicht, so würde die eben stattgehabte Begegnung dem Erzbischofe ja die schönste Gelegenheit geboten haben, „sich durchaus dem Rechte und der Gnade des Erzbischofs zu unterwerfen". Was von der angeblichen Friedensliebe des Erzbischofs zu halten sei, haben wir genugsam gezeigt.

Aber ist denn aus der Recognition mit Nothwendigkeit zu folgern, daß der Recognoscent am gegebenen Tage und Orte zugegen war? Ich werde beweisen, daß es wenigstens nicht unumgänglich nöthig war[1]).

1. Der Kanzler Adalger.

1043	April	14.	Walheim	recognoscirt. Stumpf Reg. d. fränk. Kaiser 2239.
	—	19.	Pavia	urkundet. Muratori Ant. Ital. 5, 521, angeführt von Stumpf a. a. O.
	—	21.	Ivois	recognoscirt. Stumpf a. a. O. 2240.
	Juni	27.	Merseburg	recognoscirt. Stumpf a. a. O. 2241.
	—	30.	Asti	urkundet. Mon. patr. Taurin. chart. 1, 552.
	Juli	2.	Stockhausen	recognoscirt. Stumpf a. a. O. 2243.

2. Der Kanzler Reinald.

1158				Reinald und Pfalzgraf Otto werden nach Italien vorausgeschickt[2]).
	......	..	Kremona	Dieselben halten Hof.
	Februar?	..	Modena	Dieselben empfangen die Gesandten des Papstes, die auf dem Wege zum Kaiser begriffen sind[3]).
	......	..	Bologna	„Recedentibus a nobis cardinalibus, qui ad vos missi sunt, processimus usque Bononiam." Ep. Reinaldi et Otton. ap. Sudendorf Registr. 2, 133.

---

1) Viele der folgenden Nachweisungen verdanke ich der gütigen Mittheilung Fickers.

2) Ihre Abreise fällt in den Anfang des Jahres, denn schon vor dem 11. Mai schreiben sie aus Ancona an den Kaiser: nescimus, quid detineat, quod tam frequentibus litteris nec una voce respondetis. Sudendorf Registr. 2, 133. In Uebereinstimmung damit kommt der Kaiser im Juni nach Augsburg, als seine Gesandten iamdudum Italiam intraverant. Ragewin. 1, 17. Ebenso schreiben die deutschen Bischöfe zu Anfang des Jahres an den Papst: palatino comite — in praeparatione expeditionis in Italiam praemisso — cancellario ibidem adhuc presente.

3) Jaffé Reg. pont. 7036 setzt ihr Accreditivschreiben vor Februar 10: Die Gesandten erscheinen am 29. Januar für längere Zeit zum letzten Male als Zeugen in päpstlicher Urkunde; sie werden ferner entsandt ad commonitionem Henrici Bavariae et Saxoniae ducis, auf dessen Verwenden der Papst am 21. und 29. Januar Schirmbriefe ertheilt.

1158	......	..	Ravenna	
	......	..	Rimini	Ep. Reinaldi et Otton. l. c. und danach
	......	..	Pesaro	Annal. Colon. max. 767.
	......	..	Fermo	
	......	..	Sinigaglia	
	vor Mai	11.	Ancona	„In dominica qua cantatur Jubilate, senatores et nobiles Romanorum — ad nos venturi erant. — Cum acceperimus illorum legationem verum vobis scribemus." Ep. l. c.

In diese Zeit fallen folgende Recognitionen Reinalds.

1158	März	16.	Frankfurt	Lappenberg Hamb. U.-B. 1, 191—93.
—	—	—	—	
—	—	—	—	Ayrmann Sylloge 291.
......	..	—		Hugo Annal. Praem. 1, 666.
April	22.	Kaiserswerth	Lappenberg Hamb. U.-B. 1, 195. 96.
—	—	—		
—		26.	Sinzig	Beyer Mittelrh. U.-B. 1, 673.
—		27.		Hund Metropol. Salisb. 3, 259.

1158	Juni	..	Augsburg	Imperator — confluentem ex diversis partibus militem per septem dies operitur. — legati eius, videlicet Reinaldus cancellarius et Otto palatinus comes — iamdudum Italiam intraverant. Ragewin. 1, 17. Hier empfängt der Kaiser die Kardinäle, welche Reinald und Otto zu Modena empfangen hatten, deren Reise aber durch eine längere Gefangenschaft im tridentiner Thale unterbrochen war.
—		14.	—	Reinald recognoscirt. Mon. Boica 29ᵃ, 347.
—		..	—	Ebenso. Lappenberg Hamb. U.-B. 1, 198.

1)

3. Der Kanzler Gottfried.

| 1184 | März²) | 11. | Mailand | urkundet. Mon. patr. Taurin. chart. 1, 930. |

---

1) Nach dem Obigen dürften die Wiedersprüche, welche Ficker, dem der Brief Reinalds und Otto noch nicht vorlag, in seinem Reinald von Dassel 25 Note 5 bemerkte, in einfachster Weise gelöst sein.

2) Das Datum ist ganz festgestellt durch indict. 2. und die dominica.

1184	März	15. Hagenau¹)	recognoscirt. Archiv f. Kunde oest. Gesch.-quellen 11, 328.
1185	September	18. Coecorano	recognoscirt eine Urkunde des Kaisers. Regest 50.
	Oktober	25. Aachen	recognoscirt eine Urkunde des Königs. Lacomblet Niederrh. U.-B. 1, 348.
	November	28. Pavia	recognoscirt eine Urkunde des Kaisers. Regest 54.
1186	Juni	22. im Bisthum Como	recognoscirt eine Urkunde des Kaisers. Regest 72.
	—	24. Orvieto	recognoscirt eine Urkunde des Königs. Mittarelli Annal. Camald. 9, 35.
	—	27. im Bisthum Como	recognoscirt eine Urkunde des Kaisers. Regest 73.

4. Der Kanzler Johann.

1187	November	27. Jesi	recognoscirt eine Urkunde des Königs. Ungedruckt, mitgetheilt von Ficker. S. Seite 22 Note 4.
	—	28. Gelnhausen	recognoscirt zwei Urkunden des Kaisers. Regest 84. 85.
	März	5. Regensburg	recognoscirt eine Urkunde des Kaisers. Regest 87.
	April²)	14. im Bisthum Tortona	recognoscirt eine Urkunde des Königs. Moriondi Mon. Aquens. 1, 88.
	—	19. Giengen	recognoscirt eine Urkunde des Kaisers. Regest 89.
	Juni	24. Otricoli in der Sabina	recognoscirt eine Urkunde des Königs. S. Seite 75 Note 7.

---

1) Freilich wäre der Kaiser nach dem Vertrage mit Alexandria, wie er M. G. L. 2, 181 datirt ist, am 14. März zu Nürnberg gewesen, hätte also am 15. nicht zu Hagenau sein können. Allein schon Raumer Gesch. der Hohenstaufen 2, 287 Note 1 zeigt, daß die Urkunde nur zu 1183 gehören kann, und wie mir Wüstenfeld mitgetheilt hat, berichtigt Adriani Relazione di un viaggio in Francia 1, 68 aus dem Archive von Aix das Datum als: 1183 indict. 1. Daß der Kaiser am 15. März in Hagenau war, bestätigt der Schiedsspruch im Cod. Wangian. 53, wo der Herausgeber Achenou übersetzt hat: Aachen.

2) Die Urkunde hat das verstümmelte Datum: Viceriae in episcopatu Terdonensi anno millesimo ...... a. reg. 6. 18 .... Viceria ist unzweifelhaft Voghera, wo König Heinrich am 8. April urkundet: Voerio in episcopatu Terdonensi. Mon. patr. Taurin. chart. 1, 945. Da Heinrich gemäß seinem Itinerar zu keiner anderen Zeit in Voghera weilen konnte, so ist das Datum der obigen Urkunde zu ergänzen: 18 kal. Maii.

Beilage VII. 209

1187	Juli	12.	Hagenau	recognoscirt eine Urkunde des Kaisers. Regest 91.
	August	19.	Bologna	recognoscirt eine Urkunde des Königs. Lami Mon. eccl. Florent. 1, 342. Deliciae 12, 1181.
	—	21.	Worms	recognoscirt eine Urkunde des Kaisers. Regest 93.

5. Der Kanzler Diether.

1190 Post pascha rex Mogantinum archiepiscopum et Dietherum cancellarium premittit in Apuliam. — Cancellarius in novembri redit. Annal. Colon. max. 799.

	Juli	14.	Fulda	recognoscirt. Ungedruckt, mitgetheilt von Ficker.
	—	17.	—	recognoscirt. Lünig Reichsarchiv 13, 784.
	August	28.	Lautern	recognoscirt. La Farina Studij del secolo decimoterzo 4, 184.

6. Der Kanzler Konrad, Bischof von Hildesheim.

1195	December	7.	Worms	recognoscirt. Schumacher Nachrichten 5, 45.
	—	—	—	recognoscirt. Thuringia sac. 478.
1196	Januar	8.	Hagenau	recognoscirt. Wirtemb. U.-B. 2, 312.
		20.	Borgo San Donino	urkundet. Odorici Storie Bresciane 6, 95[1]).
	—	—	—	urkundet. Ungedruckt, mitgetheilt von Toeche.
	—	21.	Hagenau	recognoscirt. Guden Sylloge 39.
	März	6.	Gelnhausen	recognoscirt. Miraeus Op. dipl. 1, 289.
	April	9.	Würzburg	recognoscirt. Ludewig Rel. mscr. 9, 589.
	Juni[2])	1.	Boppard	recognoscirt. Miraeus Op. dipl. 1, 193.
		10.	Worms	recognoscirt. Schannat Hist. Worm. 90.
	—	20.	Ehenheim	recognoscirt. Schöpflin Als. dipl. 1, 302.

---

1) Konrad kam von Mantua, ging nun nach Modena, Pesaro, Fano, Sulmo, Cumä, Neapel. So erzählt er selbst in seinem undatirten Briefe an den hildesheimer Propst Hartbert. Arn. Lub. 4, 19. — Lünzel Gesch. d. Diöcese und Stadt Hildesheim 1, 504 kannte Konrads Aufenthalt in Italien nur aus diesem Briefe; er hat die Chronologie vollständig verwirrt. — Henschke De Conrado I., episcopo Hildesheimensi. Diss. inaug. Halis 1865. pag. 15 kannte auch Konrads Urkunde d. d. Maiori (bei Salerno) Juni 30; aber daß Jemand am 25. Juni zu Ehenheim, am 30. bei Salerno und am 8. Juli in Besançon gewesen sein sollte, schien ihm nicht einmal auffallend, geschweige denn unmöglich.

2) Die Unechtheit der Urkunde Heinrich' VI. d. d. apud Mogonciam, 5 kal. Junii, a. dom. inc. 1197. indict. 14. — B. R. I. 2872. Cod. dipl. Westf. 2, 249. — in der Conradus cancellarius als Zeuge erscheint, wird Toeche darthun.

1196	Juni	30.	Maiori bei Salerno	urkundet. Ughelli Ital. sac. 7, 302.
	Juli	8.	Besançon	recognoscirt. Würdtwein N. S. 10, 178.
	—	28.	Turin	recognoscirt. Cibrario e Promis Documenti appartenenti alla storia di Savoia 105.

7. Der Kanzler Konrad, Bischof von Speier und Metz[1]).

1220	Juni	17.	Speier	urkundet. Remling Speierer U.-B. 1, 160.
	Juli	22.	Verona	„feria quarta prima ante festum sti. Jacobi Veronam sum ingressus." Theiner Cod. dipl. stae. sedis. 1, 55.
	—	27.	Augsburg	recognoscirt. Huillard-Bréholles Hist. dipl. 1, 806.
	—	..	—	recognoscirt. Huillard-B. 1, 802.
	—	31.	Mantua	schreibt an Honorius III. Theiner l. c.
	August	14.	Borgo San Donino	urkundet. Odorici Storie Bresciane 8, 72.
	—	17.	Augsburg	recognoscirt. Huillard.-B. 1, 818.
	—	18.	Borgo San Donino	urkundet. Odorici 8, 73 extr.
	—	26.	Modena	urkundet. Odorici 8, 73 extr.
	September	1.	Bologna	urkundet. Savioli Annali Bolog. 2 b, 444.
				urkundet. Savioli 2b, 445.
	December	26.	Poggibonzi	urkundet. Huillard-B. 2, 832.
1221	Januar	2.	Neapel	recognoscirt. Huillard-B. 2, 99.
	—	6.	Miniato	urkundet. Lacomblet Niederrh. U.-B. 2, 50.
	—	13.	Fuccechio	urkundet. Huillard-B. 2, 105.

Nicht vereinzelt, aber in ihrer Gesammtheit liefern die angeführten Daten — wie ich glaube — den schlagenden Beweis, daß die Recognition nicht selten

---

1) Auch folgende Daten dürfen wohl angeführt werden:
1209 August .. am Po. Konrad von Speier wird mit anderen Bischöfen zum Papste gesandt. Böhmer Reg. Otton. 75.
— September 1. Bologna. Konrad recognoscirt. Böhmer Reg. Otton. 76.
— — 8. Viterbo. Konrad wird vom Papste empfangen. Braunschw. Reimchronik herausg. v. Scheller 216.
Daß Konrad zu Bologna nicht gegenwärtig war, geht auch daraus hervor, daß die mit ihm gesandten Bischöfe in der Urkunde vom 1. September nicht als Zeugen erscheinen.
Auch Winkelmann Gesch. Friedrich' II. 214 hat das Itinerar Konrads zusammengestellt, aber nur jene Recognitionen aufgenommen, in denen Konrad auch Legat von Italien heißt. So nennt er sich aber nur in Urkunden, die in seinem Amtsbezirke ausgestellt sind, nicht in Deutschland und Sicilien. Daher sind Winkelmann die scheinbaren Widersprüche entgangen.

den Kanzler nennt, obwohl er abwesend ist. So wird denn auch aus den Recognitionen Philipps nicht zu folgern sein, daß er damals am königlichen Hoflager war; seine ganze Stellung zum Könige macht es vielmehr gewiß, daß er nicht anwesend war[1]).

Gleichwohl bleiben die Recognitionen Philipps auffallend, jedoch aus einem andern Grunde. Ich finde den Erzbischof nämlich 33 Mal als Zeugen in kaiserlichen Urkunden, die auf italienischem Boden ausgestellt sind, aber nur diese beiden Male in seiner Eigenschaft und Thätigkeit als Erzkanzler Italiens[2]). Der Erzkanzler bekleidet seit Philipp eine bloße Würde, kein Amt[3]). Da müssen denn die beiden Recognitionen gerechtes Bedenken erregen.

Indem wir dieses Bedenken beseitigen, zeigen wir zugleich, wie unwahrscheinlich es sei, daß Philipp damals in Italien war.

Der Kanzler Gottfried war auf den bischöflichen Stuhl von Würzburg berufen[4]); am 1. September erscheint er zum letzten Male in seiner Thätigkeit als Kanzler[5]); mit Sicherheit können wir seinen Nachfolger erst am 13. November nachweisen[6]); eine Urkunde mit mangelhafter Jahresbestimmung, die aber wohl zu 1186 gehört, nennt schon am 5. Oktober den Kanzler Johann[7]). Da trat am 6. und 25. Oktober, während der Kaiser in Deutschland noch keinen neuen Kanzler ernannt hatte oder dessen Ernennung am königlichen Hofe in Italien noch nicht bekannt war, der Name des Erzkanzlers für den fehlenden oder unbekannten Kanzler ein.

Wäre es da nicht sonderbar, wenn König Heinrich alsbald nach dem Abgange des Kanzlers den Erzkanzler Italiens, den wir sonst doch nicht in Italien finden, zur Hand gehabt hätte, um durch ihn persönlich die wichtigsten Urkunden, welche er während der Erledigung oder noch unbekannten Wiederbesetzung des Kanzleramtes ausstellt, beglaubigen zu lassen?

1) Philipps eigenes, freilich sehr dürftiges Itinerar ließe wohl eine Anwesenheit desselben in Italien für den Oktober zu.
2) Die Urkunde Friedrichs vom 7. Februar 1164 — Verci Storia degli Ezzelini 3, 39 — ist allerdings von Philipp als Erzkanzler recognoscirt, allein die Urkunde ergiebt sich schon dadurch als Fälschung, daß Philipp erst 1167 Erzbischof von Köln wurde. — Friedrichs Urkunde vom 17. Mai 1177, — Ferro Istoria di Commachio 267. Lünig Cod. dipl. Ital. 4, 11 — welche Filippus cancellarius Italiae recognoscirt, liegt nur in schlechten Abdrücken vor; statt cancellarius müßte es ja archicancellarius heißen, und es wird wohl Ego Godefridus cancellarius vice Filippi archicancellarii Italie zu berichtigen sein. — Gedruckte Urkunden, die Philipp als Erzkanzler recognoscirt, möchte es weiter nicht geben.
3) Was unter seinem Vorgänger noch nicht der Fall war. Ficker Reinald von Dassel 141 f.
4) S. die Belege Seite 115 Note 1. — Wann sein Vorgänger gestorben ist, habe ich nicht ermitteln können. Ussermann Episcop. Wurceb. 71 nennt den 15. Juni, Himmelstein Reihenfolge der Bischöfe von Würzburg 79 den 11. Juni.
5) Urkunde König Heinrichs bei Lami Mon. eccl. Florent. 1, 341. Deliciae 4, 195.
6) Regest 83.
7) Regest 80 vgl. 81.

Beilage VIII.

Die Briefe ap. Hartzheim Conc. Germ. 3, 433—40.

1. Watterich hat das Verdienst, die angebliche Bannbulle Urban' III. ihrem eigentlichen Urheber Urban IV. zurückgegeben zu haben[1]). Ersehen wir daraus, wie willkürlich Hartzheim seine Ueberschriften anfertigte, so flößt das ein sehr geringes Vertrauen zur Richtigkeit seiner anderen Ueberschriften ein. Das gilt zunächst von Urbani III. hortatoria ad archiepiscopum Coloniensem, ut synodo Leodiensi intersit celebrandae Albanensi episcopo s. sedis legato[2]). Diese Synode sollte stattfinden quarta dominica post festum resurrectionis dominicae. Da Urban am 25. November 1185 gewählt wurde und am 19. October 1187 starb, so könnte unter quarta dominica post festum resurrectionis nur der 11. Mai 1186 oder der 26. April 1187 gemeint sein, denn daß Urban den Erzbischof zum 15. Mai 1188 vorgeladen habe, — also gemäß seinem Sterbetage mindestens 7 Monate vor dem Stellungstermine, — ist ganz undenkbar. Daß aber zu Anfang 1186 oder 87 der Kardinal von Albano nach Deutschland gekommen sei oder nur kommen sollte, ist nirgends überliefert. Bis zum 21. November 1187 finden wir ihn an der Seite des Papstes, erst 1188 hielt er in capite ieiunii eine Synode zu Lüttich[3]). Ferner, wenn der Empfänger ermahnt wird, apud Leodium personaliter vel per speciales et solennes nuntios adesse, cessante qualibet excusatione, den Legaten honorifice ac reverenter ibidem rocipero, ipsius humiliter audire mandata et efficaciter adimplere, sciturus quod quicquid ordinaverit et statuerit ratum et firmum habemus, so sind dies Worte, die auf ein gespanntes Verhältniß zwischen dem Absender und Empfänger deuten, nicht aber einem Absender angehören können, der mit dem Empfänger in so inniger Freundschaft lebte, wie Urban III. mit Erzbischof Philipp von Köln.

Ebensowenig mag ich aber den Brief Gregor VIII. oder Clemens III. zuschreiben. Denn einmal wissen wir, daß der Kardinal von Albano Anfangs

---

1) Vitae pont. Rom. 2, 682. Die Bullen ap. Hartzheim Conc. Germ. 3, 436 und bei Höfler Friedrich II. 374, Huillard-B. 6 a, 432 unterscheiden sich nur dadurch, daß jene sich an die Gesammtheit des deutschen Episkopats, diese nur an den Erzbischof von Mainz wendet.

2) Hartzheim 435. ex cod. mscr. Vaticano n. 6365.

3) Lamberti parvi annal. 649.

Beilage VIII.

Februar nach Lüttich kam, darauf in Köln selbst das Kreuz predigte[1]) und den Erzbischof auch im März zu Mainz sah. Denselben zum 15. Mai 1188 — quarta dominica post festum resurrectionis dominicae — nach Lüttich zu entbieten, wäre somit überflüssig gewesen. Dann aber kam der Kardinal von Albano in Sachen des Kreuzzuges, von dem in diesem Briefe gar keine Rede ist. Hier ist es die Sorge circa ecclesiae et imperii Romani negocium, die den Papst veranlaßt, aliquos de latere nostro ad partes Alamanniae pro negotio ipso dirigere.

Daher glaube ich den Brief für die Darstellung nicht verwerthen zu dürfen, obwohl ich ihn anderweitig auch nicht unterzubringen weiß.

2. In dieselbe Verlegenheit setzt mich ein anderer Brief, den Hartzheim überschreibt: Archiepiscopus Coloniensis constituitur legatus sedes apostolicae in negotio contra Fridericum.

Philipp von Köln erhielt nur die Legation über seinen Erzsprengel. — ius legationis per omnem provinciam Coloniensem et per totam terram suffraganeorum episcoporum eidem praesuli — a sede apostolica tunc accesserat. Transl. sti. Annon. 517. — Dom. papa Colon. archiepiscopo Phylippo ius in appellatione et vicem suam tam in episcopatu Colon., quam super omnes suffraganeos sedis Colon. indulget. Annal. Colon. max. 792. — Apostolicus — ipsi legationem Rom. ecclesiae sive etiam primatum de suis suffraganeis dederat. Arn. Lub. 3, 18.

Offenbar spricht dagegen der uns vorliegende Brief von einem Legaten mit weit ausgedehnterer Befugniß. Es hätte ja gar keinen Sinn, archiepiscopis, episcopis ac aliis ecclesiarum praelatis in Theutoniae regno constitutis die Erhebung eines Legaten anzuzeigen, der nur in seinem Erzsprengel den Papst vertrat. Und nun gar: universitatem vestram rogandum duximus — mandantes, quatenus eundem archiepiscopum tanquam apostolicae sedis ejusdem legatum verbis et operibus honorantes — procurationes debitas liberaliter impendatis eidem. Das hat erst Sinn einer Stellung gegenüber, wie sie z. B. Konrad von Hochstaden einnahm, der den Erzbischof von Salzburg, die Bischöfe von Regensburg und Freising excommuniciren ließ[2]). Auf Konrad von Hochstaben, der in den Jahren 1237—61 den kölner Erzstuhl einnahm, möchte man daher zunächst jenen Brief beziehen; allein der Brief, in welchem Innocenz IV. der deutschen Geistlichkeit die Erhebung Konrads zum Legaten anzeigt, liegt vor uns, und wenn er sich auch sachlich wenig von dem obigen unterscheidet, so ist die Form beider doch ganz verschieden[3]).

Eine andere Legation eines Erzbischofs von Köln, auf den man jenen Brief beziehen könnte, ist mir nicht bekannt. Für den nächsten Zweck genügt der Beweis, daß nicht Philipp von Köln verstanden sein kann.

Jedoch ist hier zu bemerken, daß Urban III. nach der Transl. sti. Annon. l. c. dem Philipp die Legation ertheilt ob notam probitatem ipsius et fideli-

---

1) Caesar. Heisterb. Dialog. 4, 79.
2) Höfler Die Regesten Papst Innocenz' IV. vom 6ten Jahre seines Pontifikats in der Bibl. d. stuttg. lit. Vereins 16, 189.
3) Höfler a. a. O. 189.

latem erga Romanam ecclesiam. Wenn nun in dem Briefe bei Hartzheim den deutschen Bischöfen angezeigt wird, daß der Erzbischof tanquam vir probatae fidei et devotionis zum Legaten erhoben sei, so wird man zu der Annahme geneigt sein, dem Verfasser der Transl., dem der Erhebungsbrief Urban' III. bekannt war [1]), hätten die Worte dieses Briefes vorgeschwebt, und somit sei derselbe doch Urban III. zuzuschreiben. Allein wir finden ganz ähnliche Worte auch in dem Erhebungsbriefe Innocenz' IV. für Konrad von Hochstaden, de cujus probitate et industria plenam in domino fiduciam obtinemus [2]), und Aehnliches möchte sich in allen derartigen Briefen finden.

3. Die Briefe 433—34 ergeben sich als Stilübungen [3]).

a. Konrad von Mainz sendet ein Rundschreiben an alle Bischöfe: Venerabilibus fratribus coepiscopis nostris scribimus id quod vobis et petimus, ut secundum formam literarum, quas vobis et ipsis hic facimus exhiberi, scribere curetis dom. papae sanctissimo patri et cardinalibus. Daß ein Schullehrer auf eine derartige Idee verfallen konnte, ist denkbar; daß aber ein Erzbischof dem ganzen deutschen Episkopate das Formular eines Briefes vorgelegt hätte, den nun jeder einzelne Bischof ausfüllen sollte, wird gewiß Niemand glauben. Die Hunderte von Briefen, die sich durch Nichts, als durch den Namen der einzelnen Bischöfe unterschieden, hätten ja statt des ernsten einen komischen Eindruck auf die Kurie gemacht und weit eher deren Spott herausgefordert, als sie zur Besserung geführt. Das einzige vernünftige und ausführbare Mittel, gegen den Papst zu protestiren, war ein Brief Aller, nicht dieselben Briefe der Einzelnen. Einen Brief Aller ließ Konrad denn auch in der That nach glaubwürdiger Ueberlieferung zu Gelnhausen entwerfen: scripta est epistola, signata bullis episcoporum omnium. Arn. Lub. 3, 19. So stehen die Briefe schon mit dem genauen Berichte über diesen Vorgang des Gelnhausener Hofes in Widerspruch.

b. Der Schreiber hält sich streng an die Form eines Formulars: Venerabilibus stae. Romanae cardinalibus universaliter singulis et singulariter universis ex Dei gratia N. episcopus orationes et paratum cum omni devotione servitium. Es wäre nun natürlich zu erwarten, daß jeder Bischof an der Stelle des N. nur seinen Namen setzen könnte und der Brief damit ganz seinen Verhältnissen entspräche. Diese Forderung hat der Schreiber nicht beachtet; er schreibt: sed quia prae corporis debilitate ad hoc non possumus personaliter laborare etc. Also der ganze deutsche Episkopat sollte Körperschwäche vorschützen!

c. Völlig unsinnig ist der dritte Brief. Er besteht aus meist ungeschickten Phrasen, ohne eine begründende Thatsache und bildet so einen auffallenden Gegensatz zu dem verständigen, überzeugenden Briefe Wichmanns von Magdeburg. So wie Wichmann mußte ein deutscher Bischof schreiben, Phrasen und Exclamationen, wie in dem vorliegenden Briefe, verrathen wohl den noch unreifen

---

1) — sicut ex litteris et concessione pape Urbani significatum est.

2) Lünig Reichsarch. 19, 253 stimmt in einzelnen Sätzen mit dem entsprechenden Briefe an die deutsche Geistlichkeit überein, findet sich aber nicht in den angeführten Regesten Innocenz' IV.

3) Sie sind wiederabgedruckt bei Watterich Vitae pont 2, 678 f.

Schülergeist. — Si propheta quae ad pacem sunt, Jerusalem rogare praecepit, ea quae ad pacem sunt universalis ecclesiae, solempniter non quaesierit? Als Anfang eines Briefes an den Papst wird man diesen Satz schwerlich gelten lassen; unverständlich aber ist die sich daran schließende biblische Reminiscenz: Ipsa est enim Jerusalem, pacem videns, Judaea confitens, in qua notus est deus, cujus in pace factus est locus ejus. Das folgende Pater ste. orbis et urbis dominator et domine ist eine Anrede, welche deutsche Bischöfe, von der Hoheit und Würde des Reiches so durchdrungen, wie die zu Gelnhausen anwesenden niemals an den Papst richteten. Auch hier heißt es Ego N.; dem entspricht die Einzahl, welche bis gegen Ende beibehalten wird; da aber heißt es plötzlich credimus et speramus.

Ego N. servus vester inutilis et utinam tam obsequiosus quam affectuosus pedibus vestrae sanctitati provolutus — sind Worte, die auch der Denkweise eines deutschen Bischofs damaliger Zeit schlecht entsprechen möchten. Die Gegensätze: utinam tam obsequiosus, quam affectuosus — per vitium discordiae, quo nullum magis placet sathanae, per virtutem concordiae, qua nihil magis terret tumultuosam pravitatem daemonum — universaliter singulis et singulariter universis verrathen ganz den Schematismus der Schule. Die Häufungen dominator et domine — quantum possum et audeo, cum omni humilitate et devotione suggero et interpello — in pace compactum et solidatum — labefactari et dissolvi — roboretur et confortetur — omni sollicitudine et diligentia — latera concutiuntur et collumnae colliduntur — veritati consentio et storum. auctoritatibus non contradico — invicem mutuo — quedam particulares ecclesiae a fide et obedientia Romanae ecclesiae iam recesserunt, quaedam plantationes .... in fide iam nutant, titubant, vacillant — bekunden das redliche Streben, die Leere der Gedanken unter der Fülle der Worte zu verbergen. Als unverbaute Gelehrsamkeit wird man die Entwickelung der Schwerttheorie bezeichnen dürfen. Quod si sacerdotium regale et regnum imperiale columnas dixero, veritati consentio, — quarum si altera corruerit, reliqua importabili depressa onere non stabit. Gladius enim spiritualis et secularis sibi invicem mutuo suffragantur: et quorum alterum cum Petrus exemit et Malcho auriculum amputavit, jussus est, mittere in vaginam dicente Domino: „Sinite usque huc." Sed quem Petrus pro Christo sauciavit, Christus pro Petro, ut ei exemplum tribueret, mox sanavit. Was der Schreiber in diesem Satze hat sagen wollen, was er unter dem sacerdotium regale et regnum imperiali versteht, wozu die Hinweisung auf Petrus und Malchas und dessen Heilung durch Christus dienen soll, ist mir ein Räthsel. Daran schließt sich dann der Satz scio, quod sapiens sicut paucis inotescit, ita ex paucis multa colligit: attendat ergo prudentes discretio, quod quaedam particulares ecclesiae etc.

Wahrlich, man hätte diesem merkwürdigen Schriftstücke einen ausführlichen Commentar mitgeben müssen, denn ohne diesen blieb es gewiß auch dem Papste ewig unverständlich.

Beilage IX.

Die Beamten Italiens von 1184 bis 1188.

1. Legaten Italiens.

a.

1184	März	11.	Der Bischof von Turin verklagt den Grafen von Savoyen coram Gotafredo dei gratia imp. cancellario et sacri palatii in Italia legato. Mon. patr. chart. 1, 930.
—	November?	14?	Gottfried bestätigt Schiedsrichter, welche von Pavia und Piacenza zur Entscheidung eines Streites gewählt sind, und ernennt zwei andere hinzu. Poggiali Mem. stor. di Piacenza 4, 855 extr.
1185	September	2.	Gothofredus imp. aule cancellarius et sacri imperii legatus entzieht dem Grafen von Savoyen seine turiner Kirchenlehen. Mon. patr. chart. 1, 938.

b.

1185	März	5.	Bertholdus de Cunnigisper legatus in Italia Zeuge einer kaiserlichen Urkunde. Regest 81.
—	August	81.	Bertoldus legatus Italiae Zeuge einer Urkunde, durch welche der Kaiser ihm, dem Herzoge von Spoleto und dem Markgrafen von Ancona bekannt macht, daß er das Kloster stae. crucis et heremum fontis Avellanae in seinen Schutz genommen habe. Regest 49.
—	September	18.	Als Legat Zeuge einer kaiserlichen Urkunde. Regest 50.
—	Oktober	5.	Bertuldus de Cunigisberc legatus domini imperatoris Federici in Italia überläßt dem Bischofe von Imola die Gerichtsbarkeit in genannten Orten. Manzonius Epis. Imolens. hist. 114.
1186	Juni	24.	Als Legat Zeuge einer königlichen Urkunde. Mittarelli Annal. Camald. 9, 35.

Beilage IX.

1186	Oktober	25.	Als Legat Zeuge einer königlichen Urkunde. Muratori Ant. Italia 4, 469. La Farina Studij 4, 476.
—	—	—	Ebenso. La Farina 4, 180.
—	—	—	Der Erzbischof von Ravenna entscheidet einen Streit zwischen ihm und dem Bischofe von Imola über die Grafschaft. Manzonius Ep. Imolens. hist. 115. Fantuzzi Mem. Ravenn. 6, 54.
—	November	27.	Als Legat Zeuge einer königlichen Urkunde. Ughelli Ital. sac. 1, 332. Saracini Storia d'Ancona 151[1]).
—	—	—	Ebenso. Ungedruckte Urkunde, mitgetheilt von Ficker.
1187	Juli	12.	Ohne Legationstitel Zeuge einer kaiserlichen Urkunde. Regest 91.

c.

1188 Juli 19. Joannes internuncius Henrici de Agrioge Italie legati[2]) kommt zur Erhebung der Hafengelder nach Ravenna, wo er einen Hof hält. Urkundenauszug bei Rubeus Hist. Ravenn. 359 ed. II.

2. Lombardei und mathildinische Güter.

a.

1187 war ein Trushard (wohl von Kestenburg) kaiserlicher Legat für die Lombardei und Podestà von Chieri und Ivrea. Nach dem Urkundencitate bei Cibrario Storie di Chieri 1, 68.

b.

1187 urkundet ein Richter Roger aus Guastalla ex mandato et praecepto domini Henrici de Lutra imp. aule marescalci et in podere Matilde legati. Muratori Ant. Est. 1, 310 extr.

1187 August 3. urkundet Enricus de Lutre, tunc dominus Lucarie et Warstalle, vicarius domini Friderici imperatoris. Ungedruckte Urkunde, mitgetheilt von Wüstenfeld.

c.

1185 März 5. — „per omnem Garfagnanam et Versiliam potestatem et rectorem constituimus Wilhelmum de Palotha." Regest 31.

1185 Juli 4. — „nuntii majestatis nostre, quos in Karfiniana pro tempore constituerimus, et nominatim Wilhelmus marchio de Palotho." Regest 41.

---

1) In beiden Drucken heißt Heinrich rex et imperator augustus. Statt semper ist augenscheinlich imperator verlesen, wie es sich paläographisch ja leicht erklärt.

2) Nach Fickers Vermuthung ist dieser Heinrich der Marschall Heinrich von Lautern, den wir anderweitig nur als Legaten im mathildinischen Lande nachweisen können. Savioli Annali Bolog. 2a, 145 identificirt ihn mit dem später zu nennenden Grafen Heinrich der Romagna, der freilich auch wieder Heinrich von Lautern sein könnte.

3. Tuscien.

In der Urkunde Heinrich' VI. vom 19. August 1187 — Lami Mon. eccl. Florent. 1, 342. Deliciae 12, 1181. Rena-Camici Serie dei duchi e archid. di Toscana 20, 23. — und in einer undatirten Urkunde desselben vom Jahre 1186 oder 87 — Margarin. Bullar. Casin. 2, 217 — erscheint ein Anselmus preses Tuscie. Ob er derselbe Anselm ist, der ein anderes Mal als Bruder Bertholds von Kunigsburg genannt wird, — Regest 49 — muß dahin gestellt bleiben. Von ihm sprechen auch die Annal. Romani 480; doch scheint seine Wirksamkeit nicht bedeutend gewesen zu sein; als eigentlicher comes Tuscie galt Berthold von Kunigsburg. Ansbert. 46. 49.

1186 urkundet Henricus Fassus a legato domini imperatoris in comitatu Aretii .... ac Senarum delegatus. Rena-Camici 2 f, 60. 1187 zeugt in einer königlichen Urkunde Hainricus de Widenwanc Aretinus comes. Ungedruckt, mitgetheilt von Ficker. Daß dieser Graf von Arezzo kein Anderer ist, als der Henricus Fassus, ergiebt sich aus dem Zeugenverhöre bei Muratori Ant. Ital. 4, 579. Darin heißt es: Arrigus Fassus et Ormannus de Catena, qui erant comites Aretii. Da ferner nach der zuerst angeführten Urkunde Heinrichs Befugniß sich auf Arezzo und Siena bezieht, und Henrigus Fassus im Jahre 1197[1]) schwört de salvando et custodiendo Senenenses et de habitando in civitate Senarum, was wohl nicht der Fall gewesen wäre, wenn Heinrich nur in Beziehungen zu Arezzo, nicht aber zu Siena gestanden hätte; so ist er wohl derselbe, der in dem angeführten Zeugenverhöre 577 genannt wird: Arrigus Capellanus, qui erat nuntius imperatoris Frederigi et erat comes comitatus Senarum. Freilich würde dem Fassus besser Clericus als Capellanus entsprechen.

4. Spoleto und Assisi.

a.

An Stelle jenes Bibulf, den der Kaiser um 1167 zum Herzoge von Spoleto bestellt hatte, war der schwäbische Edle Konrad von Urselingen getreten. Vgl. Stälin Wirtemb. Gesch. 2, 586[2]).

1183	Juni	20.	Conradus dux Spoleti Zeuge in kaiserlicher Urkunde.
1184	November	16.	Zeuge in kaiserlicher Urkunde. Regest 20.
—	—	24.	Ebenso. Regest 22.
1185	Januar	1.	Ebenso. Regest 24.
—	—	17.	Ebenso. Regest 26.
—	Februar	11.	Ebenso. Regest 29.
—	März	5.	Ebenso. Regest 31.

---

1) Muratori Ant. Ital. 579 Note 28 mit dem falschen Jahre 1187. Die Erwähnung des tuscischen Bundes und die Indiction 15 entscheiden für 1197.

2) Die meisten der folgenden Regesten finden sich schon in den Regesten der Urselinger bei Stälin a. a. O. Ich erlaube mir nur wenige, aber vielleicht nicht unbedeutende Ergänzungen.

Beilage IX.

1185	August	31.	Der Kaiser verkündet namentlich dem Herzoge von Spoleto, dem Markgrafen von Ancona und seinem Legaten Berthold, daß er das Kloster stae. crucis et heremum fontis Avellane in seinen Schutz genommen habe. Regest 49.
—	September	18.	Zeuge. Regest 50.
—	—	27.	Zeuge der Urkunde, durch welche der Kaiser auf Bitten dilecti nostri ducis Spoleti die Stadt Spoleto wieder zu Gnaden aufnimmt. Regest 52.
—	Dezember	5.	Gentilis abbas sti. Salvatoris urkundet cum auctoritate D. Conradi ducis Spoletani. (Naudaeus) Instauratio tabularii templi Reatini 47.
1186	November	11.	In praesentia ducis Spoletani erläßt Heinrich VI. einen Befehl an den Grafen von Fano. Olivieri Memorie di Novilara 80. (Fantuzzi Memorie Ravenn. 2, 162 ohne Monatszeichen.)
—	—	27.	Zeuge in königlicher Urkunde Saracini Storia d'Ancona 180. Ughelli Ital. sacra 1, 332.
—	—	—	Ebenso. Ungedruckte Urkunde, mitgetheilt von Ficker.
1187	(April)	(14)	Ebenso. Moriondi Mon. Aquens. 1, 88.[1])

b.

Graf von Assisi war ebenfalls Konrad von Urselingen. 1187 Mai 4. verträgt sich Conradus dei gratia et dono imperatoris Frederici dux Spoleti et comes Assisi mit den Bürgern von Terni. Angeloni Historia di Terni 87.

War Konrad comes Assisi, so ist er derselbe, der auch wohl Conradus Suevus genannt wurde; denn in Friedrichs Urkunde vom 19. Dezember 1178 erscheint als Zeuge Conradus Suevus comes Assisi[2]). Muratori Ant. Ital. 5, 272. Es ergiebt sich also, daß Conradus de Urselingen, Conradus Suevus, Conradus dux Spoleti et Assisi eine und dieselbe Person ist.

5. Ancona und Ravenna.

Um 1168 erzählt Chron. Ursperg. vom Kaiser: Marchiam quoquo Anconae et principatum Ravennae Chunrado de Luzelinhart contulit, quem Italici „muscam in cerebro" vocabant, eo quod plerumque quasi demens videretur. Er lebte noch und erscheint als marchio Anconitanus in kaiserlichen Urkunden 1184 November 16., 1185 Februar 11., März 5. Regest 20. 29. 31.

---

1) Vgl. über die Datirung Seite 208 Note 2.
2) Danach lassen sich Stälin's Regesten noch um folgende Daten vermehren: 1173 Februar. Foligno. Conradus Suevus Zeuge in Urkunde des kaiserlichen Legaten, Christian von Mainz. Bussi Istoria della città di Viterbo 398. — 1175 Juli 27. Pavia. Derselbe Zeuge in Urkunde des Kaisers. Ungedruckt, mitgetheilt von Jaffé. — 1177 Dezember 20. Der Kaiser bestätigt, was Conradus Suevus legatus noster an Nonantula restituirt hat. Muratori Ant. Ital. 2, 1045.

Am 31. August verkündet der Kaiser auch ihm die Inschutznahme des Klosters stae. crucis. Regest 49. Dann verschwindet sein Name aus den Urkunden, auch findet sich kein Zeugniß seiner eigenen Thätigkeit. Zuletzt wird seiner zum Jahre 1188 gedacht: am 13. Juni erschienen auf dem Hofe, welchen Joannes internuncius Henrici de Agrioge Italiae legati zu Ravenna hält, comes Sifredus et Joannes e Colonia, marchionis Chonradi judices ac internuncii. Rubeus Hist. Ravenn. 359.

6. Romagna.

1187 Februar 23. bestimmt dominus comes Henricus Romanie¹) ex delegatione sua auctoritate serenissimi regis Henrici, que erat sibi concessa per totam Romaniam, daß die von Pergollo Bürger von Imola werden sollten. Savioli Annal. Bolog. 2 b, 149. Gerade Stadt und Grafschaft Imola scheint hier ein Hauptstützpunkt der kaiserlichen Macht gewesen zu sein. Ein Deutscher, Burchard, war Podestà von Imola und erscheint als Solcher am 16. und 25. Oktober 1186 in der Umgebung König Heinrichs — Savioli Anuali Bolog. 2 b, 147 — Muratori Ant. Ital. 4, 469.

Wenn es ferner in der angeführten Urkunde Heinrichs vom 16. Oktober heißt, daß genannte Adelige jährlich zwei Monate in Imola wohnen müßten, nisi remanserit per parabolam illorum consulum vel illius nuntii imperatoris et regis, qui in ipsa civitate tunc adfuerint; so geht daraus hervor, daß ein ständiger kaiserlicher Nuntius in Imola sein sollte. — Super tota et integra iurisdictione totius comitatus Imolae et responsione ipsius comitatus imperio facienda war ein langer Streit zwischen dem Bischofe von Imola und dem kaiserlichen Legaten Berthold von Kunigsburg, welchen der Erzbischof von Ravenna ex delegatione imperatoris dahin entschied, daß der Bischof auf seinen eigenen Besitzungen die Gerichtsbarkeit habe. Dem Reiche blieb also die Grafschaft, freilich salvo jure comitatus ipsi episcopo, si quem habet. Manzonius Ep. Imolens. hist. 115. Fantuzzi Memorie Ravenn. 6, 54.

Burg und Grafschaft Bertinoro, über deren Erwerbung Seite 22 Note 1 zu vergleichen ist, wurden verwaltet von Pantonerius castaldus de Bretenorio, welcher in königlicher Urkunde vom 25. Oktober 1186 als Zeuge erscheint. Muratori Ant. Ital. 4, 469.

Städte der südlichen Romagna und der nördlichen Mark Ancona sollen nach einer freilich sehr späten Aufzeichnung ebenfalls einem kaiserlichen Beamten unterstanden haben. In der Chronik von Pesaro bei Olivieri Mem. per la storia della chiesa Pesare 121 heißt es zum Jahre 1188: Dominus Righettus Pandulphinus de Vicentia fit vicarius Arimini et Pisauri et aliarum civitatum, quas occupavit Fridericus I. imp. Barbarossa et ipsas civitates regabat et gubernabat nomine imperatoris predicti.

---

1) Ficker vermuthet in ihm den Grafen Heinrich von Dietz. Vgl. Seite 217 Note 2.

Beilage X.

Regesten Friedrich' I. vom Juni 1184 bis zum März 1188.

1184. Indictio II.

Juni 20. **apud Gelnhausen.** Nimmt die Kirche v. Kammerich in seinen Schutz und bestätigt ihre Freiheit von städtischen Abgaben unter Vorbehalt der Verträge zwischen Bischof und Stadt. — Zeugen: Konrad, Erzbischof v. Mainz; die Bischöfe Hermann v. Münster und Roger v. Kammerich; Gottfried, Kanzler; Rudolf, Protonotar; Johann, Propst v. Speier; Hugo, Dombechant, und Walter, Domherr v. Kammerich; Herzog Friedrich v. Schwaben, Landgraf Ludwig v. Thüringen; die Grafen v. Dietz, Sain, Loos; Werner v. Bolaub; Wilhelm, Vogt v. Aachen. — Ungedruckt, nach Böhmers Auszuge mitgetheilt von Ficker. 1.

„ 20. **apud Gelnhausen.** Bestätigt dem Bisthume Kammerich eine vom Grafen Philipp v. Flandern geschenkte Propstei. — Ungedruckt, nach Böhmers Auszuge mitgetheilt von Ficker. 2.

„ 20. **apud Gelnhausen.** Bekundet den auf Frage des Bischofs v. Kammerich ergangenen Rechtsspruch, daß ein Bischof seinem Amtmann und Verwalter nach Belieben von seinem Amte entfernen dürfe, unter Vorbehalt seines Lehens. — Ungedruckt, erscheint demnächst in Böhmer Acta imperii. 3.

„ 20. **apud Gelnhausen.** Bewilligt den Bürgern v. Kammerich, daß kein Geistlicher, Ritter oder Dienstmann in ihrer Stadt ein Haus kaufen darf, dem städtische Lasten ruhen. — Ungedruckt[1]), demnächst in Böhmer Acta imperii. — In dieser und den beiden vorhergehenden Urkunden erscheinen ziemlich dieselben Zeugen, wie in der ersten. 4.

---

1) Jedoch muß eine der vorstehenden Urkunden wenigstens im Auszuge gedruckt sein bei (Mutte) Mémoires p. serv. à l'hist. de Cambray 24; Stumpf Acta Mogunt. XXI. führt nämlich aus diesem Werke, welches mir nicht zu Händen ist, die Zeugenschaft Konrads v. Mainz an.

Juli ... (apud Lutram). Trifft eine Uebereinkunft zwischen den Domherren zu Speier und dem Herrn v. Baumburg wegen dortiger Lehen, in Gegenwart seiner Söhne, des Königs und des Herzogs v. Schwaben, und des Bischofs v. Speier. — Remling Speirer U.-B. 1, 124. Ohne Datirung; doch macht die im Regest 7. erwähnte Zeugenschaft des Bischofs v. Speier und die ebendort erwähnte Anwesenheit der beiden Kaisersöhne es wahrscheinlich, daß die Urkunde hierher zu setzen sei. Dann gehört sie in den Anfang des Monats, weil König Heinrich am 26. zu Halle ist. **5.**

" 21. apud Lutram assidentibus quam plurimis principibus. Verkündigt den Reichsspruch, daß ohne des Kaisers Erlaubniß kein Höriger der Kirche zu Kaiserswerth aus deren Verbande entlassen werden dürfe. — Lacomblet Niederrh. U.-B. 1, 346. **6.**

" 31. apud Lutram. Bestätigt eine Schenkung, welche der Domherr Hermann v. Speier durch seine und seiner Söhne Heinrich und Friedrich Hände dem Kloster Eussernthal gemacht hat. — Unter den Zeugen: Ulrich, Bischof v. Speier; Johann, Propst v. Speier; Werner v. Boland; Rudolf, Kämmerer; Marschall Heinrich v. Lautern. — Würdtwein Nova Subs. 12, 114. **7.**

Sept. 1. (Ratispone). Aufbruch nach Italien. Annal. Ratispon. 589. Vgl. Seite 43 Note 3.

" 19. Mediolani. Einzug. Annal. Mediol. 396. Notae sti. Georgii 387. Annal. Placent. 415.

" 22. In sollempni curia Mediolani coram principibus imperii Theutonicis pariter et Latinis. Bekundet den auf Frage des Bischofs v. Kammerich ergangenen Spruch, daß kein geistlicher Fürst verpflichtet sei, Schulden seines Vorgängers zu zahlen, welche dieser ohne Einwilligung des Kaisers und seines Kapitels gemacht hat. — Zeugen: die Erzbischöfe Konrad v. Mainz, Robert v. Vienne, Algisius v. Mailand; die Bischöfe Otto v. Bamberg, Eberhard v. Merseburg, Bertram v. Metz, Konrad v. Worms, Heinrich v. Verdun, Mirus v. Turin, Wilhelm v. Asti, Warus v. Bergamo; die Aebte Siegfried v. Hersfeld und Gregor v. Prüm; Landgraf Ludwig v. Thüringen; Markgraf Heinrich v. Werd; die Grafen Gerhard v. Loos, Heinrich v. Dietz, Theobald v. Lechsgemünde, Simon v. Spanheim. — Ungedruckt, demnächst in Böhmer Acta imperii. **8.**

" 29. Papie. Ertheilt dem Bischof Wilhelm v. Gap die Regalien. — Zeugen: die Erzbischöfe Konrad v. Mainz und Robert v. Vienne; die Bischöfe Eberhard v. Merseburg (Text: Würcburgensis), Nicolaus v. Viviers, Lanfrant v. Pavia, Omnebonus (Text Horacleon) v. Verona; Konrad, Erwählter von Lübeck; Siegfried, Abt v. Hersfeld (Text: Gesnodensis); Ludwig, Landgraf v. Thüringen; Berthold v. Anbechs; Gerhard, Graf v. Loos (Text: de Lovania). Ego Gotofrid. etc. recognovi. — Huillard-Bréholles Hist. dipl. Frid. sec. 5, 193. Aus der Bestätigungsurkunde Friedrich' II. vom Jahre 1238. cf. Gallia christ. 1, 163. **9.**

Sept. ... Cremonae. — intravit primo Mediolanum et postea Papiam et postea Cremonam. Annal. Placent. 415. — venit Cremonam et gradu ei in platea maiori communis Cremonae fabricato magnifice sedit anno domini 1182. Annal. Cremon. 802. Ueber das unrichtige Jahr und die richtige Einreihung vgl. Jaffé's Note.

Oktbr. 6. Circa octavam sti. Michaelis. Betritt Verona. Annal. Placent. l. c.

„ ... Veronae. Nimmt seine getreuen Consuln v. Lonabo für ihre Stadt in seinen Schutz und bestätigt ihnen Gewalt und Recht über den Gemeindebesitz. — Unter den Zeugen: Konrad, Erzbischof von Mainz; Gottfried, Kanzler; Rudolf, Protonotar. — Odorici Storie Bresciane 6, 57 mit dem Datum nono Kalend. Octob., welches nicht ins Itinerar paßt. Ganz sinnlos stehen einige Worte des Textes nach dem ersten Zeugen. **10.**

„ 19. apud Veronam in palatio sti. Zenonis cum maxima curia. Belehnt in Gegenwart des Erzbischofs v. Mainz, des Kanzlers Gottfried, des Patriarchen v. Aglei, der Bischöfe v. Vicenza und Feltri ꝛc. den Markgrafen Obizo v. Este mit der Mark Genua und Allem, was Markgraf Azzo vom Reiche trug, so daß er Alles, was dem Reiche gehört und was namentlich Heinrich der Löwe besaß, zu rechtem Lehen habe. Er empfängt es so, wie er es einst vom Herzog Heinrich dem Löwen empfing, und falls der Herzog oder seine Erben das Land wieder erwürben oder der Kaiser selbst ihm dasselbe zurückgäbe, so bleibt die Belehnung dadurch unbehelligt. — Senkenberg Genua liguistica 221. Muratori Ant. Est. 1, 35 extr. **11.**

„ 26. Veronae. Bestätigt dem Abte des Klosters sti. Firmini et Rustici zu Verona alle Regalien, welche Kaiser Karl gemäß dem urkundlichen Beweise des Abtes dem Kloster innerhalb bestimmter Grenzen geschenkt hat. per me Bottifredum imp. aul. canc. — Biancolini Notizie stor. delle chiese di Verona 1, 329. **12.**

„ 27. In villa sti. Zenonis iuxta Veronam. Schenkt dem Kloster San Zeno bei Verona alles Reichsrecht auf dem Hofe Azani und der Villa Bariferabarii und bestätigt demselben genannte Besitzungen. — Zeugen: Erzbischof Konrad v. Mainz; Bischof Eberhard v. Merseburg; Konrad, Erwählter v. Lübeck; Gottfried (sic), Protonotar; Werner v. Boland (Text: de Hollandia); die Grafen Theobald v. Lechsgemünde, Gerhard (v. Loos), Heinrich (v. Dietz); Heinrich, Burggraf v. Regensburg; Konrad, Burggraf v. Nürnberg; Rudolf, Kämmerer; Heinrich, Marschall v. Lautern. — Biancolini 5a, 106. **13.**

„ 30. In villa Zenonis etc. Ertheilt dem an seinen Hof gekommenen Erzbischofe Johann v. Lyon die Regalien, ernennt ihn zum Exarchen der burgundischen Pfalz und zum ersten Fürsten seiner Reichsversammlung. — Zeugen: die Erzbischöfe Konrad v. Mainz und Robert v. Vienne; die Bischöfe v. Bamberg, Merseburg, Verden, Verona, Grenoble; Landgraf Ludwig v. Thüringen; Markgraf Adalbert (sic) v. Andechs; Graf Theobald v. Lechsgemünde; Werner v. Boland; Heinrich, Marschall v. Lautern; Rudolf, Kämmerer. Ego Godefred. etc. — Menestrier Hist. civil. de Lyon. 84. **14.**

Novbr. 3. **Veronae.** Nimmt auf Bitten des Bischofs v. Clermont das Kloster casa Dei in der Auvergne in seinen Schutz. — Zeugen: Konrad v. Mainz, Robert v. Bienne; die Bischöfe v. Gap, Bamberg, Merseburg, Verona, Metz; Gottfried, Kanzler; Rudolf, Protonotar; Ludwig, Landgraf v. Thüringen; die Markgrafen Berthold v. Andechs und Obizo v. Este; die Grafen v. Dietz und Loos; Heinrich, Burggraf v. Regensburg; Werner v. Boland; Rudolf, Kämmerer. — Gallia christ. 2, 336 nur im Auszuge, welcher die auf Bertram v. Metz folgenden Zeugen nicht enthält; diese sind mir aus Böhmers Abschrift mitgetheilt von Ficker. **15.**

„ 4. **Veronae** in majori ecclesiae thut die Ketzer in die Reichsacht. Seite 48. 49.

„ 4. **In villa sti. Zenonis iuxta Veronam.** Bestätigt die Besitzungen und Freiheiten der Kirche sti. Donati de Turre. — Zeugen: Erzbischof Konrad v. Mainz; die Bischöfe Eberhard v. Merseburg, Bertram v. Metz, Garsdonius v. Mantua, Omnebonus v. Verona; Landgraf Ludwig v. Thüringen; Markgraf Berthold v. Andechs; Markgraf Obizo v. Este; Wezelo v. Canino; Heinrich, Marschall v. Lautern. Ego Gotfrid. etc. — Lami Mon. eccl. Florent. 2, 1294. **16.**

„ 4. **Veronae.** Befreit wegen der großen Verdienste des Abtes Siegfried v. Hersfeld die Burg Kreinberg und andere Besitzungen seiner Abtei von dem Spolienrechte. — Unter den Zeugen: Erzbischof Konrad v. Mainz; Gottfried, Patriarch v. Aglei; Rudolf, Erwählter v. Trier, und viele der vorigen Urkunde. — Ungedruckt, demnächst in Böhmer Acta imperii. **17.**

„ 12. **apud montem Silicem.** Nimmt attendentes sanam religionem et honestam conversationem dilecti ac fidelis nostri Sigefridi Cenetensis episcopi et canonicorum eius das Bisthum Ceneba in seinen Schutz und verbietet, daß weder die Trivignaner noch Andere weltliche Gerichtsbarkeit über dasselbe üben sollen. — Zeugen: Konrad, Erzbischof v. Mainz; die Bischöfe Heinrich v. Chur, Gerhard v. Bergamo; Rudolf, Protonotar; die Grafen Simon v. Spannheim, Theobald v. Lechsgemünde; Heinrich, Marschall v. Lautern; Rudolf, Kämmerer. Ego Gotifred. etc. — Ughelli Ital. sacra 5, 182 (Verci Marca Trivignana 1, 32 ohne Ort und Tag, mit wunderbar entstellten Namen.) **18.**

„ ... **In curia apud Montemselicem.** Nachdem die beiden Töchter des Markgrafen Albert v. Este, quando erat imp. Fredericus in broilo sti. Zenonis (iuxta Veronam) eo tempore, quando papa erat Veronae, vor dem Bischofe v. Lübeck, dem Magister Metellus und Otto Cendabario ihren Oheim, Obizo v. Este, angeklagt hatten, daß er ihres väterlichen Erbes sich bemächtigt habe; nachdem dann der Angeklagte um Aufschub gebeten hatte, und die Entscheidung nach Monselice vertagt war, entscheidet hier der Kaiser auf Grund einer Entscheidung Herzog Welfs zu Gunsten des Angeklagten. — Aus einem Zeugenverhöre vom Jahre 1193. Muratori Ant. Est. 1, 360. **19.**

1784

Nov. 16. **Vicentiae.** Bestätigt und vermehrt die Besitzungen der Abtei St. Open de Jour, ertheilt ihr das Münzrecht und nimmt sie in seinen Schutz, indem er verfügt, daß der Abt die Regalien nur vom Reiche empfangen und dem Reiche dafür entsprechen soll. — Zeugen: Gottfried, Patriarch v. Aglei; Konrad, Erzbischof v. Mainz; die Bischöfe Otto v. Bamberg, Bonifaz v. Novara, Johann v. Concorbia, Pistor v. Bicenza; Konrad, Erwählter v. Lübeck; Rudolf, Protonotar; der Landgraf v. Thüringen; Herzog Konrad v. Spoleto; die Markgrafen Konrad v. Ancona und Berthold v. Andechs; die Grafen Theobald v. Lechsgemünde und Gerhard v. Loos; Heinrich, Marschall v. Lautern. Ego Gotefrid. etc. — Chevalier Hist. de Poligny 1, 328. Glasey Anecd. collectio 145. Dunod Hist. des Sequanois 1, 49. Huillard-Bréholles Hist. dipl. Frid. sec. 5, 172. **20.**

„ 16. **Vicentie.** Bestätigt einen Vergleich zwischen dem Patriarchen v. Aglei und dem Grafen v. Tirol wegen des Zolles v. Glemona. — Zeugen: Konrad, Erzbischof v. Mainz; die Bischöfe Otto v. Bamberg und Johann v. Concorbia; Rudolf, Protonotar; Landgraf Ludwig v. Thüringen; Berthold, Markgraf v. Andechs; die Grafen Heinrich v. Altendorf und Heinrich (statt Theobald) v. Lechsgemünde; Heinrich (statt Konrad), Burggraf v. Nürnberg; Heinrich, Marschall; Rudolf, Kämmerer. — Hormayr Beiträge zur Gesch. Tirols 2, 149. Vgl. v. Meiller Regesten der Babenberger 223. **21.**

„ 24. **Trevisii.** Trennt, um die Untreue der Stadt Spoleto zu bestrafen, die Orte Bevagna und Cocorone von ihrer Grafschaft und vereinigt dieselben, um die Treue der Stadt Foligno zu belohnen, mit deren Grafschaft. — Zeugen: Gottfried, Patriarch v. Aglei; Konrad, Erzbischof v. Mainz; Otto, Bischof v. Bamberg; Gottfried, Kanzler; Konrad, Herzog v. Spoleto; Heinrich, Graf v. Altendorf; Ulrich v. Lützelhard; Rudolf, Kämmerer; Heinrich, Marschall v. Lautern. — Ungedruckt, demnächst in Böhmer Acta imperii. **22.**

Dezbr. 3. **apud civitatem Forojulie.** Erklärt, daß in allen Castellen der Marienkirche zu Verona weder die Einwohner noch Andere das Recht haben, ohne Erlaubniß des Erzpriesters und Kapitels sibi auctoritate propria consules creare, statuere gastaldiones vel potestates. — Zeugen: Konrad, Erzbischof v. Mainz; Gottfried, Patriarch v. Aglei; Rudolf, Protonotar; der Graf v. Lechsgemünde; Konrad, Burggraf v. Nürnberg. — Ungedruckte Urkunde, aus einer Abschrift Campagnuola's mitgetheilt von Wüstenfeld. Das Datum 3 non. Octob. ist offenbar verschrieben für 3 non. Decemb. **23.**

„ … **Paduae.** Annal. Placent. Guelfi l. c.

„ … **Veronae.** Annal. Placent. Guelfi l. c.

„ 25. **Brixiae.** Annal. Brixiens. 814. — cum grande festivitate receptus ibidem diebus octo inducias traxit. Malvecius ap. Muratori 14, 882. cf. Annal. Placent. l. c.

„ … **Bergomi.** Annal. Placent. l. c. — Ronchetti Mem. istor. di Bergamo 3, 178 bemerkt dazu: — il primicerio di San Vicenzo — in un processo dell' archivio capitolare asserice, che fu l' imperador

Federigo incontrato processionalmente dal clero e condotto alla catedrale di San Vincenzo, stando alla di lui destra il vescovo e alla sinistra un canonico di San Vincenzo, disponendo il ceremoniale esso primercio.

1185. Indictio III.

Jan. 1. **apud Leonam.** Nimmt das Kloster St. Julien zu Brescia in seinen Schutz. — Zeugen: Konrad, Erzbischof v. Mainz; die Bischöfe Johann v. Brescia, Wilhelm v. Asti; der Erwählte v. Lübeck; Abt Günther v. Leno; Albert, Erwählter v. Bobbio; Rudolf, Protonotar; Konrad, Herzog v. Spoleto; Gerhard, Graf v. Loos; Simon Graf v. Sponheim; Theobald, Graf v. Lechsgemünde; Konrad, Burggraf v. Nürnberg; Sirus v. Pavia, Hofrichter; Martin v. Castello; Rudolf, Kämmerer. Ego Gottofred. etc. — Margarin. Bull. Casin. 2, 206. Affarosi Memorie stor. di s. Prospero di Reggio. Beide Texte haben ap. Veronam 5 non. Januar. Jaffé verglich das Original in Brescia. Dieses hat wirklich 5 non. Januar, worunter nach Jaffé nur der erste Januar verstanden sein kann. Statt ap. Veronam steht aber im Original ap. Leonam. **24.**

„ ... **Super solarium hospitalis de Leno**, ubi dominus Fredericus imperator presidebat. Der Bischof Johann v. Brescia ersucht den Kaiser, seinem Bisthum den Novalzehnten zu verbriefen. Der Kaiser ist bereit dazu, doch nur unter Wahrung der von ihm oder seinen Vorgängern dem Kloster Leno gemachten Zugeständnisse. Der Bischof lehnt diese Klausel ab; der Kaiser fragt ihn, welches Recht er auf die Kirchen des Klosters habe, daß er den Novalzehnten von demselben verlangen könne, und befiehlt ihm dann, da er nichts erwidert, die Nacht nicht im Hospiz des Klosters zu bleiben. So bezeugt Otto de Musa in einem großen Verhöre vom Jahre 1195. — (Lucchi) Mon. monast. Leonensis 163. Zaccaria Badia di Leno 179. Die Begebenheit hierher zu setzen, veranlassen mich der Ort und die Zeugenschaft des Bischofs v. Brescia und des Abts v. Leno in der vorgenannten Urkunde. **25.**

„ 17. **Laude.** Bestätigt die Besitzungen und Freiheiten der Reichsabtei St. Christina bei Pavia. — Zeugen: Erzbischof Konrad v. Mainz; Rudolf, Erwählter v. Trier; die Bischöfe Wilhelm v. Asti, Wala v. Bergamo; der Erwählte v. Lübeck; Rudolf, Protonotar; Herzog Konrad v. Spoleto; die Grafen v. Lechsgemünde, Loos und Sponheim; Werner v. Boland; Leo de Monumento und der Präfekt v. Rom. Ego Gothofrid. etc. — Robolini Notizie stor. di Pavia 3, 387. Huillard-Bréholles Hist. dipl. Frid. sec. 4, 305. **26.**

„ ... **Placentiae.** Annal. Placent. l. c.

„ 29. **apud burgum sti. Domnini.** Vernichtet auf Klage des Abtes Ganbolf v. St. Sisto alle Veräußerungen des vorigen Abtes Bernhard, da

die Abtei dem Reiche gehöre und vorzüglich die liegenden Güter nicht
veräußert werden dürften. Requisito super his principum nostrorum omnium qui aderant consensu. — Affò Storia di Guastalla
1, 347. 27.

... ... apud burgum sti. Domini. Befiehlt dem Abte Gandolf v. St.
Sisto, daß er die vom Abte Bernhard veräußerten Güter seinem Kloster
wiedererwerbe. — Affò l. c. 346 ohne Datum, doch unzweifelhaft
gleichzeitig mit der vorigen Urkunde. 28.

... ... Parmae. Annal. Placent. l. c.

Febr. 11. apud Regium. Bestätigt den Mailändern unter rühmender Anerkennung ihrer Tüchtigkeit, Treue und Ergebenheit die Konzessionen,
die er ihnen im Frieden von Konstanz sine censu gemacht hat. Ueberdies giebt er ihnen alle Regalien im Erzbisthume Mailand, nämlich in den Grafschaften Sepri, Martesanna, Burgaria, Leuci, Sta-
tione; ebenso alle Regalien in Orten, welche die Mailänder den Kremonensern abgetreten hätten, wenn sie dieselben wiedererwürben. Er
bestimmt die Grenzen der Grafschaft Sepri, macht gewisse Beschrän-
kungen bezüglich älterer Lehen, wahrt sich und seinen Nachfolgern die
Paratica, welche bei der Krönung zum Könige von Italien zu leisten
ist, und ebenso das seinem oder des Königs Marschall zustehende
Recht, zu Monza Quartiere anzuweisen. Für die erhaltenen Regalien
zahlen die Mailänder jährlich am 1. März 300 Pfund kaiserlicher
Münze. Zur größeren Sicherheit schließt der Kaiser mit Mailand
ein Schutz- und Trutzbündniß, das der Kämmerer Rudolf für den
Kaiser beschwört. Gegen jeden Angriff will er der Stadt und Kirche
Mailand beistehen, aber in einem Kriege zwischen Mailand und
Pavia will er nur dann zu Gunsten Mailands einschreiten, wenn
Pavia sich mit Anderen zur Bekämpfung Mailands verbunden hat.
Auch will er ohne Genehmigung der Konsuln Mailands mit keiner
Gewalt der Lombardei, der Mark oder Romagna ein besonderes
Bündniß schließen. Denselben Eid soll König Heinrich für sich
schwören lassen, wenn die Konsuln und der Rath es verlangen.
Ferner schwört Rudolf, daß der Kaiser sich redlich bestreben wolle,
bis zu einem näher zu bestimmenden Termine Krema wieder auf-
zubauen, und daß er zu diesem Zwecke die Gewalten der Lombardei,
der Mark und Romagna entbieten würde, die im Weigerungsfalle
der Acht unterliegen sollen. Denselben Eid soll auch König Heinrich
leisten. Ist der Kaiser zur Zeit, da Mailand die Wiederherstellung
Kremas begehrt, jenseits der Alpen, so will er einen Machtboten
herüberschicken. Dagegen versprechen die Mailänder, ihm und seinem
Sohne beizustehen manutenere omnes possessiones, justitias, jura et
rationes in — Lombardia, Marchia, Romaniola et nominatim de
terra quondam comitissae Matildis; wo er in diesen Landen Etwas
verloren hat, da wollen sie ihm gegen Jedermann zur Wiedererwerbung behülflich sein. Dazu sind sie aber nicht verpflichtet,
wenn der Kaiser oder sein Sohn den Vertrag bricht. Auch die Mailänder dürfen ohne Genehmigung des Kaisers und König Heinrichs

Beilage X.

keine besonderen Bündnisse schließen, auch wollen sie ihnen nie ihren guten Rath weigern. Diesen Eid müssen alle Mailänder vom 18. bis 70. Jahre leisten und alle zehn Jahre auf Verlangen erneuern. Vier genannte Konsuln und mit ihnen sechs Abgesandte haben sofort den Eid geleistet, die andern Konsuln und der Rath thun es acht Tage nach Ankunft der erstern in Mailand und alle Bürger, sobald der Kaiser es verlangt. — Zeugen: die Bischöfe Wilhelm v. Asti und Wala v. Bergamo; Konrad, Erwählter v. Lübeck; Hubert, Erzpriester v. Monza; Friedrich, Propst v. Straßburg; Bruder Theoderich de silva benedicta; Konrad, Herzog v. Spoleto; Konrad, Markgraf v. Ancona; Graf Gerhard v. Loos; Konrab, Burggraf v. Nürnberg; Graf Simon v. Sponheim; Graf Theobald v. Lechsgemünde; Berthold, Legat Italiens; Werner v. Boland; Truchseß Heinrich (v. Bomeneburg); Schenk Konrad (v. Walbhusen); Marschall Heinrich v. Lautern und vier Konsuln Krema's. Ego Godfred. etc. — Puricelli Mon. Ambros. 1, 1028. in Graevii Thesaur. ant. Ital. 4a, 447. Morbio Storia dei municipi Ital. 3, 173 und im Auszuge Lupus Cod. dipl. Bergom. 2, 1354.

Febr. .... 29. Regii in palatio domini imperatoris in colloquio ab eo ibi habito. Belehnt die Gebrüder v. Canossa mit Canossa, Bibianelli und Gipsi in der Grafschaft Reggio, wofür der ältere Bruder Guido dem Kaiser und seinem Sohne den Vasalleneid leistet und verspricht, ihnen oder ihren Nuntien die Burgen zu Angriff und Vertheidigung zu übergeben. — Unter den Zeugen: Erzbischof Konrad v. Mainz; die Bischöfe v. Mantua, Reggio und Parma. — Muratori Ant. Ital. 1, 60. Affarosi Notizie stor. di Reggio 1. App. 20.

... ... 30. Mutinae. Annal. Placent. Guelfi l. c. — Vedriani Storia di Modena 2, 120 erzählt: Pervenuto a Modena, vi fu ricevuto e trattato con quei honori, che la maestà sua richiedeva, e per far cosa grata a Modonesi creò cavalieri molti de' loro nobili, alcuni nomi de quali si leggono in certe antiche croniche e sono Francesco Giovanni di Boccalini, Pietro Petrezzani, Lodovico di Cagarobii e Paulo Trenti. Wie alt mögen die certe antiche croniche gewesen sein?

März 5. apud Castellaranum. Nimmt genannte Getreue der Garfagnana und Versilia mit ihren Besitzungen in seinen Schutz und enthebt sie aller Gerichtsbarkeit, indem er sie unmittelbar unter das Reich stellt. Was die Konsuln irgend welcher Stadt an sich gerissen hätten, sollte ihnen zurückgegeben werden. Die Luccenser sollen die von ihnen zerstörten Burgen wieder aufbauen und die zum Schaden seiner Getreuen erbauten niederreißen. Wer immer von ihm oder a dilecto marchione de Palotha, quem per omnem Garfagnanam et Versiliam potestatem et rectorem constituimus, zum Treueide aufgefordert, denselben nicht schwört oder den geschworenen bricht, der unterliegt ebenso der Reichsacht, wie jeder den Bestimmungen zuwider Handelnde. — Zeugen: Erzbischof Konrad v. Mainz; die Bischöfe Garsidonius v. Mantua, Alberich v. Reggio, Arbicio v. Modena; Rudolf, Protonotar; Konrad, Herzog v. Spoleto; Konrad, Markgraf v. Ancona;

die Grafen v. Loos, Sponheim, Lechsgemünde; Wilhelm, Markgraf
v. Paloto; Werner v. Boland; Wichedo, Graf v. Lumello; Guido
v. St. Nazaro und sein Bruder Rainer; Berthold v. Kunigsburg,
Legat Italiens; Wilhelm v. Bezano; Konrad de Schuzin; Rudolf,
Kämmerer; Heinrich, Marschall de Rieth; Eilward v. Wildenstein;
Friedrich de Lutra. — Nachträglich nimmt er Corelia iu denselben
Schutz. — Zeuge: der Propst v. St. Thomas zu Straßburg. Ego
Gotefrid. etc. — Garampi Illustrazione di un antico sigillo della
Garfagnana 56. Pacchi Ricerche istoriche sulla provincia della
Garf. 14. Statt de Schutzin ist wohl zu lesen de Schutzinrieth,
statt Marschall de Rieth: de Lutra, und statt Friedrich de Lutra:
praepositus stae. Thomae in Argentina. **31.**

März 14. apud Castellaranum. Bestätigt die genannten Freiheiten der Bischöfe und Aebte des Erzbisthums Ravenna. — Mittarelli Annal.
Camald. 4, 124. **32.**

„ ? 16? apud Castellaranum. Beschützt das Bisthum Firmana auf die
Klage des Bischofs, daß sein Bisthum um so Aergeres von Uebel-
thätern erdulden müße, quod aliis remotior, ab aliis nostrae pro-
tectionis pro difficultate asperi itineris ad aures nostras jugiter
proclamare nequiret. — Unter den Zeugen: Gerhard, Erzbischof v.
Ravenna; Alberich, Bischof v. Reggio; Rudolf, Protonotar. — Ughelli Ital. sacra 2, 697 mit dem nicht existirenden Datum 17 Kalend.
Martii, wofür wohl Aprilis zu lesen ist. **33.**

... ... Bononiae.
... ... Placentiae. } Annal. Placent. l. c.
... ... Papiae.

April 7. In palacio sti. salvatoris Papiae. Es schwören Ibo, kaiserlicher
Hofrichter und Konsul v. Tortona, und seine genannten Kollegen
einerseits und Markgraf Wilhelm v. Gavio, Rubeus v. Volta,
Guido v. St. Nazario und Ibo v. Metefria andererseits, daß Tortona und der Markgraf v. Gavio dem Befehle des Kaisers gehorchen
würden, wie er in ihren Streitigkeiten auch entscheiden möge. Dieser
besiehlt nun auf Rath der Bischöfe v. Asti und Novara, der Hof-
vikare Konrad v. Lübeck und Magister Metellus und genannter
Richter dem Markgrafen v. Gavio, daß er denen von Tortona die
Beute, welche er mit seinen Leuten gemacht hätte, bis Palmsonntag
zurückgebe. Tortona und der Markgraf sollen ferner bis zu einer ander-
weitigen Vergleichung oder Entscheidung durch den Kaiser die italienischen Kaufleute ungehindert auf jeder Straße ziehen lassen. — Costa
Chartar. Dertonense 39. Moriondi Mon. Aquens. 2, 851 extr. **34.**

Mai 4. apud Mediolanum apud monasterium sti. Ambrosii. Nimmt das
Kloster des heil. Ambrosius in seinen Schutz, bestätigt seine genannten Besitzungen und verbietet alle Veräußerungen und nicht durch ihn
oder seine Nuntien befohlenen Auflagen und Leistungen. — Zeugen:
Die Bischöfe Martin v. Meißen, Wilhelm v. Asti, Alberich v. Reggio,
Hildebrand v. Volterra; Hubert, Erzpriester v. Monza; Herzog Leopold
v. Oesterreich; die Grafen v. Loos und Sponheim; Albert, Abt v. Po-

sirone; Winfried, Abt v. St. Salvator; Martin v. Castello; Theobald,
Graf v. Lechsgemünde. Ego Gotefred. etc. — Puricelli Mon. Ambros.
1, 1037 in Graevii Thes. antiquit. Ital. 4a, 452. **35.**

Mai ... Collegit exercitum magnum, scilicet milites Mediolani et pedites
cum carocis et 200 milites Placentie cum quadam parte Pergamen-
sium et Brixiensium et cum paucis militibus Novarie, Vercellarum
et Terdone, Parme, Regii, Mutine, Bononie, Ymole et Faencie et
equitavit ad Cremam levandam. Annal. Placent. l. c.

„ 7. Cremae. — posuit Cremascos intus locum Creme, an. 1185 die
Martis 7 mensis Madii proximo circa horam vespertinam. Annal.
Placent. l. c. — Septima lux mensis etc. Inschrift bei Campo Cre-
mona sedelissima 25.

„ 12. In castro de Crema super fossatu illius castri. Belehnt in Gegenwart genannter Richter und Räthe cum ligno, quod in sua tenebat
manu, die Gemeinde Krema mit Allem, was die wegen ihrer Treulosigkeit geächteten Grafen v. Camisano in der Burg und dem Gebiete von Krema zu Lehen getragen haben. — Benvenuto Storia di
Crema 1, 140. Außerdem soll die Urkunde gedruckt sein in Fino
Storia di Crema ed. Racchetti und in Zaccaria Storia dei vescovi
di Crema, welche Werke mir nicht zu Händen sind. **36.**

„ 17. apud Cremam, in revelatione ipsius. Beruhtet in Anbetracht der
antiqua honestas et mera liberalitas nostrae Vulterrensis ecclesiae
und auf Bitten dilecti et fidelis principis nostri Hildebrandi Pa-
nochi ejusdem ecclesiae episcopi, cujus utique devotio plurimum
nobis accepta et honestas suis commendata meritis, alle Beräuße-
rungen des Bisthums, die nicht zu dessen Nutzen geschehen sind. —
Zeugen: Erzbischof Konrad v. Mainz; die Bischöfe v. Asti und Reggio;
Propst Friedrich v. Straßburg; Herzog Welf; Herzog Leopold v. Oesterreich; die Grafen v. Loos, Sponheim und Lechsgemünde; Markgraf
Bonifaz v. Montferrat; Werner v. Boland; Trushard v. Kestenburg;
Leo de Monumento u. s. w. — Amirato Vescovi di Fiesole, Volterra e d'Arezzo 108. Ughelli Ital. sacra 1, 1442. **37.**

Juni 30. apud Taurinum. Urkundet für die Stadt Alba. — Zeugen: Wilhelm v. Asti; Gottfried, Kanzler; Theobald v. Lechsgemünde. — Ungedruckt, mitgetheilt von Jaffé. **38.**

„ 30. apud Taurinum. Urkundet gleichfalls für die Stadt Alba. — Ungedruckte Urkunde, mitgetheilt von Jaffé. **39.**

Juli 3. In castro Nono. Urkundet für den Grafen Wipert v. Chiavenna.
— Ungedruckt, mitgetheilt von Jaffé. **40.**

„ 4. apud Nonam castrum. Verspricht den Konsuln von Barga, daß er,
seine Nachfolger und Nuntien in der Garfagnana, namentlich der
Markgraf Wilhelm v. Paloto, ihre Güter und Rechte, die sie zur
Zeit der Gräfin Mathilde besessen hätten, achten und ihnen keine
neue Abgaben auflegen wolle; dagegen leisten sie ihm und seinen
Nuntien, was sie der Gräfin geleistet haben. Geschieht dies nicht, so
ist auch er nicht mehr auf sein Versprechen verpflichtet. Er dankt für
ihre Treue, bei Gelegenheit Belohnung verheißend. — Garampi Illu-

straz. di un' ant. sigillo di Garfag. 11. Pacchi Ricerche stor. sulla provincia della Garfag. 14. — Der Ort ist Anone bei Asti, vgl. Jaffé in der Note zu Morena 593. **41.**

Juli 10. **Placentie** in Placentino palacio. Der Abt Ganbolf von San Sisto zu Piacenza klagt vor dem Kaiser (coram vobis gloriossissmo imperator), daß die Kremonenser seinem Kloster Luzzara und Guastalla gewaltsam entrissen hätten. — Affò Storia di Guastalla 346. Mit dem Datum die mercurii 10 mensis Julii, wozu der Herausgeber ganz mit Unrecht bemerkt, es müsse Januar heißen. Der 10. Januar war kein Mittwoch, wohl aber der 10. Juli. **42.**

„ ... **Placentie.** Aechtet die Kremonenser. S. Seite 70 Note 3.

„ 10. **apud burgum sti. Domnini.** Ermächtigt die Konsuln v. Como, in Criviasca das Fodrum und andere Abgaben zu erheben, nachdem durch Fürstenspruch das frühere Verbot, dieses zu thun, aufgehoben worden ist. — Rovelli Storia di Como 2, 199. Italienischer Auszug. Das Datum möchte nicht richtig angegeben sein, da wir uns nach den vorhergehenden Urkunden den Kaiser am 10. doch in Piacenza denken müssen. **43.**

„ 25. **apud s tum. Miniatum.** Nimmt Moriano und andere Oerter des Bisthums Lucca in seinen Schutz und befreit sie von der Gerichtsbarkeit der Stadt Lucca. — Archivio storico Ital. 10, 23 extr. Huillard-Bréholles Hist. dipl. Frid. sec. 6, 166 extr. **44.**

„ 29. **In castro sti. Miniati.** Nimmt in Anbetracht seiner treuen Dienste dilectum ac fidelem nostrum Petrum venerabilem virum Lunensem episcopum, sobria morum honestate decenter illustratum scientiaque literarum pariter et christianae religionis merito venerandum, und dessen Bisthum in seinen Schutz und bestätigt dessen Rechte und Freiheiten. — Zeugen: Die Bischöfe v. Asti, Volterra und Novara; Propst Friedrich v. Straßburg; die Grafen v. Lechsgemünde und Sponheim; Rudolf, Kämmerer; Ezzelin v. Huvara; Otto Novellus, Richter v. Piacenza; Ottobellus, Richter v. Mailand. Ego Gotefrid. etc. — Ughelli Ital. sacra 1, 848. Lami Mon. eccl. Florent. 1, 340. **45.**

„ 31. **Florentiae** — passó per la nostra città di Firenze, a di ultimo de Luglio dell detto anno, e in quella soggiornato aliquanti di, et fatali querimonia per le nobile del contado, comme il commune di Firenze havea prese et occupate molto loro castella et fortezze contro all' honore dello imperio, si tolse al commune di Firenze tutto il contado et signoria di quello infino alle mura et per le villate del contado facea stare suoi vicari, che rendeano ragione et faceano justitia et simile fece a tutte le altre citta di Toscana, die auf Seiten Alexander' III. gestanden hätten. — Ricordano Malesp. c. 82. Villani 5, 12. Vgl. Seite 75 Note 7.

August 1. **Florentiae.** Nimmt das Nonnenkloster Monticelli in seinen Schutz und bestätigt dessen genannte Besitzungen. — Unter den Zeugen: Erzbischof Konrad v. Mainz; die Bischöfe Wilhelm v. Asti, Bonifaz v. Navara, Bernhard v. Florenz. — Notizenblatt, Beilage z. Archive f. oest. Geschichtsquellen 1, 178 Auszug. **46.**

Beilage X.

August 2. apud Podium Bonitii. Nimmt das Nonnenkloster sti. Petri di Luco in seinen Schutz und bestätigt dessen Besitzungen ad interventum et rogatum dilecti principis et consanguinei nostri Conradi Magunt. archiepiscopi. — Zeugen: Konrad, Erzbischof v. Mainz; Bonifaz, Bischof v. Novara; Propst Friedrich v. Straßburg; Graf Theobald v. Sponheim; Heinrich, Marschall. Ego Gottfred. etc. — Mittarelli Annal. Camald. 4, 131. **47.**

„ ... In civitate Senarum. — Obituar. eccl. Senens. ap. Ozanam Docum. ined. p. servir a l'hist. litt. de l'Italie 205.

„ **8.** apud montem Alcinum. Giebt dem Kloster des heil. Eugen bei Siena einen Schutz- und Bestätigungsbrief. — Zeugen: Erzbischof Konrad v. Mainz; die Bischöfe v. Asti und Novara; Friedrich, Propst zu Straßburg; genannte Hofrichter; Rudolf, Kämmerer. — Ughelli Ital. sacra 3, 550. Lami Mon. eccl. Florent. 1, 524. **48.**

„ **31.** apud Fulgineum. Verkündigt namentlich seinen Legaten Berthold v. Künigsburg, dem Herzoge Konrad v. Spoleto und dem Markgrafen v. Ancona, daß er das Kloster stae. crucis et heremum fontis Avellane in seinen Schutz genommen und dessen Besitzungen bestätigt habe. — Zeugen: Bonifaz, Bischof v. Novara; Anselm, Bischof v. Foligno; Berthold, Legat v. Italien; Anselm, dessen Bruder; Propst Friedrich v. Straßburg u. s. w. — Laderchius Annal. eccl. 23, 385. Mittarelli Annal. Camald. 9, 34. **49.**

Sept. 18. apud Cucurionem in territorio Spoletano. Nimmt auf Bitten Reinalds, Bischofs v. Ascoli, dessen Kirche, quae licet prope fines imperii nostri longe sita est, tamen lucem bonae opinionis nobis eminens effundit in seinen Schutz und bestätigt deren Besitzungen. — Zeugen: Wilhelm, Bischof v. Asti; Bonifaz, Bischof v. Novara; Abt Pandolf v. Farfa; Peter, Präfekt v. Rom; Berthold, Legat v. Italien; Konrad, Herzog v. Spoleto; Graf Simon v. Sponheim; Werner v. Boland u. s. w. Ego Gotefrid. etc. — Ughelli Ital. sacra 1, 456. **50.**

„ **24.** apud Cucurionum. Beschützt das Kloster sti. Petri montis Martani. — Zeugen: Die Bischöfe v. Asti und Novara; Propst Friedrich v. Straßburg; Herzog Konrad v. Spoleto; Rudolf, Kämmerer; die Richter Ottobello v. Mailand und Grossus v. Brescia. — Ungedruckt[1]), nach Böhmers Auszug mitgetheilt von Ficker. **51.**

„ **27.** apud Cucurionum. Nimmt die Bürger von Spoleto auf Bitten ihres Herzogs wieder zu voller Gnade auf, in Erwartung nunmehr unwandelbarer Treue. — Zeugen: Wilhelm, Bischof v. Asti; Propst Friedrich v. Straßburg; der Herzog v. Spoleto und (Ancona); Bobo v. St. Angelo; Reinald, Graf Monaldi; Ugolin Ugolini; Guido v. St. Nazaro und sein Bruder Rainer; Werner v. Boland; Mar-

---

1) Wie ich aus einer Anführung ersehe, ist eine kaiserliche Urkunde von gleichem Datum gedruckt bei Aquacotta Memorie di Matelica, welches Werk die königliche Bibliothek nicht besitzt.

schall Heinrich v. Lautern; Rudolf, Kämmerer. — Ughelli Ital. sacra 1, 1261. **52.**

Okt. 27. **Pistorii.** Fridericus I. anno 1181 (sic) sexto kal. Novemb. intravit civitatem Pistorii, ubi dominum Rainaldum episcopum investivit per sceptrum de feudo imperiali, nullo sibi sacramentum ab eo prestito, quod ei tum propter senectutem, tum propter nimium amorem ipsius civitatis libenter remisit. Sozomen. presb. Pistoriens. ap. Tartini 1, 60. cf. Fioravanti Storia di Pistoja 196. — Wenn man auch von Sozomen († 1455) sagen kann, daß selbst Tabel zu viel Ehre für ihn sei, so mag derselbe doch über seine Vaterstadt Pistoja gute Nachrichten gefunden haben.

Nov. 19.[1]) **Papie.** Belehnt den an seinen Hof gekommenen Bischof Nantelm v. Genf mit den Regalien. — Zeugen: Peter, Bischof v. Embrun; Bonifaz, Bischof v. Novara; Friedrich, Propst v. Straßburg; Rudolf, Kämmerer. — Spon. Hist. de Genève 2, 40 (3, 73). **53.**

„ 28. **Papie.** Nimmt auf Bitten Raimundi venerabilis hospitalis Hierosolimitani magistri ac fratrum nostrorum conspectui nostri assistentium alle Johanniterklöster in seinen besondern Schutz. — Zeugen: Gottfried, Patriarch v. Aglei; Konrad, Erzbischof v. Mainz; Bonifaz, Bischof v. Novara; Konrad, Erwählter v. Lübeck; Rudolf, Protonotar; Landgraf Ludwig v. Thüringen; Berthold, Markgraf v. Anbechs; Graf Theobald (v. Lechsgemünde); Wezelo v. Camino; Heinrich, Marschall v. Lautern; Rudolf, Kämmerer. Ego Gotfried. etc. — Mon. Boica 31a, 424. Notizenblatt, Beilage z. Archiv f. oest. Geschichtsquellen 2, 131. (Miraeus Op. dipl. 3, 60 sehr schlechter Abdruck mit dem Datum 1186 bel. Decemb.) **54.**

Dezbr. 8. **In castro Pavie.** Befreit die Ubertini, nämlich Rainer, Ubertin, Guido, ihre und ihres Bruders Kinder von aller Abhängigkeit, so daß sie nulli civitati Latine nec potestati Latine subjaceant, sed solum nobis et illustri regi augusto Henrico et ceteris nuntiis nostris de Alamania missis subditi sint et respondere teneantur. — Zeugen: Wilhelm, Bischof v. Asti; Graf Heinrich v. Dietz; Simon v. Sponheim; Werner v. Boland; Rudolf, Kämmerer. — Ungedruckt, mitgetheilt von Wüstenfeld aus einer Copie des florentiner Centralarchivs. Nach der Beschreibung des Copisten hing die Bulle von weißem Wachs an blau-braun-rothseidenen Fäden und trug die Umschrift Fridericus dei gr. Rom. imp. et semp. aug. Gleichwohl überschrieb er die Urkunde: Hoc est exemplum cujusdam publici et autentici privilegii concessi per Philippum Rom. regem. **55.**

„ 25. **Papie.** Weihnachtsfeier mit König Heinrich und dem Grafen v. Flandern.

---

1) Aus dem Auszuge einer Urkunde bei Mandelli Commune di Vercelli 2, 341 folgert man mit Unrecht, daß der Kaiser am 11. November in Vercelli gewesen sei. In der betreffenden Urkunde wird nur der Verlauf von Ländereien an den Kaiser bescheinigt, aber dessen persönlicher Anwesenheit nicht gedacht.

1186. Indictio IV.

Jan. 22. **Papie.** Erlaubt den Bewohnern von Levate in Anbetracht ihrer treuen Dienste, Wasserleitungen anzulegen. — Zeugen: Friedrich, Propst v. St. Thomas zu Straßburg; Graf Heinrich v. Dietz; Rudolf, Kämmerer; genannte Richter. — Lupus cod. dipl. Bergom. 2, 1361. **56.**

„ 24. **Mediolani** ad domum canonicorum de sto. Ambrosio. Belehnt den Bischof Riprand v. Verona de toto honore et districtu, quod imperium habet in episcopatu et comitatu Veronae. Darauf leistet der Bischof dem Kaiser und seinem Sohne den Treueid und verspricht Hülfe gegen Jedermann. Sogleich nach geleistetem Eide sagt der Erzbischof v. Mainz, qui dedit fidelitatem: Totum quod factum est, factum est salvo ordine nostro. — Zeugen: Konrad, Kardinal und Bischof v. Sabina, Erzbischof v. Mainz; Bonifaz, Bischof v. Novara; Anselm, Bischof v. Como; Friedrich, Propst v. Straßburg; der Priester Huguccio; der Magister Lothar. — Ughelli Ital. sacra 5, 805. Der Text hat ad domum canonicorum die sti. Ambrosii = 4. April; gemäß dem Tage die Veneris 8 exeunte Januario ist aber die Verbesserung de sto. Ambrosio geboten, welches man ja auch selbstverständlich zu ad domum canonicorum erwartet. **57.**

„ 27. **Mediolani** apud stum. Ambrosium. Hochzeit Heinrich VI. mit Konstanze. Krönung des Kaisers, Heinrichs und Konstanzens. S. Seite 84.

Febr. 6. **Papie** apud stum. salvatorem. Bestätigt die Besitzungen der Kongregation zu Berona. — Zeugen: Wilhelm, Bischof v. Asti; Bonifaz, Bischof v. Novara; Johann, Propst v. Speier; Bruder Theoderich de silva benedicta (der Unterhändler des konstanzer Friedens). Ego Godefrig. etc. — Biancolini Notizie stor. delle chiese di Verona 4a, 547. **58.**

„ ... **Papie.** Nimmt das Kloster Chiaravalle bei Mailand in seinen Schutz. — Zeugen: Bonifaz, Bischof v. Novara; Friedrich, Propst v. Straßburg; Graf Simon v. Sponheim; Werner v. Boland; Bruder Theoderich und genannte Richter. — Le vicende di Milano durante la guerra con Federigo 30. **59.**

„ 11. **Papie** apud stum. salvatorem. Verbrieft mit seinem Sohne Heinrich dem Bischofe Bernard v. Parma propter clara merita servitiorum suorum, quae nobis et imperio intrepide semper exhibuit, die Burg Riguani, womit er und Heinrich den Bischof in feierlichem Hofe belehnt haben. — Zeugen: Erzbischof Konrad v. Mainz; die Bischöfe Hermann v. Münster und Bonifaz v. Novara; Graf Simon v. Sponheim. — Affò Storia di Parma 2, 392 (Ughelli Ital. sacra 2, 172 mit dem falschen Datum 1187 indict. 6. an. reg. 34. imp. 34). **60.**

„ 11. **Papie.** Belehnt mit seinem Sohne Heinrich in einer mit der vorhergehenden gleichlautenden Urkunde den Bürger von Parma Guido de Rogleri mit Felino, Michaelo de Gatti, Bonignano und anderen Besitzungen. — Affò l. c. 2, 393. **61.**

Febr. 14. **Papiae**. Nimmt das Kloster Leocebium in seinen Schutz. — Irici Hist. Tridinensis 14. **62.**

März 1. **apud Casale sti. Evasii**. Aechtet auf Rath der Fürsten und Hofrichter den Grafen Wilhelm v. Genf wegen seiner Bedrückungen der genfer Kirche, nachdem derselbe auf eine Vorladung zwar erschienen ist und auch geschworen hat, sich dem Urtheilsspruche des Hofes zu unterwerfen, dann aber geflohen ist. — Zeugen: Die Bischöfe Hermann v. Münster, Albert v. Vercelli, Milo v. Turin; Propst Johann v. Speier; Werner v. Boland; genannte Richter; Rudolf, Kämmerer. — Spon Hist. de Genève 2, 42 (3, 78). **63.**

„ 2. **apud Casale sti. Evasii**. Verkündigt, daß er den Grafen v. Genf wegen seiner Bedrückungen der Kirche von Lausanne geächtet habe. — Zeugen: Die Bischöfe der vorigen Urkunde, dann Bonus-Johannes v. Vercelli, Robert v. Dorne, Werner v. Boland, Ulrich v. Jubenberg. — Mém. de l'instit. nat. Genèvois 2d, 103. **64.**

„ … **apud Taurinum**. Giebt dem Abel von Asti das Vorrecht, unbeschadet seines Standes mit Tuch zu handeln. — Molina Notizie stor. d'Asti 2, 68. Auszug nach Malhayla Clypeus civitatis Astensis 62, der mir nicht zu Händen ist. Wenn das angegebene Jahr 1186 richtig ist, so möchte die Urkunde hier einzureihen sein: von Pavia nach Casale, von dort nach Turin und von Turin über Novara nach Pavia zurück ist ein natürlicher und annehmbarer Reiseweg. — Hierher gehören dann auch wohl die kaiserlichen Urkunden für die Stadt Asti selbst, von denen der Dichter Antonius Astens. ap. Muratori 14, 1041 spricht: Astensi — urbi per privilegia donat :: Oppida multa suis juraque consulibus :: Quum centum post partum virginis anni :: Atque octoginta sexque sub orbe forent. **65.**

„ 5. **apud Novariam**. Verleiht dem Grafen Ottobonus v. Rabicate alle in der Grafschaft Coconati heimgefallenen Lehen sammt allen Rechten und Freiheiten, jedoch unter Wahrung einiger Zehntrechte der Kirche von Vercelli. — Zeugen: Die Bischöfe Hermann (Text: Henricus) v. Münster, v. Vercelli und Asti, Bonifaz v. Novara, v. Belley, v. Gap, Nantelm v. Genf; Propst Johann v. Speier; Konrad und Bonifaz, Markgrafen v. Montferrat; Werner v. Boland; Rudolf, Kämmerer; Heinrich, Marschall. Ego Gottfred. etc. — Notizenblatt, Beilage z. Archiv f. oest. Geschichtsquellen 2, 370 Auszug. Die Urkunde ist in einer Bestätigung Maximilian' II. d. d. Wien 30. Juli 1574 erhalten. Unzweifelhaft ist es ein Auszug derselben Urkunde, den De Conti Notizie stor. di Casale del Montferrato 1, 248 mittheilt, obwohl nach seiner Angabe die Urkunde am 6. März 1186 zu Mantua ausgestellt ist. Die Ortsangabe beruht aber jedenfalls auf einem Irrthume. **66.**

„ 5. **apud Novariam**. Nimmt die Leute von Casale in Anbetracht ihrer Treue in seinen Schutz, bestätigt ihre Rechte und Freiheiten, giebt ihnen das Konsulat, die Gerichtsbarkeit, freien Handel und Anderes. — Zeugen: Die Bischöfe Hermann v. Münster, Wilhelm v. Asti, Bonifaz v. Novara, Wilhelm v. Gap, Nantelm v. Genf; Propst

Johann v. Speier; Konrad und Bonifaz v. Monferrat; Werner v. Boland; Rudolf, Kämmerer; Heinrich, Marschall v. Kalentin. — Irici Hist. Tridinensis 69. De Conti l. c. 1, 357. **67.**

Mai ... Prima ebdomada madii — cum carocio Mediolanensium et cum omnibus militibus et peditibus cum et Laudensibus et Cremaschis et cum 200 militibus Bononie, Mutine et regii et Parme et Vercellarum et Terdone equitavit in comitatu Cremone et devastavit omnia que potuit circa Suncium et pervenit ad castrum Manfredi non multum longe a Crema et obsedit illud. Annal. Placent. l. c.

„ 10. Papie. Bestätigt dem Erzbischofe Aymon v. Tarentaise, den er mit den Regalien belehnt hat, die Besitzungen seiner Kirche. — Zeugen: Walpert, Bischof v. Aosta; Wilhelm, Bischof v. Asti; Bonifaz, Bischof v. Novara; Friedrich, Propst zu Straßburg; Magister ...., kaiserlicher Arzt und Kapellan; Magister Reginbert, kaiserlicher Kapellan und Notar; Magister Ricostus, kaiserlicher Notar; Rudolf, Kämmerer. Ego Gothofred. etc. — Gallia christ. 12, 387. **68.**

Juni 8. Quando castrum Manfredi obsidebatur. Otto de Comite und Otto Cortese, Konsuln von Kremona, verzichten für sich und ihre Kollegen auf Guastalla und Luzarra und auf omne jus et honorem, so ehedem der Gräfin Mathilde in den genannten Besitzungen zustand. Wenn die Kirche oder eine Privatperson von Kremona dort irgend welche Rechte hat, soll sie dieselben ruhig behalten, muß aber dafür dem Kaiser die üblichen Dienste leisten. Die genannten Konsuln verzichten auf das Castell Krema und die Insel Fulcheria, ferner auf alle Privilegien, die ihnen der Kaiser darüber ertheilt hat. Die letzteren werden dem Kaiser ausgeliefert und von ihm in Pavia niedergelegt[1]. Die Pavienser sollen dann gehalten sein, dieselben unter bestimmten Bedingungen auszuliefern. Die Konsuln schwören mit einer Reihe genannter Mitbürger Frieden an Krema, Mailand und Piacenza; auch die andern Konsuln und der Rath sollen diesen Eid leisten; überdies soll ein Konsul oder achtbarer Mann in öffentlicher Versammlung und im Beisein des Kaisers es thun. Gleiche Sicherheit geben auch Krema, Mailand und Piacenza. Von Seiten Mailands schwört unter Anderen Hubert Visconti aus Piacenza, Mailands Podestà. Wenn Krema den Feinden Kremona's beisteht, braucht dieses jedoch den Frieden an Krema nicht mehr zu halten. Die Gefangenen werden ausgeliefert. Die Kremonenser vom 15. bis 60. Jahre leisten dem Kaiser den Treueid, der alle zehn Jahre zu erneuern ist. Die Konsuln schwören binnen acht Tagen, das Volk einen Monat nach wiedererlangter Gnade. Der Kaiser verzeiht ihnen und nimmt sie zu voller Gnade auf. Dasselbe soll sein Sohn thun. Die Kremonenser geben dem Kaiser die Burg Manfredi zurück; der kaiserliche Legat zieht in dieselbe ein cum vexillo imperatoris; die

---

[1] Dieses geschah am 24. Juni durch zwei von Kanzler Gottfried beauftragte Kremonenser. Ungedruckte Urkunde im Archive von Kremona, mitgetheilt von Wüstenfeld.

Abziehenden dürfen mitnehmen, was sie in einem Male tragen können. Die Burg wird auf Geheiß des Kaisers zerstört. — Zeugen: Der Kanzler Gottfried; die Bischöfe Wilhelm v. Asti und Bernhard v. Parma; der Erwählte, Rudolf v. Trier; Markgraf Bonifaz v. Monferrat, Supramons marchio; Bonus Johannes, avocatus Vercellensis; magister Metellus, vicarius curiae; Albertus de Adegherio, vicarius Ferrariensis. — Ungedruckt, mitgetheilt v. Wüstenfeld aus dem Archive von Kremona. Signat. G. 96. **69.**

Juni 8. In obsidione castri **Manfredi**, subtus temptorium domini imperatoris. Nimmt die Konsuln von Kremona, Otto Cortese und Otto de Comite, und zehn genannte Kremonenser als Bevollmächtigte ihrer Stadt wieder zu voller Gnade auf und verzeiht ihnen allen Schaden und alle Beleidigungen. Ebendas soll sein Sohn thun. Der Kaiser läßt schwören per suam datam parabolam ad sta. dei evangelia, daß sie wegen ihrer Vergehen keinerlei Schaden leiden sollen. — Zeugen: Gottfried, von G. G. Kanzler; Friedrich, Propst v. Straßburg; Johann, Propst v. Speier; Rudolf, Kämmerer. — Campo Cremona fedelissima 1, 30. Lünig Cod. dipl. Ital. 1, 393. **70.**

„ 9. In territorio Cremonensi in destructione castri **Manfredi**. Belehnt dilectos ac fideles potestatem ac consules nec non commune civitatis Mediolani, welche er nicht allein unter die Zahl derjenigen rechnet, quos fidei constantia principis favore dignos facit et inperterrita strenuitatis alacritas redit insignos, sondern sogar den Meisten derselben vorzieht, mit 20 Castellen zwischen den Flüssen Arba und Ilium. — Zeugen: Rudolf, Erwählter v. Trier; die Bischöfe v. Asti und Novara; Bonifaz, Markgraf v. Monferrat; Markgraf Morvellus u. s. w. Ego Gotefred. etc. — Muratori Ant. Ital. 4, 229. **71.**

„ 22. apud **Varisium**. Nimmt das Paulskloster zu Mezano in seinen Schutz. — Unter den Zeugen: Die Bischöfe v. Asti und Novara; Konrad, Erwählter v. Regensburg; Friedrich, Propst v. Straßburg. Ego Gotefred. etc. — Campi Hist. eccl. di Piacenza 2, 368. **72.**

„ 27. apud **Abiascum** in territorio Cumano. Befreit seinen Getreuen v. Locarno vom Fodrum und jeder Gerichtsbarkeit außer der kaiserlichen, doch unter Vorbehalt der den Mailändern gemachten Zugeständnisse. — Unter den Zeugen: Hubert, Propst v. Monza; Friedrich, Propst v. Straßburg; Rudolf, Kämmerer. Ego Godefred. etc. — De Muralto Cod. dipl. capitaneorum Locarnensium 9. Der Text: Obertus, episcopus Modoicensis; Fridericus, episcopus Genuensis; dazu wird in den Noten bemerkt, das Original habe statt episcopus: Ipolitus und statt Genuensis: Argentinensis. Wird auch in Böhmer Acta imperii erscheinen. **73.**

Aug. 26. apud **Mulehusen**. Bestätigt den Vertrag, durch den die verstorbenen Erzbischöfe Stephan v. Vienne und Peter v. Tarentaise den Streit der Aebte v. St. Oyen de Jour und Lac de Jour geschlichtet haben. — Zeugen: Der Erzbischof Martin v. Vienne; Roger, Bischof v. Lausanne; Nautelm, Bischof v. Genf; Graf Ludwig v. Sarre-

Berbe; Kuno Damel, kaiserlicher Kapellan. — Mém. p. servir à l'hist.
d. l. Suisse-Romande 1, 189. **74.**

Aug. 26. apud **Mulehusen**. Wahrt unter Anerkennung des vorstehenden Vertrages die näher bezeichneten Rechte seines getreuen Ebalb de la Sarraz. Zeugen der vorigen Urkunde. — Mém. l. c. 190. **75.**

„ 27. apud **Mulehusen**. Gestattet dem Bischofe von Genf, sich in den Besitz aller Lehen zu setzen, die der geächtete Graf v. Genf von seiner Kirche getragen hat, und einen Theil derselben an geeignete Männer zu verleihen, damit diese dem Grafen sofort den Krieg machen. — Spon Hist. de Genéve 2, 43 (3, 81). **76.**

„ ... (apud **Mulehusen**). Verkündigt den Gensern, daß er ihren Grafen geächtet, seiner Lehen verlustig erklärt und seine Leute der Treue entbunden habe. Diese sollen jetzt der genfer Kirche huldigen und den Grafen als Reichsfeind verfolgen. — Spon 2, 44 (3, 83) ohne Ort und Zeit, aber unzweifelhaft hierher gehörend. **78.**

... ... apud **Mulehusen**. Die Grafen Otto und Hartmaun v. Lobbenburg übergeben durch die Hand des Kaisers dem Kloster Eufferuthal ein Allode. — Zeugen: Tirricus, Erzbischof v. Bisanz; die Bischöfe Heinrich v. Straßburg und Heinrich v. Basel; Berthold, Erwählter v. Naumburg; Debo, Markgraf v. Meran; Albert, Graf v. Tazburg; Heinrich v. Wettin; Burkbard, Burggraf v. Querfurth; Egelof v. Urselingen. — Würdtwein Sub. dipl. 10, 352. **79.**

Oktbr. 5. **Columbarie**. Schlichtet unter Vermittelung des Grafen v. Tazbnrg einen Streit zwischen der Kirche St. Peter zu Kolmar und dem Ulrich v. Heristein. — Zeugen: Graf Ludwig v. Sarre-Werbe; Graf Berthold v. Neuburg; Herr Kuno v. Horenburg; Herr Egelolf v. Urselingen und sein Sohn Ulrich u. s. w. Ego Johann. etc. — Schöpflin Als. dipl. 1, 284 mit dem Datum 1185 indict. III.; wenn die Urkunde überhaupt echt ist, möchte sie hierher gehören. **80.**

... ... (**Spirae**). Bestätigt die Veräußerung eines von der speierer Kirche lehnbaren Gutes, da diese anderweitig entschädigt worden ist. — Zeugen: Johann, Kanzler, und eine Menge speierer Geistlichen. — Mone Anzeiger f. Kunde deutscher Vorzeit 1, 105. Wirtemb. U.-B. 2, 244. Mit dem Jahre 1186 und ohne Ort; doch machen es die Zeugen wahrscheinlich, daß die Urkunde zu Speier gegeben sei. **81.**

... ... apud **Lutram**. Hoftag.

... ... Begegnung mit Philipp v. Köln.

... ... **Uchterdal**. Uebergiebt das in Regest 79 erwähnte Allode dem Kloster Eufferuthal und bestimmt, daß es keinem Vogte unterstehen solle. Die Ansprüche, welche Heinrich v. Meisterseele auf die Vogtei erhoben, hat der Kaiser mit 20 Mark abgelauft, jedoch unter der Bedingung, daß Heinrich sein Gut in Weißenburg dem Bischofe von Speier auftragen, des Kaisers Sohn, Herzog Friedrich v. Schwaben, es vom Bischofe empfangen und wieder dem Heinrich zu Lehen geben solle. — Zeugen: Des Kaisers Söhne Otto und Konrad; Herzog Gottfried v. Löwen; Berthold v. Andechs; Hermann Weise; Albert v. Hillenburg; Andreas, Scholaster v. Speier. — Würdtwein l. c. **82.**

Nov. 13. **apud Haselach.** Nimmt das Kloster Eussernthal in seinen Schutz und bestätigt ihm namentlich das Allode, welches Bischof Rapoto v. Speier und seine Brüder Hermann v. Lobdenburg und Otto v. Allerheim in Gegenwart König Konrads zu Würzburg dem Kloster übertragen haben. — Zeugen: Die Bischöfe Ulrich v. Speier und Heinrich v. Prag; Pfalzgraf Konrad bei Rhein; Konrad, Propst v. Speier; Otto v. Struzelingen; Werner v. Boland; Burkhard v. Kestenburg und sein Bruder Trushard u. s. w. Ego Johann. etc. — Würdtwein l. c. Der Ort liegt im vormaligen kurpfälzischen Amte Neustadt, in geringer Entfernung vom Kloster Eussernthal. Vgl. Dümge Reg. Bad. 59. **83.**

„ ... Dux Fredericus cum ducissa Elisabeth per officiales suos similia, immo peiora (sc. quam dux Theobaldus) presumobat in ecclesia dei, quibus episcopus (sc. Heinricus Pragensis) resistere volens sed non valens adiit imp. Fridericum et ejus imploravit auxilium; a quo benigne quidem suscipitur, sed causa ipsius in longam differtur, hoc est fere per medium annum, bis zum regensburger Hof im März 1187. Gerlac. abb. Milovicens. 692. Daß die Stelle hierherzuziehen ist, beweist die Zeugenschaft Heinrichs v. Prag in der vorstehenden Urkunde.

„ 28. **apud Geilenhusen.** Nimmt interventu et petitione domini Cunradi venerabilis archiepiscopi Moguntini die Kirche Gottesthal bei Winkel in seinen Schutz und befreit sie von allen kaiserlichen Zöllen am Rhein und Main. Ego Johann. etc. — Bobmann Rheingauische Alterth. 1, 178. **84.**

„ 28. **apud Geylinhusin.** Bestätigt der Stadt Bremen, um sie für ihre Treue zu belohnen, die von Karl d. G. erhaltenen Rechte, nämlich daß Diejenigen, welche Jahr und Tag im Weichbilde gelebt, rechtlich frei geworden sind, es seien denn Dienstleute der bremer oder anderer Kirchen; daß ferner das Hergewette der im Weichbilde Verstorbenen Jahr und Tag unter Kaisersschutz bleibe, bis ein berechtigter Erbe sich melde, und daß der Beweis Desjenigen, der Jahr und Tag unangefochten in Besitze einer Erbschaft war, mehr gelten müsse, als des Klägers, es sei denn, daß es sich um Besitzungen der bremer und anderer Kirchen handele, die deren anerkanntes Eigenthum sind und nicht durch den Herrn derselben oder dessen Bevollmächtigten verkauft wurden. — Zeugen: Die Erzbischöfe Konrad v. Mainz, Hartwich v. Bremen, Wichmann v. Magdeburg, Adalbert v. Salzburg; die Bischöfe Adelhog v. Hildesheim, Gottfried v. Würzburg, Tammo v. Verden; Herzog Bernhard v. Sachsen; Landgraf Ludwig v. Thüringen; Theodorich, Erwählter v. Lübeck; Elner, Abt v. Stade; Hermann, Propst v. Hamburg; Theodorich, Domdechant v. Bremen; Hermann Hode; Graf Christian v. Oldenburg; Gottfried, Vogt v. Stade; Alart, Vogt v. Bremen; Heinrich, Kämmerer (v. Bremen); Gerung, Marschall (v. Bremen) u. A. Ego Johann. etc. — Lünig Teutsches Reichsarchiv 13, 219. Assertio libertatis reip. Bremens. 262. Eggeling Observat. de Wicbeleto 12. Koller Gesch.

Beilage X.

b. Stadt Bremen 270. Donandt Gesch. d. bremer Stadtrechts 2, 12¹). Ehmck Bremisches U.-B. 1, 71 und im Auszuge Lappenberg Hamb. U.-B. 1, 241.   85.

Dez. 29/30. Nurmberc. In praesentia principum et consensu eorum erläßt das bekannte Gesetz, von dem es im chron. Ursperg. 314 ed. 1537 heißt: „Quas litteras Alemanni usque in praesens „friedebrief" id est litteras pacis vocant, nec aliis legibus utuntur tanquam gens agrestis et indomita." Der Kaiser befiehlt eam legibus predecessorum nostrorum atque regum — interseri. — Das Original liegt nicht mehr vor; die Abdrücke, welche auf dem Texte des Chron. Ursperg. und zwei Abschriften beruhen, geben verschiedene Datirung: Chron. Ursperg. l. c. Cujacii Op. 2, 395. Dumont Corps dipl. 1a, 110. Lünig Cod. germ. 1, 362: 1187 III kal. Januar ohne indict. — Meichelbeck Hist. Frising. 1b, 567. Mon. Boica 31a, 430: 1187 indict. VI. IIII kal. Januar. — Ohlenschläger Erläuterung d. goldenen Bulle 123. M. G. L. 2, 183: indict. VI. III kal. Januar. — B. R. I. 2712 setzt die Urkunde zu 1188, obwohl die Datirung dagegen spricht. Dieselbe zu 1186 zu setzen, veranlassen mich folgende Gründe. 1) Da in der kaiserlichen Kanzelei das Jahr am 25. Dezember begonnen wurde — vgl. B. R. I. 2317. 18. 2509. 10. 2829. 30. 31. — so würde 1187 III oder IV kal. Januar. der 30. oder 29. Dezember 1186 sein. Gegen 1186 spricht zwar die indict. VI., die auf das Ende des Jahres 1187 deutet; doch wie leicht kann nicht indict. VIIII kal. Januar. gelesen werden als indict. 5. 4. kal. und indict. 6. 3. kal. — 2) Am 25. Dezember 1187 war der Kaiser noch zu Trier — Annal. Colon. max. 792 —, er wird also schwerlich schon am 30. in Nürnberg gewesen sein. — 3) Nach Regest 87 bestätigt der Kaiser am 5. März 1187 eine Schenkung, welche Wichmann v. Magdeburg gemacht hat coram nobis in solemni curia nostra Norinberch. Vor dem 5. März muß also ein Hof zu Nürnberg stattgefunden haben; ich denke, es ist der in unserer Urkunde bezeichnete.   86.

1187. Indictio V.

Febr. 15. Ratispone. Anfang des Hofes — cum 17 episcopis et cum omnibus principibus Bawarorum.

... ... Ratispone. Auf Klage des Bischofs von Prag wird der Spruch gefällt, daß der Bischof nicht Unterthan des Herzogs von Böhmen sei,

---

1) In diesem Drucke fehlt die Zeugenschaft Wichmanns v. Magdeburg, deren Vorhandensein der nach dem Originale gefertigte Abdruck bei Ehmck über allen Zweifel stellt. — Die an zweiter und dritter Stelle angeführten Drucke sind mir nur aus Donandts Anführung bekannt. Weitere Drucke verzeichnet ein anderes, mir ebenfalls unzugängliches Werk: Cassel Nachricht von der Regimentsverfassung und dem Rathe zu Bremen 96.

sondern als Reichsfürst die kaiserlichen Höfe besuche und vom Kaiser die Belehnung empfange. Gerlac. M. G. 17, 693.

Febr. 21. 22. **Ratispone** presente Friderico imp. et 14 episcopis. Am ersten Tage wird der Erwählte v. Regensburg vom Erzbischofe v. Salzburg geweiht, am zweiten erhält er von demselben die Insul. Annal. Ratisp. 589.

März 5. In sollempni curia **Ratispone**. Bestätigt dem Kloster Seitenstetten auf Bitten des Erzbischofs Wichmann v. Magdeburg den Theil eines Waldes, den dieser als sein Allode in Oesterreich besaß und im Beisein und mit Genehmigung des Kaisers auf dem nürnberger Hoftage (vgl. Regest 86) dem genannten Kloster geschenkt hatte, mit allem Salz und Eisen, das dort etwa gefunden wird. — Zeugen: Die Erzbischöfe Konrad v. Mainz und Adalbert v. Salzburg; die Bischöfe Otto v. Bamberg, Gottfried v. Würzburg, Konrad v. Regensburg, Otto v. Eichstädt, Otto v. Freising, Theobald v. Passau, Albert v. Trient, Heinrich v. Prag; die Herzöge Friedrich v. Schwaben, Friedrich v. Böhmen, Leopold v. Oesterreich, Ludwig v. Baiern; die Markgrafen Otto v. Meißen, Dedo v. der Lausitz, Otto v. Mähren, Berthold v. Andechs. Ego Johann. etc. — Schaukegel Spicileg. agri Billungani 340 und im Auszuge Hormayr Werke 3, 433.   87.

„ 29. **Ratispone**. Osterfeier. Annal. Colon. max.

April 6. **Auguste**. Mit drei Söhnen zugegen bei der Einweihung von St. Udalrich und Afra, welche der Erzbischof v. Mainz unter Assistenz der Bischöfe v. Augsburg, Freising, Münster, Eichstädt und Toul vollzieht. Der Kaiser selbst überträgt mit drei Bischöfen die Gebeine des heil. Udalrich. — Annal st. Udalrici et Afrae 430.

„ 17. **apud Werdeam**. Bestätigt dem Stifte St. Udalrich und Afra zu Augsburg die Schenkung eines Hauses und dreier Güter zu Hurveling. — Mon. Boica 22, 196.   88.

„ 19. **apud Giengen**. Bestätigt die vom Kaiser Otto an die Kirche zu Innichen gemachten Schenkungen. — Zeugen: Die Erzbischöfe Konrad v. Mainz, Wichmann v. Magdeburg, Albert v. Salzburg; die Bischöfe Otto v. Freising, Heinrich (statt Otto) v. Eichstädt, Heinrich v. Brixen, Konrad v. Regensburg, Theobald v. Passau; Berthold, Markgraf v. Andechs und sein Sohn, der Herzog v. Meran; Ortolf, Propst v. Innichen. Ego Johann. etc. — Marian Austria sacra 4, 152. Hormayr Gesch. v. Tirol 2, 113.   89.

Mai 17. **apud Tullum civitatem in Lotharingia**. Empfängt den Abt Lambert von St. Gislen und den Kanzler Gislebert, Gesandte des Grafen v. Hennegau, und entscheidet, daß der Graf v. Hennegau Erbe des Grafen v. Namur sei. Gisleb. 159.

Juni ... Philipp von Köln zerstört die Moselbrücke, über welche der Kaiser sein Heer führen wollte.

„ 22. **In silva de Warant**. Bestätigt das Abkommen über die Vogtei der Abtei Rumelsberg, zu dessen Einhaltung sich früher Herzog Matthäus v. Lothringen und dann dessen Sohn Herzog Simon schon früher und jetzt nochmals verpflichteten. — Zeugen: Konrad, Erzbischof v. Mainz; Peter, Bischof v. Toul; Graf Simon v. Sarbrück und dessen Bruder. — Ungedruckt, demnächst in Böhmer Acta imperii. **90.**

Juli 12. **Hagenowa.** Bestätigt die Privilegien des Klosters Weissenburg: freie Abtswahl, Freiheit von der Vogtei und Anderes. — Unter den Zeugen: Friedrich, Propst v. Straßburg; Siegfried, Propst v. Eger; Konrad, Propst v. Speier; Graf Heinrich v. Grüningen; Berthold v. Kunigsburg. Ego Johann. etc. — Mon. Boica 31 a, 427. Zeuss Tradit. Weissenb. 326. **91.**

„ 12. **apud Hagenowa.** Schützt das Kloster Neuburg im Unterelsaß im Besitze des ihm geschenkten Gutes Seelhofen. — Unter den Zeugen: Johann, Kanzler; Friedrich, Propst v. Straßburg; Konrad, Propst v. Speier. — Mone Zeitschr. f. d. Oberrh. 11, 14. Mit dem Jahre 1164 und der indictio 13, doch sind die Zeugen jedenfalls einer Urkunde vom 12. Juli 1187 entnommen, wenn nicht die Urkunde selbst echt und nur die Datirung verderbt ist. **92.**

Aug. 15. **Wormatie.** Hof. Erste Vorladung des Erzbischofs v. Köln.

„ 15. **Wormatie.** Empfängt die Gesandten des Grafen v. Hennegau, den Goswin v. Tulin und den Kanzler Gislebert, welche die Rechte ihres Herrn, des Grafen v. Hennegau, auf die Grafschaft Namur vertheidigen, und ertheilt ihnen einen gleichen Bescheid, wie am 17. Mai. Gisleb. 162.

„ 21. **Wormatie.** Nimmt das von seinen Verwandten, den Grafen Gottfried und Otto, gestiftete und ihm empfohlene Kloster Kappenberg in seinen Schutz, erklärt es frei von aller Vogtei und schenkt ihm und der von ihm abhängigen Kirche zu Wesel Zollfreiheit zu Kaiserswerth. — Zeugen: Konrad, Erzbischof v. Mainz; Rudolf, Erwählter v. Trier; die Bischöfe Rudolf v. Lüttich, Balduin v. Utrecht, Konrad v. Worms; die Herzöge Friedrich v. Schwaben und Leopold v. Oesterreich; Konrad, Pfalzgraf bei Rhein; Ludwig, Landgraf v. Thüringen; die Grafen Heinrich v. Sain, Wilhelm v. Jülich, Otto v. Bentheim, Heinrich v. Arnsberg und dessen Sohn Heinrich; Werner v. Boland. Ego Johann. etc. — Hugo Annal. Praem. 1, 374. Kindlinger Sammlung merkw. Nachrichten u. Urk. 150. Cod. dipl. Westf. 2, 191. **93.**

.... **Wormatio.** Bittet gemeinschaftlich mit dem Markgrafen Otto v. Meißen den Bischof v. Meißen, einen gewissen Burkhart Kitzlitz vom Banne zu befreien, mit dem derselbe zu Verona in Gegenwart Urban' III. wegen seiner Eingriffe in Kirchengüter belegt wurde. — Urkunde des Bischofs. Köhler Cod. dipl. Lusat. 1, 35. Gersdorf Cod. dipl. reg. Saxon. 1, 62.

Sept. 23. **apud Walerhusen.** Da die Kanoniker des heil. Mauritz zu Augsburg gegen den Bischof Udalschalk freie Wahl ihres Propstes beanspructen und in Folge dessen den kaiserlichen Kapellan Heinrich Brenze gewählt, der Bischof aber den Heinrich v. Emmersacher ernannt hatte, so vereinigten beide Parteien nach langem Streite sich dahin, die Entscheidung dem Kaiser zu übertragen, welcher nun bestimmt, daß beide Wahlen rückgängig gemacht und eine freie Neu-

Beilage X. 243

wahl mit Rath des Bischofs vorgenommen würde. Dieser Rath ohne Zwang solle dem jetzigen Bischof bei allen Wahlen bleiben, nach seinem Tode aber aufhören. — Mon. Boica 29a, 451. **94.**

Sept. 23. apud lacum Constantiensem in villa Wallarbusin. Bestätigt alle schon vollzogenen oder noch zu vollziehenden Tauschverträge zwischen den Klöstern Salem und Reichenau. — Zeugen; Otto, Bischof v. Bamberg; Udelschalk, Bischof v. Augsburg; Heinrich, Propst v. Bamberg; Leopold, Herzog v. Oesterreich; Friedrich, Graf v. Zollern u. s. w. — Mon. Zollerana 1, 17 extr. mit dem Jahre 1188. **95.**

„ 23. apud Uberlingen. Konrad, Erzbischof v. Mainz; die Bischöfe Otto v. Bamberg, Gottfried v. Würzburg; Adolf, Domdechant v. Köln; Diethelm, Abt v. Reichenau; Herzog Leopold v. Oesterreich; Graf Gerhard v. Bienne; Heinrich v. Marchdorf; Konrad v. Schussenried; Werner v. Boland bezeugen eine nicht vorliegende Urkunde des Kaisers von diesem Datum, aus welcher ihre Namen in eine gefälschte Urkunde vom Jahre 1155 übertragen sind. — Stumpf in Sitzungsb. der k. k. Akademie hist.-phil. Klasse 32, 624. **96.**

Dez. (1.) Argentine. Hof. — Zweite Vorladung des Erzbischofs v. Köln. — Kreuzpredigt.

„ ... Inter Juvir et Mosun. Zusammenkunft mit dem Könige von Frankreich. — Verhandlungen über die Grafschaft Namur. — Besprechung mit dem Kardinale von Albano wegen des Kreuzzuges.

„ ... In villa Vertan. Auf Anfrage des Grafen v. Hennegau fällt der Reichsrath den Spruch: Wenn Jemand der Besitzungen eines Anderen sich bemächtigt hat und Klage darüber erhoben ist, so sollen zwei rechtliche Männer, qui circummanentes dicuntur, zur Entscheidung bestellt werden, und welchen sie im unrechtmäßigen Besitze befinden, der soll friedlich darauf verzichten, den Schaden ersetzen und sein Vergehen dem Herrn der Grafschaft mit zehn Pfund Denare büßen. — Homines domini imperatoris judicatores fuerunt: der Kanzler Johann; der Bischof Rudolf v. Lüttich; der Erzbischof v. Mainz; der Bischof v. Metz; der Pfalzgraf bei Rhein; Graf Heinrich v. Diez; Werner v. Boland; Kuno v. Minzenberg; die Grafen v. Leiningen und Loos; Friedrich v. Hausen. Gisleb. 165. **97.**

„ 25. Treviris. Klagt vor dem Hofe über den Erzbischof v. Köln.

„ ... . Nimmt das von seinem Vater gestiftete Kloster Königsbruck in seinen Schutz. — Zeugen: Die Bischöfe Heinrich v. Straßburg, Udalrich v. Speier, Konrad v. Worms; Johann, Kanzler; Herzog Friedrich v. Schwaben; Friedrich, Sohn des Herzogs Matthäus v. Lothringen; Graf Albert v. Tarburg; Otto v. Geroldseck; Burkhart v. Ochsenstein. — Schöpflin Als. dipl. 1, 289 nur mit dem Jahre 1187. **98.**

„ ... . Bestätigt den Herren v. Revigliasco das Castell Celle. — Durandi Notizie del antico Piemonte transpadano 120 in der Note, nur Citat mit dem Jahre 1187. **99.**

1188. Indictio VI.

Febr. 2. apud **Nuribergh**. Dritte Vorladung des Erzbischofs v. Köln. Die Entscheidung über ihn wird bis zum 27. März nach Mainz verschoben.

„ 24. ...... In curia imperatoris Friderici. Herzog Leopold v. Oesterreich nimmt im Auftrage des Kaisers das Kloster Wilhering in seinen Schutz. — Zeugen: Erzbischof Adalbert v. Salzburg; Erzbischof Konrad v. Mainz; die Bischöfe Otto v. Bamberg, Theobald v. Passau, Otto v. Freising; die Herzoge Friedrich v. Schwaben, Friedrich v. Böhmen, Berthold v. Meran; die Grafen v. Bilstein, Moren u. s. w. — Stülz Gesch. v. Wilhering 405. Kurz Beiträge z. Gesch. d. Landes Oesterreich ob der Ens 4, 532. U.-B. des Landes ob der Ens 2, 409. Der Ausstellungsort wird Passau oder Regensburg sein. **100.**

März 27. Maguntie in curia Christi. Kreuzpredigt. — Empfang des Kreuzes. — Versöhnung mit Erzbischof Philipp v. Köln.

1186.

Juni 9. In territorio Cremonensi in destructione castri **Maynfredi**. Bewilligt denen von Asti wegen ihrer treuen Dienste, quae semper et nominatim in expeditione contra Cremonenses et destructione castri Menfredi nobis et imperio tam viriliter, quam fideliter exhibuerunt, daß Appellationssachen bis zum Betrage von 25 Pfund der Münze von Asti nicht an den Kaiser gebracht, sondern von den Consuln entschieden werden sollen. — Zeugen: Die Bischöfe Wilhelm v. Asti, Bonifaz v. Novara, Bernard v. Parma; Gottfried, Kanzler; Rudolf, Kämmerer; Thomas v. Anone. — Ungedruckt, aus dem Copialbuche von Asti mitgetheilt von Ficker, demnächst in Böhmer Acta imperii. **71b.**

Literarische Anzeige.

Zur Geschichte des Mittelalters
erschienen in letzter Zeit in demselben Verlage:

Dahn, Prof. Dr. Procopius von Caesarea. Ein Beitrag zur Historiographie der Völkerwanderung und des sinkenden Römerthums. 1865. gr. 8. 3 Thlr.

Dove, Dr. Alfr. De Sardinia insula contentioni inter pontifices Romanos atque imperatores materiam praebente Corsicanae quoque historiae ratione adhibita. 1866. gr. 8. 20 Sgr.

Hildebrand, Dr. Herm. Die Chronik Heinrichs von Lettland. Ein Beitrag zu Livlands Historiographie und Geschichte. 1865. gr. 8. 1 Thlr.

Nitzsch, Lic. Friedr. Augustinus Lehre vom Wunder. Ausführlich dargestellt. 1865. gr. 8. 18 Sgr.

Pabst, Ed. Die Volksfeste des Maigrafen in Norddeutschland, Preussen, Livland, Dänemark und Schweden. 1865. 4. 24 Sgr.

Pabst, Dr. Herm. De Ariberto II. Mediolanensi primisque medii aevi motibus popularibus. 1864. 8. 8 Sgr.

Prutz, Dr. H. De historia Henrici Leonis Saxoniae Bavariaeque ducis, inde ab a. 1176 usque ad a. 1182. 1863. gr. 8. 9 Sgr.

Toeche, Dr. Theod. De Henrico VI, Romanorum imperatore, Normanorum regnum sibi vindicante. 1860. gr. 8. 12 Sgr.

Ueberweg, Prof. Dr. Fr. Grundriss der Geschichte der Philosophie der patristischen und scholastischen Zeit. Zweite durchgesehene und erweiterte Auflage. 1866. gr. 8. 1 Thlr. 12 Sgr.

Usinger, Dr. R. Deutsch-dänische Geschichte. 1189—1227. 1863. gr. 8. 2 Thlr. 15 Sgr.

Winkelmann, Dr. Ed. De regni Siculi administratione, qualis fuerit regnante Friderico II, Romanorum imperatore, Jerusalem et Siciliae rege. 1860. gr. 8. 7½ Sgr.

— — Geschichte Kaiser Friedrichs des Zweiten und seiner Reiche 1212—1235. 1863. gr. 8. 2 Thlr. 24 Sgr.

— — Fratris Arnoldi de correctione ecclesiae epistola et anonymi de Innocentii IV. P. M. Antichristo libellus. 1865. gr. 8. 8 Sgr.

Berlin, Mai 1866.

E. S. Mittler & Sohn.